공인중개사법 및 중개실무

홍길성 교수 경영학박사(감정평가사) / 성대경영행정대학원 교수 / 감정평가학회장 역임
정신교 교수 법학박사 / 목포해양대 교수 / 한국부동산학회 분과위원장
김상현 교수 법학박사 / 건대·한북대 교수 / 한국부동산학회 학술위원 / 한국지식재단 연구위원
유원상 교수 부동산학박사 / 한양대학교 교수 / 한국부동산학회 분과위원장
양영준 교수 부동산학박사 / 제주대부동산학 교수 / 한국부동산학회 지역학회장
김동현 교수 부동산학박사 / 이학박사 / 청암대 교수 / 자산정보연구소장 / 한국부동산학회 학술위원
조광행 교수 경제학박사 / 열린사이버대 교수 / 한국부동산학회 부학회장
김성은 교수 법학박사 / 고려대·창신대부동산학과 교수 / 고려대법학연구원 연구위원
방경식 교수 행정학박사(부동산) / 주택산업연구원연구실장·한국부동산학회 수석부학회장 역임
윤황지 교수 법학박사 / 건국대·강남대부동산학과 전교수 / 한국부동산학회 자문위원
박기원 연구위원 부동산학전공·건대행정대학원 / 한국부동산학회이사 역임, 연구위원
장재원 교수 국민대법무대학원 중개실무연구 / 단국대 강사 / 한국지식재단 연구교수

부동산공법

송명규 교수 환경토지정책박사 / 단국대부동산학과 교수 / 한국부동산학회 부학회장
윤준선 교수 공학박사 / 강남대부동산건축공학부 교수 / 한국부동산학회 부학회장
정태용 교수 서울대법학전공, 아주대 로스쿨 교수 / 법제처 행정심판관리국장 역임
김행종 교수 행정학박사 / 세명대 교수 / LH토지연수석연구원 역임 / 한국부동산학회 지역학회장
김진수 교수 행정학박사 / 건국대행정대학원 교수 / 한국부동산학회 부학회장 / 한국지식재단 자문위원
이옥동 교수 경영학박사(부동산) / 성결대도시계획부동산학부 / 한국부동산학회 부학회장
홍성지 교수 행정학박사 / 백석대부동산학 교수 / 한국지식재단 연구위원
김동환 교수 부동산학박사 / 서울사이버대부동산학과 교수 / 한국부동산학회 학술위원
백연기 교수 한국부동산학회 공법연구위원 겸 연구교수 / 인하대강사
이윤상 연구위원 도시계획학박사 / LH연구원 연구위원 / 한국부동산학회 학술위원
이춘호 교수 공학박사 / 강남대부동산건축공학부 교수 / 한국부동산학회 학술위원
이기우 교수 법학박사 / 호남대학교대학원장 역임 / 한국부동산법학회장 역임
김용민 교수 법학박사 / 강남대부동산학 전교수 / 한국부동산학회 지역학회장 역임
진정수 연구위원 행정학박사(부동산학) / 국토연구원 전연구위원
조정환 교수 법학박사 / 건국대·대진대법무대학원장·한국부동산학회 부학회장 역임
김재덕 교수 법학박사 / 건국대부동산학과 교수·LA캠퍼스총장 역임 / 한국지식재단 자문위원

부동산공시법

조재영 교수 법학박사 / 한양대학교 교수 / 한국부동산학회 부학회장
최승영 교수 법학박사 / 목포대지적부동산학과 교수 / 한국부동산학회 학술위원
천 영 교수 법학박사 / 감정평가사 / 건국대부동산대학원 교수 / 한국부동산학회 부학회장
이승섭 교수 서울대법학전공, 충남대로스쿨 교수 / 대전·인천지방법원판사역임 / 한국지식재단 전문위원
주명식 교수 민사집행실무연구회장 / 사법연수원 교수 / 대법원법정국장 역임
정삼석 교수 도시계획학박사 / 창신대부동산대학원 교수 / 한국지식재단 연구위원
이진경 교수 공학박사 / 감사원평가연구원·SH연구원팀장 / 상지대교수 / 한국부동산학회 학술위원
이기우 교수 법학박사 / 호남대 교수·대학원장·한국부동산법학회장·한국부동산학회 자문위원 역임
송현승 교수 부동산학박사 / 평택대학교 교수 / 한국부동산학회 학술이사
윤창구 교수 경영학박사 / 인천대경영대학원부동산학과 교수 / 한국감정원연수원장 역임
임이택 교수 경영학박사 / 목포대지적부동산학과 교수·대학원장·교수협회장·한국부동산회장 역임
오현진 교수 법학박사(부동산학) / 청주대지적학과 교수·사회과학대학장·한국부동산학회 부학회장 역임
박준석 변호사 건국대 / 수원지방법원/군판사역임
조형래 변호사 한국부동산학회 학술위원
손기선 연구원 부동산공시전문 / 한국지식재단 연구원 / 한국부동산학회 연구원
임석회 연구위원 지리학박사 / 대한감정평가협회 연구위원

부동산세법

이찬호 교수 경영학박사(회계학) / 부동산학박사 / 부산대학교 교수 / 한국부동산학회 지역학회장
김용구 교수 부동산학박사 / 건국대학교 부동산대학원강사 / 단국대학교 겸임교수
장 건 교수 법학박사 / 김포대부동산경영학과 교수 / 한국부동산학회 학술위원 / 한국지식재단 연구위원
황재성 교수 기획재정부 재산세과장 역임 / 세무대학교 교수
안상인 교수 경영학박사(회계학) / 창신대부동산학과 전교수 / 한국지식재단 연구위원
이옥동 교수 경영학박사(부동산) / 성결대도시계획부동산학 교수 / 한국부동산학회 부학회장
최정일 교수 경영학박사(재무, 금융) / 성결대학교 교수 / 한국부동산학회 분과위원장
양해식 교수 세무대학세법전공 / 국세청 전재직 / 중부대학겸임교수
송진영 교수 세무사시험출제위원 / 한국지식재단 연구교수
김재운 교수 부동산전공 / 남서울대부동산학과 전교수 / 한국부동산학회 윤리위원
김정완 연구원 법학박사(수) / 한국부동산학회 연구원 / 한국지식재단 연구원
오맹렬 연구원 법무전문 / 한국지식재단 연구원 / 한국부동산학회 연구원
김병준 교수 경영학박사(금융) / 강남대실버산업학과 교수 / 한국부동산학회 학술위원
나병삼 교수 행정학박사(부동산학) / 명지전대부동산경영과 전교수
박상학 연구위원 경제박사(금융/부동산) / LH토지주택연구원 연구위원 / 한국부동산학회 분과위원장

그 밖에 시험출제위원 활동중인 교수그룹 등은 참여생략

알고 보니 경록이다

우리나라 부동산전문교육의 본산 경록 1957

한방에 합격은 경록이다

제1회 시험부터 수많은 합격자를 배출한 전문성 - 경록

별☆이☆일☆곱☆개

경록 부동산학·부동산교육 최초 독자개척 고객과 함께, 68주년 기념

1957

2025 100% PASS PROJECT

경록 공인중개사 문제집

③ 2차 공인중개사법령및중개실무

1회 시험부터 수많은 합격자를 배출한 독보적 정통교재

No.1 SINCE 1957
우리나라 최초 부동산학을 개척하고 교육한 정통 부동산전문교육본산

알고 보니 경록이다

우리나라 부동산전문교육의 본산 경록 1957

머리말

매년 99% 문제가 경록 교재에서!!

경록 교재는 공인중개사사 시험 통계작성 이후 27년간 매년 99% 문제가 출제되는 독보적 정답률을 기록한 유일한 교재입니다. 경록은 우리나라 부동산 교육의 본산이며 경록교재는 우리나라 부동산교육의 정통한 역사를 이끌어가는 오리지널 교재입니다.

이 교재는 우리나라 부동산교육의 본산인 경록의 68년간 축적된 전문성을 기반으로 130여 명의 역대 최대 '시험출제위원 부동산학 대학교수그룹'이 제작, 해마다 완성도를 높여가며 시험을 리드하는 교재입니다.

특히 경록의 온라인과정 전문기획인강은 언택트시대를 리드하는 뉴 트렌드가 되었습니다. 업계 최초로 1998년부터 〈경록 + MBN TV 족집게강좌〉 8년, 현재까지 28년차 검증된 99%족집게 강좌입니다.
일반 학원의 6개월에 1회 수강과정을 경록에서는 1개월마다 2회 반복완성이 가능합니다.

경록의 전문성이 곧 합격의 지름길로 이끌어 드립니다. 성공은 경록과 함께 시작됩니다.

여러분의 건투를 빕니다.

지속가능한 직업
공인중개사

▌공인중개사란

🔍 공인중개사?
공인중개사법령에 의한 공인중개사자격을 취득한 자를 말한다(「공인중개사법」 제2조 제2항).

🔍 중개업?
중개업은 다른 사람의 의뢰에 의하여 일정한 보수를 받고 중개대상물에 대한 거래당사자 간의 매매, 교환, 임대차 그 밖의 권리의 득실변경에 관한 행위의 알선을 업으로 하는 것이다(「공인중개사법」 제2조 제1호, 제3호 참조).

🔍 중개대상물?

| 토지 | 건축물 그 밖의 토지의 정착물 | 입목 |
| 광업재단 | 공장재단 | 분양권 | 입주권 |

(대판 2000.6.19. 2000도837 등 참조)

▌개업 공인중개사 업역
(「공인중개사법」 제14조 참조)

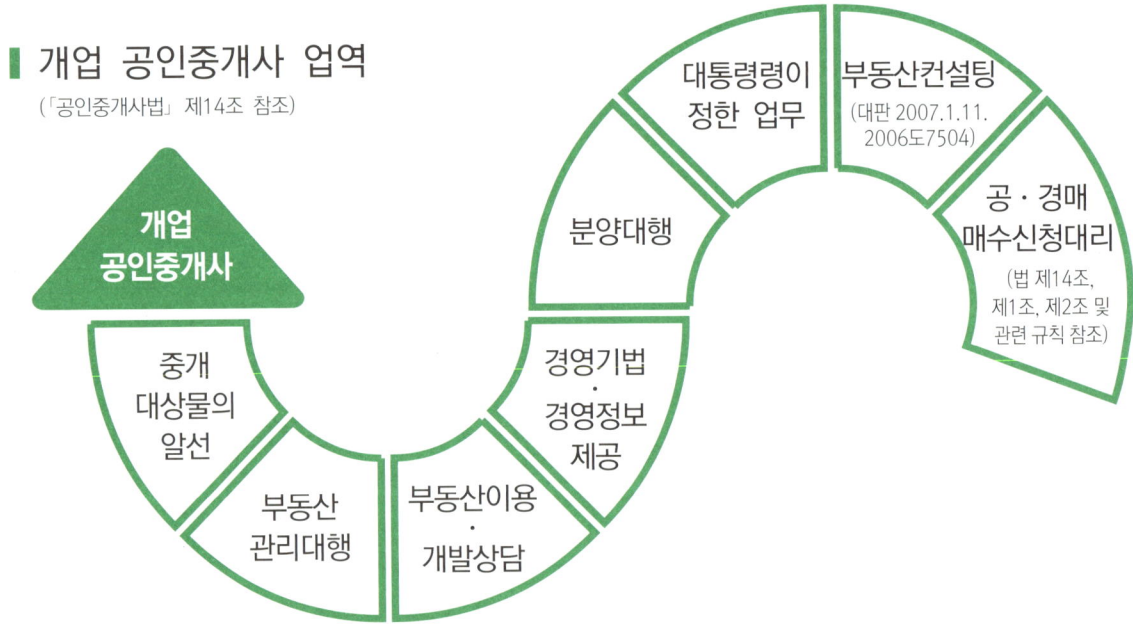

개업(창업)

중개업의 개업은 공인중개사시험에 합격한 후 소정의 교육을 받고, 개설코자 하는 사무소 소재지 시·군·구청에 "사무소" 개설 등록을 하면 된다.

개인중개사무소, 합동중개사무소, 법인중개사무소를 개설하여 영위할 수 있다.

세상에는 수많은 직업이 있으나 돈이 되고, 시장규모가 크고, 경제성이 높고, 일반 진입이 용이한 직업은 거의 없다.

100세가 되어도 건강하면 경제활동이 가능하고, 시장규모가 크고, 높은 경제성이 있고, 일반 진입이 가능한 직업은 공인중개사뿐이다.

법정취업

- **개인중개사무소, 합동중개사무소, 법인공인중개사무소의 소속공인중개사로 취업**
  11만 4천여 개(법인 포함) 중개업체의 소속공인중개사, 법인의 사원 또는 임원으로 취업 (2021현재)

- **특수 중개법인 취업**(「공인중개사법」 제9조 참조)
  - **지역농업협동조합** : 농지의 매매·교환·임대차 업무
  - **산림조합** : 임야, 입목의 매매·교환 업무
  - **산업단지관리기관** : "산단" 내 공장용지·건축물의 매매·임대차 업무
  - **자산관리공사** : 금융회사 부실자산 등 비업무용 부동산의 매매 업무

일반취업(가산점 등)

공인중개사 수요는 경제성장과 함께 폭발적으로 증가한다.

국내외 부동산투자회사, 부동산투자신탁회사, LH토지주택공사, SH공사 등 각 지자체공사, 금융기관, 보험기관 등에서 유자격자를 내부적으로 보직 고려나 승급 시 가산점을 부여한다.

일반기업, 공무원 등에서 보직 참고, 승급 등의 업무소양을 가늠하는 전문자격 및 직능향상 기능을 한다.

탁월한 선택

경록의 선택은 탁월한 선택입니다. 우리나라 부동산교육의 본산으로서 65년 전통과 축적된 전문성, 그리고 국내 최대 전문가 그룹이 서포트 합니다.

부동산학을 독자연구 정립하고, 최초로 한국부동산학회를 설립하였으며 대학원에 최초로 독립학과를 설립 교육하고, 공인중개사 제도를 주창, 시험시행 전부터 교육해 시험을 리드한 역사적 전통과 축적을 이룬 기관은 경록뿐입니다(설립자 김영진 박사 1957~현재).

공인중개사 시험

■ 시험일정 : 매년 1회 1, 2차 동시 시행

시험 시행기관 등	인터넷 시험접수	시험일자	응시자격
• 법률근거 : 공인중개사법 • 주무부 : 국토교통부 • 시행기관 : 한국산업인력공단	• 매년 8월 둘째 주 5일간 • 특별추가 접수기간 : 별도 공지 일정은 변경될 수 있음	매년 10월 마지막 토요일	학력, 연령, 내·외국인 제한 없이 누구나 가능 (법에 의한 응시자격 결격사유에 해당하는 자는 제외)

※ 큐넷(http://www.q-net.or.kr) 참조, 이상의 일정 등은 변경될 수 있습니다.

■ 시험과목 및 시험방법

구 분	시험과목	시험방법	문항 수	시험시간	휴대

1차 시험
1교시
(2과목)
	■ 부동산학개론
	  (부동산감정평가론 포함)
	■ 민법 및 민사특별법 중
	  부동산중개에 관련되는 규정
		객관식
		5지선다형
			과목당
			40문항
			(1번~80번)
				100분
				(9:30~11:10)
					계산기

2차 시험 1교시 (2과목)	■ 공인중개사의 업무 및 부동산거래신고 등 에 관한 법령·중개실무 ■ 부동산공법 중 부동산중개에 관련되는 규정		과목당 40문항 (1번~80번)	100분 (13:00~14:40)	

2차 시험
2교시
(1과목)
	■ 부동산공시에 관한 법령(「부동산등기법」,
	  「공간정보의 구축 및 관리등에 관한 법률」)
	  및 부동산 관련 세법
			40문항
			(1번~40번)
				50분
				(15:30~16:20)	

※ 답안작성 시 법령이 필요한 경우는 시험시행일 현재 시행되고 있는 법령을 기준으로 작성

주의사항
1. 수험자는 반드시 입실시간까지 입실하여야 함(시험시작 이후 입실 불가)
2. 개인별 좌석배치도는 입실시간 20분 전에 해당 교실 칠판에 별도 부착함
3. 위 시험시간은 일반응시자 기준이며, 장애인 등 장애유형에 따라 편의제공 및 시험시간 연장가능
   (장애 유형별 편의제공 및 시험시간 연장 등 세부내용은 큐넷 공인중개사 홈페이지 공지사항 참조)

▌합격기준

구분	합격결정기준
1차 시험	매 과목 100점을 만점으로 하여 매 과목 40점 이상, 전 과목 평균 60점 이상 득점한 자
2차 시험	

▌시험과목 및 출제비율

구 분	시험과목	출제범위	출제비율
1차 시험 (2과목)	부동산학개론 (부동산감정평가론 포함)	부동산학개론	85% 내외
		부동산감정평가론	15% 내외
	민법 및 민사특별법 중 부동산중개에 관련되는 규정	민법(총칙 중 법률행위, 질권을 제외한 물권법, 계약법 중 총칙·매매·교환·임대차)	85% 내외
		민사특별법(주택임대차보호법, 집합건물의 소유 및 관리에 관한 법률, 가등기담보 등에 관한 법률, 부동산 실권리자명의 등기에 관한 법률, 상가건물 임대차보호법)	15% 내외
2차 시험 (3과목)	공인중개사의 업무 및 부동산거래신고 등에 관한 법령·중개실무	공인중개사법, 부동산거래신고 등에 관한 법률	70% 내외
		중개실무	30% 내외
	부동산공법 중 부동산중개에 관련되는 규정	국토의 계획 및 이용에 관한 법률	30% 내외
		도시개발법, 도시 및 주거환경정비법	30% 내외
		주택법, 건축법, 농지법	40% 내외
	부동산공시에 관한 법령 (「부동산등기법」, 「공간정보의 구축 및 관리등에 관한 법률」) 및 부동산 관련 세법	부동산등기법	30% 내외
		공간정보의 구축 및 관리 등에 관한 법률 (제2장 제4절 및 제3장)	30% 내외
		부동산 관련 세법(상속세, 증여세, 법인세, 부가가치세 제외)	40% 내외

차 례

Part 1 공인중개사법령

1. 총칙 4
2. 공인중개사 21
3. 중개업 29
4. 지도·감독 180
5. 공인중개사협회 201
6. 벌칙 213

Part 2 부동산거래신고 등에 관한 법률

1. 부동산거래신고 228
2. 외국인등의 부동산취득의 특례 243
3. 토지거래허가 249
4. 부동산 정보관리 및 보칙 262
5. 벌칙 265

Part 3 중개실무

1. 중개실무 총론 272
2. 중개계약 275
3. 중개대상물의 조사·분석 283
4. 중개대상물 확인·설명서 297
5. 부동산거래계약 307
6. 부동산거래 관련제도 316
7. 부동산경매 및 공매 349

PART 01 공인중개사법령

	구 분	26회	27회	28회	29회	30회	31회	32회	33회	34회	35회	계	비율(%)
공인중개사 법령	제1장 총칙	2	3	3	2	3	1	2	3	3	1	23	5.8
	제2장 공인중개사	1	1	1	0	1	2	0	1	0	0	7	1.8
	제3장 중개업	18	16	20	19	13	21	16	11	16	14	164	41.0
	제4장 지도·감독	7	5	4	5	5	2	5	5	3	2	43	10.8
	제5장 공인중개사협회	0	1	0	1	3	0	2	1	1	2	11	2.8
	제6장 벌칙	2	2	2	2	1	2	2	1	0	1	15	3.8
	소 계	30	28	30	29	26	28	27	22	23	20	263	65.8

CHAPTER 01 총칙

학습포인트

- 목 적(제1조) : 이 법 전반의 흐름을 이해할 수 있는 것이며, 과거 시험에서는 조문 그대로를 묻는 문제가 빈번하게 출제되었으므로 반드시 이해하고 암기해야 한다.
- 용어의 정의(제2조) : 이 법 전체에 걸친 해석의 기준으로 반드시 암기해야 하며, 용어의 정의와 관련된 이해력을 묻는 문제도 지속적으로 출제된다.
- 중개대상물(제3조) : 중개업의 범위를 정하는 것으로, 중개대상물에 포함되는지의 여부를 묻는 문제가 빈번히 출제되므로 각 대상물에 대한 심도 높은 학습이 필요하다.

CHAPTER 학습 & 출제되는 키워드

- ☑ 부동산중개업법의 제정 및 개정
- ☑ 공인중개사법의 제정목적
- ☑ 중개
- ☑ 중개대상물
- ☑ 권리의 득실·변경
- ☑ 알선행위
- ☑ 중개의 유형
- ☑ 위임행위
- ☑ 대리행위
- ☑ 고용행위
- ☑ 도급행위
- ☑ 현상광고
- ☑ 중개업
- ☑ 개업공인중개사
- ☑ 소속공인중개사
- ☑ 중개보조원
- ☑ 공인중개사 정책심의위원회
- ☑ 중개대상물
- ☑ 토지
- ☑ 건축물
- ☑ 장래 건축될 건물(분양권)
- ☑ 토지의 정착물
- ☑ 입목·공장 및 광업재단
- ☑ 중개대상이 아닌 것

CHAPTER 학습 & 출제되는 질문

- ☑ 공인중개사법령의 제정목적으로 틀린 것은?
- ☑ 용어의 정의에 대해 바르게 설명한 것은?
- ☑ 중개대상물이 아닌 것은?

01 총칙

1 「공인중개사법」의 특징

01 다음 중 공인중개사법령의 성격으로 볼 수 없는 것은?

① 부동산 중개의 특별법
② 국내법적 성격
③ 「민법」의 특별법적 성격
④ 중간법적 성격
⑤ 「상법」의 특별법적 성격

해설 공인중개사법의 특징
- 부동산중개는 개인간의 거래를 알선하는 것으로, 「상법」에서 규정한 상사중개에 대한 규정이 적용되지 않으나, 개업공인중개사는 상인이므로 「상법」 중 총칙편이 적용되므로 공인중개사법령의 일부 규정은 「상법」에 있어 특별법적 성격을 가진다.
- 「공인공개사법」은 민사중개 중 부동산중개에 있어 일반법적인 성격이 있다.

2 목적

02 다음 ( )에 들어갈 말을 가장 올바르게 나열한 것은? ★★

> (㉠)의 업무 등에 관한 사항을 정하여 (㉡)을(를) 제고하고 (㉢)을(를) 건전하게 육성하여 국민경제에 이바지함을 목적으로 한다.

	(㉠)	(㉡)	(㉢)
①	공인중개사	전문성	부동산중개업
②	개업공인중개사	공신력	부동산업
③	소속공인중개사	전문성	부동산중개업
④	공인중개사	공신력	부동산중개업무
⑤	공인중개사	공신력	개업공인중개사

해설 공인중개사법의 목적
「공인중개사법」은 공인중개사의 업무 등에 관한 사항을 정하여 전문성을 제고하고 부동산중개업을 건전하게 육성하여 국민경제에 이바지함을 목적으로 한다.

정답 01. ① 02. ①

03 다음 중 「공인중개사법」의 목적이 아닌 것을 모두 고르면?

> ㉠ 공인중개사의 업무 등에 관한 사항을 정한다.
> ㉡ 부동산업을 건전하게 육성한다.
> ㉢ 부동산중개업을 건전하게 규율한다.
> ㉣ 개업공인중개사의 권익을 보호한다.
> ㉤ 전문성을 제고한다.
> ㉥ 부동산중개업무를 적절히 규율한다.
> ㉦ 공정한 부동산거래질서를 확립한다.

① ㉠, ㉤
② ㉠, ㉤, ㉦
③ ㉡, ㉢, ㉣, ㉥
④ ㉢, ㉣, ㉥, ㉦
⑤ ㉡, ㉢, ㉣, ㉥, ㉦

해설 「공인중개사법」의 목적
㉡ 부동산업은 부동산과 관련한 모든 업종을 다 포괄하는 말로서 「공인중개사법」의 목적으로 하기에는 지나치게 범위가 넓다.
㉢ 규율은 육성보다 작은 개념으로서 목적이 될 수 없다.
㉣ 「공인중개사법」은 개업공인중개사를 규제하기 위한 법이지 권익을 보호하기 위한 법이 아니다.
㉥ 중개업무는 중개업보다 작은 개념이기에 목적이 될 수 없다.
㉦ 「공인중개사법」은 거래보다는 중개와 관련이 있다.

04 공인중개사법령에 관한 설명으로 옳은 것은? (다툼이 있으면 판례에 의함) **21회 출제**

① 외국에서 부동산 중개관련자격을 취득한 자는 이 법상 공인중개사가 아니다.
② 부칙 개업공인중개사는 중개업을 폐업한 후 다시 개설등록을 할 수 있다.
③ 중개행위인지 여부는 개업공인중개사가 진정으로 거래당사자를 위하여 거래를 알선, 중개하려는 의사를 갖고 있었느냐에 의하여 결정된다.
④ 개업공인중개사는 중개가 완성되기 전이라도 거래계약서를 작성·교부할 의무가 있다.
⑤ 이 법은 개업공인중개사의 업무를 정하여 공신력을 제고할 목적으로 한다.

정답 03. ⑤ 04. ①

해설 공인중개사법령

② 부칙에 의한 개업공인중개사는 폐업 후 자격증을 취득할 때까지 다시 개설등록을 할 수 없다.
③ 중개행위인지 여부는 개업공인중개사가 진정으로 거래당사자를 위하여 거래를 알선·중개하려는 의사를 갖고 있었느냐고 하는 개업공인중개사의 주관적 의사에 의하여 결정할 것이 아니라 개업공인중개사의 행위를 객관적으로 보아 사회통념상 거래의 알선 중개를 위한 행위라고 인정되는지 여부에 의하여 결정하여야 할 것이다(대판 1995.9.29 94다47261).
④ 개업공인중개사는 중개가 완성되기 전에 거래계약서를 작성·교부할 의무가 없다.
⑤ 이 법은 공인중개사의 업무 등에 관한 사항을 정하여 전문성을 제고하고 부동산중개업을 건전하게 육성하여 국민경제에 이바지함을 목적으로 한다.

05 다음은 「공인중개사법」에서 사용하고 있는 용어의 정의와 관련된 설명이다. 틀린 것은?

① 중개대상인 권리에는 저당권 등 담보물권도 포함된다는 것이 판례이다.
② 중개행위란 개업공인중개사가 거래의 쌍방당사자로부터 중개의뢰를 받은 경우뿐만 아니라 거래의 일방당사자의 의뢰에 의하여 중개대상물의 매매·교환·임대차 기타 권리의 득실·변경에 관한 행위를 알선·중개하는 경우도 포함된다.
③ 어떠한 행위가 중개행위에 해당하는지 여부는 객관적으로 보아 사회통념상 거래의 알선, 중개를 위한 행위라고 인정되는지 여부에 의하여 결정하여야 한다.
④ 판례에 의하면 우연한 기회에 단 1회 건물전세계약의 중개를 하고 중개보수를 받은 사실만으로도 알선·중개를 업으로 한 것이라 볼 수 있다.
⑤ 중개계약이 체결되었는데도 중개보수를 받지 않은 것은 개업공인중개사가 스스로 권리를 포기한 것이기 때문에 공인중개사법 위반으로 볼 수 없다.

해설 중개업의 의미

③ 어떠한 행위가 중개행위에 해당하는지 여부는 거래당사자의 보호에 목적을 둔 법규정의 취지에 비추어 중개한 자의 행위를 객관적으로 보아 사회통념상 거래의 알선, 중개를 위한 행위라고 인정되는지 여부에 의하여 결정하여야 한다(대판 2000.12.22. 2000다48098). -맞는 내용
④ 알선·중개를 업으로 하였는지의 여부는 알선·중개행위의 반복, 계속성, 영업성 등의 유무와 그 행위의 목적이나 규모, 횟수, 기간, 태양(態樣) 등 여러 사정을 종합적으로 고려하여 사회통념에 따라 판단하여야 할 것이다. 따라서 우연한 기회에 단 1회 건물전세계약의 중개를 하고 중개보수를 받은 사실만으로는 알선·중개를 업으로 하는 것이라고 볼 수 없다(대판 1998.8.9. 88도998).

정답 05. ④

3 용어의 정의

06 공인중개사법령상 중개업 및 중개행위에 관한 설명으로 틀린 것은? (다툼이 있으면 판례에 의함) `20회 출제`

① 타인의 의뢰에 의하여 일정한 중개보수를 받고 토지에 대하여 저당권의 설정에 관한 행위의 알선을 업으로 하는 경우는 중개업에 해당한다.
② 부동산 중개행위가 부동산 컨설팅행위에 부수하여 이루어진 경우라도 중개업에 해당될 수 있다.
③ 중개행위는 사실행위이나 중개계약은 법률행위이다.
④ 중개행위에 해당하는지 여부는 진정으로 거래당사자를 위해 거래를 알선·중개하려는 의사를 갖고 있었느냐고 하는 개업공인중개사의 주관적 의사에 의해 결정된다.
⑤ 중개행위에는 개업공인중개사가 거래의 쌍방당사자로부터 의뢰를 받아 중개하는 경우뿐만 아니라 거래의 일방 당사자의 의뢰에 의하여 중개하는 경우도 포함한다.

해설 ▶ 중개업 및 중개행위의 의미
중개행위에 해당하는지 여부는 개업공인중개사가 진정으로 거래당사자를 위하여 거래를 알선·중개하려는 의사를 가지고 있었느냐 하는 개업공인중개사의 주관적 의사에 의하여 결정할 것이 아니라 개업공인중개사의 행위를 객관적으로 보아 사회통념상 거래의 알선·중개를 위한 행위라고 인정되는지 여부에 의하여 결정할 것이다(대판 1995.9.29. 94다47261).

07 공인중개사법령상 중개업에 관한 설명으로 옳은 것은? (다툼이 있으면 판례에 의함) `25회 출제`

① 반복·계속성이나 영업성이 없이 우연한 기회에 타인간의 임야매매중개행위를 하고 보수를 받은 경우 중개업에 해당한다.
② 중개사무소의 개설등록을 하지 않은 자가 일정한 보수를 받고 중개를 업으로 행한 경우 중개업에 해당하지 않는다.
③ 일정한 보수를 받고 부동산 중개행위를 부동산 컨설팅 행위에 부수하여 업으로 하는 경우 중개업에 해당하지 않는다.
④ 보수를 받고 오로지 토지만의 중개를 업으로 하는 경우 중개업에 해당한다.
⑤ 타인의 의뢰에 의하여 일정한 보수를 받고 부동산에 대한 저당권설정 행위의 알선을 업으로 하는 경우 그 행위의 알선이 금전소비대차의 알선에 부수하여 이루어졌다면 중개업에 해당하지 않는다.

정답 06. ④ 07. ④

해설 ▶ 중개업
① 반복·계속성이나 영업성이 없이 우연한 기회에 타인간의 임야매매중개행위를 하고 보수를 받은 경우에는 중개업에 해당하지 않는다.
② 중개사무소의 개설등록을 하지 않은 자가 일정한 보수를 받고 중개를 업으로 행한 경우 중개업에 해당한다.
③ 일정한 보수를 받고 부동산 중개행위를 부동산 컨설팅 행위에 부수하여 업으로 하는 경우 중개업에 해당한다.
⑤ 타인의 의뢰에 의하여 일정한 보수를 받고 부동산에 대한 저당권설정 행위의 알선을 업으로 하는 경우 그 행위의 알선이 금전소비대차의 알선에 부수하여 이루어졌다면 중개업에 해당한다.

08

공인중개사법령상 용어와 관련된 설명으로 옳은 것은? (다툼이 있으면 판례에 따름)

① 법정지상권을 양도하는 행위를 알선하는 것은 중개에 해당한다.
② 반복·계속성이나 영업성 없이 단 1회 건물매매계약의 중개를 하고 보수를 받은 경우 중개를 업으로 한 것으로 본다.
③ 외국의 법에 따라 공인중개사 자격을 취득한 자도 「공인중개사법」에서 정의하는 공인중개사로 본다.
④ 소속공인중개사란 법인인 개업공인중개사에 소속된 공인중개사만을 말한다.
⑤ 중개보조원이란 공인중개사가 아닌 자로서 개업공인중개사에 소속되어 중개대상물에 대한 현장안내와 중개대상물의 확인·설명의무를 부담하는 자를 말한다.

해설 ▶ 중개대상물, 용어정의
② 반복·계속성이나 영업성 없이 단 1회 건물매매계약의 중개를 하고 보수를 받은 경우 중개업이 아니다.
③ "공인중개사"라 함은 이 법에 의한 공인중개사자격을 취득한 자를 말한다(법 제2조 제2호).
④ "소속공인중개사"라 함은 개업공인중개사에 소속된 공인중개사(개업공인중개사인 법인의 사원 또는 임원으로서 공인중개사인 자를 포함한다)로서 중개업무를 수행하거나 개업공인중개사의 중개업무를 보조하는 자를 말한다(법 제2조 제5호).
⑤ "중개보조원"이라 함은 공인중개사가 아닌 자로서 개업공인중개사에 소속되어 중개대상물에 대한 현장안내 및 일반서무 등 개업공인중개사의 중개업무와 관련된 단순한 업무를 보조하는 자를 말한다(법 제2조 제6호).

정답 08. ①

제1편 공인중개사법령

09 공인중개사법령상 용어의 정의와 관련된 판례의 태도로 **틀린** 것은?

① 개업공인중개사가 거래당사자 쌍방으로부터 모두 중개의뢰를 받아야 하는 것이며, 거래의 일방 당사자의 의뢰에 의해 중개대상물의 매매·교환·임대차 기타 권리의 득실변경에 관한 행위를 알선·중개하는 경우는 중개업무에 포함되지 아니한다.
② 중개업의 요건으로서 알선·중개를 업으로 한다는 것은 반복·계속하여 알선·중개하는 것을 가리키는 것이므로 반복·계속성이 없이 우연히 타인 간의 거래행위를 중개한 것에 불과한 경우에는 중개업에 해당되지 않는다.
③ 공인중개사법령상 중개대상물로 규정한 '건축물'에는 기존의 건축물뿐만 아니라 장래에 건축될 건축물도 포함되어 있는 것으로 본다.
④ 중개의 대상에는 중개대상물에 대한 저당권 등의 담보물권도 포함된다. 따라서 타인의 의뢰에 의하여 일정한 중개보수를 받고 저당권의 설정에 관한 행위의 알선을 업으로 하는 경우에도 중개업에 해당한다.
⑤ 원칙적으로 건물 이외의 토지의 정착물은 토지의 일부로서 토지와 별개의 독립한 거래대상이 될 수 없으나, 명인방법을 갖춘 수목의 집단은 토지와 별개의 독립한 부동산으로서 중개대상물에 해당된다.

해설▶ 중개행위
개업공인중개사가 거래당사자 쌍방으로부터 모두 중개의뢰를 받아야 하는 것은 아니며, 거래의 일방당사자의 의뢰에 의해 중개대상물의 매매·교환·임대차 기타 권리의 득실변경에 관한 행위를 알선·중개하는 경우도 중개업무에 포함된다(대판 1995.9.29, 94다47261).

10 공인중개사법령상 용어의 설명으로 **틀린** 것은? **33회 출제**

① 중개는 중개대상물에 대하여 거래당사자 간의 매매·교환·임대차 그 밖의 권리의 득실변경에 관한 행위를 알선하는 것을 말한다.
② 개업공인중개사는 이 법에 의하여 중개사무소의 개설등록을 한 자를 말한다.
③ 중개업은 다른 사람의 의뢰에 의하여 일정한 보수를 받고 중개를 업으로 행하는 것을 말한다.
④ 개업공인중개사인 법인의 사원 또는 임원으로서 공인중개사인 자는 소속공인중개사에 해당하지 않는다.
⑤ 중개보조원은 공인중개사가 아닌 자로서 개업공인중개사에 소속되어 개업공인중개사의 중개업무와 관련된 단순한 업무를 보조하는 자를 말한다.

정답 09. ① 10. ④

제1장 총칙

해설 ▶ 용어의 정의

"소속공인중개사"라 함은 개업공인중개사에 소속된 공인중개사(개업공인중개사인 법인의 사원 또는 임원으로서 공인중개사인 자를 포함한다)로서 중개업무를 수행하거나 개업공인중개사의 중개업무를 보조하는 자를 말한다(법 제2조 제5호).

11. 공인중개사법령상 용어와 관련된 설명으로 옳은 것을 모두 고른 것은? (다툼이 있으면 판례에 따름)

27회 출제

> ㉠ 개업공인중개사란 「공인중개사법」에 의하여 중개사무소의 개설등록을 한 자이다.
> ㉡ 소속공인중개사에는 개업공인중개사인 법인의 사원 또는 임원으로서 중개업무를 수행하는 공인중개사인 자가 포함된다.
> ㉢ 공인중개사로서 개업공인중개사에 고용되어 그의 중개업무를 보조하는 자도 소속공인중개사이다.
> ㉣ 우연한 기회에 단 1회 임대차계약의 중개를 하고 보수를 받은 사실만으로는 중개를 업으로 한 것이라고 볼 수 없다.

① ㉠, ㉡
② ㉠, ㉢
③ ㉠, ㉡, ㉣
④ ㉡, ㉢, ㉣
⑤ ㉠, ㉡, ㉢, ㉣

해설 ▶ 용어의 정의
모두 옳은 내용이다.

12. 공인중개사법령상 용어의 정의가 맞는 것은?★★★

① "중개보조원"이라 함은 공인중개사로서 개업공인중개사에 소속되어 중개대상물에 대한 중개업무를 수행하거나 현장안내 및 일반서무 등 개업공인중개사의 중개업무와 관련된 단순한 업무를 보조하는 자를 말한다.
② "공인중개사"라 함은 이 법에 의한 공인중개사 자격을 취득하여 개업공인중개사에 소속된 자를 말한다.
③ "개업공인중개사"라 함은 다른 사람의 의뢰에 의하여 일정한 보수를 받고 중개를 업으로 하는 자를 말한다.
④ "중개"라 함은 일정한 보수를 받고 중개대상물에 대하여 거래당사자 간의 매매·교환·임대차 그 밖의 권리의 득실·변경에 관한 행위를 알선하는 것을 말한다.
⑤ "중개업"이라 함은 다른 사람의 의뢰에 의하여 일정한 보수를 받고 중개를 업으로 행하는 것을 말한다.

정답 11. ⑤ 12. ⑤

제1편 공인중개사법령

해설 ▶ 용어의 정의

① "중개보조원"이라 함은 공인중개사가 아닌 자로서 개업공인중개사에 소속되어 중개대상물에 대한 현장안내 및 일반서무 등 개업공인중개사의 중개업무와 관련된 단순한 업무를 보조하는 자를 말한다(법 제2조 제6호).
② "공인중개사"라 함은 이 법에 의한 공인중개사 자격을 취득한 자를 말한다(법 제2조 제2호).
③ "개업공인중개사"라 함은 이 법에 의하여 중개사무소 개설등록을 한 자를 말한다(법 제2조 제4호).
④ "중개"라 함은 중개대상물에 대하여 거래당사자 간의 매매·교환·임대차 그 밖의 권리의 득실·변경에 관한 행위를 알선하는 것을 말한다(법 제2조 제1호).

---

13 공인중개사법령에서 사용하는 용어의 정의로 옳은 것은?   『22회 출제』

① 공인중개사는 이 법에 의한 공인중개사자격을 취득하고 중개업을 영위하는 자를 말한다.
② 개업공인중개사는 이 법에 의하여 중개사무소의 개설등록을 한 공인중개사를 말한다.
③ 중개업은 다른 사람의 의뢰에 의하여 일정한 보수를 받고 중개를 업으로 행하는 것을 말한다.
④ 중개보조원은 공인중개사가 아닌 자로서 개업공인중개사에 소속되어 일반서무 및 중개업무를 수행하는 자를 말한다.
⑤ 소속공인중개사는 개업공인중개사에 소속된 공인중개사로서 개업공인중개사의 중개업무와 관련된 현장안내 및 단순한 업무를 보조하는 자를 말한다.

해설 ▶ 용어의 정의

① "공인중개사"라 함은 이 법에 의한 공인중개사자격을 취득한 자를 말한다(법 제2조 제2호).
② 개업공인중개사는 이 법에 의하여 중개사무소의 개설등록을 한 자를 말한다(법 제2조 제4호).
④ "중개보조원"이라 함은 공인중개사가 아닌 자로서 개업공인중개사에 소속되어 중개대상물에 대한 현장안내 및 일반서무 등 개업공인중개사의 중개업무와 관련된 단순한 업무를 보조하는 자를 말한다(법 제2조 제6호).
⑤ "소속공인중개사"라 함은 개업공인중개사에 소속된 공인중개사(개업공인중개사인 법인의 사원 또는 임원으로서 공인중개사인 자를 포함한다)로서 중개업무를 수행하거나 개업공인중개사의 중개업무를 보조하는 자를 말한다(법 제2조 제5호).

정답   13. ③

3 공인중개사 정책심의위원회

14 공인중개사법령상 공인중개사 자격시험에 관한 설명으로 옳은 것을 모두 고른 것은? `23회 출제`

> ㉠ 공인중개사 정책심의위원회에서 자격취득에 관한 사항을 정하는 경우에는 시·도지사는 이에 따라야 한다.
> ㉡ 국토교통부장관이 직접 시험문제를 출제하려는 경우에는 공인중개사 정책심의위원회의 사후의결을 거쳐야 한다.
> ㉢ 시험시행기관장은 시험을 시행하기 어려운 부득이한 사정이 있는 경우에는 공인중개사 정책심의위원회의 의결을 거쳐 당해 연도의 시험을 시행하지 않을 수 있다.
> ㉣ 국토교통부장관은 공인중개사시험의 합격자에게 공인중개사자격증을 교부하여야 한다.

① ㉠, ㉡ ② ㉠, ㉢ ③ ㉡, ㉢
④ ㉢, ㉣ ⑤ ㉠, ㉢, ㉣

해설 ▶ **공인중개사 자격시험**
㉡ 국토교통부장관이 직접 시험문제를 출제하려는 경우에는 미리 공인중개사 정책심의위원회의 의결을 거쳐야 한다(영 제3조).
㉣ 시·도지사는 공인중개사시험의 합격자에게 공인중개사자격증을 교부하여야 한다(법 제5조 제2항).

15 다음 중 공인중개사 정책심의위원회의 제척·기피 등에 대한 설명으로 옳지 <u>않은</u> 것은?

① 위원 또는 그 배우자나 배우자이었던 사람이 해당 안건의 당사자가 되거나 그 안건의 당사자와 공동권리자 또는 공동의무자인 경우에 심의·의결의 제척대상이 된다.
② 해당 안건의 당사자는 위원에게 공정한 심의·의결을 기대하기 어려운 사정이 있는 경우에는 심의위원회에 기피신청을 할 수 있고, 심의위원회는 의결로 이를 결정한다.
③ 기피신청의 대상인 위원은 그 의결에 참여하지 못한다.
④ 위원 본인이 위의 제척사유에 해당하는 경우에는 스스로 해당 안건의 심의·의결에서 회피(回避)하여야 한다.
⑤ 심의위원회 위원장은 위원이 위의 제척사유에 해당하는 데에도 불구하고 회피하지 아니한 경우에는 해당 위원을 해촉(解囑)할 수 있다.

정답 14. ② 15. ⑤

제1편 공인중개사법령

> **해설** 공인중개사 정책심의위원회
> 국토교통부장관은 위원이 위의 제척사유에 해당하는 데에도 불구하고 회피하지 아니한 경우에는 해당 위원을 해촉(解囑)할 수 있다.

16. 다음은 공인중개사 정책심의위원회와 관련된 사항을 설명한 것이다. 옳은 것은?

① 공인중개사 정책심의위원회는 위원장 1명을 포함한 11명 이내의 위원으로 구성한다.
② 정책심의위원회의 위원장은 국토교통부 제1차관이 된다.
③ 정책심의위원회의 회의는 재적위원 반수의 출석으로 개의하고, 출석위원 반수의 찬성으로 의결한다.
④ 공인중개사 정책심의위원회의 심의사항에 대하여 시·도지사는 이에 따라야 한다.
⑤ 정책심의위원회의 사무를 처리할 간사 2명을 둔다.

> **해설** 공인중개사시험제도
> ① 공인중개사 정책심의위원회는 위원장 1명을 포함한 7명 이상 11명 이하의 위원으로 구성한다.
> ③ 재적위원 과반수 출석으로 개의하고, 출석위원 과반수 찬성으로 의결한다.
> ④ 공인중개사 정책심의위원회의 심의사항 중 자격취득에 관한 사항에 대하여만 시·도지사는 이에 따라야 한다.
> ⑤ 간사는 1명을 둔다.

17. 다음 중 공인중개사 정책심의위원회에 관한 설명으로 옳지 않은 것은?

① 공인중개사의 업무에 관한 사항을 심의하기 위하여 국토교통부에 공인중개사 정책심의위원회를 둘 수 있다.
② 위원회는 위원장 1명을 포함하여 11명 이내의 위원으로 구성한다.
③ 심의위원회 위원장은 국토교통부 제1차관이 된다.
④ 위원은 국토교통부장관이 임명하거나 위촉한다.
⑤ 국토교통부의 4급 이상 또는 이에 상당하는 공무원이나 고위공무원단에 속하는 일반직공무원은 정책심의위원회 위원이 될 수 있다.

> **해설** 공인중개사 정책심의위원회
> 위원회는 위원장 1명을 포함하여 7명 이상 11명 이내의 위원으로 구성한다.

정답 16. ② 17. ②

18

「공인중개사법」상 공인중개사 정책심의위원회를 설치하여 공인중개사제도에 관한 사항을 심의·의결하도록 하고 있는 바, 공인중개사 정책심의위원회에 대한 내용으로 옳지 않은 것은?

① 위원이 해당 안건에 대하여 증언, 진술, 자문, 조사, 연구, 용역 또는 감정을 한 경우에는 위원의 제척대상이 된다.
② 위원장은 심의위원회를 대표하고, 심의위원회의 업무를 총괄한다.
③ 위원장이 부득이한 사유로 직무를 수행할 수 없을 때에는 부위원장이 그 직무를 대행한다.
④ 위원장은 심의위원회의 회의를 소집하려면 회의 개최 7일 전까지 회의의 일시, 장소 및 안건을 각 위원에게 통보하여야 한다.
⑤ 위원장은 심의에 필요하다고 인정하는 경우 관계 전문가를 출석하게 하여 의견을 듣거나 의견제출을 요청할 수 있다.

해설 공인중개사 정책심의위원회
위원장이 부득이한 사유로 직무를 수행할 수 없을 때에는 위원장이 미리 지명한 위원이 그 직무를 대행한다.

4 중개대상물

19

공인중개사법령상 중개대상물이 될 수 있는 것은 모두 몇 개인가? (다툼이 있으면 판례에 의함)

- 주택이 철거될 경우 일정한 요건하에서 택지개발지구 내 이주자택지를 공급받을 수 있는 지위인 대토권
- 분양계약이 체결되어 동·호수가 특정된 장차 건축될 아파트
- 아파트 추첨기일에 신청하여 당첨되면 아파트의 분양예정자로 선정될 수 있는 지위인 입주권
- 「입목에 관한 법률」에 따른 입목
- 「공장 및 광업재단 저당법」에 따른 광업재단

① 1개　　② 2개　　③ 3개　　④ 4개　　⑤ 5개

정답 18. ③ 19. ③

해설 ▶ 중개대상물

주택이 철거될 경우 일정한 요건하에서 택지개발지구 내 이주자택지를 공급받을 수 있는 지위인 대토권(대판 2011.5.26, 2011다23682)과 아파트 추첨기일에 신청하여 당첨되면 아파트의 분양예정자로 선정될 수 있는 지위인 입주권(대판 2005.5.27, 90도1287)은 중개대상물이 아니다.

20

공인중개사법령상 중개대상물에 해당되지 않는 것을 모두 고른 것은? **20회 출제**
(다툼이 있으면 판례에 의함)

> ㉠ 완성되지는 않았으나 특정 동, 호수를 정하여 분양계약이 체결된 아파트
> ㉡ 영업용 건물의 비품, 영업상의 노하우
> ㉢ 콘크리트 지반 위에 볼트로 조립되어 쉽게 분리철거가 가능하고 3면에 천막이나 유리를 설치하여 주벽이라고 할 만한 것이 없는 세차장구조물
> ㉣ 아파트에 대한 추첨기일에 신청을 하여 당첨이 되면 아파트의 분양예정자로 선정될 수 있는 지위를 가리키는 입주권

① ㉠, ㉡ ② ㉠, ㉢ ③ ㉡, ㉣
④ ㉢, ㉣ ⑤ ㉡, ㉢, ㉣

해설 ▶ 중개대상물

㉡ 영업용 건물의 영업시설·비품 등 유형물이나 거래처, 신용, 영업상의 노하우 또는 점포 위치에 따른 영업상의 이점 등 무형의 재산적 가치는 구 부동산중개업법(2005.7.29. 법률 제7638호 공인중개사의 업무 및 부동산거래신고 등에 관한 법률로 전문개정되기 전의 것, 이하 '구법'이라고 함) 제3조, 구법 시행령 제2조에서 정한 중개대상물이라고 할 수 없다(대판 2006.9.22. 2005도6054).

㉢ 세차장 구조물은 중개대상물에 해당하지 않는다(대판 2009.1.15. 2008도9427).

㉣ 특정한 아파트에 입주할 수 있는 권리가 아니라 아파트에 대한 추첨기일에 신청을 하여 당첨이 되면 아파트의 분양예정자로 선정될 수 있는 지위를 가리키는 데에 불과한 입주권은 「공인중개사법령」 제3조 제2호 소정의 중개대상물인 건물에 해당한다고 보기 어렵다(대판 1991.4.23. 90도1287).

정답 20. ⑤

제1장 총칙

21

공인중개사법령상 개업공인중개사의 중개대상이 될 수 있는 권리 및 대상물로 **틀린** 항목이 들어 있는 것을 모두 고른 것은?

> ㉠ 미등기건물, 개인의 공유수면 매립토지, 가압류등기가 설정되어 있는 토지
> ㉡ 지상권, 법정저당권의 성립, 가등기가 설정되어 있는 토지
> ㉢ 무허가건물, 권리금, 질권
> ㉣ 지상권, 등기된 환매권, 「공장 및 광업재단 저당법」에 따른 공장재단
> ㉤ 법정지상권의 성립, 특허권, 접도구역에 포함된 사유지

① ㉠, ㉡, ㉢　　　② ㉠, ㉢, ㉣　　　③ ㉡, ㉢, ㉤
④ ㉡, ㉣, ㉤　　　⑤ ㉢, ㉣, ㉤

해설 ▶ 중개대상물
㉡ 법정저당권은 중개대상권리가 아니다. 다만, 법정저당권의 양도는 중개대상이 될 수 있다.
㉢ 권리금과 질권은 중개대상물이 아니다.
㉤ 법정지상권은 중개대상권리가 아니다. 다만, 양도시에는 중개대상권리가 될 수 있으며 특허권은 무체재산권으로서 중개대상권리가 될 수 없다.

22

공인중개사법령상 중개대상에 관한 설명으로 **틀린** 것은? (다툼이 있으면 판례에 따름) **26회 출제**

① 공용폐지가 되지 아니한 행정재산인 토지는 중개대상물에 해당하지 않는다.
② 중개대상물인 '건축물'에는 기존의 건축물뿐만 아니라 장차 건축될 특정의 건물도 포함될 수 있다.
③ 「입목에 관한 법률」에 따라 등기된 입목은 중개대상물에 해당한다.
④ 주택이 철거될 경우 일정한 요건하에 택지개발지구 내에 이주자 택지를 공급받을 지위인 대토권은 중개대상물에 해당하지 않는다.
⑤ "중개"의 정의에서 말하는 '그 밖의 권리'에 저당권은 포함되지 않는다.

해설 ▶ 용어정의
"중개"의 정의에서 말하는 '그 밖의 권리'에 저당권 등 담보물권도 포함된다.

정답　21. ③　22. ⑤

23

공인중개사법령상 중개대상물이 될 수 <u>없는</u> 것을 모두 고른 것은? (다툼이 있으면 판례에 의함) **25회 출제**

㉠ 20톤 이상의 선박
㉡ 콘크리트 지반 위에 쉽게 분리·철거가 가능한 볼트조립방식으로 철제 파이프 기둥을 세우고 지붕을 덮은 다음 3면에 천막을 설치한 세차장구조물
㉢ 거래처, 신용, 영업상의 노하우 또는 점포위치에 따른 영업상의 이점 등 무형의 재산적 가치
㉣ 주택이 철거될 경우 일정한 요건하에 택지개발지구 내에 이주자택지를 공급받을 지위인 대토권

① ㉠, ㉡
② ㉢, ㉣
③ ㉠, ㉡, ㉣
④ ㉡, ㉢, ㉣
⑤ ㉠, ㉡, ㉢, ㉣

해설 ▸ 중개대상물의 범위
모두 중개대상물이 아니다.

24

공인중개사법령상 중개대상물과 중개대상권리에 해당되는 것은 모두 몇 개인가? ★★

㉠ 광업재단   ㉡ 미채굴광물   ㉢ 지상권
㉣ 무주부동산   ㉤ 대토권   ㉥ 분묘기지권
㉦ 가압류된 공장 ㉧ 토지거래허가 대상 토지 ㉨ 지식재산권
㉩ 동산질권   ㉪ 토지 일부의 임대차

① 3개   ② 4개   ③ 5개   ④ 6개   ⑤ 7개

해설 ▸ 중개대상물
㉡ 미채굴광물, ㉣ 무주부동산, ㉤ 대토권, ㉥ 분묘기지권, ㉨ 지식재산권, ㉩ 동산질권은 중개대상물 또는 중개대상권리가 아니다.

25

공인중개사법령상 중개대상에 관한 설명으로 옳은 것은? (다툼이 있으면 판례에 의함) **21회 출제**

① 점포위치에 따른 영업상의 이점(利點)은 중개대상물이다.
② 명인방법을 갖춘 수목은 중개대상물이 될 수 없다.
③ 동산질권은 중개대상이 아니다.
④ 아파트에 대한 추첨기일에 신청을 하여 당첨이 되면 아파트의 분양예정자로 선정될 수 있는 지위를 가리키는 입주권도 중개대상물이 된다.
⑤ 20톤 미만의 선박은 중개대상물이 된다.

정답   23. ⑤   24. ③   25. ③

제1장 총칙

해설 ▶ **중개대상물**
① 점포위치에 따른 영업상의 이점(利點), 즉 권리금은 중개대상물이 아니다(대판 2006.9.22. 2005도6054).
② 명인방법을 갖춘 수목은 중개대상물에 해당한다.
④ 아파트에 대한 추첨기일에 신청을 하여 당첨이 되면 아파트의 분양예정자로 선정될 수 있는 지위를 가리키는 입주권은 중개대상물이 아니다(대판 1991.4.23. 90도1287).
⑤ 선박은 중개대상물이 아니다.

26

공인중개사법령상 중개대상물에 해당하는 것을 모두 고른 것은?(다툼이 있으면 판례에 따름)

30회 출제

㉠ 동·호수가 특정되어 분양계약이 체결된 아파트분양권
㉡ 기둥과 지붕 그리고 주벽이 갖추어진 신축 중인 미등기상태의 건물
㉢ 아파트 추첨기일에 신청하여 당첨되면 아파트의 분양예정자로 선정될 수 있는 지위인 입주권
㉣ 주택이 철거될 경우 일정한 요건 하에 택지개발지구 내에 이주자택지를 공급받을 지위인 대토권

① ㄱ, ㄴ
② ㄴ, ㄷ
③ ㄷ, ㄹ
④ ㄱ, ㄴ, ㄹ
⑤ ㄱ, ㄴ, ㄷ, ㄹ

해설 ▶ **중개대상권리**
ㄷ. 당첨된 입주권과 ㄹ. 대토권은 중개대상물이 아니다.

27

다음은 중개대상물 중 입목에 관한 설명이다. 옳지 <u>않은</u> 것은?

① 입목등기는 1필 토지의 전부 또는 일부에 생립하고 있는 모든 수종의 수목에 대하여 입목등기가 가능하다.
② 명인방법을 갖춘 집단수목과 달리 입목은 저당권의 객체가 되며, 입목이 벌채된 경우에 그 토지로부터 분리된 수목에 대하여도 미친다.
③ 토지등기부의 표제부에서 입목등기사실 및 입목등기번호를 확인할 수 있다.
④ 소유권보존등기가 될 수 있는 수목의 집단은 입목등록원부에 등록을 요건으로 하지 아니하고 입목등기부에 등기할 수 있다.
⑤ 저당권설정으로 인한 경매 등의 원인으로 토지소유자와 입목소유자가 달라지는 경우에는 법정지상권이 성립한다.

정답 26. ① 27. ④

> **해설** ▸ 중개대상물 중 입목
> 소유권보존등기를 받을 수 있는 수목의 집단은 이 법에 의한 입목등록원부에 등록된 것에 한하며 등록을 받고자 하는 자는 그 소재지를 관할하는 시장(특별시장 및 광역시장 포함)·군수에게 신청하여야 한다(법 제8조).

28

다음은 입목에 관한 설명이다. 틀린 것은?

① 1필 토지의 전부 또는 일부분에 부착된 수목에 대해서도 등기할 수 있다.
② 당해 입목에 대하여는 생육하고 있는 토지등기부 갑구에 입목의 등기용지가 표시된다.
③ 천연림이나 식재림 등 수종의 제한 없이 수목의 집단은 입목등록원부에 등록한 후 입목등기가 가능하다.
④ 토지대장에는 입목등록 명의인과 등록일자가 기록되어 있지 않다.
⑤ 입목에 저당권을 설정하려면 먼저 보험에 가입하여야 한다.

> **해설** ▸ 입목
> 해당 토지등기부[표제부]에 표시된다. 입목등기부가 아니라 토지등기부에서도 입목을 확인해 볼 수 있다. 토지에 입목이 있다는 것을 "표시"하는 것이니 "표제부"에서 확인할 수 있다.

29

다음은 중개대상물인 공장재단과 광업재단에 관한 설명이다. 틀린 것은?

① 재단에 속한 중개대상물을 직접 조사하여 설명해야 하는 것은 아니다.
② 재단에 속한 토지 전부나 건물 전체라도 개별적으로 거래할 수 없다.
③ 재단에 속한 기계 등은 등기부 갑구를 통해서 확인할 수 있다.
④ 공장재단과 광업재단의 목록과 현황과의 일치하는지는 임장활동으로 확인해 볼 필요가 있다.
⑤ 공장재단이나 광업재단 확인·설명서 양식은 동일하며, 입목·공장재단·광업재단 중개대상물 확인·설명서를 작성하고 교부하여야 한다.

> **해설** ▸ 공장재단 및 광업재단
> 기계 등이 있다는 목록을 통해 확인해야 하며, 사실관계로 등기부[표제부(기계의 표시)]를 통해서 확인할 수 있다.

정답 28. ② 29. ③

CHAPTER 02 공인중개사

학습포인트

- 공인중개사제도에 대해서는 과거에는 출제비중이 높지 않았으나, 제15회 시험부터는 공인중개사제도의 관리에 대한 부분의 시험출제가 되고 있으며 1문제 정도가 출제되고 있다.
- 공인중개사제도의 관리는 행정처벌과 관련되어 출제될 가능성이 높은 점에 유의해야 한다.

CHAPTER 학습 & 출제되는 키워드

- ☑ 공인중개사 자격제도
- ☑ 공인중개사 시험제도
- ☑ 시행기관
- ☑ 응시자격
- ☑ 자격취소자
- ☑ 부정행위자
- ☑ 출제 및 채점
- ☑ 시험방법
- ☑ 시험의 시행·공고
- ☑ 응시수수료
- ☑ 합격자 결정
- ☑ 자격증의 교부
- ☑ 합격자 결정 원칙
- ☑ 자격증 대여 등의 금지
- ☑ 양도·대여의 금지
- ☑ 중개행위
- ☑ 성명 사용
- ☑ 자격증 양도·대여 행위
- ☑ 의무위반의 벌칙
- ☑ 유사명칭의 사용금지
- ☑ 공인중개사가 아닌 자
- ☑ 공인중개사의 명칭
- ☑ 공인중개사와 유사한 명칭
- ☑ 의무위반의 벌칙

CHAPTER 학습 & 출제되는 질문

- ☑ 공인중개사 시험시행기관이 아닌 것은?
- ☑ 공인중개사 시험위탁기관에 해당되지 않는 것은?
- ☑ 시험시행기관과 관련한 설명으로 틀린 것은?
- ☑ 자격증을 양도·대여한 경우 형벌은?

제1편 공인중개사법령

01. 공인중개사법령상 공인중개사에 관한 설명으로 틀린 것은? [20회 출제]

① 시·도지사는 시험합격자의 결정 공고일부터 1개월 이내에 공인중개사자격증을 교부해야 한다.
② 공인중개사자격증교부대장은 전자적 처리가 불가능한 특별한 사유가 없으면 전자적 처리가 가능한 방법으로 작성·관리해야 한다.
③ 자격증 교부 시·도지사와 사무소 소재지 관할 시·도지사가 다른 경우 자격증 교부 시·도지사가 자격취소처분에 필요한 절차를 모두 이행한 후 사무소 소재지 관할 시·도지사에게 통보해야 한다.
④ 시·도지사가 공인중개사의 자격취소처분을 한 때에는 5일 이내에 이를 국토교통부장관에게 보고하고 다른 시·도지사에게 통지해야 한다.
⑤ 폐업신고 후 1년 이내에 중개사무소의 개설등록을 다시 신청하려는 자는 시·도지사가 실시하는 실무교육을 받지 않아도 된다.

해설 ▶ 공인중개사 자격제도
자격증 교부 시·도지사와 사무소 관할 시·도지사가 다른 경우 사무소 관할 시·도지사가 취소처분에 필요한 절차를 모두 이행한 후 자격증 교부 시·도지사에게 통지해야 한다(영 제29조 제2항).

02. 다음 중 공인중개사 시험에 응시하지 못하는 자는?

① 피한정후견인으로 심판을 받은 자
② 공인중개사의 자격취소를 받은 날로부터 3년이 경과되지 아니한 자
③ 이 법을 위반하여 300만원 이상 벌금형을 선고받고 3년이 경과되지 아니한 자
④ 금고 이상의 형의 집행유예를 받고 그 유예기간 중에 있는 자
⑤ 금고 이상의 형의 선고를 받고 그 집행면제를 받은 후 3년이 경과되지 아니한 자

해설 ▶ 결격사유
법에 의하여 공인중개사의 자격취소를 받은 날로부터 3년이 경과되지 아니한 자는 개업공인중개사 등이 될 수 없다(법 제10조 제1항 제6호). 또한, 공인중개사자격이 취소된 자는 그 취소된 날로부터 3년 이내에는 이 법에 의한 공인중개사의 자격을 다시 취득하지 못한다(법 제6조).

정답 01. ③ 02. ②

03

공인중개사법령상 공인중개사자격증에 관한 설명으로 틀린 것은? 〔33회 출제〕

① 시·도지사는 공인중개사자격 시험합격자의 결정 공고일부터 2개월 이내에 시험합격자에게 공인중개사자격증을 교부해야 한다.
② 공인중개사자격증의 재교부를 신청하는 자는 재교부신청서를 자격증을 교부한 시·도지사에게 제출해야 한다.
③ 공인중개사자격증의 재교부를 신청하는 자는 해당 지방자치단체의 조례로 정하는 바에 따라 수수료를 납부해야 한다.
④ 공인중개사는 유·무상 여부를 불문하고 자기의 공인중개사자격증을 양도해서는 아니 된다.
⑤ 공인중개사가 아닌 자로서 공인중개사 명칭을 사용한 자는 1년 이하의 징역 또는 1천만원 이하의 벌금에 처한다.

해설 ▶ 시험시행
① 시·도지사는 공인중개사자격 시험합격자의 결정 공고일부터 1개월 이내에 시험합격자에게 공인중개사자격증을 교부해야 한다(법 제5조 제1항).

04

다음은 응시수수료 반환 규정이다. 틀린 것은?

① 수수료를 과오납한 경우에는 그 과오납한 금액의 전부
② 시험시행기관의 귀책사유로 시험에 응하지 못한 경우에는 납입한 수수료의 전부
③ 응시원서 접수마감일부터 7일 이내에 접수를 취소하는 경우에는 납입한 수수료의 100분의 60
④ 위 ③에서 정한 기간을 경과한 날부터 시험시행일 10일 전까지 접수를 취소하는 경우에는 납입한 수수료의 100분의 50
⑤ 응시원서 접수기간 내에 접수를 취소하는 경우에는 납입한 수수료의 전부

해설 ▶ 응시수수료 반환
응시원서 접수마감일의 다음 날부터 7일 이내에 접수를 취소하는 경우에는 납입한 수수료의 100분의 60

정답   03. ①   04. ③

제1편 공인중개사법령

05 다음 중 공인중개사 자격시험에 대한 설명으로 옳지 않은 것은? ★★

① 국토교통부장관은 공인중개사의 시험수준의 균형유지 등을 위하여 필요한 때에는 직접 시험문제를 출제할 수 있다.
② 국토교통부장관은 공인중개사의 시험수준의 균형유지 등을 위하여 필요한 때에는 시험을 위탁할 수 있다.
③ 시험시행기관의 장은 자격시험의 합격자가 결정된 때에는 이를 공고하여야 한다.
④ 자격시험의 합격자는 자격증을 잃어버리거나 그 자격증이 못쓰게 된 때에는 재교부를 신청할 수 있다.
⑤ 공인중개사가 되고자 하는 자는 시·도지사가 시행하는 자격시험에 합격하여야 한다.

해설 공인중개사 자격시험
국토교통부장관은 공인중개사의 시험수준의 균형유지 등을 위하여 필요한 때에는 직접 시험문제를 출제하거나 시험을 시행할 수 있다(법 제4조 제2항). 공인중개사 시험위탁은 시험시행기관의 장이 한다(영 제36조 제2항).

06 공인중개사법령상 공인중개사 자격시험 및 자격제도에 관한 설명으로 틀린 것은? [22회 출제]

① 이 시험은 국토교통부장관이 시행하는 것이 원칙이나 예외적으로 시·도지사가 시행할 수 있다.
② 이 시험의 응시원서 접수마감일의 다음 날부터 7일 이내에 접수를 취소한 자는 납입한 수수료의 100분의 60을 반환받을 수 있다.
③ 이 시험은 매년 1회 이상 시행해야 하나 부득이한 사정이 있는 경우 공인중개사 정책심의위원회의 의결을 거쳐 당해 연도에는 시행하지 않을 수 있다.
④ 공인중개사 정책심의위원회의 구성 및 운영 등에 관하여 필요한 사항은 대통령령으로 정한다.
⑤ 공인중개사자격이 취소된 자는 그 자격이 취소된 후 3년이 경과되어야 공인중개사가 될 수 있다.

해설 공인중개사 자격시험 및 자격제도
1) 공인중개사가 되고자 하는 자는 시·도지사가 시행하는 시험에 합격하여야 한다(법 제4조 제1항).
2) 국토교통부장관은 공인중개사 자격시험의 균형유지 등을 위하여 필요하다고 인정하는 때에는 대통령령이 정하는 바에 따라 직접 시험문제를 출제하거나 시험을 시행할 수 있다(법 제4조 제2항).

정답 05. ② 06. ①

07. 공인중개사에 관한 설명 중 옳은 것은?

① 공인중개사 정책심의위원회는 국토교통부에 둘 수 있다.
② 피성년후견인 또는 피한정후견인은 공인중개사가 될 수 없다.
③ 자격증을 교부한 시·도지사와 사무소 소재지를 관할하는 시·도지사가 서로 다른 경우 자격취소처분은 사무소 소재지 관할 시·도지사가 행한다.
④ 미국 국적을 가진 자는 공인중개사 시험에 응시할 수 없다.
⑤ 2021.10.30. 시행한 공인중개사 시험에서 부정행위를 한 응시자가 2022.10.30. 시험의 무효처분을 받은 경우 2024.11.13.까지 시험응시자격이 정지된다.

해설 ▶ 공인중개사 자격시험제도

② 자격증을 교부한 시·도지사와 사무소 소재지를 관할하는 시·도지사가 서로 다른 경우 사무소 소재지 시·도지사가 처분절차를 모두 이행한 후 교부한 시·도지사에게 통보하여야 한다(영 제29조 제2항).
③ 피성년후견인 또는 피한정후견인은 공인중개사가 될 수 있다.
④ 미국 국적을 가진 자도 공인중개사 시험에 응시할 수 있다.
⑤ 2021.10.30. 시행한 공인중개사 시험에서 부정행위를 한 응시자가 2022.10.30. 시험의 무효처분을 받았다면 2027.10.29.까지 시험응시자격이 정지된다.

08. 공인중개사 자격시험 및 시험제도에 관한 다음 설명 중 틀린 것은?

① 미성년자인 외국인도 원칙적으로 시험에 응시할 수 있다.
② 공인중개사 정책심의위원회의 의결사항 중 공인중개사 자격취득에 관한 사항을 의결한 경우 시·도지사는 이에 따라야 한다.
③ 제1차 시험에 합격한 자에 대하여는 다음 연도의 시험에 한하여 제1차 시험을 면제한다.
④ 부정한 방법으로 공인중개사 자격을 취득한 경우에는 자격취소사유에 해당된다.
⑤ 시험은 매년 1회 이상 실시한다. 다만, 시험시행기관의 장은 시험을 시행하기 어려운 부득이한 사정이 있는 경우에는 공인중개사 정책심의위원회의 의결을 거쳐 당해 연도의 시험을 시행하지 아니할 수 있다.

해설 ▶ 공인중개사 자격시험 및 시험제도

제1차 시험에 합격한 자에 대하여는 다음 회의 시험에 한하여 제1차 시험을 면제한다(영 제5조 제6항). 다음 '연도'의 시험이 아니고 다음 '회'의 시험이다. 예외적인 경우 시험을 시행하지 않은 연도가 있을수 있다.

정답 07. ① 08. ③

제1편 공인중개사법령

09 다음은 공인중개사에 관한 설명이다. 가장 옳은 것은?
① 자격시험에 합격한 자는 미성년자가 아니라면 자격증만 받으면 즉시 중개업을 할 수 있다.
② 공인중개사인 개업공인중개사와 공인중개사는 같은 뜻이다.
③ 파산자도 자격시험에 합격하면 중개업을 할 수 있다.
④ 피성년후견인 심판을 받은 자도 공인중개사 자격시험에 응시할 수 있다.
⑤ 개업공인중개사의 고용인 중에는 공인중개사가 과반수 이상이어야 한다.

해설 ▶ 공인중개사시험
① 중개업을 영위하고자 하는 자는 중개사무소를 두고자 하는 지역을 관할하는 시장·군수·구청장에게 중개사무소의 개설등록을 하여야 한다(법 제9조 제1항).
② "개업공인중개사"라 함은 이 법에 의하여 중개사무소 개설등록을 한 자를 말하며, "공인중개사"라 함은 이 법에 의한 공인중개사자격을 취득한 자를 말한다(법 제2조 제4호).
③ 파산자는 결격사유에 해당되므로 공인중개사 자격을 취득해도 복권이 되기 이전에는 중개업을 할 수 없다(법 제10조 제1항 제3호).
⑤ 개업공인중개사의 고용인 중 공인중개사 비율을 정한 규정은 없다.

10 공인중개사법령상 공인중개사 자격제도에 대한 설명이다. 틀린 것은?
① 중개사무소 소재지를 관할하는 시·도지사와 자격증을 교부한 시·도지사가 서로 다른 경우에는 사무소 소재지를 관할하는 시·도지사가 청문을 실시하고 자격을 취소한다.
② 중개사무소의 개설등록은 공인중개사 또는 법인만이 할 수 있도록 정하여져 있으므로, 중개사무소의 대표자를 가리키는 명칭은 일반인으로 하여금 그 명칭을 사용하는 자를 공인중개사로 오인하도록 할 위험성이 있는 것으로 '공인중개사와 유사한 명칭'에 해당한다.
③ 공인중개사가 스스로 몇 건의 중개업무를 수행한 바 있다 하더라도, 적어도 무자격자가 성사시킨 거래에 관해서는 무자격자가 작성한 계약서에 자신의 인감을 날인하는 방법으로 자신이 직접 공인중개사 업무를 수행하는 형식만 갖춘 경우에는 공인중개사자격증의 대여행위에 해당한다.
④ 현행 법령상 소속공인중개사에 대한 행정처분인 자격정지제도를 규정하고 있다.
⑤ 공인중개사 자격을 부정한 방법으로 취득한 자에 대하여는 자격취소 처분은 하지만, 행정형벌을 가할 수는 없다.

해설 ▶ 공인중개사 자격제도
자격취소나 자격정지 권한은 자격증을 교부한 시·도지사에게 있다.

정답 09. ④ 10. ①

11

다음 중 공인중개사법령상 공인중개사자격증의 교부 등에 대한 기술로서 옳지 <u>않은</u> 것은? ★★

① 시·도지사는 자격시험을 합격한 자에게 공인중개사자격증을 교부하여야 한다.
② 개업공인중개사는 그 자격증을 사무소 안 보기 쉬운 곳에 게시하여야 한다.
③ 공인중개사자격증을 게시하지 아니한 경우에는 100만원 이하의 과태료에 처한다.
④ 공인중개사자격증을 게시하지 아니한 경우에는 등록을 취소할 수 있다.
⑤ 공인중개사가 교부받은 자격증을 잃어버리거나 그 자격증이 못쓰게 된 때에는 그 자격증을 교부한 시·도지사에게 재교부신청을 할 수 있다.

해설 ▶ 자격증 교부

개업공인중개사와 소속공인중개사의 자격증게시의무를 위반한 개업공인중개사는 100만원 이하의 과태료에 처한다(법 제51조 제2항 제1호).

12

공인중개사의 자격증에 대한 기술로서 다음 중 옳지 <u>않은</u> 것은? ★★★

① 개업공인중개사의 결격사유에 해당하는 모든 사람이 공인중개사 응시자격을 취득할 수 없는 것은 아니다.
② 공인중개사의 자격이 취소된 자는 그 취소된 날로부터 3년 이내에는 다시 자격을 취득하지 못한다.
③ 자격취소사유에 해당하는 경우 자격증을 교부한 시·도지사는 공인중개사의 자격을 취소하여야 한다.
④ 공인중개사 자격증을 부정하게 취득한 경우에는 공인중개사의 자격을 취소하여야 한다.
⑤ 공인중개사법령에 위반하여 금고 이상의 형의 선고를 받은 경우에는 공인중개사의 자격을 취소하여야 한다.

해설 ▶ 공인중개사 자격제도

①, ② 결격사유자 중 자격취소자만이 3년간 시험에 응시할 수 없다.
③ 자격취소는 자격증을 교부한 시·도지사가 한다.
④ 부정하게 자격을 취득한 경우 자격을 취소하여야 하며 무효처분을 받은 날로부터 5년간 시험에 응시할 수 없다.
⑤ 시·도지사는 공인중개사가 이 법에 위반하여 징역형의 선고를 받은 경우에는 그 자격을 취소하여야 한다(법 제35조 제1항 제4호).

정답 11. ④ 12. ⑤

제1편 공인중개사법령

13 공인중개사법령상 공인중개사 자격증 등에 관한 설명으로 옳은 것은? **24회 출제**
(다툼이 있으면 판례에 의함)

① 공인중개사 자격증은 특정업무를 위하여 일시적으로 대여할 수 있다.
② 무자격자인 乙이 공인중개사인 甲명의의 중개사무소에서 동업형식으로 중개업무를 한 경우 乙은 형사처벌의 대상이 된다.
③ 공인중개사 자격증을 대여받은 자가 임대차의 중개를 의뢰한 자와 직접거래 당사자로서 임대차계약을 체결하는 것도 중개행위에 해당한다.
④ 무자격자가 공인중개사의 업무를 수행하였는지 여부는 실질적으로 무자격자가 공인중개사의 명의를 사용하여 업무를 수행하였는지 여부에 상관없이, 외관상 공인중개사가 직접 업무를 수행하는 형식을 취하였는지 여부에 따라 판단해야 한다.
⑤ 무자격자가 자신의 명함에 중개사무소명칭을 '부동산뉴스', 그 직함을 '대표'라고 기재하여 사용하였더라도, 이를 공인중개사와 유사한 명칭을 사용한 것이라고 볼 수 없다.

해설 ▶ 공인중개사 자격증
① 공인중개사 자격증은 어떠한 경우에도 대여할 수 없다.
③ 공인중개사 자격증을 대여받은 자가 임대차의 중개를 의뢰한 자와 직접거래당사자로서 임대차계약을 체결하는 것은 직접거래일 뿐 중개행위에 해당하지 않는다.
④ 무자격자가 공인중개사의 업무를 수행하였는지 여부는 실질적으로 무자격자가 공인중개사의 명의를 사용하여 업무를 수행하였는지 여부에 의하여 판단된다.
⑤ 무자격자가 자신의 명함에 중개사무소 명칭을 '부동산뉴스', 그 직함을 '대표'라고 기재하여 사용하였더라도, 이를 공인중개사와 유사한 명칭을 사용한 것에 해당한다.

정답   13. ②

CHAPTER 03 중개업

학습포인트

- 출제의 비중이 제일 높은 단원으로 특히 중개사무소의 개설등록, 중개사무소의 설치기준, 중개대상물 확인·설명의무, 거래계약서 작성 및 중개보수 등은 가장 핵심적인 출제분야이므로 반드시 숙지하도록 한다.

CHAPTER 학습 & 출제되는 키워드

- ☑ 중개사무소 개설등록
- ☑ 이중등록 및 이중소속
- ☑ 등록증 대여의 금지
- ☑ 등록의 효력상실 및 무등록
- ☑ 등록의 결격사유
- ☑ 업무범위
- ☑ 개인인 중개업자의 겸업
- ☑ 법인의 겸업제한
- ☑ 중개사무소의 설치기준
- ☑ 명칭 및 성명 표기
- ☑ 고용인의 신고 등
- ☑ 인장의 등록
- ☑ 등록증 등의 게시
- ☑ 이전·휴업·폐업의 신고
- ☑ 간판의 철거
- ☑ 일반중개계약
- ☑ 전속중개계약
- ☑ 부동산거래정보망의 지정
- ☑ 거래정보망을 통한 공동중개
- ☑ 사설정보망을 이용한 부당경쟁
- ☑ 중개대상물의 확인·설명의무
- ☑ 거래계약서의 작성의무
- ☑ 중개업자의 일반의무
- ☑ 중개보수·실비청구권

CHAPTER 학습 & 출제되는 질문

- ☑ 개설등록기준에 대한 설명으로 틀린 것은?
- ☑ 결격사유에 해당하지 않는 것은?
- ☑ 법인인 개업공인중개사의 겸업범위에 해당하지 않는 것은?
- ☑ 고용인과 관련한 설명으로 옳지 않은 것은?
- ☑ 전속중개계약에 대한 설명으로 옳지 않은 것은?
- ☑ 개업공인중개사의 확인 설명 의무에 대한 설명으로 옳지 않은 것은?
- ☑ 개업공인중개사의 업무보증 설정에 관한 설명으로 옳은 것은?
- ☑ 계약금 등의 예치제도에 대한 설명으로 옳지 않은 것은?
- ☑ 중개보수 및 실비에 대한 설명으로 옳지 않은 것은?

제1절 중개사무소 개설등록 및 결격사유

01 중개사무소 개설등록

1 사무소 개설등록

01 중개업의 등록에 관한 설명 중 옳은 것은?

① 업무정지처분을 받은 개업공인중개사는 그 기간 중에 당해 중개업을 폐업하고 다시 중개사무소의 개설등록을 신청할 수 있다.
② 개업공인중개사가 종별을 달리하여 업무를 하고자 하는 경우에는 등록증 재교부신청을 하여야 한다.
③ 등록신청을 받은 등록관청은 7일 이내에 개업공인중개사의 종별에 따라 구분하여 등록을 하고, 등록신청인에게 서면으로 통지하여야 한다.
④ 등록관청은 중개사무소 등록사항을 공인중개사협회에 다음달 7일까지 통보하여야 한다.
⑤ 등록관청은 등록증을 교부한 때 손해배상책임을 보장하기 위한 보증의 설정 여부를 확인하여야 한다.

해설 중개사무소 개설등록
① 업무정지기간 중에 폐업하면 그 정지기간 동안 결격사유에 해당되므로 등록할 수 없다.
② 종별을 달리하여 업무를 하고자 하는 경우 등록신청서를 다시 제출하여야 하며 이미 제출되어 변동사항이 없는 서류는 제출하지 않을 수 있다.
④ 등록사항뿐만 아니라 분사무소 설치신고사항, 휴업·폐업신고사항, 사무소이전신고사항, 고용인신고사항, 행정처분사항도 다음 달 10일까지 통보하여야 한다.
⑤ 보증설정 여부를 확인하고 등록증을 교부한다.

정답 01. ③

02. 공인중개사법령상 중개사무소의 개설등록 및 등록증 교부에 관한 설명으로 옳은 것은? ★★★ 〔28회 출제〕

① 소속공인중개사는 중개사무소의 개설등록을 신청할 수 있다.
② 등록관청은 중개사무소등록증을 교부하기 전에 개설등록을 한 자가 손해배상책임을 보장하기 위한 조치(보증)를 하였는지 여부를 확인해야 한다.
③ 국토교통부장관은 중개사무소의 개설등록을 한 자에 대하여 국토교통부령이 정하는 바에 따라 중개사무소등록증을 교부해야 한다.
④ 중개사무소의 개설등록신청서에는 신청인의 여권용 사진을 첨부하지 않아도 된다.
⑤ 중개사무소의 개설등록을 한 개업공인중개사가 종별을 달리하여 업무를 하고자 등록신청서를 다시 제출하는 경우 종전의 등록증은 반납하지 않아도 된다.

해설 ▶ 중개사무소 개설등록
① 소속공인중개사는 중개사무소의 개설등록을 신청할 수 없다(법 제9조 제2항).
③ 등록관청은 중개사무소의 개설등록을 한 자에 대하여 국토교통부령이 정하는 바에 따라 중개사무소 등록증을 교부하여야 한다(법 제11조).
④ 중개사무소의 개설등록신청서에는 신청인의 여권용 사진을 첨부하여야 한다(규칙 제4조 제1항).
⑤ 중개사무소의 개설등록을 한 개업공인중개사가 종별을 달리하여 업무를 하고자 등록신청서를 다시 제출하는 경우 종전의 등록증은 반납하여야 한다(규칙 제4조 제3항).

03. 중개사무소 개설등록에 대한 설명으로서 옳은 것은?

① 등록관청은 신청인의 주소지를 관할하는 시·군·구이다.
② 중개사무소의 개설등록을 신청하는 경우에는 국토교통부령이 정하는 수수료를 납부해야 한다.
③ 부칙에 의한 개업공인중개사가 공인중개사인 개업공인중개사로 종별을 달리하여 업무를 하고자 하면 등록관청에 사무소 명칭의 변경신고서만 제출하면 된다.
④ 개업공인중개사가 결격사유에 해당하면 폐업신고를 하여야 한다.
⑤ 개업공인중개사가 업무정지를 받은 기간 중에 폐업은 가능하지만 다시 등록을 신청할 수는 없다.

해설 ▶ 개설등록
① 등록관청은 사무소를 두려는 지역의 시장·군수·구청장이 등록관청이다.
② 당해 지방자치단체(시·군·구의 조례)가 정하는 수수료(수입증지)를 납부해야 한다.
③ 동일관할구역 내에서 업무를 계속하고자 한다면 등록증 재교부신청하여야 한다.
④ 결격사유자는 반드시 등록이 취소되나, 별도의 폐업신고 의무는 없다.

정답 02. ② 03. ⑤

04 공인중개사법령상 중개사무소 개설등록에 관한 설명 중 가장 옳지 않은 것은?

① 개업공인중개사가 종별을 달리하여 업무를 하고자 할 경우에는 중개사무소 개설등록신청서를 다시 제출하여야 한다.
② 등록관청은 중개사무소의 개설등록을 한 때에는 국토교통부령이 정하는 바에 따라 중개사무소 개설등록증을 신청인에게 교부하여야 한다.
③ 등록관청은 자격증을 발급한 시·도지사에게 개설등록하려는 자의 자격확인을 요청하여야 한다.
④ 등록관청은 중개사무소 개설등록증을 교부할 때 실무교육수료 여부를 확인하여야 한다.
⑤ 등록관청은 중개사무소 등록대장에 그 등록에 관한 사항을 기록한 후 등록증을 교부하여야 한다.

해설 ▶ 중개사무소 개설등록
실무교육수료증은 중개사무소 개설등록 신청시 제출하여야 하며 등록관청이 등록증을 교부할 때에는 업무보증설정 여부를 확인하여야 한다.

05 공인중개사법령상 개업공인중개사의 자격에 대한 설명 중 옳은 것은? ★★★

① 등록의 결격사유에 해당되는 개업공인중개사는 개설등록 취소 절차를 거치지 않더라도 개업공인중개사의 자격이 없다고 보아야 한다.
② 중개사무소 개설등록을 한 개업공인중개사가 사망할 경우에는 개설등록 취소 절차나 폐업 신고 절차를 마치기 전이라도 개설등록 효력은 소멸된다.
③ 개업공인중개사의 개설등록증을 타인에게 양도할 경우 개설등록이 취소되나 양도받은 자는 개설등록이 취소되기 전까지는 개업공인중개사 자격을 갖는다.
④ 중개사무소 개설등록을 하지 않은 부동산컨설팅 사업자가 주된 업무에 부속해서 중개업을 한 경우에는 무등록업자로 보아서는 안 된다.
⑤ 중개사무소 개설등록통지를 받은 자라도 등록관청에 보증설정신고를 하기 전에 부동산중개업을 하였다면 무등록업자로 보아야 한다.

해설 ▶ 개업공인중개사의 자격
① 등록이 취소되어야 개업공인중개사의 자격을 상실하게 된다.
③ 개업공인중개사란 이 법에 의해 중개사무소 개설등록을 받은 자를 의미하므로, 중개사무소 등록증을 양수받더라도 개업공인중개사가 되지 못한다.
④ "중개업"이라 함은 다른 사람의 의뢰에 의하여 일정한 보수를 받고 중개를 업으로 행하는 것을 말하는 것으로(법 제2조 제3호), 주된 업무에 부속해서 중개를 업으로 한 경우에도 무등록업자로 보아야 할 것이다.
⑤ 개업공인중개사란 이 법에 의해 중개사무소 개설등록을 받은 자를 의미하므로(법 제2조 제4호), 등록관청이 등록 후 등록통지를 하였다면 이미 개업공인중개사의 자격이 발생한 것으로 보아야 한다.

정답 04. ④ 05. ②

06
다음 중 중개사무소의 개설등록에 대한 설명으로 옳은 것은? ★★

① 중개업을 하고자 하면 등록 신청일 전 1년 이내에 국토교통부장관이 시행하는 실무교육을 받아야 한다.
② 등록신청 전에 미리 사무소를 확보해야 하는 것은 아니다.
③ 등록신청할 때 보증관련 서류나 인장등록신고서를 제출해야 한다.
④ 이미 등록한 개업공인중개사의 사무소에는 다른 공인중개사가 등록을 신청할 수는 없다.
⑤ 지역농업협동조합은 「공인중개사법」으로는 등록하지 않아도 된다.

해설 ▶ 개설등록
① 시·도지사가 실시하는 실무교육을 받아야 한다.
② 중개사무소 확보는 등록기준이므로 신청 전에 사무소를 확보해야 한다.
③ 보증관련 서류는 등록통지 후 업무개시 전까지 제출하면 된다. 인장은 등록신청할 때 할 수 있지만 업무개시 전까지만 등록하면 된다.
④ 공동사무소의 설치는 가능하나 승낙서 첨부해서 등록신청할 수 있다.

07
외국인이 공인중개사인 개업공인중개사가 되기 위해 등록신청을 하고자 한다. 등록신청서에 반드시 첨부하여야 할 서류로 볼 수 <u>없는</u> 것은?

① 여권용 사진
② 실무교육의 수료확인서
③ 결격사유가 없음을 증명하는 서류
④ 공인중개사자격증 사본
⑤ 사무실의 확보를 증명하는 서류

해설 ▶ 등록신청서류 중 제출하지 않는 서류 관련 규정
1) 등록관청은 자격증을 교부한 시·도지사에게 등록하려는 자의 자격확인을 요청하여야 한다.
2) 건축물대장과 법인의 등기사항증명서는 등록관청 담당공무원이 확인하도록 규정하고 있다(규칙 제4조 제1항).

08
다음은 지방자치단체의 조례로 정하는 수수료 납부의무에 관한 사항이다. 해당되지 <u>않는</u> 것은?

① 공인중개사시험에 응시하고자 하는 자
② 중개사무소등록증의 재교부를 신청하는 자
③ 공인중개사자격증의 재교부를 신청하는 자
④ 분사무소설치의 신고를 하는 자
⑤ 자격증을 교부받고자 하는 자

정답 06. ⑤ 07. ④ 08. ⑤

해설 ▶ **지자체의 조례로 정하는 수수료**
자격증을 교부받을 경우 수수료를 납부하지 않는다(법 제47조 제1항).

09 개업공인중개사의 중개사무소 개설등록 등에 관한 다음의 설명 중 옳지 않은 것은?

① 공인중개사인 개업공인중개사가 종별을 달리하여 업무를 하고자 하는 경우에는 등록신청서를 다시 제출하되, 종전 등록증은 반납하고, 종전에 제출한 서류에 변동이 없는 서류는 제출하지 않을 수 있다.
② 등록관청은 중개사무소개설등록한 자가 업무보증설정을 하였는지를 확인한 후 지체없이 중개사무소개설등록증을 교부하여야 한다.
③ 개업공인중개사는 휴업기간 중이라도 언제든지 중개업을 폐업하고 다시 등록할 수 있다.
④ 주식회사로 설립하고자 하는 법인은 중개사무소 개설등록신청 전에 「상법」상 회사설립이 되어야 한다.
⑤ 등록관청은 등록기준에 적합하고 결격사유에 해당하지 아니하는 등록신청에 대하여는 등록신청일로부터 10일 이내에 개업공인중개사 종별에 따라 구분하여 개설등록하고, 서면통지하여야 한다.

해설 ▶ **중개사무소 개설등록의 통지**
등록관청은 등록신청을 받은 날부터 7일 이내에 법인인 개업공인중개사와 공인중개사인 개업공인중개사로 구분하여 등록을 하고 신청인에게 서면으로 통지하여야 한다(규칙 제4조 제2항).

10 다음 중개사무소 개설등록에 관한 설명 중 공인중개사법령의 규정과 다른 것은?★★

① 개업공인중개사는 교부받은 등록증을 잃어버리거나 그 등록증이 못쓰게 된 때에는 등록관청에 재교부를 신청할 수 있다.
② 중개업을 영위하고자 하는 자는 중개사무소를 두고자 하는 지역을 관할하는 시·도지사에게 중개사무소의 개설등록을 하여야 한다.
③ 소속공인중개사는 개설등록신청을 할 수 없다.
④ 중개사무소의 개설등록을 하고자 하는 자는 개별적으로 신청서를 제출하여야 한다.
⑤ 업무의 정지처분을 받은 개업공인중개사는 그 기간 중에 당해 중개업을 폐업하고 그 기간 중에 다시 중개사무소의 개설등록을 신청할 수 없다.

해설 ▶ **중개사무소 개설등록**
중개업을 영위하고자 하는 자는 중개사무소(법인의 경우에는 주된 중개사무소를 말함)를 두고자 하는 지역을 관할하는 시장(구가 설치되지 아니한 시의 시장과 특별자치도의 행정시를 말함. 이하 같음)·군수·구청장(이하 "등록관청"이라 함)에게 중개사무소의 개설등록을 하여야 한다(법 제9조 제1항).

정답 09. ⑤ 10. ②

11 다음 중 「공인중개사법」상 중개사무소의 개설등록에 대한 설명으로서 가장 타당한 것은?★★★

① 중개사무소를 개설등록하지 않고 중개업을 한 자는 3년 이하의 징역이나 2,000만원 이하의 벌금에 처한다.
② 개업공인중개사는 등록을 한 때에는 업무를 개시하기 전까지 손해배상책임을 보장하기 위한 보증을 설정하고 그 증명서류를 갖추어 등록관청에 신고하여야 한다.
③ 최근 1년 이내에 2회 이상 「공인중개사법」에 따라 과태료처분을 받고 다시 과태료 처분행위를 한 경우에는 중개사무소의 개설등록을 취소할 수 있다.
④ 개업공인중개사는 등록증을 교부받고 특별한 사유없이 6개월을 초과하여 중개업무를 개시하지 않는 경우에 등록관청은 중개사무소 개설등록을 취소하여야 한다.
⑤ 공인중개사는 등록신청일 전 1년 이내에 국토교통부장관이 시행하는 실무교육을 받고 등록신청을 하여야 한다.

해설 ▶ 중개사무소 개설등록
① 무등록업자는 3년 이하의 징역이나 3천만원 이하의 벌금형에 처한다(법 제48조 제1항 제1호).
③ 최근 1년 이내에 2회 이상 이 법에 의하여 과태료처분을 받고 다시 과태료 처분행위를 한 경우에는 6월의 범위 안에서 기간을 정하여 업무의 정지를 명할 수 있다.
④ 휴업신고를 하지 않고 3개월을 초과하여 무단휴업한 자는 100만원 이하의 과태료에 처한다(법 제51조 제2항 제4호).
⑤ 중개사무소의 개설등록을 하고자 하는 자(법인의 경우에는 사원 또는 임원을 말함)는 신청일 전 1년 이내에 시·도지사가 실시하는 실무교육을 받아야 한다(영 제13조).

2 등록기준

12 다음 중 다른 법률에 의해 중개업을 할 수 있는 법인(특수법인)에 대한 설명으로 옳은 것은?★★★

① 사무소별로 소속공인중개사를 두어야 한다.
② 임원중에 공인중개사가 없어도 등록이 가능하다.
③ 중개업만을 영위할 목적으로 설립되어야 한다.
④ 업무보증을 설정하지 않아도 된다.
⑤ 자본금 5천만원 이상의 「상법」상 회사여야 한다.

정답   11. ②   12. ②

해설 ▶ 특수법인
① 다른 법률의 규정에 의하여 중개업을 할 수 있는 법인은 공인중개사를 둘 의무가 없다.
③ 다른 법률의 규정에 의하여 중개업을 할 수 있는 법인은 자기의 고유업무 외에 중개업을 할 수 있다.
④ 다른 법률 규정에 의하여 중개업을 할 수 있는 법인은 업무보증설정의무가 면제되는 것은 아니다.
⑤ 다른 법률 규정에 의하여 중개업을 할 수 있는 법인은 등록기준을 적용하지 않는다(영 제13조).

13 법인의 중개사무소 개설등록기준에 적합하지 <u>않은</u> 것은?

① 사원 또는 임원(대표자를 포함함)은 실무교육을 받았을 것
② 법 제14조에 규정된 업무만을 영위할 목적으로 설립될 것
③ 대표자는 공인중개사이어야 하며 대표자를 제외한 사원 또는 임원의 3분의 1 이상이 공인중개사일 것
④ 자본금 5천만원 이상의 주식회사일 것
⑤ 건축물대장(가설건축물대장 제외)에 기재된 중개사무소를 확보할 것

해설 ▶ 등록기준
「상법」상 회사(㉠ 주식회사, ㉡ 유한회사, ㉢ 유한책임회사, ㉣ 합명회사, ㉤ 합자회사) 또는 협동조합 기본법에 의한 협동조합(사회적 협동조합 제외)으로서 자본금 5천만원 이상일 것(영 제13조 제1항 제2호).

14 공인중개사법령상 중개업 등에 관한 설명으로 옳은 것은? 〔33회 출제〕

① 소속공인중개사는 중개사무소의 개설등록을 신청할 수 있다.
② 법인인 개업공인중개사는 '중개업'과 '개업공인중개사를 대상으로 한 중개업의 경영기법 및 경영정보의 제공업무'를 함께 할 수 없다.
③ 법인인 개업공인중개사가 등록관청의 관할 구역 외의 지역에 분사무소를 두기 위해서는 등록관청의 허가를 받아야 한다.
④ 소속공인중개사는 등록관청에 신고를 거쳐 천막 그 밖에 이동이 용이한 임시 중개시설물을 설치할 수 있다.
⑤ 개업공인중개사는 의뢰받은 중개대상물에 대한 표시·광고에 중개보조원에 관한 사항을 명시해서는 아니 된다.

해설 ▶ 등록기준
① 소속공인중개사는 중개사무소의 개설등록을 신청할 수 없다.
② 법인인 개업공인중개사는 '중개업'과 '개업공인중개사를 대상으로 한 중개업의 경영기법 및 경영정보의 제공업무'를 함께 할 수 있다.
③ 법인인 개업공인중개사가 등록관청의 관할 구역 외의 지역에 분사무소를 두기 위해서는 등록관청의 신고를 하여야 한다.
④ 어떠한 경우든 천막 그 밖에 이동이 용이한 임시 중개시설물을 설치할 수 없다.

정답   13. ④   14. ⑤

15. 공인중개사법령상 중개사무소의 개설등록에 관한 설명으로 옳은 것은? (다른 법률에 의해 중개업을 할 수 있는 법인은 제외함) [22회 출제]

① 공인중개사가 개설등록을 신청하려는 경우 연수교육을 받아야 한다.
② 개설등록을 하고자 하는 자가 사용대차한 건물에는 개설등록할 수 없다.
③ 「건축법」상 가설건축물대장에 기재된 건축물에 개설등록할 수 있다.
④ 법인의 경우 대표자는 공인중개사이어야 하며, 대표자를 포함한 임원 또는 사원의 3분의 1 이상은 공인중개사이어야 한다.
⑤ 외국에 주된 영업소를 둔 법인이 개설등록을 하기 위해서는 「상법」상 외국회사 규정에 따른 영업소의 등기를 증명할 수 있는 서류를 첨부해야 한다.

해설 ▶ **중개사무소의 개설등록**
① 공인중개사가 개설등록을 신청하려는 경우 실무교육을 받아야 한다(영 제13조).
②, ③ 건축물 대장(가설건축물 대장 제외)에 기재된 건물에 중개사무소를 확보(소유, 전세, 임대차 또는 사용대차 등의 방법에 의하여 사용권을 확보하여야 한다)할 것(영 제13조 제1항 제1호 나목).
④ 법인의 경우 대표자는 공인중개사이어야 하며, 대표자를 제외한 임원 또는 사원의 3분의 1 이상은 공인중개사이어야 한다(영 제13조 제1항 제2호 다목).

16. 공인중개사법령에 관한 설명으로 옳은 것은? (다툼이 있으면 판례에 의함) [24회 출제]

① 무자격자가 우연한 기회에 단 1회 거래행위를 중개한 경우 과다하지 않은 중개보수 지급약정도 무효이다.
② 지역농업협동조합이 부동산중개업을 하는 때에는 1천만원 이상의 보증을 설정해야 한다.
③ 손해배상책임을 보장하기 위한 공탁금은 개업공인중개사가 폐업한 날부터 5년이 경과해야 회수할 수 있다.
④ 공인중개사가 자신 명의의 중개사무소에 무자격자로 하여금 자금을 투자하고 이익을 분배받도록 하는 것만으로도 등록증 대여에 해당된다.
⑤ 분사무소 한 개를 설치한 법인인 개업공인중개사가 손해배상책임의 보장을 위해 공탁만을 하는 경우 총 6억원 이상을 공탁해야 한다.

해설 ▶ **중개행위와 업무보증설정**
① 무자격자가 우연한 기회에 단 1회 거래행위를 중개한 경우 과다하지 않은 중개보수 지급약정은 유효이다.
② 다른 법률에 의해 중개업을 할 수 있는 법인이 부동산중개업을 하는 때에는 2천만원 이상의 보증을 설정해야 한다.
③ 손해배상책임을 보장하기 위한 공탁금은 개업공인중개사가 폐업한 날부터 3년이 경과해야 회수할 수 있다.
④ 공인중개사가 자신 명의의 중개사무소에 무자격자로 하여금 자금을 투자하고 이익을 분배하도록 하는 것은 등록증 대여에 해당하지 않는다.

정답 15. ⑤ 16. ⑤

17
공인중개사법령상 중개사무소의 개설등록에 관한 설명으로 틀린 것은? (다른 법률에 의해 중개업을 할 수 있는 경우는 제외함) **25회 출제**

① 법인이 중개사무소를 개설등록하기 위해서는 「상법」상 회사 또는 협동조합 기본법에 의한 협동조합(사회적 협동조합 제외)으로서 자본금 5천만원 이상이어야 한다.
② 공인중개사(소속공인중개사 제외) 또는 법인이 아닌 자는 중개사무소의 개설등록을 신청할 수 없다.
③ 개업공인중개사는 다른 개업공인중개사의 소속공인중개사·중개보조원이 될 수 없다.
④ 폐업신고 후 1년 이내에 중개사무소의 개설등록을 다시 신청하려는 공인중개사는 실무교육을 받지 않아도 된다.
⑤ 등록관청이 중개사무소등록증을 교부한 때에는 이 사실을 다음 달 10일까지 국토교통부장관에게 통보해야 한다.

해설 ▶ 중개사무소 개설등록
등록관청이 중개사무소등록증을 교부한 때에는 이 사실을 다음달 10일까지 공인중개사협회로 통보해야 한다(영 제14조, 규칙 제6조).

18
다음 중 중개사무소 개설등록에 관한 설명 중 맞는 것은?

① 중개업을 하고자 하는 자는 주소지를 관할하는 시장·군수·구청장에게 중개사무소 개설등록을 하여야 한다.
② 휴업기간 중에 있는 개업공인중개사는 그 기간 중에 당해 중개업을 폐업하고 다시 중개사무소 개설등록을 신청할 수 없다.
③ 법인인 개업공인중개사가 공인중개사인 개업공인중개사로 종별을 달리하여 업무를 계속하고자 하는 경우에는 중개사무소 개설등록증을 첨부하여 등록증 재교부신청을 하여야 한다.
④ 중개사무소 개설등록신청은 필요한 경우에는 공동명의로 할 수 있다.
⑤ 개업공인중개사는 중개사무소로 건축물대장에 기재된 건물을 확보하여야 하는데 반드시 소유일 필요도 없고, 면적도 제한이 없으나 용도에 제한을 받는다.

해설 ▶ 중개사무소 개설등록
① 등록신청은 사무소를 두고자 하는 지역 관할 시장·군수·구청장에게 한다.
② 휴업기간 중에 있는 개업공인중개사는 그 기간 중에 당해 중개업을 폐업하고 다시 중개사무소 개설등록을 신청할 수 있다.
③ 개업공인중개사가 종별을 달리하여 업무를 하고자 하는 경우에는 원칙적으로 등록신청서를 다시 제출하여야 한다.
④ 중개사무소 개설등록은 일신전속적인 성격이 있으므로 반드시 개별적으로 신청하여야 한다.

정답 17. ⑤ 18. ⑤

19. 공인중개사법령상 중개업의 등록에 관한 사항으로 틀린 것은?

① 중개업을 영위하고자 하는 자는 중개사무소를 두고자 하는 지역을 관할하는 시장·군수·구청장에게 중개사무소의 개설등록을 하여야 한다.
② 등록관청이 중개사무소의 개설등록을 한 때에는 업무보증설정 여부를 확인하고 중개사무소 등록증을 교부하여야 한다.
③ 개업공인중개사는 교부받은 등록증을 잃어버리거나 그 등록증이 못쓰게 된 때에는 국토교통부령이 정하는 바에 따라 등록관청에 재교부를 신청할 수 있다.
④ 중개사무소의 개설등록을 할 수 있는 자의 기준 등에 관하여 필요한 사항은 대통령령으로 정한다.
⑤ 업무의 정지처분을 받은 개업공인중개사는 업무정지처분기간 중에 당해 중개업을 폐업하고 다시 중개사무소의 개설등록을 신청할 수 있다.

해설 ▶ 중개사무소 개설등록
업무의 정지처분을 받은 개업공인중개사는 그 기간 중에 당해 중개업을 폐업한 경우 그 기간 동안이 결격사유기간이므로 다시 중개사무소의 개설등록을 신청할 수 없다(법 제10조 제1항 제9호).

20. 공인중개사법령상 중개사무소의 개설등록기준에 관한 설명으로 옳은 것은? (다툼이 있으면 판례에 의함) **24회 출제**

① 「농업협동조합법」에 따라 부동산중개사업을 할 수 있는 지역농업협동조합도 공인중개사법령에서 정한 개설등록기준을 갖추어야 한다.
② 개설등록을 하기 위해서는 20㎡ 이상의 사무소 면적을 확보해야 한다.
③ 가설건축물대장에 기재된 건축물을 사무소로 확보한 등록신청자에 의한 중개업등록은 허용된다.
④ 합명회사는 자본금이 5천만원 미만이더라도 개설등록을 할 수 있다.
⑤ 변호사가 부동산중개업무를 하기 위해서는 공인중개사법령에서 정한 기준에 따라 개설등록을 해야 한다.

해설 ▶ 중개사무소 개설등록기준
① 「농업협동조합법」은 공인중개사법상의 등록기준이 적용되지 않는다.
② 사무소 면적 제한규정은 없다.
③ 가설건축물대장에 기재된 건축물은 중개사무소가 될 수 없다.
④ 합명회사라도 자본금이 5천만원 이상이어야 한다.

정답 19. ⑤ 20. ⑤

21

등록관청이 공인중개사협회에 통보하여야 할 사항이 아닌 것은?

① 휴업·폐업신고 사항
② 분사무소 설치신고 사항
③ 공인중개사인 개업공인중개사에 대한 자격취소처분
④ 중개사무소 등록사항(법인, 공인중개사)
⑤ 중개사무소 이전신고 사항

해설 ▶ 협회 통보사항

자격취소처분은 자격증을 교부한 시·도지사가 행하는 행정처분으로 등록관청이 다음 달 10일까지 공인중개사협회에 통보하는 사항에 해당되지 않는다.

22

중개사무소의 등록에 관한 설명 중 옳은 것은?

① 업무정지처분을 받은 개업공인중개사는 그 기간 중에 당해 중개업을 폐업하고 다시 중개사무소의 개설등록을 신청할 수 있다.
② 중개사무소의 개설등록을 한 개업공인중개사가 종별을 달리하여 업무를 하고자 하는 경우에는 등록신청서를 다시 제출하여야 한다.
③ 등록신청을 받은 등록관청은 10일 이내에 개업공인중개사의 종별에 따라 구분하여 등록을 하고, 등록신청인에게 서면으로 통지하여야 한다.
④ 등록관청은 중개사무소 등록 사항 등을 공인중개사 협회에 10일까지 통보하여야 한다.
⑤ 인장등록을 하면 등록관청은 등록증을 교부한다.

해설 ▶ 중개사무소 등록

① 폐업은 가능하지만 업무정지기간 중에는 등록을 신청할 수 없다.
③ 7일 이내에 등록을 하고 서면으로 통지하여야 한다.
④ "다음 달" 10일까지 협회에 통보하여야 한다.
⑤ 보증 설정해서 신고하면 등록증을 교부한다.

정답 21. ③ 22. ②

제3장 중개업

23
공인중개사법령상 중개사무소의 개설등록에 관한 설명으로 옳은 것은? **24회 출제**

① 개설등록을 신청받은 등록관청은 그 인가 여부를 신청일부터 14일 이내에 신청인에게 통보해야 한다.
② 광역시장은 개설등록을 한 자에 대하여 법령에 따라 중개사무소개설등록증을 교부해야 한다.
③ 법인인 개업공인중개사가 주택분양을 대행하는 경우 겸업제한 위반을 이유로 그 등록이 취소될 수 있다.
④ 소속공인중개사는 중개사무소를 두려는 지역을 관할하는 등록관청에 개설등록을 신청할 수 없다.
⑤ A광역시 甲구(區)에 주된 사무소 소재지를 둔 법인인 개업공인중개사는 A광역시 乙구(區)에 분사무소를 둘 수 없다.

해설 ▶ 개설등록 및 분사무소 설치

① 개설등록을 신청받은 등록관청은 그 등록 여부를 신청일부터 7일 이내에 신청인에게 통보해야 한다.
② 등록관청은 개설등록을 한 자에 대하여 법령에 따라 중개사무소개설등록증을 교부해야 한다.
③ 주택분양을 대행하는 것은 겸업범위에 포함된다.
⑤ A광역시 甲구(區)에 주된 사무소 소재지를 둔 법인인 개업공인중개사는 A광역시 乙구(區)에 분사무소를 둘 수 있다.

02 결격사유

24
다음은 등록의 결격사유를 열거한 것이다. 법률에서 정한 결격사유와 일치하지 <u>않</u>는 것은?

① 이 법에 의하여 중개업의 중개사무소 개설등록의 취소를 받은 날로부터 3년이 경과되지 아니한 자
② 업무정지처분을 받고 폐업한 후 업무정지기간 중에 있는 자
③ 이 법에 의하여 공인중개사의 자격취소를 받은 날로부터 5년이 경과되지 아니한 자
④ 이 법에 위반하여 300만원 이상의 벌금형의 선고를 받고 3년이 경과되지 아니한 자
⑤ 금고 이상의 형의 집행유예를 받고 그 유예기간이 만료되고 2년이 경과되지 아니한 자

정답 23. ④ 24. ③

제1편 공인중개사법령

해설 ▶ **결격사유**
이 법에 의하여 공인중개사의 자격취소를 받은 날로부터 3년이 경과되지 아니한 자(법 제10조 제1항)

25

다음 甲·乙·丙·丁·戊는 2025.7.12. 현재 중개업등록을 하고자 등록을 신청한 자이다. 등록을 받을 수 있는 경우는?

① 甲법인의 정관에 그 설립목적이 중개업 이외는 부동산 개발업이 포함되어 있다.
② 乙법인의 경우 대표자를 포함한 임원 6인 중 2인이 공인중개사이다.
③ 丙공인중개사는 1년 6월 전에 「형법」을 위반하여 금고 6월의 선고유예를 받은 자이다.
④ 丁공인중개사인 개업공인중개사는 업무정지 6개월 처분을 받자 즉시 폐업신고를 하고 4개월이 지난 시점에 중개업무를 하고자 등록을 신청하였다.
⑤ 戊는 만 18세가 된 자로서 공인중개사 자격증을 취득하여 등록을 신청하였다.

해설 ▶ **개설등록기준**
① 법인인 경우 원칙적으로 중개업과 법 제14조에서 인정되는 업무만을 할 수 있다. 즉 부동산 개발업, 매매업, 용역업 등은 포함되지 않는다.
② 대표자를 제외한 임원 또는 사원의 3분의 1 이상이 공인중개사이어야 하므로 3인이 공인중개사이어야 한다.
④ 법 제10조에 의하면 업무정지처분을 받고 폐업신고한 자도 업무정지기간이 미경과한 경우에는 결격사유에 해당하도록 규정하였다.
⑤ 공인중개사자격시험의 응시연령제한이 폐지됨으로 인하여 미성년자도 응시가능하나 다만, 결격사유에 해당하여 등록이나 중개업에 종사가 불가능하다(법 제10조).

26

공인중개사법령상 개업공인중개사 등의 결격사유에 대한 기술로서 옳은 것은? ★★★

① 파산자는 복권 후 3년이 경과되지 않으면 개업공인중개사가 될 수 없다.
② 금고 이상의 실형의 선고를 받은 자는 그 집행이 종료되거나 집행면제 확정된 후 3년이 경과되지 않으면 개업공인중개사가 될 수 없다.
③ 미성년자는 법정대리인의 동의를 얻었다면 개업공인중개사가 될 수 있다.
④ 이 법에 의하여 중개업의 등록취소처분을 받은 자는 등록취소를 받은 날로부터 5년이 경과되지 않으면 개업공인중개사가 될 수 없다.
⑤ 이 법에 위반하여 300만원 이상의 벌금형의 선고를 받은 자는 벌금형의 선고를 받고 1년이 경과되지 않으면 개업공인중개사가 될 수 없다.

정답   25. ③   26. ②

해설 ▶ **결격사유**
① 파산선고를 받고 복권되지 아니한 자는 개업공인중개사등이 될 수 없다(법 제10조 제3호).
③ 미성년자가 법정대리인의 동의를 받더라도 「공인중개사법」상으로는 결격사유에 포함된다.
④ 중개사무소 개설등록취소를 받고 3년간은 개업공인중개사등이 될 수 없다(법 제10조 제8호).
⑤ 이 법에 위반하여 300만원 이상의 벌금형의 선고를 받은 자는 벌금형의 선고를 받고 3년이 경과되지 않으면 개업공인중개사등이 될 수 없다(법 제10조 제11호).

27. 다음 중 공인중개사법령상 등록의 결격사유에 관한 설명으로서 올바른 것은?

① 피한정후견인은 공인중개사가 될 수 없으나, 중개보조원이 되는 데에는 문제없다.
② 금고 이상의 형의 선고유예처분을 받은 자는 2년이 경과하기 전에는 공인중개사가 될 수 없다.
③ 공인중개사법령에 위반하여 300만원 이상의 벌금형의 선고를 받고 3년이 경과된 자는 개업공인중개사가 될 수 있고, 중개보조원이 되는 데에도 문제없다.
④ 미성년자는 개업공인중개사가 될 수 없으나, 중개보조원이 되는 데에는 문제없다.
⑤ 파산선고를 받은 자는 어떠한 경우에도 공인중개사가 될 수 없다.

해설 ▶ **결격사유**
①, ④ 결격사유에 해당하는 자는 개업공인중개사와 그 소속공인중개사·중개보조원 또는 개업 공인중개사인 법인의 임원이 될 수 없다(법 제10조 제2항).
② 금고 이상의 형의 선고유예기간 처분을 받은 자는 결격사유자도 아니며 공인중개사 자격취득이 제한되는 것은 아니다.
⑤ 파산선고는 결격사유에 포함되나 공인중개사 자격요건에는 해당되지 않는다.

28. 다음 중 개업공인중개사의 결격사유에 해당하지 않는 것은?

① A는 정신질환 때문에 법원으로부터 피성년후견인 심판을 받았으나 완치되었다.
② B는 변제능력을 상실하여 파산선고를 받았으나 채무를 모두 변제했다.
③ C는 폭행죄로 3년의 징역형을 선고받고 복역 중 잔형기 1년을 남기고 가석방되어 3년이 경과되었다.
④ D는 징역 3년에 집행유예 5년을 선고받고 석방되어 그 유예기간이 종료되고 2년이 지나지 않았다.
⑤ E는 이 법 위반으로 벌금 300만원을 선고받고 3년이 경과하였다.

정답 27. ③ 28. ⑤

제1편 공인중개사법령

해설 ▶ **결격사유**
① 피성년후견인의 취소선고가 되어야 결격사유에서 벗어난다.
② 복권판결을 받아야 결격사유에서 벗어난다.
③ 가석방의 경우 잔여형기가 종료된 후 3년이 경과되어야 결격사유에서 벗어난다.
④ 집행유예기간이 지나고 2년이 경과되어야 결격사유에서 벗어난다.
⑤ 이 법에 위반하여 300만원 이상의 벌금형의 선고를 받고 3년이 경과되면 결격사유에 해당되지 아니한다.

29. 다음 중 결격사유에 대한 설명으로 가장 옳은 것은?

① 소속공인중개사에게 결격사유가 있는 경우 6월 이내에 해소한다면 그를 고용한 개업공인중개사는 업무정지처분을 받지 않는다.
② 등록관청은 개업공인중개사등에 대한 결격사유 여부를 확인하기 위하여 시·도지사에게 협조를 요청할 수 있다.
③ 「공인중개사법」과 타법을 위반한 경합범인 경우 벌금형을 분리선고하여야 한다.
④ 법인 자체에 결격사유가 후발적으로 발생한 경우 2월 이내에 해소한다면 등록이 취소되지 않는다.
⑤ 개업공인중개사에게 결격사유가 발생한 경우 업무정지사유에 해당된다.

해설 ▶ **결격사유**
① 소속공인중개사에 결격사유가 있는 경우 2월 이내에 해소한다면 그를 고용한 개업공인중개사는 업무정지처분을 받지 않는다.
② 등록관청은 개업공인중개사 등에 대한 결격사유 여부를 확인하기 위하여 관계기관에 협조를 요청할 수 있다.
④ 법인 자체에 결격사유가 후발적으로 발생한 경우 2월 이내에 해소하면 등록이 취소되지 않는다는 예외가 없다.
⑤ 개업공인중개사에게 결격사유가 발생한 경우 절대적 등록취소사유에 해당된다.

30. 공인중개사법령상 중개사무소 개설등록의 결격사유에 해당되는 자는?

① 공인중개사자격시험에 응시하여 부정행위로 적발된 후 1년이 경과되지 않은 자
② 업무정지처분을 받고 폐업신고를 한 자로서 업무정지기간이 경과되지 아니한 자
③ 파산선고를 받고 복권된 후 1년이 경과된 자
④ 금고 이상의 형의 선고유예기간 중에 있는 자
⑤ 「도로교통법」을 위반하여 500만원의 벌금형 선고를 받고 3년이 경과되지 아니한 자

정답 29. ③ 30. ②

해설 **결격사유**

① 공인중개사자격시험에 응시하여 부정행위로 적발된 자는 5년간 시험에 응시하지는 못하고, 자격취소의 대상이 되나, 자격이 취소되기 전에는 직접적인 결격사유에 해당되지 않는다.
③ 파산선고를 받고 복권되면 바로 결격사유에서 벗어난다.
④ 선고유예는 결격사유에 해당하지 않는다.
⑤ 다른 법 위반으로 벌금형을 선고받을 경우에는 결격사유에 해당하지 않는다.

31. 다음 중 등록의 결격사유에 관하여 바르게 설명한 것은? ★★

① 피한정후견인과 피성년후견인은 법정대리인의 동의를 받아 중개업을 영위할 수 있다.
② 금고 이상의 형의 선고를 받고 집행이 종료된 후 3년 이내에는 중개업을 영위할 수 없다.
③ 금고 이상의 형의 집행유예를 받은 자는 유예기간이 만료되고 3년간은 중개업을 영위할 수 없다.
④ 폭행죄로 500만원의 벌금형을 선고받고 1년이 경과되지 아니한 자는 중개업을 영위할 수 없다.
⑤ 중개사무소개설등록이 취소된 날부터 5년이 경과되지 아니한 자는 중개법인의 임원이 될 수 없다.

해설 **결격사유**

① 미성년자와 피한정후견인 또는 피성년후견인은 결격사유에 포함되므로(법 제10조 제1항 제1호·2호) 법정대리인의 동의가 있더라도 개업공인중개사 등이 될 수 없다.
③ 금고 이상의 형의 집행유예를 받고 그 유예기간이 만료되고 2년이 경과되지 않으면 개업공인중개사등이 될 수 없다(법 제10조 제1항 제5호).
④ 공인중개사법령에 위반하여 300만원 이상의 벌금형의 선고를 받고 3년이 경과되지 아니한 자는 개업공인중개사등이 될 수 없으나, 다른 법률에 의한 300만원 이상 벌금형을 선고받은 자는 결격사유에 해당되지 않는다(법 제10조 제1항 제11호).
⑤ 이 법에 의하여 중개업의 중개사무소개설등록의 취소를 받은 날로부터 3년이 경과되지 아니한 자는 개업공인중개사등이 될 수 없다(법 제10조 제1항 제8호).

32. 공인중개사법령상 개업공인중개사등의 결격사유에 대한 설명 중 틀린 것은?

① 미성년자는 법정대리인의 동의를 얻은 경우에도 중개보조원이 될 수 없다.
② 파산자가 채무를 완제하더라도 곧 결격사유가 없어지는 것은 아니다.
③ 일반사면을 받은 자는 3년이 경과하여야 중개업에 종사할 수 있다.
④ 금고 이상의 선고유예를 받은 자는 2년이 경과되지 않아도 결격사유에 해당하지 않는다.
⑤ 개업공인중개사가 자격취소처분을 받으면 중개사무소 등록도 취소된다.

정답 31. ② 32. ③

제1편 공인중개사법령

해설 ▶ 결격사유
일반사면은 형의 선고를 받은 자에게는 형선고의 효력을 전부 또는 일부를 소멸시키고, 형의 선고를 받지 않은 자에 대하여는 공소권을 소멸시키는 것이다. 따라서 일반사면을 받은 그 즉시 결격사유에서 벗어난다.

33. 공인중개사법령상 중개사무소 개설등록의 결격사유에 해당하지 않는 자는? `25회 출제`

① 파산선고를 받고 복권되지 아니한 자
② 형의 선고유예를 받고 3년이 경과되지 아니한 자
③ 만 19세에 달하지 아니한 자
④ 「공인중개사법」을 위반하여 300만원 이상의 벌금형의 선고를 받고 3년이 경과되지 아니한 자
⑤ 금고 이상의 실형의 선고를 받고 그 집행이 종료되거나 집행이 면제된 날부터 3년이 경과되지 아니한 자

해설 ▶ 결격사유
선고유예는 결격사유에 해당하지 않는다.

34. 다음 중 공인중개사법령상 등록의 결격사유에 해당되지 않는 경우는? ★★

① A는 경미한 폭력사건으로 구속되어 6개월 금고처분의 선고가 유예되어 이제 2개월이 경과했다.
② B는 공인중개사법령 위반으로 인해 징역 1년을 선고받고 석방된 후 2년이 경과했다.
③ C는 피한정후견인 심판을 받았으나 피한정후견인 선고 취소소송을 제기해 진행 중이다.
④ D는 이 법 중개사무소 개설등록이 취소된 날부터 2년이 경과했다.
⑤ E는 징역형을 살다가 지난해 1월 말일에 특별사면으로 석방되었다.

해설 ▶ 결격사유
① 선고유예는 결격사유에 해당하지 않는다.
②, ⑤ 금고 이상의 형의 선고를 받고 그 집행이 종료되거나 집행을 받지 아니하기로 확정된 후 3년이 경과되지 아니한 자는 결격사유에 해당된다(법 제10조 제1항 제4호).
③ 피한정후견인 선고가 취소되지 않았으므로 결격사유에 해당된다.
④ 이 법에 의하여 중개사무소 개설등록이 취소된 경우 3년이 경과되지 아니했으므로 결격사유에 해당한다(법 제10조 제1항 제8호).

정답 33. ② 34. ①

35
공인중개사법령상 등록 등의 결격사유에 관한 설명으로서 틀린 것은?★★

① 개업공인중개사가 이 법상 등록 등의 결격사유에 해당하면 등록이 취소된다.
② 중개보조원이 등록 등의 결격사유에 해당하면 개업공인중개사의 등록이 취소된다. 다만, 2월 이내에 그 결격사유를 해소한 때에는 그러하지 아니한다.
③ 법인의 임원이 등록 등의 결격사유에 해당하면 법인인 개업공인중개사의 등록이 취소된다. 다만, 2월 이내에 그 결격사유를 해소한 때에는 그러하지 아니한다.
④ 개업공인중개사가 등록 등의 결격사유에 해당하더라도 원칙적으로 공인중개사 자격이 취소되는 것은 아니다.
⑤ 등록관청은 개업공인중개사등이 결격사유에 해당하는지 여부를 확인하기 위하여 관계기관에 조회할 수 있다.

해설 ▸ 결격사유
중개보조원이 등록 등의 결격사유에 해당하면 등록관청은 개업공인중개사에 대하여 업무정지처분을 할 수 있다. 다만, 2월 이내에 그 결격사유를 해소한 때에는 그러하지 아니한다.

36
공인중개사법령상 중개사무소 개설등록의 결격사유에 해당하는 자를 모두 고른 것은?

> ㉠ 미성년자가 임원으로 있는 법인
> ㉡ 개인회생을 신청한 후 법원의 인가 여부가 결정되지 않는 공인중개사
> ㉢ 공인중개사의 자격이 취소된 후 4년이 된 자
> ㉣ 음주교통사고로 징역형을 선고받고 그 형의 집행유예기간 중인 공인중개사

① ㉠
② ㉠, ㉣
③ ㉡, ㉢
④ ㉠, ㉡, ㉣
⑤ ㉡, ㉢, ㉣

해설 ▸ 등록의 결격사유
㉠ 미성년자가 임원으로 있는 법인은 법인 자체가 결격사유에 해당한다.
㉣ 음주교통사고로 징역형을 선고받고 그 형의 집행유예기간 중인 공인중개사는 집행유예기간이 만료되고 2년 동안 결격사유에 해당한다.

정답 35. ② 36. ②

37. 공인중개사법령상 중개사무소 개설등록의 결격사유가 있는 자를 모두 고른 것은? `33회 출제`

> ㄱ. 금고 이상의 실형의 선고를 받고 그 집행이 면제된 날부터 2년이 된 자
> ㄴ. 공인중개사법을 위반하여 200만원의 벌금형의 선고를 받고 2년이 된 자
> ㄷ. 사원 중 금고 이상의 형의 집행유예를 받고 그 유예기간이 만료되고 2년이 경과되지 않은 법인

① ㄱ ② ㄴ ③ ㄱ, ㄷ
④ ㄴ, ㄷ ⑤ ㄱ, ㄴ, ㄷ

해설 ③ 결격사유
ㄴ. 공인중개사법을 위반하여 300만원 이상의 벌금형의 선고받아야 결격사유이다.

정답 37. ③

제2절 중개업무

01 업무지역의 범위

01 개업공인중개사의 업무범위 등에 대한 설명으로 옳은 것은?
① 공인중개사법령은 개업공인중개사의 종별에 따라 취급할 수 있는 중개대상물의 범위를 달리 정하고 있다.
② 공인중개사인 개업공인중개사와 법인인 개업공인중개사의 업무지역의 범위는 동일하지 않다.
③ 공인중개사인 개업공인중개사가 업무지역을 위반하면 업무의 정지를 명할 수 있다.
④ 중개사무소 개설등록을 하지 않은 공인중개사도 매수신청대리인등록을 할 수 있다.
⑤ 중개법인은 상업용 건축물 및 주택에 대한 분양대행을 할 수 있다.

해설 ▶ **개업공인중개사의 업무범위**
① 공인중개사법령은 원칙적으로 개업공인중개사의 종별에 따라 취급할 수 있는 중개대상물의 범위를 달리 정하고 있지 않다.
② 공인중개사인 개업공인중개사와 법인인 개업공인중개사의 업무지역의 범위는 전국으로 동일하다.
③ 공인중개사인 개업공인중개사는 업무지역이 전국이므로 업무지역을 위반할 수 없다.
④ 중개사무소 개설등록을 하지 않은 공인중개사는 매수신청대리인등록을 할 수 없다. 반드시 중개사무소 개설등록을 하여야 한다.

정답 01. ⑤

제1편 공인중개사법령

02 다음 중 개업공인중개사의 업무범위에 대한 설명으로 가장 타당한 것은? ★★

① 법인인 개업공인중개사는 전국을, 공인중개사인 개업공인중개사는 중개사무소가 소재하는 특별시·광역시·도의 관할구역을 각각 그 업무지역으로 한다.
② 등록관청은 부칙에 의해 개설·등록한 것으로 보는 자가 업무지역범위의 제한을 위반한 경우에는 6월 이하의 업무정지를 명할 수 있다.
③ 부칙에 의한 개업공인중개사가 공인중개사를 고용인으로 고용한 경우 그 업무범위는 전국이다.
④ 부칙에 의한 개업공인중개사가 부동산거래정보망에 가입하여 중개하는 경우에는 그 정보망에 공개되지 않은 관할구역 외의 중개대상물에 대하여도 중개할 수 있다.
⑤ 현행법령상 개업공인중개사의 종별에 따라 개업공인중개사가 취급할 수 있는 중개대상물의 범위를 구분하고 있다.

해설 ▶ 업무범위
① 법인 및 공인중개사인 개업공인중개사의 업무지역은 전국으로 한다.
③, ④ 다만, 부칙에 의한 개업공인중개사가 부동산거래정보망에 가입하고 이를 이용하여 중개하는 경우에는 당해 정보망에 공개된 관할구역 외의 중개대상물에 대하여도 이를 중개할 수 있다(법 부칙 제6조 제6항).
⑤ 관련 규정이 없다.

---

03 개업공인중개사 甲의 소속공인중개사인 乙은 사적인 일로 丙과 단둘이 다투다가 폭행죄로 징역 2년에 집행유예 3년을 선고받고 집행유예기간 중에 있다. 다음 설명으로 옳은 것은? **20회 출제**

① 甲은 乙이 丙에게 가한 손해에 대해서도 배상책임을 진다.
② 乙은 집행유예를 선고받았으므로 乙의 공인중개사 자격은 당연히 취소된다.
③ 乙은 다른 개업공인중개사의 중개보조원이 될 자격이 없다.
④ 乙이 벌금형 이상을 선고받았으므로 甲의 등록은 취소된다.
⑤ 甲은 양벌규정에 의하여 1천만원 이하의 벌금형을 선고받을 수 있다.

해설 ▶ 고용인의 업무상 행위
소속공인중개사 또는 중개보조원의 업무상 행위는 그를 고용한 개업공인중개사의 행위로 본다(법 제15조 제2항). 그러므로 업무상 행위가 아닌 사적인 행위는 개업공인중개사의 책임이 아니다. 다만, 소속공인중개사 乙은 집행유예를 선고받았으므로 집행유예기간이 만료되고 2년 동안 결격사유에 해당되어 중개업에 종사하지 못한다.

정답   02. ②   03. ③

02 개업공인중개사의 겸업업무

04 다음 중 공인중개사법령상 법인인 개업공인중개사가 할 수 <u>없는</u> 것은?

① 상업용 건축물 및 주택의 임대관리 등 부동산의 관리대행
② 상업용 건축물 및 주택의 분양대행
③ 도배업 또는 이사업
④ 「민사집행법」에 의한 경매 및 「국세징수법」 그 밖의 법령에 의한 공매대상부동산에 대한 권리분석 및 취득의 알선과 매수신청 또는 입찰신청의 대리
⑤ 부동산 이용·개발·거래에 관한 상담

해설 ▶ 겸업업무
도배, 이사업체의 소개 등 용역에 대한 알선업을 할 수 있다.

05 공인중개사법령상 법인인 개업공인중개사의 업무범위에 관한 설명으로 옳은 것은? (다른 법률에 의해 중개업을 할 수 있는 경우는 제외함) **25회 출제**

① 토지의 분양대행을 할 수 있다.
② 중개업에 부수되는 도배 및 이사업체를 운영할 수 있다.
③ 상업용 건축물의 분양대행을 할 수 없다.
④ 겸업제한 규정을 위반한 경우 등록관청은 중개사무소 개설등록을 취소할 수 있다.
⑤ 대법원규칙이 정하는 요건을 갖춘 경우 법원에 등록하지 않고 경매대상부동산의 매수신청대리를 할 수 있다.

해설 ▶ 법인의 겸업제한(공인중개사법 제14조)
① 상업용 건축물 및 주택의 분양대행을 할 수 있으며 토지의 분양대행은 할 수 없다.
② 도배 및 이사업체를 운영할 수 없고 용역 알선만을 할 수 있다.
③ 상업용 건축물의 분양대행을 할 수 있다.
⑤ 대법원규칙이 정하는 요건을 갖춘 경우 대법원 규칙에 의하여 법원에 등록을 하고 경매대상부동산의 매수신청대리를 할 수 있다.

정답 04. ③ 05. ④

06 법인인 개업공인중개사의 중개업무범위에 대한 설명으로 틀린 것은?

① 개업공인중개사를 대상으로 한 중개업의 경영기법 제공
② 상업용 건축물의 임대관리
③ 주택의 임대업
④ 상업용 건축물 및 주택의 분양대행
⑤ 중개의뢰인의 의뢰에 따른 도배업체의 소개

해설 ▶ **겸업업무**
중개법인은 중개업을 할 수 있으나 임대업을 할 수 없다.

07 공인중개사법령상 개업공인중개사의 겸업에 관한 설명으로 옳은 것은? **22회 출제**

① 모든 개업공인중개사는 개업공인중개사를 대상으로 한 중개업의 경영기법의 제공업무를 겸업할 수 있다.
② 법인이 아닌 모든 개업공인중개사는 법인인 개업공인중개사에게 허용된 겸업업무를 모두 영위할 수 있다.
③ 법인인 개업공인중개사는 부동산의 이용·개발 및 거래에 관한 상담업무를 겸업해야 한다.
④ 법인인 개업공인중개사는 중개의뢰인의 의뢰에 따른 도배·이사업을 겸업할 수 있다.
⑤ 공인중개사인 개업공인중개사는 20호 미만으로 건설되는 단독주택의 분양대행업을 겸업할 수 없다.

해설 ▶ **개업공인중개사의 겸업**
② 부칙에 의한 개업공인중개사는 경매·공매부동산에 대한 권리분석·취득알선 및 매수신청 대리 업무를 할 수 없다(법 부칙 제6조 제2항).
③ 법인인 개업공인중개사는 부동산의 이용·개발 및 거래에 관한 상담업무를 겸업할 수 있다(법 제14조 제1항).
④ 법인인 개업공인중개사는 중개의뢰인의 의뢰에 따른 도배·이사업을 겸업할 수 없고 도배·이사업체를 알선하는 업무를 할 수 있다(법 제14조 제1항 제5호, 영 제17조).
⑤ 공인중개사인 개업공인중개사는 20호 미만으로 건설되는 단독주택의 분양대행업을 겸업할 수 있다(법 제14조 제1항).

정답 06. ③ 07. ①

08

법인인 개업공인중개사의 업무범위에 속하는 것은 모두 몇 개인가?

> ㉠ 「주택법」의 규정에 따른 사업계획승인대상이 아닌 주택의 분양대행
> ㉡ 「주택법」의 규정에 따른 사업계획승인대상인 주택으로서 입주자 모집결과 신청자의 수가 공급하는 주택의 수에 미달하는 경우 그 미달하는 분의 주택의 분양대행
> ㉢ 「건축물의 분양에 관한 법률」의 규정에 따른 분양신고대상이 아닌 상가의 분양대행
> ㉣ 중개의뢰인의 의뢰에 따른 도배·이사업체의 소개 등 주거이전에 부수되는 용역의 알선

① 없음 ② 1개 ③ 2개 ④ 3개 ⑤ 4개

해설 ▶ 겸업업무
모두 법인인 개업공인중개사의 업무범위에 속한다.

09

개업공인중개사의 중개행위와 관련된 설명 중 옳은 것은? ★★

① 개업공인중개사는 전문직업인이므로 그 중개행위의 업무를 보조하게 하기 위하여 다른 사람을 사용할 수 없다.
② 공인중개사인 개업공인중개사는 자신이 공인중개사이므로 다른 공인중개사를 사용할 수 없다.
③ 등록을 하지 않고 중개업을 영위하는 자를 위해 개업공인중개사가 자기의 명의를 이용하게 하였다.
④ 법인인 개업공인중개사는 경매 또는 공매 대상부동산에 대한 권리분석 및 취득의 알선을 할 수 있다.
⑤ 개업공인중개사가 중개보조원을 고용하였다 하더라도 그 중개보조원의 업무상 보조행위에 대해서는 개업공인중개사가 책임을 부담하지 않는다.

해설 ▶ 겸업업무
①, ② 개업공인중개사는 그의 중개행위에 관한 업무를 보조하게 하기 위하여 공인중개사 및 중개보조원을 둘 수 있다.
③ 등록을 하지 아니하고 중개업을 영위하는 자인 사실을 알면서 그를 통하여 중개를 의뢰받거나 그에게 자기의 명의를 이용하게 하는 행위를 할 경우 금지행위에 해당되어(법 제33조 제2호) 상대등록취소(행정처분)와 1년 이하의 징역 또는 1천만원 이하의 벌금에 처할 수 있다.
⑤ 개업공인중개사가 고용한 공인중개사 및 중개보조원의 업무상 행위는 그를 고용한 개업공인중개사의 행위로 본다(법 제15조 제2항).

정답 08. ⑤ 09. ④

10. 공인중개사법령상 법인인 개업공인중개사가 겸업할 수 있는 업무를 모두 고른 것은? (다른 법률에 따라 중개업을 할 수 있는 경우는 제외함) 〔26회 출제〕

> ㉠ 주택의 분양대행
> ㉡ 부동산의 이용·개발 및 거래에 관한 상담
> ㉢ 중개의뢰인의 의뢰에 따른 이사업체의 소개
> ㉣ 개업공인중개사를 대상으로 한 중개업의 경영기법의 제공

① ㉠, ㉢   ② ㉡, ㉢   ③ ㉠, ㉡, ㉢
④ ㉠, ㉡, ㉣   ⑤ ㉠, ㉡, ㉢, ㉣

해설 ▶ 법인의 겸업
모두 겸업할 수 있는 사항이다.

11. 다음은 중개법인이 수행할 수 있는 업무에 대한 설명이다. 법 제14조에서 정한 업무에 포함되지 않는 것은? ★★

① 중개법인은 토지소유자의 개발에 관한 사항을 상담해 주고 보수를 받을 수 있다.
② 중개법인은 무주택자의 의뢰가 있을 경우 의뢰인을 대신하여 경매대상 아파트를 취득하게 해줄 수 있다.
③ 중개법인은 택지개발회사로부터 토지에 대한 분양을 의뢰받아 분양을 대행해 주고 보수를 받을 수 있다.
④ 중개법인은 다세대주택 소유자로부터 다세대주택의 임대와 관리업무를 대행해 주고 월세 중 일정 금액을 보수로 받을 수 있다.
⑤ 중개법인은 중개의뢰인의 의뢰에 의하여 이사용역업체을 알선해 주고 이사용역업체로부터 소개보수를 받을 수 있다.

해설 ▶ 겸업업무
① 부동산 이용·개발·거래에 관한 상담업무로서 할 수 있는 업무이다.
② 경매에 대한 매수신청대리업무로서 할 수 있다.
③ 토지의 분양대행은 할 수 없다.
④ 주택의 임대관리로서 할 수 있다.
⑤ 이사·도배업체를 소개하는 용역알선업으로서 할 수 있다.

정답 10. ⑤ 11. ③

12

공인중개사법령상 법인인 개업공인중개사가 할 수 있는 업무를 모두 고른 것은?

> ㄱ. 상업용 건축물의 관리대행
> ㄴ. 주택저당채권의 발행 및 유통
> ㄷ. 부동산의 이용·개발상담
> ㄹ. 「자본시장과 금융투자업에 관한 법률」상의 부동산펀드 조성
> ㅁ. 중개의뢰인의 의뢰에 따른 도배·이사업체의 소개 등 주거이전에 부수되는 용역의 알선

① ㄱ, ㄴ, ㄷ ② ㄱ, ㄴ, ㄹ ③ ㄱ, ㄷ, ㅁ
④ ㄴ, ㄷ, ㄹ ⑤ ㄷ, ㄹ, ㅁ

해설 ▶ 겸업업무

ㄱ, ㄷ, ㅁ 법인이 중개업 이외에 할 수 있는 업무(법 제14조, 영 제17조)

13

다음 중 공인중개사법령상 중개법인의 업무에 관한 내용 중 옳은 것은?

① 중개법인은 상가전문건설회사로부터 미분양상가의 분양대행업무를 수주하여 분양을 대행할 수 없다.
② 중개법인은 부동산관리 전문법인으로부터 부동산이용 및 개발에 관한 용역을 의뢰받아 업무를 수행할 수 없다.
③ 중개법인은 주택건설회사로부터 아파트 50세대에 대한 분양의뢰를 받아도 분양대행업무를 수행해서는 안 된다.
④ 중개법인은 다른 중개법인으로부터 중개업 경영기법의 개발에 관한 용역을 의뢰받아 업무를 수행할 수 있다.
⑤ 중개법인은 중개의뢰인을 대상으로 중개업의 경영정보나 경영기법을 제공할 수 있다.

해설 ▶ 겸업업무

①, ③ 법인인 개업공인중개사는 모든 상업용 건축물 및 주택의 분양대행을 할 수 있다.
② 법인인 개업공인중개사는 부동산의 이용·개발 및 거래에 관한 상담업무를 할 수 있다(법 제14조 제1항 제2호).
⑤ 법인인 개업공인중개사는 개업공인중개사를 대상으로 한 중개업의 경영기법 및 경영정보를 제공할 수 있다(법 제14조 제1항 제3호).

정답 12. ③ 13. ④

14. 중개업에 관한 설명 중 <u>틀린</u> 것은? (다툼이 있는 경우 판례에 의함)★★

① 법인인 개업공인중개사가 다른 개업공인중개사를 대상으로 중개업의 경영정보를 제공하고 중개보수를 받은 경우 이는 중개업에 해당되지 않는다.
② 중개업으로 인정받기 위해서는 계속·반복적 영업행위가 있어야 한다.
③ 중개의뢰인이 개업공인중개사에게 소정의 중개보수를 지급하지 않은 경우 개업공인중개사는 고의·과실에 의한 중개사고로 발생한 손해에 대하여 책임을 지지 않는다.
④ 개업공인중개사가 2 이상의 중개사무소를 둔 경우 중개사무소개설등록이 취소될 수 있다.
⑤ 저당권 설정에 관한 행위의 알선을 업으로 한 경우 중개업에 해당된다.

해설 ▶ 겸업업무
무료중개라 하더라도 의뢰인에게 고의 또는 과실로 손해를 끼쳤다면 그 손해에 대하여 손해배상책임을 진다.

정답 14. ③

제3절 중개사무소

01 중개사무소 설치기준

01 중개사무소의 설치 등에 관한 기술 중 옳은 것은? ★★

① 개업공인중개사는 사무소 명칭에 "부동산중개"라는 용어만을 사용하여야 한다.
② 개업공인중개사가 분사무소를 두고자 하는 경우에는 주된 사무소의 소재지가 속한 시·군·구를 제외한 특별시·광역시 또는 도청소재지인 시에 한하며, 각 시별로 1개소를 초과할 수 없다.
③ 분사무소의 책임자는 공인중개사이어야 하며 책임자가 되고자 하는 자는 실무교육을 받아야 한다.
④ 분사무소 설치신고를 받은 등록관청은 7일 이내에 그 분사무소를 설치하고자 하는 지역을 관할하는 시장·군수 또는 구청장에게 통보하여야 한다.
⑤ 분사무소 설치신고를 받은 등록관청은 15일 이내에 신청인에게 신고확인서를 교부하여야 한다.

해설 ▶ 중개사무소 설치
① 사무소 명칭에 "공인중개사사무소" 또는 "부동산중개"라는 명칭을 사용하여야 한다(법 제18조 제1항).
② 분사무소는 주된 사무소의 소재지가 속한 시·군·구를 제외한 시·군·구별로 설치하되, 각 시·군·구별로 1개소를 초과할 수 없다(영 제15조 제1항).
④, ⑤ 분사무소 설치의 신고를 받은 등록관청은 그 신고내용이 적합한 경우에는 신고확인서를 교부(7일 이내)하고 지체없이 그 분사무소를 설치예정지역을 관할하는 시장·군수 또는 구청장에게 이를 통보하여야 한다(법 제13조 제4항).

정답 01. ③

제1편 공인중개사법령

02 중개사무소에 대한 설명이다. 옳은 것은?

① 개업공인중개사는 중개사무소를 중개업에만 사용해야 하며, 중개사무소에서 다른 업을 할 수 없다.
② 개업공인중개사가 자신의 중개사무소를 두고 인근 아파트 모델하우스 옆 창고에 중개사무소를 설치하는 것은 무방하다.
③ 개업공인중개사가 1층에 자신의 중개사무소를 두고 2층에 중개업무의 상담을 위한 사무소를 두는 것은 무방하다.
④ 개업공인중개사는 설치신고를 하고 등록관청 관할구역 외에 분사무소를 둘 수 있다.
⑤ 모든 개업공인중개사는 등록관청 관할구역 내에는 2개 이상의 사무소를 설치할 수 없다.

해설 ▶ **중개사무소**
① 중개사무소를 중개업에만 전용해야 하는 의무는 없다.
② 개업공인중개사가 자신의 중개사무소를 두고 인근 아파트 모델하우스 옆 창고에 중개사무소를 설치하는 것은 이중사무소 설치에 해당된다.
③ 개업공인중개사가 1층에 자신의 중개사무소를 두고 2층에 중개업무의 상담을 위한 사무소를 두는 것은 이중사무소 설치에 해당된다.
④ 법인인 개업공인중개사만이 설치신고를 하고 등록관청 관할구역 외에 분사무소를 둘 수 있다.

03 공인중개사법령상 중개사무소의 설치에 관한 설명으로 틀린 것은? **26회 출제**

① 법인 아닌 개업공인중개사는 분사무소를 둘 수 없다.
② 분사무소의 설치는 업무정지기간 중에 있는 다른 개업공인중개사의 중개사무소를 공동으로 사용하는 방법으로는 할 수 없다.
③ 법인인 개업공인중개사가 분사무소를 설치하려는 경우 분사무소 소재지의 시장·군수 또는 구청장에게 신고해야 한다.
④ 「공인중개사법」을 위반하여 2 이상의 중개사무소를 둔 경우 등록관청은 중개사무소의 개설등록을 취소할 수 있다.
⑤ 개업공인중개사는 이동이 용이한 임시 중개시설물을 설치해서는 아니 된다.

해설 ▶ **분사무소 설치**
법인인 개업공인중개사가 분사무소를 설치하려는 경우 주된 사무소 소재지의 시장·군수 또는 구청장에게 신고해야 한다(영 제15조 제3항).

정답 02. ⑤   03. ③

제3장 중개업

04. 공인중개사법령상 중개사무소에 관한 설명으로 옳은 것은? **23회 출제**

① 법인인 개업공인중개사는 주된 사무소가 소재하는 등록관청 관할구역 안에 분사무소를 둘 수 있다.
② 개업공인중개사는 천막 그 밖에 이동이 용이한 임시 중개시설물을 설치할 수 있다.
③ 다른 법률의 규정에 따라 중개업을 할 수 있는 법인의 분사무소에도 공인중개사를 책임자로 두어야 한다.
④ 분사무소의 설치신고를 하려는 자는 분사무소 설치신고서를 주된 사무소의 소재지를 관할하는 등록관청에 제출해야 한다.
⑤ 개업공인중개사는 다른 개업공인중개사와 중개사무소를 공동으로 사용할 수 없다.

해설 ▶ 중개사무소

① 법인인 개업공인중개사는 주된 사무소가 소재하는 등록관청 관할구역 이외의 등록관청에 분사무소를 둘 수 있다(영 제15조 제1항).
② 개업공인중개사는 천막 그 밖에 이동이 용이한 임시 중개시설물을 설치할 수 없다(법 제13조 제2항).
③ 다른 법률의 규정에 따라 중개업을 할 수 있는 법인의 분사무소는 공인중개사를 책임자로 두지 않아도 된다(영 제15조 제2항).
⑤ 개업공인중개사는 다른 개업공인중개사와 중개사무소를 공동으로 사용할 수 있다(법 제13조 제6항).

05. 중개법인이 설치하는 분사무소 설치절차 등에 관한 설명으로서 **부적절한** 것은?★★

① 분사무소는 주된 사무소의 소재지가 속한 시·군·구를 제외한 시·군·구별로 설치하되, 시·군·구별로 1개소를 초과할 수 없다.
② 등록관청은 자격증을 발급한 시·도지사에게 분사무소 책임자가 되고자 하는 자의 자격취득 여부를 확인하여야 한다.
③ 분사무소설치신고서는 주된 사무소 소재지를 관할하는 등록관청에 제출하여야 한다.
④ 등록관청은 분사무소설치신고서를 제출한 자에 대하여 신고확인서를 교부한다.
⑤ 분사무소 신고확인서를 잃어버리거나 못쓰게 된 경우 분사무소 소재지 등록관청에 재교부 신청을 할 수 있다.

해설 ▶ 분사무소 설치

분사무소신고확인서를 교부받은 법인은 신고확인서가 못쓰게 되거나 분실한 경우 주된사무소 소재지 등록관청에 재교부를 신청할 수 있다(법 제13조 제5항, 제5조 제3항).

정답 04. ④ 05. ⑤

06

다음은 중개대상물 표시광고와 관련한 설명이다. 옳지 <u>않은</u> 것은?

① 개업공인중개사가 의뢰받은 중개대상물에 대하여 표시·광고를 하려면 중개사무소, 개업공인중개사에 관한 사항으로서 대통령령으로 정하는 사항을 명시하여야 한다.
② 공인중개사가 아닌 자는 중개대상물에 대한 표시·광고를 하여서는 아니 된다.
③ 개업공인중개사가 중개대상물을 광고하고자 하는 경우 중개사무소의 명칭, 소재지 및 연락처를 명시하여야 한다.
④ 개업공인중개사가 중개대상물을 광고하고자 하는 경우 개업공인중개사의 성명 등을 명시하여야 한다.
⑤ 개업공인중개사가 인터넷을 이용하여 광고하는 경우 중개대상물 소재지, 면적, 가격, 중개대상물 종류, 거래형태 등을 추가로 표시하여야 한다.

해설 ▶ 중개대상물 표시광고
개업공인중개사가 아닌 자는 중개대상물에 대한 표시·광고를 하여서는 아니 된다. 이를 위반한 경우 1년 이하 징역 또는 1천만원 이하의 벌금에 처한다(법 제18조의2 제2항).

07

공인중개사법령상 분사무소의 설치에 관한 설명으로 옳은 것을 모두 고른 것은? **25회 출제**

> ㉠ 다른 법률의 규정에 따라 중개업을 할 수 있는 법인의 분사무소에는 공인중개사를 책임자로 두어야 한다.
> ㉡ 분사무소의 설치신고를 하려는 자는 그 신고서를 주된 사무소의 소재지를 관할하는 등록관청에 제출해야 한다.
> ㉢ 분사무소의 설치신고를 받은 등록관청은 그 신고내용이 적합한 경우에는 국토교통부령이 정하는 신고확인서를 교부해야 한다.
> ㉣ 분사무소의 설치신고를 하려는 자는 법인등기사항증명서를 제출해야 한다.

① ㉠, ㉡   ② ㉠, ㉢   ③ ㉡, ㉢
④ ㉢, ㉣   ⑤ ㉠, ㉡, ㉣

해설 ▶ 분사무소 설치
㉠ 다른 법률의 규정에 따라 중개업을 할 수 있는 법인의 분사무소에는 공인중개사를 책임자로 두지 않아도 된다.
㉣ 법인등기사항증명서는 제출서류에 해당하지 않는다.

정답 06. ②   07. ③

08

A군(郡)에 중개사무소를 두고 있는 공인중개사 甲과 중개법인 乙, 乙법인 분사무소의 책임자 丙 및 소속공인중개사 丁에 관한 설명 중 옳은 것은? **18회 출제**

① 甲은 B군에 분사무소를 둘 수 있다.
② 甲이 B군에 임시 중개시설물을 설치한 경우 등록이 취소될 수 있으며, 3년 이하의 징역 또는 3천만원 이하의 벌금에 처하게 된다.
③ 乙이 B군에 분사무소를 두고자 할 때는 B군 군수에게 丙의 실무교육수료증 사본 등의 관련서류를 제출하여야 한다.
④ 乙은 B군, C군, D군에 각 분사무소 1개소를 설치할 수 있다.
⑤ 丙과 丁은 업무개시 전에 연수교육을 받아야 한다.

해설 ▶ 중개사무소의 설치기준
① 甲은 공인중개사인 개업공인중개사이므로 B군에 분사무소를 둘 수 없다.
② 임시 중개시설물을 설치한 경우 등록이 취소될 수 있으며, 1년 이하의 징역 또는 1천만원 이하의 벌금에 처하게 된다.
③ 乙이 B군에 분사무소를 두고자 할 때는 A군(주된 사무소) 군수에게 丙의 실무교육수료증 사본 등의 관련서류를 제출하여야 한다.
⑤ 丙은 분사무소 설치신고 전 1년 이내에 실무교육을 받아야 하며 丁은 고용신고일 전 1년 이내에 실무교육을 받아야 한다.

09

공인중개사법령상의 명칭과 관련한 설명으로 틀린 것은? **22회 출제**

① 공인중개사인 개업공인중개사는 사무소의 명칭에 "공인중개사사무소" 또는 "부동산중개"라는 문자를 사용해야 한다.
② 법인인 개업공인중개사가 분사무소의 옥상간판을 설치하는 경우 법인의 대표자 성명을 인식할 수 있는 정도의 크기로 표기해야 한다.
③ 공인중개사가 아닌 자가 공인중개사 명칭을 사용할 경우 1년 이하의 징역 또는 1천만원 이하의 벌금에 처한다.
④ 공인중개사자격이 없는 개인인 개업공인중개사는 사무소의 명칭에 "공인중개사사무소"라는 문자를 사용할 수 없다.
⑤ 공인중개사자격을 취득한 자는 중개사무소의 개설등록을 하지 않더라도 공인중개사라는 명칭을 사용할 수 있다.

해설 ▶ 공인중개사법령상의 명칭
법인인 개업공인중개사가 분사무소의 옥상간판을 설치하는 경우 법 제13조 제4항에 따른 신고확인서에 기재된 책임자의 성명을 인식할 수 있는 정도의 크기로 표기해야 한다(법 제18조 제3항, 규칙 제10조의2).

정답   08. ④   09. ②

제1편 공인중개사법령

10. 다음 중 공인중개사법령상 공인중개사인 개업공인중개사의 사무소 공동활용에 대한 기술로 옳지 <u>않은</u> 것은?

① 분사무소도 다른 개업공인중개사와 함께 사무소를 공동으로 사용할 수 있다.
② 업무정지기간 중에 있는 자의 사무소에 공동사용 목적으로 이전할 수 있다.
③ 개업공인중개사는 업무의 효율적인 수행을 위하여 사무소를 공동활용할 수 있다.
④ 공인중개사인 개업공인중개사는 사무소를 공동활용할 수 있다.
⑤ 등록신청 또는 사무소이전 신고시 사용권한 있는 자의 사용승낙서를 함께 제출하여야 한다.

해설 ▶ 사무소 공동사용
업무정지기간 중에 있는 개업공인중개사의 사무소에는 사무소 공동사용을 하지 못한다.

11. 공인중개사법령상 각종 신고에 관한 설명으로 틀린 것은? **[24회 출제]**

① 개업공인중개사는 소속공인중개사와 고용관계가 종료된 때에는 국토교통부령으로 정하는 바에 따라 등록관청에 신고해야 한다.
② 법인인 개업공인중개사는 대통령령이 정하는 바에 따라 등록관청에 신고하고 그 관할구역 외의 지역에 분사무소를 둘 수 있다.
③ 분사무소의 설치신고를 하는 자는 국토교통부령이 정하는 바에 따라 수수료를 납부해야 한다.
④ 분사무소의 이전신고를 받은 등록관청은 그 분사무소의 이전 전 및 이전 후의 소재지를 관할하는 시장·군수 또는 구청장에게 그 사실을 통보해야 한다.
⑤ 등록관청 관할 외 지역으로 중개사무소를 이전한 경우 이전 후 등록관청의 요청으로 종전 등록관청이 송부해야 하는 서류에는 중개사무소 개설등록 신청서류도 포함된다.

해설 ▶ 분사무소의 설치신고
분사무소의 설치신고를 하는 자는 지방자치단체의 조례로 정하는 바에 따라 수수료를 납부해야 한다.

정답 10. ② 11. ③

12 공동사무소의 설치에 관한 설명 중 옳은 것은?

① 종별이 다르거나 등록관청이 다른 개업공인중개사간에는 공동사무소를 설치할 수 없다.
② 공동사용하는 사무소의 구성 개업공인중개사 중 1명이 업무정지를 받은 경우 다른 개업공인중개사는 그 사무소를 공동사용하지 못한다.
③ 공동사무소의 이전은 대표자가 일괄하여 신고할 수 있다.
④ 신규로 개설등록을 하거나 기존의 개업공인중개사가 이전하여 공동사무소를 설치하고자 하는 경우 모두 승낙서는 제출해야 한다.
⑤ 공동사무소의 구성 개업공인중개사는 중개사고에 대하여는 연대하여 손해배상책임을 부담한다.

해설 ▶ 사무소 공동 사용
① 종별이 달라도 가능하며 등록관청이 다르면 이전신고하면 가능하다.
② 이미 공동사용하고 있는 경우 개업공인중개사 1명이 업무정지를 받았다 하더라도 영향이 없다.
③ 각 구성 개업공인중개사가 개별적으로 개설등록을 하거나 이전신고해야 한다.
⑤ 개업공인중개사와 고용인이 연대하여 책임을 진다. 개업공인중개사 사이에는 연대하지 않으며 개업공인중개사가 각각 부담한다.

13 중개사무소의 이전신고와 관련된 설명이다. 가장 옳지 않은 것은?★★

① 등록관청은 분사무소의 이전신고를 받은 때에는 이전 전·후 등록관청에 통보하여야 한다.
② 이전 전 등록관청이 이전 후의 관할 등록관청으로 송부하여야 하는 서류에는 중개사무소 등록대장과 중개사무소 개설등록신청서류가 포함된다.
③ 이전 전 등록관청이 이전 후의 관할 등록관청으로 송부하여야 하는 서류에는 최근 1년간 행정처분서류 및 행정처분이 진행되고 있는 서류가 포함된다.
④ 중개사무소 이전신고를 받은 등록관청은 중개사무소 개설등록의 기준에 적합한지의 여부를 확인하여야 한다.
⑤ 사무소를 공동사용하는 경우에는 대표자가 일괄하여 이전신고를 할 수 있다.

해설 ▶ 사무소 이전신고
⑤ 관련규정이 삭제되었으므로 각각 이전신고를 하여야 한다.

정답 12. ④ 13. ⑤

14. 공인중개사법령의 내용에 관한 설명 중 옳은 것은? ★★★

① 개업공인중개사는 다른 개업공인중개사의 소속공인중개사·중개보조원 또는 개업공인중개사인 법인의 사원·임원이 될 수 있다.
② 협동조합법에 의한 모든 협동조합은 법인으로서 개설등록을 할 수 있다.
③ 모든 개업공인중개사는 대법원규칙이 정하는 요건을 갖추어 등록하면 경매대상부동산의 매수신청의 대리를 할 수 있다.
④ 중개법인도 다른 개업공인중개사와 중개사무소를 공동으로 사용할 수 있다.
⑤ 개업공인중개사는 이동이 용이한 임시 중개시설물을 일시적으로 설치하여 사용할 수 있다.

해설 ▸ 중개사무소
① 개업공인중개사는 다른 개업공인중개사의 소속공인중개사·중개보조원 또는 개업공인중개사인 사원 또는 임원이 될 수 없다(이중소속이 금지됨)(법 제12조 제2항).
② 협동조합법에 의한 협동조합으로서 사회적 협동조합은 제외한다.
③ 부칙에 의한 개업공인중개사는 경매대상부동산의 매수신청 또는 입찰신청의 대리업무를 할 수 없다(법 부칙 제6조 제2항).
⑤ 개업공인중개사는 이동이 용이한 임시 중개시설물을 설치할 수 없다(법 제13조 제2항).

15. 공인중개사법령에서 정한 중개사무소의 설치 등에 관한 설명으로서 옳지 않은 것은?

① 개업공인중개사는 그 등록관청의 관할구역 안에 중개사무소를 두되, 1개의 중개사무소만을 둘 수 있다.
② 예외적으로 중개법인은 관할구역 안에 별도의 분사무소를 설치할 수 있다.
③ 중개법인이 분사무소 설치의 신고를 하고자 하는 경우에는 분사무소설치신고서를 주된 사무소의 등록관청에 제출하여야 한다.
④ 등록관청은 분사무소설치신고내용이 적합한 경우에는 신고확인서를 교부하고, 지체없이 분사무소 설치예정지역을 관할하는 시장·군수 또는 구청장에게 이를 통보하여야 한다.
⑤ 개업공인중개사는 그 업무의 효율적인 수행을 위하여 필요한 경우 사무소를 공동으로 사용할 수 있다.

해설 ▸ 중개사무소 설치
개업공인중개사는 그 등록관청의 관할구역 안에 중개사무소를 두되, 1개의 중개사무소만을 둘 수 있다. 다만, 법인인 개업공인중개사는 대통령령이 정하는 바에 따라 등록관청에 신고하고 그 관할구역 외의 지역에 분사무소를 둘 수 있다(법 제13조 제1항·3항).

정답 14. ④ 15. ②

16

공인중개사법령상 개업공인중개사의 성명과 사무소명칭에 관한 설명으로 옳은 것은? `24회 출제`

① 토지의 매매 등을 알선하는 무자격 개업공인중개사는 그 사무소에 '부동산중개'와 유사한 명칭을 사용할 수 있다.
② 개업공인중개사는 그 사무소 명칭으로 '공인중개법률사무소'를 사용할 수 있다.
③ 개업공인중개사가 설치한 옥외광고물에 성명을 거짓으로 표기한 경우에는 500만원 이하의 과태료를 부과한다.
④ 법인인 개업공인중개사가 분사무소에 옥외광고물을 설치하는 경우 분사무소 신고확인서에 기재된 책임자의 성명을 그 광고물에 표기해야 한다.
⑤ 등록관청이 위법하게 설치된 사무소 간판의 철거를 명하였음에도 이를 철거하지 않는 경우 그 철거절차는 「민사집행법」에 따라야 한다.

해설 ▶ 성명표기와 사무소 명칭
① 개업공인중개사는 그 사무소 명칭으로 '공인중개사사무소 또는 부동산중개'를 사용하여야 한다.
② 개업공인중개사 아닌 자는 그 사무소에 '부동산중개'와 유사한 명칭을 사용할 수 없다.
③ 개업공인중개사가 설치한 옥외광고물에 성명을 거짓으로 표기한 경우에는 100만원 이하의 과태료를 부과한다.
⑤ 등록관청이 위법하게 설치된 사무소간판의 철거를 명하였음에도 이를 철거하지 않는 경우 그 철거절차는 「행정대집행법」에 따라야 한다.

17

중개사무소의 명칭에 관한 내용 중 위법한 것은?

① 개업공인중개사 A는 사무소의 명칭을 행복부동산중개라고 하였다.
② 시·도지사는 사무소의 명칭을 잘못 사용한 개업공인중개사 B의 사무소 간판에 대하여 철거를 명하였다.
③ 공인중개사인 개업공인중개사 C는 사무소의 명칭을 행운공인중개사사무소라고 하였다.
④ 분사무소설치 신고확인서를 받은 중개법인의 분사무소 책임자 D는 자기의 성명을 옥외광고물에 표시하였다.
⑤ 개업공인중개사가 아닌 E는 부동산중개와 유사한 사무소의 명칭을 사용하여 100만원의 벌금에 처해졌다.

정답 16. ④ 17. ②

해설 ▸ **중개사무소 명칭**
① , ③ 개업공인중개사는 공인중개사사무소 또는 부동산중개라는 명칭을 사용하여야 한다.
② 사무소의 명칭을 잘못 사용한 개업공인중개사의 사무소 간판에 대하여 철거명령은 등록관청이 한다.
④ 법인의 경우 주된 사무소는 대표자 성명, 분사무소는 책임자 성명을 표기하여야 한다.
⑤ 유사명칭을 사용한 경우 1년 이하 징역 또는 1천만원 이하 벌금에 처하므로 맞는 내용이다.

18 공인중개사법령상 중개사무소 명칭과 광고와 관련된 다음 설명 중 옳은 것은? ★

① 개업공인중개사는 그 사무소의 명칭에 반드시 등록증에 표기된 개업공인중개사의 성명을 표기하여야 한다.
② 공인중개사인 개업공인중개사는 그 사무소의 명칭에 반드시 '공인중개사사무소'라는 명칭만 사용하여야 한다.
③ 중개대상물 광고시 중개보조원에 관한 사항은 명시해서는 아니 된다
④ 특별시·광역시·도·특별자치도지사는 법령을 위반한 사무소의 간판 등에 대하여 공인중개사법령이 정하는 절차에 따라 철거를 명할 수 있다.
⑤ 사무소의 명칭에 '공인중개사사무소'라는 문자를 사용한 부칙상의 개업공인중개사나 옥외광고물에 성명을 표기하지 아니하거나 허위로 표기한 개업공인중개사에 대해서는 1년 이하의 징역 또는 1천만원 이하의 벌금에 처한다.

해설 ▸ **중개사무소 명칭**
① 옥외광고물을 설치하는 경우 등록증에 표기된 개업공인중개사의 성명을 표기하여야 한다.
② '부동산중개'라는 문자를 사용할 수도 있다.
④ 등록관청이 '행정대집행법'에 따라 철거를 명할 수 있다.
⑤ 100만원 이하의 과태료에 처한다.

19 중개법인의 분사무소에 대한 설명 중 옳은 것은? ★★

① 다른 법률의 규정에 따라 중개업을 할 수 있는 법인의 분사무소인 경우에는 공인중개사를 책임자로 두지 않아도 된다.
② 주된 사무소의 소재지를 포함한 시·군·구별로 설치하되, 시·군·구별로 1개소를 초과할 수 없다.
③ 분사무소를 설치하는 경우 분사무소 소재지 등록관청에 신고하여야 한다.
④ 분사무소 설치를 신고하는 자는 국토교통부장관이 결정·공고하는 수수료를 납부하여야 한다.
⑤ 분사무소책임자는 공인중개사여야 하지만 실무교육을 받아야 할 의무는 없다.

정답   18. ③   19. ①

해설 **분사무소 설치**
② 주된 사무소를 제외한 등록관청에 1개씩 분사무소를 설치할 수 있다.
③ 분사무소 설치신고는 주된 사무소 소재지 등록관청에 하여야 한다.
④ 분사무소 설치신고를 하는 자는 지방자치단체의 조례(시·군·구 조례)가 정하는 바에 따라 수수료를 납부하여야 한다.
⑤ 분사무소책임자는 실무교육을 받아야 한다.

20회 출제

20 공인중개사법령의 내용에 관한 설명으로 틀린 것은? (다툼이 있으면 판례에 의함)
① 중개대상물로 규정한 건축물에는 장래에 건축될 건물도 포함될 수 있다.
② 개업공인중개사는 그 업무의 효율적인 수행을 위해 다른 개업공인중개사와 중개사무소를 공동으로 사용할 수 있다.
③ 변호사는 공인중개사자격이 없더라도 중개사무소 개설등록을 할 수 있다.
④ 전매차익을 노린 의뢰인의 미등기전매를 중개한 경우 전매차익이 발생하지 않았다 하더라도 이는 이 법에서 금지하고 있는 부동산투기를 조장하는 행위에 해당한다.
⑤ 공인중개사인 개업공인중개사는 그 사무소의 명칭에 "공인중개사사무소" 또는 "부동산중개"라는 문자를 사용해야 한다.

해설 **중개사무소 등록**
「변호사법」 제3조에서 규정한 법률사무는 거래당사자의 행위를 사실상 보조하는 업무를 수행하는 데 그치는 구 부동산중개업법 제2조 제1호 소정의 중개행위와는 구별되는 것이고 일반 법률사무에 중개행위가 당연히 포함되는 것도 아니어서 변호사의 직무에 부동산중개행위가 당연히 포함된다고 해석할 수도 없고, 「변호사법」에서 변호사의 직무가 구 부동산중개업법 시행령 제5조 단서 소정의 '다른 법률의 규정'에 해당한다고 명시한 바도 없으므로, 변호사는 구 부동산중개업법 제4조 제1항, 4항, 같은 법 시행령 제5조에 규정된 중개사무소개설등록의 기준을 적용받지 않는다고 할 수 없다(대판 2006.5.11. 2003도14888).

21 중개사무소의 설치 및 이전에 관한 설명으로 옳은 것은?★★
① 모든 개업공인중개사는 2개 이상 중개사무소를 둘 수 있다.
② 법인인 개업공인중개사는 그 분사무소를 설치하고자 하는 지역을 관할하는 시장·군수·구청장에게 분사무소 설치의 신고를 하여야 한다.
③ 개업공인중개사는 그 업무의 효율적인 수행을 위하여 필요한 경우 사무소를 공동으로 사용할 수 있다.
④ 법인인 개업공인중개사가 설치한 분사무소에는 공인중개사만을 책임자로 두어야 하는 것은 아니다.
⑤ 개업공인중개사가 중개사무소를 이전한 때에는 이전한 날로부터 7일 이내에 이전 후의 중개사무소를 관할하는 등록관청에 그 이전사실을 신고하여야 한다.

정답 20. ③ 21. ③

해설 ▶ **중개사무소 설치 및 이전**

① 개업공인중개사는 그 등록관청의 관할구역 안에 중개사무소를 두되, 2개 이상의 중개사무소를 둘 수 없다. 다만, 법인인 개업공인중개사는 대통령령이 정하는 바에 따라 등록관청에 신고하고 그 관할구역 외의 지역에 분사무소를 둘 수 있다(법 제13조 제1항·3항).
② 법인인 개업공인중개사가 분사무소설치신고를 하고자 하는 경우 주된 사무소 소재지를 관할하는 등록관청에 제출하여야 한다(영 제15조 제3항).
④ 분사무소에는 공인중개사를 책임자로 두어야 한다(영 제15조 제2항).
⑤ 개업공인중개사가 중개사무소를 이전한 때에는 이전한 날부터 10일 이내에 이전 후의 중개사무소를 관할하는 등록관청에 그 이전사실을 신고하여야 한다(법 제20조 제1항).

22 공동사무소에 관한 설명으로 옳은 것은?

① 중개사무소를 공동으로 사용하고자 하는 개업공인중개사는 중개사무소의 개설등록 또는 중개사무소의 이전신고를 할 때 사용권한이 있는 다른 개업공인중개사의 승낙서를 첨부하여야 한다.
② 공동사무소에 소속한 개업공인중개사는 공동사무소 이외에 다른 중개사무소를 별도로 설치할 수 있다.
③ 공동사무소를 구성하고 있는 개업공인중개사는 개설등록·인장등록을 각각 하지 않아도 된다.
④ 부칙에 의한 개업공인중개사가 공인중개사인 개업공인중개사와 함께 공동사무소를 구성한다면 중개인의 지역적 업무범위는 전국으로 확대된다.
⑤ 공동사무소의 이전신고는 공동사무소의 대표자가 일괄하여 이전신고할 수 있다.

해설 ▶ **공동사무소**
② 2개 이상 사무소설치금지규정에 위반된다.
③ 개업공인중개사 개별적으로 각각 하여야 한다.
④ 부칙에 의한 개업공인중개사는 업무지역이 전국으로 확대되는 경우는 없다.
⑤ 구성 개업공인중개사가 각각 하여야 한다.

정답   22. ①

23

다음 중 중개사무소의 요건 및 중개대상물 광고에 대한 설명으로 **틀린** 것은?

① 무허가건물은 중개사무소로 이용이 가능하더라도 중개사무소를 개설등록할 수 없다.
② 「건축법」의 규정에도 불구하고 주거로 사용하고 있는 공동주택은 중개사무소로 사용할 수 없다.
③ 사무소 공동사용을 목적으로 하는 경우에도 기존의 중개사무소 개설등록이 된 장소에 새로운 중개사무소 개설등록이 불가능하다.
④ 개업공인중개사가 인터넷을 이용해서 중개대상물 광고를 하는 경우 소재지, 면적, 가격 등을 추가로 명시하여야 한다.
⑤ 개업공인중개사가 존재하지 않은 중개대상물을 광고한 경우 500만원이하의 과태료에 처한다.

해설 ▶ 공동사무소 설치

기존 중개사무소를 신규개설자와 같이 공유하기 위하여는 신규개설자가 동일장소에 개설등록을 하면 사무소를 공동으로 활용하는 것이 된다(국토교통부 사이버민원 2000.9.20. 제31020호).

24

공인중개사법령상 중개사무소의 설치에 관한 설명으로 옳은 것은? **21회 출제**

① 중개사무소 설치기준에 관하여 필요한 사항은 국토교통부령으로 정한다.
② 공인중개사인 개업공인중개사도 책임자를 두는 경우에는 분사무소를 설치할 수 있다.
③ 개업공인중개사는 등록관청의 허가를 받아 천막 등 임시 중개시설물을 설치할 수 있다.
④ 다른 법의 제한이 없는 경우 법인인 개업공인중개사는 종별이 다른 개업공인중개사와 공동으로 중개사무소를 사용할 수 있다.
⑤ 법인인 개업공인중개사의 분사무소에는 1인 이상의 중개보조원을 두어야 한다.

해설 ▶ 중개사무소의 설치

① 중개사무소 설치기준 및 운영 등에 관하여 필요한 사항은 대통령령으로 한다(법 제13조 제7항).
② 공인중개사인 개업공인중개사는 분사무소를 설치할 수 없다(법 13조 제3항).
③ 개업공인중개사는 천막 등 임시 중개시설물을 설치할 수 없다(법 제13조 제1항).
⑤ 법인인 개업공인중개사의 분사무소에는 1인 이상의 중개보조원을 두어야 한다는 규정은 없다.

정답 23. ③ 24. ④

제1편 공인중개사법령

25 서울시 강남구에 중개사무소를 두고 있는 공인중개사인 개업공인중개사 A는 경기도에 있는 신도시의 개발로 대단위아파트가 개발되자, 그 부근에 임시로 천막을 치고 분양권자를 상대로 중개활동을 하고 있다. 다음 설명 중 타당한 것은?★★

① A의 행위는 중개대상물 범위로 보아 부동산거래정보활성화에 따른 정당한 중개활동에 해당한다.
② A는 이동이 용이한 임시중개시설물을 설치하였으므로 등록관청은 A의 중개사무소 개설등록을 취소할 수 있다.
③ A의 행위는 업무지역을 위반한 행위로 업무정지처분을 받을 수 있다.
④ A에 대해서는 3년 이하의 징역 또는 3천만원 이하의 벌금에 처한다.
⑤ A가 2천만원의 벌금에 처하게 되면 공인중개사 자격도 취소된다.

해설 ▶ 임시 중개시설물 설치
① 개업공인중개사는 그 등록관청의 관할구역 안에 중개사무소를 두되, 2개 이상의 중개사무소를 둘 수 없다(법 제13조 제1항).
③ 등록을 취소할 수 있다(법 제38조 제2항 제3호).
④, ⑤ 1년 이하의 징역 또는 1천만원 이하의 벌금형에 처한다. 이로 인해 등록취소된다(법 제49조 제1항 제5호).

26 부당한 표시광고에 대한 모니터링 여부에 대한 설명으로 틀린 것은?★★

① 국토교통부장관은 인터넷을 이용한 중개대상물에 대한 표시·광고가 부당한 표시광고 금지 규정을 준수하는지 여부를 모니터링 할 수 있다.
② 국토교통부장관은 모니터링을 위하여 필요한 때에는 정보통신서비스 제공자에게 관련 자료의 제출을 요구할 수 있다.
③ 자료제출 요구를 받은 정보통신서비스 제공자는 정당한 사유가 없으면 이에 따라야 한다. 이를 위반한 경우 500만원 이하의 과태료에 처한다.
④ 국토교통부장관은 모니터링 결과에 따라 정보통신서비스 제공자에게 이 법 위반이 의심되는 표시·광고에 대한 확인 또는 추가정보의 게재 등 필요한 조치를 요구할 수 있다.
⑤ 필요한 조치를 요구받은 정보통신서비스 제공자는 정당한 사유가 없으면 이에 따라야 한다. 이를 위반한 경우 100만원 이하의 과태료에 처한다.

해설 ▶ 부당한 표시광고에 대한 모니터링
필요한 조치를 요구받은 정보통신서비스 제공자는 정당한 사유가 없으면 이에 따라야 한다. 이를 위반한 경우 500만원 이하의 과태료에 처한다.

정답 25. ② 26. ⑤

27 부당한 표시광고에 대한 모니터링 여부에 대한 설명으로 틀린 것은? ★★★

① 기본 모니터링 업무는 모니터링 기본계획서에 따라 분기별로 실시하는 모니터링하는 것을 말한다.
② 수시 모니터링 업무는 부당·표시 광고 금지 규정을 위반한 사실이 의심되는 경우 등 국토교통부장관이 필요하다고 판단하여 실시하는 모니터링을 말한다.
③ 기본 모니터링 업무는 모니터링 대상, 모니터링 체계 등을 포함한 다음 연도의 모니터링 기본계획서를 매년 12월 31일까지 제출하여야 한다.
④ 기본 모니터링 업무는 매 분기의 마지막 날부터 10일 이내에 결과보고서를 제출하여야 한다.
⑤ 시·도지사 및 등록관청은 요구를 받으면 신속하게 조사 및 조치를 완료하고, 완료한 날부터 10일 이내에 그 결과를 국토교통부장관에게 통보해야 한다.

해설 ▶ 부당한 표시광고 모니터링
기본 모니터링 업무는 매 분기의 마지막 날부터 30일 이내에 결과보고서를 제출하여야 한다.

02 고용인

28 다음 개업공인중개사의 고용인에 대한 책임과 관련된 설명 중 옳은 것은?

① 고용인이 의뢰인에게 재산상 손해를 입히면 개업공인중개사는 대위책임을 진다.
② 공동(합동)사무소에 고용된 중개보조원의 업무상 행위로 인한 손해배상책임은 구성 개업공인중개사의 연대책임에 의한다.
③ 매도인이 중도금을 받은 상태에서 다시 다른 사람에게 등기를 해주고 행방불명된 경우에도 개업공인중개사에게 책임이 있다는 것이 판례이다.
④ 개업공인중개사가 고용인의 위반 행위를 방지하기 위하여 해당 업무에 관하여 상당한 주의와 감독을 게을리 하지 아니한 경우에는 양벌규정이 적용되지 않으며 벌금도 부과되지 않는다.
⑤ 개업공인중개사의 고용인에 대한 민사상·형사상·행정상 책임은 모두 동일하다.

정답 27. ④ 28. ④

해설 ▶ **고용인**
① 고용인이 의뢰인에게 재산상 손해를 입히면 부진정 연대책임을 진다. 대위책임은 고용인의 금지행위로 개업공인중개사가 등록취소를 받을 수 있다는 행정책임과 관련이 있다.
② 고용인과 개업공인중개사는 연대 책임을 지지만 공동사무소에서는 책임 있는 개업공인중개사만이 부담할 뿐이다.
③ 판례의 입장에서도 특수한 상황까지 개업공인중개사에게 책임을 묻는다는 것은 아니다.
⑤ 개업공인중개사는 양벌규정에 의해 벌금형만 선고 받는다.

29 공인중개사법령상 소속공인중개사와 중개보조원에 관한 내용 중 틀린 것은?
① 소속공인중개사는 인장등록의무가 있으나 중개보조원은 없다.
② 소속공인중개사는 공인중개사자격증 게시의무가 있으나 중개보조원은 게시의무가 없다.
③ 소속공인중개사는 부동산거래신고를 대행할 수 있으나 중개보조원은 할 수 없다.
④ 소속공인중개사는 중개업무를 수행할 수 있으나 중개보조원은 할 수 없다.
⑤ 소속공인중개사와 중개보조원에게 자격정지라는 행정처분이 가능함은 공통점이다.

해설 ▶ **중개보조원**
시·도지사는 공인중개사가 소속공인중개사로서 업무를 수행하는 기간 중에 일정한 사유에 해당하는 경우에는 6월의 범위 안에서 기간을 정하여 그 자격을 정지할 수 있다. 즉 중개보조원은 행정처분 대상이 아니다.

30 다음 중 현행 공인중개사법령에 관한 설명으로 가장 바르게 설명한 것은?
① 모든 개업공인중개사는 공인중개사를 고용할 수 있다.
② 개업공인중개사의 고용인으로서 공인중개사와 중개보조원의 의무는 동일하다.
③ 중개보조원은 자신이 중개보조원이라는 사실을 의뢰인에게 고지하여야 한다. 이를 위반한 경우 100만원 이하의 과태료에 처한다.
④ 개업공인중개사가 고용한 중개보조원 업무상 행위로는 개업공인중개사에게 행정처분을 할 수 없으나, 민사상의 책임은 부과된다.
⑤ 중개보조원이 중개의뢰인이 맡겼던 계약금을 횡령한 경우 중개업무가 아니므로 개업공인중개사에게는 책임이 없다.

해설 ▶ **고용인**
② 소속공인중개사는 거래계약서 및 확인·설명서를 직접 작성할 수 있고 당해 업무를 수행한 공인중개사가 함께 서명 및 날인하여야 하는 등 업무에 차이가 있다(법 제25조 제4항).
③ 500만원 이하의 과태료에 처한다.
④ 중개보조원의 업무상 행위로 인해 개업공인중개사에게 행정처분을 과할 수 있다(국토교통부 사이버민원 2000.12.29. 회신 제43165호).
⑤ 중개보조원이 중개의뢰인이 맡겼던 계약금을 횡령한 경우에도 중개업무와 관련된 행위로 본다(대판 1967.12.19. 67다2222).

정답 29. ⑤ 30. ①

31

다음은 공인중개사법령상 개업공인중개사의 고용인 등에 관한 기술이다. 옳지 <u>않은</u> 것은? ★★

① 개업공인중개사의 중개행위에 관한 업무를 보조하게 하기 위하여 중개보조원을 둘 수 있다.
② 업무정지처분기간 중에 있는 개업공인중개사도 다른 개업공인중개사의 중개보조원이 될 수 있다.
③ 소속공인중개사의 고용신고를 받은 등록관청은 자격증을 발급한 시·도지사에게 소속공인중개사의 자격취득 여부를 확인하여야 한다.
④ 중개보조원은 개업공인중개사 및 소속공인중개사를 더한 숫자에 5배를 초과해서는 안된다.
⑤ 중개보조원의 업무상 행위는 그를 고용한 개업공인중개사의 행위로 본다.

해설 ▶ 고용인

이중소속은 절대적으로 금지된다(법 제12조 제2항). 개업공인중개사가 이중소속된 경우 절대적 등록취소사유에 해당하며, 1년 이하의 징역 또는 1천만원 이하의 벌금에 처하는 사유가 된다.

32

공인중개사법령상 개업공인중개사의 고용인에 관한 설명으로 옳은 것은? `22회 출제`

① 개업공인중개사가 중개보조원을 고용한 경우 고용일부터 10일 이내에 등록관청에 신고해야 한다.
② 중개보조원의 모든 행위는 그를 고용한 개업공인중개사의 행위로 본다.
③ 개업공인중개사가 중개보조원과의 고용관계를 종료하려고 하는 때에는 사전에 등록관청에 신고해야 한다.
④ 소속공인중개사를 고용한 경우에는 업무개시 전까지 신고서를 등록관청에 제출해야 한다.
⑤ 소속공인중개사는 중개행위에 사용할 인장으로 「인감증명법」에 따라 신고한 인장을 등록해야 한다.

해설 ▶ 고용인

① 개업공인중개사가 중개보조원을 고용한 경우 업무개시 전까지 등록관청에 신고해야 한다(규칙 제8조 제1항).
② 소속공인중개사 또는 중개보조원의 업무상 행위는 그를 고용한 개업공인중개사의 행위로 본다(법 제15조 제2항).
③ 개업공인중개사가 소속공인중개사 또는 중개보조원과의 고용관계가 종료된 때에는 고용관계가 종료된 날로부터 10일 이내에 등록관청에 신고해야 한다(규칙 제8조 제3항).
⑤ 공인중개사인 개업공인중개사, 법 제7638호 부칙 제6조 제2항에 규정된 개업공인중개사 및 소속공인중개사의 경우에는 「가족관계의 등록 등에 관한 법률」에 따른 가족관계등록부 또는 「주민등록법」에 따른 주민등록표에 기재되어 있는 성명이 나타난 인장으로서 그 크기가 가로·세로 각각 7밀리미터 이상 30밀리미터 이내인 인장이어야 한다(규칙 제9조 제3항).

정답 31. ② 32. ④

제1편 공인중개사법령

33 소속공인중개사에 대한 설명 중 옳은 것은? ★★★

① 법인이 아닌 개업공인중개사의 소속공인중개사는 직무교육을 이수하여야 한다.
② 소속공인중개사는 「부동산거래신고 등에 관한 법률」에 의한 부동산거래 신고업무를 대행할 수 없다.
③ 소속공인중개사는 개업공인중개사 및 중개보조원을 합한 숫자의 5배를 초과해서는 안된다.
④ 개업공인중개사의 과실로 중개의뢰인에게 재산상의 손해를 입힌 경우 양벌규정에 의해 소속공인중개사도 공동책임을 진다.
⑤ 소속공인중개사와의 고용관계가 종료된 경우 종료된 날부터 10일 이내에 등록관청에 신고하여야 한다.

해설 ▶ 소속공인중개사
① 소속공인중개사는 실무교육을 받아야 한다.
② 소속공인중개사는 부동산거래신고업무를 대행할 수 있다.
③ 소속공인중개사는 인원수 제한이 없다.
④ 개업공인중개사의 고의 또는 과실이라면 개업공인중개사만 책임을 진다.

34 공인중개사법령상 중개보조원에 관한 설명으로 옳은 것은? `25회 출제`

① 개업공인중개사인 법인의 임원은 다른 개업공인중개사의 중개보조원이 될 수 있다.
② 중개보조원의 업무상의 행위는 그를 고용한 개업공인중개사의 행위로 보지 않는다.
③ 중개보조원은 중개대상물 확인·설명서에 날인할 의무가 있다.
④ 개업공인중개사는 중개보조원과의 고용관계가 종료된 때에는 종료된 날부터 1월 이내에 등록관청에 신고해야 한다.
⑤ 중개보조원의 업무상 행위가 법령을 위반하더라도 중개보조원에게 업무정지처분을 명할 수 있는 규정이 없다.

해설 ▶ 고용인
① 개업공인중개사등은 다른 개업공인중개사의 소속공인중개사·중개보조원 또는 개업공인중개사인 법인의 사원·임원이 될 수 없다(법 제12조 제2항).
② 중개보조원의 업무상의 행위는 그를 고용한 개업공인중개사의 행위로 본다(법 제15조 제2항).
③ 중개보조원은 중개대상물 확인·설명서에 날인할 의무가 없다.
④ 개업공인중개사는 소속공인중개사 또는 중개보조원과의 고용관계가 종료된 때에는 법 제15조 제1항에 따라 고용관계가 종료된 날부터 10일 이내에 등록관청에 신고하여야 한다(규칙 제8조 제3항).

정답 33. ⑤ 34. ⑤

35

공인중개사법령상 개업공인중개사의 고용인의 신고에 관한 설명으로 옳은 것은? **28회 출제**

① 소속공인중개사에 대한 고용신고는 전자문서에 의하여도 할 수 있다.
② 중개보조원에 대한 고용신고를 받은 등록관청은 시·도지사에게 그의 공인중개사 자격 확인을 요청해야 한다.
③ 중개보조원은 고용신고일 전 1년 이내에 실무교육을 받아야 한다.
④ 개업공인중개사는 소속공인중개사와의 고용관계가 종료된 때에는 고용관계가 종료된 날부터 30일 이내에 등록관청에 신고해야 한다.
⑤ 외국인을 소속공인중개사로 고용 신고하는 경우에는 그의 공인중개사 자격을 증명하는 서류를 첨부해야 한다.

해설 ▶ 개업공인중개사의 고용인의 신고

② 소속공인중개사에 대한 고용신고를 받은 등록관청은 자격증을 발급한 시·도지사에게 그의 공인중개사 자격확인을 요청해야 한다(규칙 제8조 제2항).
③ 중개보조원은 고용 신고일 전 1년 이내에 직무교육을 받아야 한다(법 제34조 제3항).
④ 개업공인중개사는 소속공인중개사와의 고용관계가 종료된 때에는 고용관계가 종료된 날부터 10일 이내에 등록관청에 신고해야 한다(규칙 제8조 제4항).
⑤ 외국인을 소속공인중개사로 고용 신고하는 경우에는 결격사유가 없음을 증명하는 서류를 제출하여야 한다(규칙 제4조 제1항).

정답 35. ①

03 인장등록

36 공인중개사법령상 개업공인중개사의 인장등록 및 고용인의 관리에 관한 설명으로 옳은 것은?

① 중개보조원 채용제한을 위반한 경우 개업공인중개사는 500만원 이하의 과태료에 처한다.
② 소속공인중개사의 업무상 행위에 대하여 그를 고용한 개업공인중개사는 법적 책임이 없다.
③ 개업공인중개사가 소속공인중개사를 고용한 때는 고용일로부터 10일 이내에 등록관청에 신고하여야 한다는 명문의 규정이 있다.
④ 소속공인중개사는 중개행위에 사용할 인장을 등록관청에 등록하지 않아도 된다.
⑤ 개업공인중개사는 등록인장을 변경한 경우 변경일로부터 7일 이내에 그 변경된 인장을 등록관청에 등록하여야 한다.

해설 ▶ **인장등록 및 고용인**
① 1년이하 징역 또는 1천만원 이하의 벌금에 처한다.
② 소속공인중개사 또는 중개보조원의 업무상 행위는 그를 고용한 개업공인중개사의 행위로 본다(법 제15조 제2항).
③ 개업공인중개사는 소속공인중개사 또는 중개보조원을 고용하거나 해고한 때에는 법 제15조 제1항의 규정에 따라 고용한 때는 업무개시 전까지, 고용관계가 종료된 때에는 10일 이내에 등록관청에 신고하여야 한다(규칙 제8조 제1항).
④ 개업공인중개사 및 소속공인중개사는 국토교통부령이 정하는 바에 따라 중개행위에 사용할 인장을 등록관청에 등록하여야 한다. 등록한 인장을 변경한 경우에도 또한 같다(법 제16조 제1항).

37 인장의 등록에 대한 설명 중 옳은 것은?

① 법인이 인장을 등록하는 경우 인감증명서 제출로 갈음할 수 없다.
② 법인은 가로·세로의 크기가 7mm 이상 30mm 이내의 인장을 등록해야 한다.
③ 인장을 변경한 때에는 지체없이 신고하여야 한다.
④ 인장을 등록하는 경우나 변경 등록하는 경우 신고서는 제출하지 않아도 된다.
⑤ 인장을 변경 등록할 때에는 등록증 원본을 제출해야 한다.

정답   36. ⑤   37. ⑤

제3장 중개업

해설 ▶ 인장등록
① 법인의 인장등록은 인감증명서 제출로 갈음할 수 있다.
② 법인은 「상업등기규칙」에 의한 법인의 인장을 등록(인감증명서 제출)하여야 한다. 소속공인중개사, 공인중개사 및 부칙에 규정된 개업공인중개사가 가로·세로의 크기가 7mm 이상 30mm 이내의 인장을 등록해야 한다.
③ 인장이 변경된 경우 7일 이내에 변경등록하여야 한다.
④ 인장등록이나 변경등록(변경등록에는 등록증 원본을 첨부)에도 신고서를 제출한다.

38. 개업공인중개사의 인장등록의무에 관한 설명으로서 옳지 <u>않은</u> 것은? ★★

① 개업공인중개사 및 소속공인중개사는 중개행위를 함에 있어서는 등록된 인장을 사용하여야 한다.
② 개업공인중개사 및 소속공인중개사는 중개행위에 사용할 인장을 등록관청에 등록하여야 한다. 등록한 인장을 변경한 경우에도 같다.
③ 분사무소에서 사용할 인장은 분사무소의 소재지를 관할하는 등록관청에 등록하여야 한다.
④ 중개사무소의 개설등록을 한 자는 업무개시 전에 중개행위에 사용할 인장을 등록관청에 등록하여야 한다.
⑤ 개업공인중개사가 등록한 인장을 변경한 경우에는 7일 이내에 그 변경된 인장을 등록관청에 등록하여야 한다.

해설 ▶ 인장등록
분사무소 인장등록은 주된 사무소에 등록하여야 한다.

39. 공인중개사법령상 인장등록에 관한 설명으로 <u>틀린</u> 것은? **21회 출제**

① 등록할 인장은 원칙적으로 가로·세로 각각 10mm 이상 40mm 이내인 인장이어야 한다.
② 개업공인중개사 및 소속공인중개사는 중개행위를 함에 있어 등록한 인장을 사용해야 한다.
③ 분사무소에서 사용할 인장의 경우 「상업등기규칙」 제36조 제4항에 따라 법인의 대표자가 보증하는 인장을 등록할 수 있다.
④ 소속공인중개사의 인장등록신고는 당해 소속공인중개사의 고용신고와 같이 할 수 있다.
⑤ 개업공인중개사가 등록한 인장을 변경한 경우 변경일부터 7일 이내에 그 변경된 인장을 등록관청에 등록해야 한다.

정답 38. ③ 39. ①

제1편 공인중개사법령

해설 ▶ 인장등록

등록할 인장은 원칙적으로 가로·세로 각각 7mm 이상 30mm 이내인 인장이어야 한다(규칙 제9조 제3항).

40. 공인중개사법령상 인장의 등록에 관한 설명으로 틀린 것은? [24회 출제]

① 개업공인중개사의 인장이 등록관청에 등록되어 있으면 소속공인중개사의 인장은 소속공인중개사의 업무개시 후에 등록해도 된다.
② 개업공인중개사가 등록한 인장을 변경한 경우 변경일부터 7일 이내에 변경된 인장을 등록관청에 등록해야 한다.
③ 개업공인중개사의 인장등록은 중개보조원에 대한 고용신고와 같이 할 수 있다.
④ 법인인 개업공인중개사가 주된 사무소에서 사용할 인장을 등록할 때에는 「상업등기규칙」에 따라 신고한 법인의 인장을 등록해야 한다.
⑤ 법인인 개업공인중개사의 인장등록은 「상업등기규칙」에 따른 인감증명서의 제출로 갈음한다.

해설 ▶ 인장등록

소속공인중개사의 인장은 소속공인중개사의 업무개시 전에 등록해야 한다.

41. 공인중개사법령상 인장등록에 관한 설명으로 옳은 것을 모두 고른 것은? [25회 출제]

> ㉠ 개업공인중개사는 중개행위에 사용할 인장을 업무개시 전에 등록관청에 등록해야 한다.
> ㉡ 법인인 개업공인중개사의 인장등록은 「상업등기규칙」에 따른 인감증명서의 제출로 갈음한다.
> ㉢ 분사무소에서 사용할 인장으로는 「상업등기규칙」에 따라 법인의 대표자가 보증하는 인장을 등록할 수 있다.
> ㉣ 등록한 인장을 변경한 경우에는 개업공인중개사는 변경일부터 10일 이내에 그 변경된 인장을 등록관청에 등록해야 한다.

① ㉠, ㉡   ② ㉢, ㉣   ③ ㉠, ㉡, ㉢
④ ㉡, ㉢, ㉣   ⑤ ㉠, ㉡, ㉢, ㉣

해설 ▶ 인장등록

㉣ 등록한 인장을 변경한 경우에는 개업공인중개사는 변경일부터 7일 이내에 그 변경된 인장을 등록관청에 등록해야 한다(규칙 제9조 제2항).

정답 40. ① 41. ③

42

인장등록에 대한 설명으로 잘못된 것은?

① 개업공인중개사는 업무개시 전까지 중개행위에 사용할 인장을 등록하여야 한다.
② 소속공인중개사는 인장을 등록하여야 한다.
③ 중개법인의 임원 또는 무한책임사원은 인장을 등록하여야 한다.
④ 개업공인중개사가 등록한 인장을 변경한 경우에는 변경일부터 7일 이내에 그 변경된 인장을 등록하여야 한다.
⑤ 중개사무소를 공동사용하는 개업공인중개사는 각자 인장을 등록하여야 한다.

해설 ▶ 인장등록
중개법인의 임원 또는 무한책임사원 중 공인중개사자격증이 있는 사람만 인장을 등록하여야 한다.

43

다음은 개업공인중개사가 사용하여야 할 인장에 관한 내용이다. 옳은 것은? ★★

① 개업공인중개사가 중개업무에 사용할 인장은 반드시 중개사무소개설등록증을 교부받기 전에 등록관청에 등록하여야 한다.
② 개업공인중개사가 작성한 계약서에 등록된 인장을 사용하지 않은 경우에 그 계약서는 법적 효력이 없다.
③ 개업공인중개사가 작성한 계약서에는 등록된 인장을 사용하여야 하고, 인장을 변경한 경우에는 7일 이내에 등록관청에 등록하여야 한다.
④ 사무소를 공동으로 사용하는 경우 대표자의 인장을 등록관청에 등록하여야 한다.
⑤ 분사무소에서 사용하여야 할 인장은 법인의 분사무소 소재지 등록관청에 등록하여야 한다.

해설 ▶ 인장등록
① 중개사무소의 개설·등록을 한 자는 업무개시 전에 중개행위에 사용할 인장을 등록관청에 등록하여야 한다(규칙 제9조 제1항).
② 개업공인중개사가 중개행위를 함에 있어서는 등록된 인장을 사용하여야 하나, 이를 위반한다고 계약 효력을 부정하는 규정은 없다.
④ 사무소를 공동으로 사용하는 경우 개업공인중개사 각자가 개설등록을 한 개업공인중개사이므로 중개업무에 사용할 인장은 개업공인중개사가 각자 등록하여야 한다.
⑤ 분사무소 인장등록은 주된 사무소에 하여야 한다.

정답 42. ③ 43. ③

44 개업공인중개사가 사용하는 인장에 관한 설명으로 틀린 것은?★★

① 개업공인중개사는 중개행위에 사용할 인장을 중개사무소 개설등록신청시 등록할 수 있다.
② 법인인 개업공인중개사는 「상업등기규칙」에 의하여 신고한 법인의 인장이어야 한다.
③ 중개사무소의 개설등록을 한 자는 업무개시 전에 중개행위에 사용할 인장을 등록관청에 등록하여야 한다.
④ 공인중개사인 개업공인중개사, 부칙에 의해 개설등록한 것으로 보는 자, 소속공인중개사가 등록하는 인장은 가족관계등록부 등에 기재된 성명의 인장이어야 한다.
⑤ 등록한 인장을 변경할 경우에는 등록관청에 10일 이내에 그 변경된 인장을 등록관청에 등록하여야 한다.

해설 ▶ 인장등록
개업공인중개사가 등록한 인장을 변경한 경우에는 7일 이내에 그 변경된 인장을 등록관청에 등록하여야 한다(규칙 제9조 제2항).

45 다음의 개업공인중개사 甲, 乙, 丙, 丁, 戊의 행위 중 가장 타당한 사례는?★★

① 중개대상물 확인·설명서나 거래계약서 등 주요한 중개행위를 甲 개업공인중개사가 알고 있는 상태에서 중개보조원 A가 임의로 등록인장을 사용하여 수행하였다면 등록취소 사유가 될 수 있다.
② 공인중개사인 개업공인중개사 乙은 인장등록시 가로·세로 크기가 35mm인 인장을 제출하여 등록하였다.
③ 개업공인중개사 丙은 지방출장을 가면서 백지 거래계약서 3매에 등록인장을 서명 및 날인하여, 중개보조원 B가 대신하여 거래계약서를 작성할 수 있도록 하였다.
④ 중개법인의 대표이사 丁은 중개보조원 C도 거래계약서나 중개대상물 확인·설명서에 서명 및 날인해야 하므로 C가 인감도장을 등록관청에 등록하도록 명령했다.
⑤ 개업공인중개사 戊는 인장을 분실하였으나 변경된 인장을 등록하지 않아 등록관청으로부터 30만원의 과태료 처분을 받았다.

정답 44. ⑤ 45. ①

해설 ▶ **인장등록**
② 인장은 가로·세로 각 7mm 이상 30mm 이내의 인장을 등록하여야 한다.
③ 개업공인중개사는 중개대상물에 관하여 중개가 완성된 때에는 필요한 사항을 빠뜨리지 아니하고 확인하여 거래계약서를 작성하고 이에 서명 및 날인하여야 하며, 대통령령이 정하는 기간 동안 보관하여야 한다(법 제26조 제1항). 즉, 거래계약서는 개업공인중개사 또는 소속공인중개사가 직접 작성하고 직접 서명 및 날인해야 한다.
④ 중개보조원은 인장등록의무가 없으며, 서명 및 날인의무도 없다.
⑤ 등록관청은 개업공인중개사가 인장등록을 하지 아니하거나 등록한 인장을 사용하지 아니한 경우에는 6월의 범위 안에서 기간을 정하여 업무의 정지를 명할 수 있다(법 제39조 제1항 제2호).

04 등록증 등 게시

46 공인중개사법령상 분사무소 안에 게시하여야 할 사항이 아닌 것은?

① 분사무소설치신고확인서원본
② 중개대상물 확인·설명서
③ 중개보수 및 실비의 한도액표
④ 보증설정 증명서류
⑤ 공인중개사자격증원본

해설 ▶ **게시의무**
개업공인중개사가 당해 사무소 안에 게시하여야 할 사항은 다음과 같다(규칙 제10조).
1) 등록증원본(분사무소설치신고확인서원본)
2) 공인중개사자격증 원본(개업공인중개사, 소속공인중개사)
3) 중개보수 및 실비의 요율 및 한도액표
4) 보증의 설정을 증명할 수 있는 서류
5) 사업자등록증

47 공인중개사법령상 개업공인중개사가 중개사무소에 게시해야 할 것으로 틀린 것은? [20회 출제]

① 사업자등록증 원본
② 보증의 설정을 증명할 수 있는 서류
③ 중개보수·실비의 요율 및 한도액표
④ 공인중개사인 개업공인중개사의 경우 공인중개사자격증 원본
⑤ 법인인 개업공인중개사의 분사무소의 경우 분사무소설치신고확인서 원본

정답 46. ② 47. ①

제1편 공인중개사법령

> **해설** ▶ **중개사무소 게시사항**(규칙 제10조)
> 1) 중개사무소등록증 원본(법인인 개업공인중개사의 분사무소의 경우에는 분사무소설치 신고확인서 원본을 말함)
> 2) 중개보수·실비의 요율 및 한도액표
> 3) 개업공인중개사 및 소속공인중개사의 공인중개사자격증 원본(해당되는 자가 있는 경우에 한함)
> 4) 보증의 설정을 증명할 수 있는 서류
> 5) 사업자등록증
> ※ 원본은 중개사무소 등록증과 자격증만 적용된다.

05 중개사무소 이전

48 등록관청 관할지역 외로 중개사무소를 이전한 것에 대한 설명으로 잘못된 것은?

① 이전신고는 이전 후 중개사무소를 관할하는 시장·군수 또는 구청장에게 신고하여야 한다.
② 사무소를 이전한 개업공인중개사는 이전전 사무소의 간판을 지체없이 철거하여야 한다.
③ '이전 후 등록관청'은 '이전 전 등록관청'에 사무소를 이전한 개업공인중개사와 관련된 서류의 송부를 요청하여야 한다.
④ 서류송부요청을 받은 '이전 전 등록관청'은 지체없이 관련서류를 '이전 후 등록관청'에 송부하여야 한다.
⑤ 최근 1년간 행정형벌을 받은 것과 관련된 서류는 '이전 전 등록관청'이 '이전 후 등록관청'에 송부하여야 하는 서류이다.

> **해설** ▶ **중개사무소 이전**
> '최근 1년간 행정형벌을 받은 것과 관련된 서류'는 법원이 보관하는 서류이다. 따라서 이전 전 등록관청에 서류가 없으므로 송부할 수 없다.

정답　48. ⑤

49 중개사무소의 이전 등에 관한 다음의 기술 중 옳은 것은? ★★

① 개업공인중개사가 중개사무소를 등록관청 이외의 지역으로 이전하고자 할 경우에는 새로운 개설등록을 해야 한다.
② 개인인 개업공인중개사가 중개사무소를 등록관청의 관할구역 내로 이전할 경우에는 7일 이전에 등록관청에 신고하고 이전해야 한다.
③ 법인인 개업공인중개사도 중개사무소를 등록관청의 관할구역 외의 지역으로 이전하고자 할 경우에는 새로이 등록을 해야 한다.
④ 부칙에 의해 개설등록한 것으로 보는 자도 전국 어느 곳으로나 중개사무소를 이전할 수 있다.
⑤ 개업공인중개사가 중개사무소를 등록관청의 관할구역 외의 지역으로 이전하고자 하는 경우에는 우선적으로 종전의 등록관청에 폐업신고를 하여야 한다.

해설 ▶ 중개사무소 이전

①, ②, ③, ⑤ 개업공인중개사가 중개사무소를 이전한 때에는 이전한 날부터 10일 이내에 이전 후의 중개사무소를 관할하는 등록관청에 그 이전사실을 신고하여야 한다(법 제20조 제1항).

50 중개사무소설치 및 이전에 관한 설명 중 옳은 것은? ★★★

① 모든 개업공인중개사는 2개 이상의 사무소를 둘 수 없다.
② 중개법인의 분사무소는 모든 시·군·구별로 설치할 수 있으나, 시·군·구별로 1개소를 초과할 수 없다.
③ 현행 공인중개사법령에서는 사무소에 관한 규제가 폐지되어 무허가건물에도 사무소를 설치할 수 있다.
④ 사무소를 공동으로 사용하고자 하는 경우에는 사무소를 사용할 권리가 있는 개업공인중개사의 사용승낙서를 등록신청 또는 이전신고시 첨부하여야 한다.
⑤ 자신의 중개사무소를 두고 인근 아파트모델 하우스 옆에 있는 다른 건물에 중개사무소를 설치하거나 분양사무실 앞에 천막 등 이동이 용이한 임시 중개시설물 설치는 가능하다.

해설 ▶ 중개사무소 설치 및 이전

①, ⑤ 개업공인중개사는 그 등록관청의 관할구역 안에 중개사무소를 두되, 2개 이상의 중개사무소를 둘 수 없으며 이동이 용이한 임시 중개시설물을 설치할 수 없다. 다만, 법인인 개업공인중개사는 대통령령이 정하는 바에 따라 등록관청에 신고하고 그 관할구역 외의 지역에 분사무소를 둘 수 있다(법 제13조 제1항·3항).
② 분사무소는 주된 사무소의 소재지가 속한 시·군·구를 제외한 시·군·구별로 설치하되, 시·군·구별로 1개소를 초과할 수 없다(영 제15조 제1항).
③ 중개사무소는 건축물대장(가설건축물대장 제외)에 기재된 건물(사용승인 등을 받은 경우 건축물대장에 기재되지 않은 건물 포함)에 중개사무소를 설치하여야 한다(영 제13조).

정답 49. ④ 50. ④

51

중개사무소의 이전 등에 관한 다음의 기술 중 옳은 것은? ★★

① 개업공인중개사가 중개사무소를 등록관청 이외의 지역으로 이전하고자 할 경우에는 새로운 개설등록을 해야 한다.
② 개인인 개업공인중개사가 중개사무소를 등록관청의 관할구역 내로 이전할 경우에는 7일 이전에 등록관청에 신고하고 이전해야 한다.
③ 법인인 개업공인중개사도 중개사무소를 등록관청의 관할구역 외의 지역으로 이전하고자 할 경우에는 새로이 등록을 해야 한다.
④ 부칙에 의해 개설등록한 것으로 보는 자도 전국 어느 곳으로나 중개사무소를 이전할 수 있다.
⑤ 개업공인중개사가 중개사무소를 등록관청의 관할구역 외의 지역으로 이전하고자 하는 경우에는 우선적으로 종전의 등록관청에 폐업신고를 하여야 한다.

해설 ▶ 중개사무소 이전

①, ②, ③, ⑤ 개업공인중개사가 중개사무소를 이전한 때에는 이전한 날부터 10일 이내에 이전 후의 중개사무소를 관할하는 등록관청에 그 이전사실을 신고하여야 한다(법 제20조 제1항).

52

공인중개사법령상 중개사무소를 등록관청의 관할지역 외의 지역으로 이전하고 이를 신고한 경우 이에 관한 설명으로 옳은 것(○)과 틀린 것(×)을 바르게 표시한 것은? **23회 출제**

> ㉠ 개업공인중개사는 이전한 날부터 10일 이내에 이전 전의 등록관청에 이전사실을 신고해야 한다.
> ㉡ 이전신고 전에 발생한 사유로 인한 개업공인중개사에 대한 행정처분은 이전 전의 등록관청이 이를 행한다.
> ㉢ 이전신고를 받은 등록관청은 원래의 중개사무소등록증에 변경사항을 기재하여 이를 교부할 수 있다.

① ㉠ (×), ㉡ (×), ㉢ (×)
② ㉠ (×), ㉡ (○), ㉢ (×)
③ ㉠ (×), ㉡ (×), ㉢ (○)
④ ㉠ (○), ㉡ (○), ㉢ (×)
⑤ ㉠ (○), ㉡ (○), ㉢ (○)

해설 ▶ 중개사무소의 이전

㉠ 개업공인중개사는 이전한 날로부터 10일 이내에 이전 후의 등록관청에 이전사실을 신고하여야 한다(법 제20조 제1항).
㉡ 이전신고 전에 발생한 사유로 인한 개업공인중개사에 대한 행정처분은 이전 후의 등록관청이 이를 행한다(법 제20조 제3항).
㉢ 이전 신고를 받은 등록관청은 등록증을 재교부하여야 한다(규칙 제11조 제2항).

정답 51. ④ 52. ①

53

분사무소의 이전에 대한 설명으로 틀린 것은?

① 분사무소를 관할지역 내로 이전한 경우 등록관청은 신고확인서에 변경사항을 기재하여 이를 교부하여야 한다.
② 분사무소를 관할구역 외로 이전한 경우 이전 날부터 10일 이내에 주된 사무소 등록관청에 이전신고를 하여야 한다.
③ 분사무소를 이전한 경우 이전 전 사무소의 간판을 지체없이 철거하여야 한다.
④ 등록관청은 분사무소의 이전신고를 받은 때에는 지체없이 그 분사무소의 이전 전 및 이전 후의 소재지를 관할하는 시장·군수 또는 구청장에게 지체없이 통보하여야 한다.
⑤ 분사무소 이전신고를 하지 않은 경우 100만원 이하의 과태료에 처한다.

해설 ▶ 분사무소의 이전
관할지역 내로 이전한 경우 등록관청은 등록증(신고확인서)에 변경사항을 기재하여 이를 교부할 수 있다.

54

중개사무소 이전신고에 관한 내용 중 틀린 것은?

① 甲군(郡)에 사무소를 둔 개업공인중개사 A는 2018.1.1 乙군으로 사무소를 이전하고 같은 해 1월 8일에 乙군 군수에게 이전사실을 신고하였다.
② 중개법인 B의 분사무소 책임자 C는 분사무소를 이전하고, 그 분사무소를 관할하는 등록관청에 이전신고를 하였다.
③ 개업공인중개사 D는 중개사무소를 丙군에서 丁군으로 이전한 후 법정기간 내에 이전신고를 하지 않아 과태료 처분을 받았다.
④ 개업공인중개사 E는 중개사무소를 이전하고 공인중개사법령에 따라 등록관청에 신고하면서 중개사무소의 법적 요건을 갖춘 건물의 임대차계약서도 같이 제출하였다.
⑤ 개업공인중개사 F는 개업공인중개사 G가 사용 중인 중개사무소로 이전하고 G의 승낙서와 필요한 서류를 첨부하여 공인중개사법령에 따라 중개사무소 이전신고를 하였다.

해설 ▶ 중개사무소 이전
② 분사무소 이전신고는 주된 사무소 소재지 등록관청에서 한다.

정답 53. ① 54. ②

55. 공인중개사법령상 다음 ( )에 들어갈 내용을 순서대로 옳게 연결한 것은? [21회 출제]

> 개업공인중개사가 중개사무소를 이전한 때에는 이전한 날부터 ( ) 이내에, ( )이 정하는 바에 따라 등록관청에 신고해야 한다. 분사무소 이전의 경우 ( )의 소재지를 관할하는 등록관청에 신고해야 한다.

① 10일 – 국토교통부령 – 주된 사무소
② 10일 – 국토교통부령 – 분사무소
③ 10일 – 대통령령 – 주된 사무소
④ 7일 – 국토교통부령 – 주된 사무소
⑤ 7일 – 대통령령 – 분사무소

해설 ▶ 중개사무소 이전

개업공인중개사가 중개사무소를 이전한 때에는 이전한 날부터 (10일) 이내에, (국토교통부령)이 정하는 바에 따라 등록관청에 신고해야 한다. 분사무소 이전의 경우 (주된사무소)의 소재지를 관할하는 등록관청에 신고해야 한다(법 제20조 제1항).

56. 공인중개사법령의 내용에 관한 설명으로 옳은 것은? [20회 출제]

① 휴업기간 변경신고는 전자문서에 의해서도 가능하다.
② 소속공인중개사는 업무 개시일부터 7일 이내에 중개행위에 사용할 인장을 등록관청에 등록해야 한다.
③ 개업공인중개사가 소속공인중개사를 고용한 때에는 고용일부터 10일 이내에 등록관청에 신고해야 한다.
④ 법인인 개업공인중개사의 분사무소 이전신고는 이전 후의 분사무소 소재지 관할 등록관청에 해야 한다.
⑤ 개업공인중개사 및 소속공인중개사에 대한 연수교육은 국토교통부장관이 실시할 수 있다.

해설 ▶ 중개사무소 및 휴업

② 소속공인중개사는 업무개시 전까지 중개행위에 사용할 인장을 등록관청에 등록하여야 한다(법 제16조 제1항, 규칙 제9조 제1항).
③ 개업공인중개사가 소속공인중개사를 고용한 때에는 업무개시전 등록관청에 신고해야 한다(규칙 제8조 제1항).
④ 법인인 개업공인중개사의 분사무소 이전신고는 주된사무소 관할 등록관청에 해야 한다(규칙 제11조).
⑤ 연수교육은 시·도지사가 실시한다(법 제34조 제4항).

정답 55. ① 56. ①

57

공인중개사법령상 부동산중개와 관련된 설명으로 옳은 것(○)과 틀린 것(×)을 바르게 표시한 것은?   **21회 출제**

> ㉠ 법인인 개업공인중개사는 토지의 분양대행업무도 할 수 있다.
> ㉡ 법인이 아닌 개업공인중개사는 부동산의 개발에 관한 상담을 하고 의뢰인으로부터 합의된 보수를 받을 수 있다.
> ㉢ 개업공인중개사가 중개보조원을 해고한 때에는 지체없이 국토교통부령이 정하는 바에 따라 등록관청에 신고해야 한다.
> ㉣ 개업공인중개사 甲이 임차한 중개사무소를 개업공인중개사 乙이 공동으로 사용하려는 경우 乙은 개설등록신청시 건물주의 사용승낙서를 첨부해야 한다.

① ㉠(×), ㉡(○), ㉢(×), ㉣(×)
② ㉠(×), ㉡(×), ㉢(○), ㉣(○)
③ ㉠(×), ㉡(○), ㉢(○), ㉣(×)
④ ㉠(○), ㉡(×), ㉢(○), ㉣(○)
⑤ ㉠(○), ㉡(○), ㉢(×), ㉣(×)

해설 ▶ 중개업무

㉠ 법인인 개업공인중개사는 주택 및 상가의 분양대행업무를 할 수 있으며 토지의 분양대행은 할 수 없다(법 제14조).
㉢ 개업공인중개사가 중개보조원을 해고한 때에는 10일 이내에 국토교통부령이 정하는 바에 따라 등록관청에 신고해야 한다(법 제15조 제1항, 규칙 제8조 제1항).
㉣ 개업공인중개사 甲이 임차한 중개사무소를 개업공인중개사 乙이 공동으로 사용하려는 경우 乙은 개설등록신청시 개업공인중개사 甲의 사용승낙서를 첨부해야 한다(영 제16조).

정답 57. ①

06 휴업·폐업

58 다음 중 공인중개사법령상 개업공인중개사의 휴업 및 폐업에 관한 기술로서 옳지 않은 것은?★★

① 3월을 초과하여 휴업을 하거나 폐업을 하고자 할 때에는 등록관청에 이를 신고하여야 한다.
② 개업공인중개사가 휴업신고를 한 후 업무를 재개하고자 등록관청에 신고한 경우 등록관청은 5일 이내에 반납받은 등록증을 반환하여야 한다.
③ 폐업신고를 하지 아니한 자에 대하여 100만원 이하의 과태료에 처한다.
④ 휴업신고를 하지 아니하고 6월을 초과하여 휴업한 경우에는 등록을 취소할 수 있다.
⑤ 휴업신고를 하지 아니하고 3월을 초과하여 휴업한 자에 대하여 100만원 이하의 과태료에 처한다.

해설 ▶ 휴업 및 폐업
② 이 경우 등록관청은 반납받은 등록증을 즉시 반환하여야 한다(영 제18조 제2항).

59 다음 개업공인중개사의 휴업 및 폐업에 관한 설명 중 옳지 않은 것은?★★

① 개업공인중개사는 3월을 초과하여 휴업을 하고자 할 때에는 등록관청에 이를 신고하여야 한다.
② 개업공인중개사는 폐업을 하고자 할 때에는 등록관청에 이를 신고하여야 한다.
③ 개업공인중개사의 휴업은 6월을 초과할 수 없다.
④ 업무를 계속할 수 없는 부득이한 사유로 인하여 휴업기간이 6월을 초과할 경우에는 그 기간 종료 즉시 등록관청에 이를 통보하여야 한다.
⑤ 휴·폐업의 신고절차 등에 관하여 필요한 사항은 국토교통부령으로 정한다.

해설 ▶ 휴업 및 폐업
업무를 계속할 수 없는 부득이한 사유로 인하여 휴업기간이 6월을 초과할 경우에는 그 기간이 경과되기 전에 등록관청에 기간변경신고를 하여야 한다(법 제21조 제1·2항).

정답 58. ② 59. ④

60

중개업의 휴업과 폐업에 관한 설명 중 옳은 것은?

① 징집으로 인한 입영의 경우에는 6월을 초과하여 휴업할 수 있다.
② 휴업과 폐업의 신고는 전자문서에 의하여 할 수 있다.
③ 중개법인의 분사무소는 주사무소와 별도로 휴업할 수 없다.
④ 휴업기간 중에는 중개사무소를 이전할 수 없다.
⑤ 개업공인중개사가 사망한 때에는 그 개업공인중개사와 세대를 같이 하고 있는 자가 등록관청에 폐업신고를 하여야 한다.

해설 ▶ 휴업 및 폐업
② 휴업과 폐업신고는 전자문서로 할 수 없고 기간변경신고와 업무재개신고는 전자문서로 할 수 있다(영 제18조 제1항).
③ 분사무소는 주된 사무소와 별도로 휴업 및 폐업신고를 할 수 있다.
④ 휴업기간 중에도 중개사무소를 이전할 수 있다.
⑤ 개업공인중개사가 사망한 경우 세대를 같이하고 있는 자가 폐업신고를 할 의무는 없다.

61

휴업·폐업신고 등에 대한 설명이다. 다음 설명 중 옳은 것은?

① 3월 이상 휴업하고자 하는 때에는 등록증을 첨부하여 등록관청에 신고해야 한다.
② 휴업 기간을 변경하면 6월을 초과할 수 있다.
③ 휴업신고를 한 경우 지체없이 간판을 철거하여야 한다.
④ 휴업신고 기간이 만료되면 자동적으로 재개할 수 있다.
⑤ 휴업·폐업, 휴업 기간의 변경 및 재개신고는 모두 동일한 법정 서식에 의해 신고 한다.

해설 ▶ 휴·폐업 신고
① 3월을 "초과"하여 휴업하고자 하는 경우에 신고한다.
② 원칙적으로 6월을 초과할 수 없다. 휴업기간을 변경하려면 질병 등 사유가 있어야 하며 예외적으로 6월을 초과할 수 있다.
③ 휴업신고시는 간판철거의무가 없다.
④ 재개신고 하고 등록증을 반환받아야 한다.

정답 60. ① 61. ⑤

62

공인중개사법령상 내용으로 옳은 것은? (다툼이 있으면 판례에 따름) `26회 출제`

① 지역농업협동조합이 농지의 임대차에 관한 중개업무를 하려면 공인중개사법에 따라 중개사무소 개설등록을 해야 한다.
② 휴업기간 중에 있는 개업공인중개사는 다른 개업공인중개사인 법인의 사원이 될 수 있다.
③ 시·도지사가 공인중개사의 자격정지처분을 한 경우에 다른 시·도지사에게 통지해야 하는 규정이 없다.
④ 등록의 결격사유 중 '이 법을 위반하여 300만원 이상의 벌금형의 선고를 받고 3년이 경과되지 아니한 자'에는 개업공인중개사가 사용주로서 양벌규정으로 처벌받는 경우도 포함된다.
⑤ 업무의 정지에 관한 기준은 대통령령으로 정하고, 과태료는 국토교통부령으로 정하는 바에 따라 부과·징수한다.

해설 ▶ 자격정지

① 지역농업협동조합은 공인중개사법상의 등록이 필요없다(「농업협동조합법」제12조 제1항).
② 휴업기간 중에 있는 개업공인중개사가 다른 개업공인중개사인 법인의 사원이 된다면 이중소속이 되므로 허용되지 않는다.
④ 양벌규정에 의하여 300만원 이상의 벌금형을 선고받은 경우에는 결격사유에 해당하지 않는다.
⑤ 업무의 정지에 관한 기준은 국토교통부령으로 정하고, 과태료는 대통령령이 정하는 바에 따라 부과·징수한다(법 제39조 제2항, 법 제51조 제5항).

63

다음 설명 중 맞는 것은? ★★★

① 공인중개사법령에 의하여 업무정지기간 중에 있는 개업공인중개사는 그 기간 중에 중개업을 폐업할 수 없다.
② 개업공인중개사는 법정 중개보수 이외에는 어떠한 경우라도 실비를 받을 수 없다.
③ 휴업기간 중에도 사무소를 두어야 한다.
④ 휴업·폐업·재개업시에 사용하는 신고서의 법정양식은 각각 다르다.
⑤ 등록관청 내에서 사무소를 이전하고자 하는 경우에는 미리 신고하여야 한다.

해설 ▶ 휴·폐업 신고

① 업무의 정지처분을 받은 개업공인중개사도 그 기간 중에 중개업을 폐업을 할 수 있다.
② 개업공인중개사는 중개대상물의 권리관계 등의 확인에 소요되는 실비 또는 계약금 등의 예치비용에 대한 실비를 받을 수 있다(규칙 제20조 제2항).
④ 휴업·폐업·재개업시에 사용하는 신고서의 법정서식은 동일하다.
⑤ 개업공인중개사가 중개사무소를 이전한 때에는 이전한 날부터 10일 이내에 이전 후의 중개사무소를 관할하는 등록관청에 그 이전사실을 신고하여야 한다(법 제20조 제1항).

정답 62. ③ 63. ③

64

공인중개사법령의 내용에 관한 설명으로 옳은 것은?

① 휴업기간의 변경신고를 하지 아니한 자는 100만원 이하의 과태료에 처한다.
② 김포시에 주된 사무소가 있는 법인인 개업공인중개사 甲은 공주시에 분사무소를 두려면 공주시에 신고를 하여야 한다.
③ 개업공인중개사 甲이 임차한 중개사무소를 개업공인중개사 乙이 공동으로 사용하는 경우 등록관청의 공무원은 임대인의 동의 여부를 확인하여야 한다.
④ 다른 법률의 규정에 따라 중개업을 할 수 있는 법인의 분사무소에는 공인중개사를 책임자로 두어야 한다.
⑤ 외국인은 공인중개사자격을 취득하였더라도 국내에서 중개업개설등록을 할 수 없다.

해설 ▶ 중개사무소 및 휴업

② 김포시에 주된 사무소가 있는 법인인 개업공인중개사 甲은 공주시에 분사무소를 두려면 주된 사무소가 있는 김포시에 신고를 하여야 한다(법 제13조 제3항, 영 제15조 제3항).
③ 개업공인중개사 甲이 임차한 중개사무소를 개업공인중개사 乙이 공동으로 사용하는 경우 사용승낙서를 제출하므로(법 제13조 제6항, 영 제16조) 임대인의 동의 여부는 확인할 필요가 없다.
④ 다른 법률의 규정에 따라 중개업을 할 수 있는 법인의 분사무소에는 공인중개사를 책임자로 두지 않아도 된다(영 제15조 제2항).
⑤ 외국인이 공인중개사자격을 취득한 경우 당연히 국내에서 중개업개설등록을 할 수 있다(법 제10조).

65

공인중개사법령상 휴업 또는 폐업에 관한 설명으로 옳은 것은? 〔25회 출제〕

① 개업공인중개사가 휴업한 중개업을 재개하고자 하는 때에는 휴업한 중개업의 재개 후 1주일 이내에 신고해야 한다.
② 개업공인중개사가 1월을 초과하는 휴업을 하는 때에는 등록관청에 그 사실을 신고해야 한다.
③ 개업공인중개사가 휴업을 하는 경우 질병으로 인한 요양등 대통령령으로 정하는 부득이한 사유가 있는 경우를 제외하고는 3월을 초과할 수 없다.
④ 휴업기간 중에 있는 개업공인중개사는 다른 개업공인중개사의 소속공인중개사가 될 수 있다.
⑤ 재등록 개업공인중개사에 대하여 폐업신고 전의 업무정지처분에 해당하는 위반행위를 사유로 업무정지처분을 함에 있어서는 폐업기간과 폐업사유 등을 고려해야 한다.

정답 64. ① 65. ⑤

제1편 공인중개사법령

해설 ▶ 휴업 또는 폐업신고
① 개업공인중개사가 휴업한 중개업을 재개하고자 하는 때에는 미리 신고해야 한다(법 제21조 제1항).
② 개업공인중개사가 3월을 초과하는 휴업을 하는 때에는 등록관청에 그 사실을 신고해야 한다(법 제21조 제1항).
③ 개업공인중개사가 휴업을 하는 경우 질병으로 인한 요양 등 대통령령으로 정하는 부득이한 사유가 있는 경우를 제외하고는 6월을 초과할 수 없다(법 제21조 제2항).
④ 휴업기간 중에 있는 개업공인중개사는 다른 개업공인중개사의 소속공인중개사가 될 수 없다.

66
공인중개사법령상 개업공인중개사의 휴·폐업에 관한 기술로서 옳지 <u>않은</u> 것은?
① 휴업 또는 폐업신고를 하려는 자가 「부가가치세법」에 의한 휴업 또는 폐업신고를 같이 하려는 경우 「중개사법」에 의한 신고서와 함께 「부가가치세법」에 의한 신고서를 함께 제출하여야 한다.
② 등록관청에 폐업을 신고할 때에는 신고서에 등록증을 첨부해야 한다.
③ 개업공인중개사가 사망한 때에는 그 개업공인중개사의 중개보조원은 지체없이 등록관청에 신고해야 한다.
④ 분사무소는 개별적으로 휴업 및 폐업신고를 할 수 있다.
⑤ 개업공인중개사가 사망한 경우 신고하지 않는다 해도 그 사실이 발생한 때에 등록의 효력을 잃는다.

해설 ▶ 휴·폐업
개업공인중개사가 사망한 경우에는 폐업신고를 하지 않아도 된다.

67
공인중개사법령상 다음 중 옳은 것은? ★★★
① 개업공인중개사가 휴업기간을 변경하고자 할 경우 휴업기간 만료 5일 전까지 해야 하며, 이 경우 휴업기간 변경신고는 6개월을 초과할 수 없다.
② 중개사무소를 이전한 경우 이전신고기관은 이전 전의 중개사무소를 관할하는 등록관청이다.
③ 개업공인중개사가 6개월을 초과하여 휴업을 하고자 하거나 폐업을 할 때에는 이를 신고하여야 한다.
④ 관할 세무서장이 「부가가치세법」에 따라 「중개사법」에 의한 휴업 또는 폐업신고서를 받아 이를 해당 등록관청에 송부한 경우에는 신고서가 제출된 것으로 본다.
⑤ 중개사무소를 이전하는 경우에는 이전한 날로부터 2주 이내에 이전신고를 하여야 한다.

정답 66. ③ 67. ④

해설 휴·폐업

① 휴업기간을 변경하고자 하는 자는 휴업기간이 만료되기 전까지 등록관청에 신고하여야 한다. 기간의 제한은 없다(영 제18조 제1항).
② 개업공인중개사가 중개사무소를 이전한 때에는 이전한 날부터 10일 이내에 이전 후의 중개사무소를 관할하는 등록관청에 그 이전사실을 신고하여야 한다(법 제20조 제1항).
③ 개업공인중개사는 3월을 초과하여 휴업을 하고자 하거나 폐업을 하고자 할 때에는 등록관청에 이를 신고하여야 한다(법 제21조 제1항).
⑤ 이전한 날로부터 10일이내에 하여야 한다.

68. 공인중개사법령상 개업공인중개사의 휴업에 관한 설명으로 옳은 것(○)과 틀린 것(×)을 바르게 표시한 것은? **22회 출제**

㉠ 휴업신고는 전자문서로 할 수 있다.
㉡ 법인인 개업공인중개사의 분사무소는 주된 사무소와 별도로 휴업할 수 있다.
㉢ 취학을 이유로 휴업하고자 하는 경우 6월 이상 휴업할 수 있다.
㉣ 휴업기간을 변경하고자 하는 경우 등록관청에 미리 신고해야 한다.
㉤ 휴업한 개업공인중개사가 휴업기간만료 후 중개업의 재개 신고를 하지 않으면 벌금형에 처한다.

① ㉠ (○), ㉡ (○), ㉢ (○), ㉣ (○), ㉤ (○)
② ㉠ (○), ㉡ (×), ㉢ (○), ㉣ (○), ㉤ (×)
③ ㉠ (○), ㉡ (○), ㉢ (×), ㉣ (○), ㉤ (○)
④ ㉠ (×), ㉡ (○), ㉢ (○), ㉣ (○), ㉤ (×)
⑤ ㉠ (×), ㉡ (×), ㉢ (×), ㉣ (×), ㉤ (○)

해설 휴 업

㉠ 휴업신고는 전자문서로 할 수 없다. 전자문서로 할 수 있는 것은 기간변경신고와 업무재개 신고이다(영 제18조 제1항 참조).
㉤ 휴업한 개업공인중개사가 휴업기간만료 후 중개업의 재개 신고를 하지 않으면 100만원 이하의 과태료에 처한다(영 제18조 제1항, 법 제51조 제3항 제4호).

정답 68. ④

69 개업공인중개사의 휴·폐업신고에 대한 사항으로 틀린 것은?

① 개업공인중개사는 3월을 초과하여 휴업을 하고자 할 때에는 등록관청에 미리 신고하여야 한다.
② 부득이한 사유로 휴업기간을 변경하고자 하는 경우에는 휴업기간 만료일 7일 전까지 등록관청에 휴업기간 연장통보를 하여야 한다.
③ 부득이한 사유는 요양·입영·취학·임신 또는 출산 이에 준하는 국토교통부장관이 고시하는 사유이다.
④ 개업공인중개사가 사망한 때에는 그 개업공인중개사와 세대를 같이 하고 있는 자는 신고의무자가 아니다.
⑤ 휴업신고를 한 후 업무를 재개하고자 할 경우에는 등록관청에 업무재개신고를 하여야 하며, 이 경우 등록관청은 반납 받은 등록증을 즉시 반환하여야 한다.

해설 ▶ 휴업 및 폐업
업무를 계속할 수 없는 부득이한 사유로 인하여 휴업기간이 6월을 초과할 경우에는 휴업기간이 만료되기 전에 기간변경신고를 하여야 한다(영 제18조 제1항).

70 공인중개사법령상 휴업 등에 관한 설명으로 옳은 것은? **24회 출제**

① 개업공인중개사가 중개사무소 개설등록 후 3월을 초과하여 업무를 개시하지 않을 경우 미리 휴업신고를 해야 한다.
② 법령상 부득이한 사유가 없는 한, 휴업은 3월을 초과할 수 없다.
③ 부동산중개업의 재개신고나 휴업기간의 변경신고는 전자문서에 의한 방법으로 할 수 없다.
④ 개업공인중개사가 휴업기간의 변경신고를 할 때에는 그 신고서에 중개사무소등록증을 첨부해야 한다.
⑤ 개업공인중개사가 3월을 초과하는 휴업을 하면서 휴업신고를 하지 않는 경우에는 500만원 이하의 과태료를 부과한다.

해설 ▶ 휴업 등
② 법령상 부득이한 사유가 없는 한, 휴업은 6월을 초과할 수 없다.
③ 부동산중개업의 재개신고나 휴업기간의 변경신고는 전자문서에 의한 방법으로 할 수 있다.
④ 개업공인중개사가 휴업기간의 변경신고를 할 때에는 그 신고서에 중개사무소등록증을 첨부하지 않는다.
⑤ 개업공인중개사가 3월을 초과하는 휴업을 하면서 휴업신고를 하지 않은 경우에는 100만원 이하의 과태료를 부과한다.

정답 69. ② 70. ①

71. 공인중개사법령상 개업공인중개사가 설치된 사무소의 간판을 지체 없이 철거해야 하는 경우로 명시된 것을 모두 고른 것은? [25회 출제]

> ㉠ 등록관청에 폐업신고를 한 경우
> ㉡ 등록관청에 6개월을 초과하는 휴업신고를 한 경우
> ㉢ 중개사무소의 개설등록 취소처분을 받은 경우
> ㉣ 등록관청에 중개사무소의 이전사실을 신고한 경우

① ㉠, ㉡ ② ㉢, ㉣ ③ ㉠, ㉡, ㉣
④ ㉠, ㉢, ㉣ ⑤ ㉠, ㉡, ㉢, ㉣

해설 ▶ **사무소의 간판철거**

- 개업공인중개사는 다음의 어느 하나에 해당하는 경우에는 지체없이 사무소의 간판을 철거하여야 한다(법 제21조의2 제1항).
  1) 제20조 제1항에 따라 등록관청에 중개사무소의 이전사실을 신고한 경우
  2) 제21조 제1항에 따라 등록관청에 폐업사실을 신고한 경우
  3) 제38조 제1항 또는 제2항에 따라 중개사무소의 개설등록 취소처분을 받은 경우

정답 71. ④

제4절 중개계약과 부동산거래정보망

01 중개계약

1 일반중개계약

01 다음 중 공인중개사법령에서 정한 일반중개계약서의 기재사항으로 볼 수 <u>없는</u> 것은?

① 중개보수 약정
② 거래예정가격
③ 중개대상물의 위치와 규모
④ 중개대상물 조사에 소요되는 실비 약정
⑤ 그 밖의 개업공인중개사와 중개의뢰인이 준수할 사항

해설 ▶ **일반중개계약서의 기재사항**(법 제22조)
1) 중개대상물의 위치 및 규모
2) 거래예정가격
3) 거래예정가격에 대하여 정한 중개보수
4) 그 밖의 개업공인중개사와 중개의뢰인이 준수하여야 할 사항

02 다음은 일반중개계약서에 관련된 설명이다. 옳지 <u>않은</u> 것은?★★

① 중개의뢰인은 중개의뢰내용을 명확하게 하기 위하여 필요한 경우 일반중개계약서의 작성을 요청할 수 있다.
② 개업공인중개사가 중개의뢰인의 중개계약서 작성요구에 응하지 않는 것은 「공인중개사법」 위반이다.
③ 일반중개계약서 작성요청이 있을 경우 개업공인중개사는 표준서식을 사용하여 작성할 수 있다.
④ 국토교통부장관은 일반중개계약서의 표준이 되는 서식을 정하여 사용을 권장할 수 있다.
⑤ 일반중개계약서의 법정서식은 일반중개계약시 작성되는 표준서식으로 보아야 할 것이다.

해설 ▶ **일반중개계약서**
중개의뢰인이 개업공인중개사에게 일반중개계약서를 사용한 중개계약체결을 요구하였으나 개업공인중개사가 중개계약체결에 응하지 않더라도 「공인중개사법(구 부동산중개업법)」에 저촉되는 것은 아니다(국토교통부 사이버민원 2000.8.19. 회신 제26735호).

정답 01. ④ 02. ②

03

중개의뢰인은 중개의뢰내용을 명확하게 하기 위해 중개계약서의 작성을 요청할 수 있다. 다음 중개계약서에 대한 관련내용 중 바르지 <u>못한</u> 것은?

① 전속중개계약 체결시 전속중개계약서의 사용은 의무사항이지만, 일반중개계약서의 사용은 의무사항이 아니다.
② 일반중개계약서를 작성 의뢰한 의뢰인은 중개대상물의 거래에 관한 중개를 다른 개업공인중개사에게 의뢰할 수 없으며, 위반시 불이익이 따르게 된다.
③ 유효기간은 3개월을 원칙으로 하되 협의로 별도로 정할 수 있다.
④ 개업공인중개사가 부동산중개대상물의 확인·설명을 소홀히 하여 재산상의 피해를 발생하게 한 경우 손해액을 배상하여야 한다.
⑤ 중개의뢰인과 개업공인중개사가 이의 없음을 확인하고 중개계약서에 서명 또는 날인 후 1통씩 보관한다.

해설 ▶ 일반중개계약서
② 중개의뢰인은 이 계약에 불구하고 중개대상물의 거래에 관한 중개를 다른 개업공인중개사에게도 의뢰할 수 있다(일반중개의뢰계약서식).

04

다음은 공인중개사법령에서 정하고 있는 일반중개계약에 관한 설명이다. 가장 옳지 <u>않은</u> 것은?★★

① 개업공인중개사는 중개의뢰인의 요청이 없는 경우에도 일반중개계약서를 작성할 수 있다.
② 개업공인중개사는 중개의뢰인의 요청에 의해 일반중개계약서를 작성할 수 있다.
③ 개업공인중개사가 일반중개계약서를 작성한 경우에는 등록된 인장을 사용할 의무가 없다.
④ 개업공인중개사가 일반중개계약서에 서명 또는 날인할 경우에는 반드시 등록인장을 사용해야 한다.
⑤ 국토교통부장관은 일반중개계약에 관한 표준이 되는 서식을 정하여 이의 사용을 권장할 수 있다.

해설 ▶ 일반중개계약
중개행위이므로 등록된 인장을 사용하여 날인하여야 한다.

정답 03. ② 04. ③

제1편 공인중개사법령

05
다음은 공인중개사법령에서 정한 일반중개계약서 및 전속중개계약서와 거래계약서를 상호 비교한 것이다. 가장 옳지 않은 설명은?

① 개업공인중개사는 이들 계약서에 등록된 인장을 사용하여야 한다.
② 모든 계약서의 서식은 「공인중개사법 시행규칙」에 정해져 있다.
③ 이들 중 거래계약서가 가장 나중에 작성되는 것이 일반적이다.
④ 일반중개계약서의 내용은 개업공인중개사와 중개의뢰인이 합의하여 결정하나 거래계약서의 내용은 거래당사자가 직접 결정하는 것이 원칙이다.
⑤ 개업공인중개사는 모든 계약서를 반드시 작성해야 되는 것은 아니다.

해설 ▶ 계약서 서식 비교
일반중개계약서 및 전속중개계약서의 서식은 「공인중개사법 시행규칙」에서 정하고 있으나, 부동산거래계약서에 대해서는 정하고 있지 않다. 또한, 일반중개계약서의 경우 개업공인중개사가 반드시 작성하여야 하는 것은 아니다.

2 전속중개계약

06
표준서식인 전속중개계약서의 기재사항에 관한 내용으로 틀린 것은?

① 개업공인중개사는 이 전속중개계약 체결 후 7일 이내에 부동산거래정보망 또는 일간신문에 중개대상물에 관한 정보를 공개하여야 하며, 중개대상물을 공개한 때에는 지체없이 중개의뢰인에게 그 내용을 문서로써 통지하여야 한다.
② 중개의뢰인이 비공개를 요청한 경우에는 정보를 공개하여서는 안 된다.
③ 개업공인중개사는 중개의뢰인에게 2주일에 1회 이상 중개업무 처리상황을 문서로써 통지하여야 한다.
④ 전속중개계약의 유효기간 내에 중개의뢰인이 스스로 발견한 상대방과 거래를 한 경우에는 중개보수의 50%에 해당하는 금액의 범위 안에서 개업공인중개사가 중개행위를 함에 있어서 소요된 비용을 지불하여야 한다.
⑤ 전속개업공인중개사는 중개의뢰인이 그 전속중개계약의 유효기간 내에 당해 개업공인중개사 외의 다른 개업공인중개사에게 중개를 의뢰하기만 하면 전속중개계약시 지불하기로 한 중개보수에 해당하는 금액만큼을 위약금으로 받을 수 있다.

정답   05. ②   06. ⑤

제3장 중개업

해설 ▶ 전속중개계약

전속중개계약을 체결한 중개의뢰인이 그 전속중개계약의 유효기간 내에 당해 개업공인중개사 외의 다른 개업공인중개사에게 중개를 의뢰하여 거래한 경우에는 중개의뢰인은 그가 지불하여야 할 중개보수에 해당하는 금액을 전속중개계약을 체결한 개업공인중개사에게 위약금으로 지불하여야 한다.

07 공인중개사법령상 중개계약에 관한 설명으로 틀린 것은? ★★ **25회 출제**

① 개업공인중개사는 전속중개계약을 체결한 때, 중개의뢰인이 당해 중개대상물에 관한 정보의 비공개를 요청한 경우에는 부동산거래정보망과 일간신문에 이를 공개해서는 아니 된다.
② 전속중개계약을 체결한 개업공인중개사는 부동산거래정보망에 중개대상물의 정보를 공개할 경우 권리자의 주소·성명을 공개해야 한다.
③ 당사자 간에 다른 약정이 없는 한 전속중개계약의 유효기간은 3월로 한다.
④ 중개의뢰인은 개업공인중개사에게 거래예정가격을 기재한 일반중개계약서의 작성을 요청할 수 있다.
⑤ 개업공인중개사는 전속중개계약을 체결한 때에는 당해 계약서를 3년간 보존해야 한다.

해설 ▶ 전속중개계약

각 권리자의 주소·성명 등 인적 사항에 관한 정보는 공개하여서는 아니 된다(영 제20조 제2항 제4호).

08 공인중개사법령상 전속중개계약에 관한 설명으로 틀린 것은? **22회 출제**

① 개업공인중개사는 체결된 전속중개계약서를 3년간 보존해야 한다.
② 중개의뢰인이 전속중개계약의 유효기간 내에 스스로 발견한 상대방과 직접거래한 경우 중개의뢰인은 개업공인중개사에게 중개보수의 50%를 지불할 의무가 있다.
③ 중개의뢰인과 개업공인중개사는 전속중개계약의 유효기간을 3월 이상으로 약정할 수 있다.
④ 전속중개계약을 체결한 개업공인중개사는 중개의뢰인에게 2주일에 1회 이상 중개업무 처리상황을 문서로써 통지해야 한다.
⑤ 개업공인중개사가 중개대상물의 정보를 일간신문에 공개한 때에는 지체없이 중개의뢰인에게 그 사실을 문서로써 통지해야 한다.

정답 07. ② 08. ②

해설 ▶ **전속중개계약**

중개의뢰인이 전속중개계약의 유효기간 내에 스스로 발견한 상대방과 직접거래한 경우 중개의뢰인은 개업공인중개사에게 중개보수의 50% 범위 내에서 개업공인중개사가 소요한 비용을 지불할 의무가 있다(별지 제15호 서식).

09 공인중개사법령상 중개계약에 관한 설명으로 옳은 것은? 〔23회 출제〕

① 국토교통부장관이 일반중개계약의 표준이 되는 서식을 정하고 있으므로, 개업공인중개사는 그 서식을 반드시 사용해야 한다.
② 전속중개계약을 체결할 경우 당사자 간에 다른 약정이 없으면 그 유효기간은 6월로 한다.
③ 개업공인중개사가 국토교통부령이 정하는 전속중개계약서에 의하지 않고 전속중개계약을 체결한 경우 개설등록이 취소된다.
④ 전속중개계약서 서식에는 개업공인중개사가 중개대상물의 확인·설명의무를 이행하는 데 중개의뢰인이 협조해야 함을 명시하고 있다.
⑤ 전속중개계약을 체결한 중개의뢰인이 그 유효기간 내에 스스로 발견한 제3자와 직접 매매계약을 체결한 경우 그 매매계약은 무효가 된다.

해설 ▶ **중개계약**

① 국토교통부장관이 일반중개계약의 표준이 되는 서식을 정하고 있으나, 개업공인중개사가 그 서식을 사용할 의무는 없다(영 제19조 참조).
② 전속중개계약을 체결할 경우 당사자 간에 다른 약정이 없으면 그 유효기간은 3월로 한다(영 제20조 제1항).
③ 개업공인중개사가 국토교통부령이 정하는 전속중개계약서에 의하지 않고 전속중개계약을 체결한 경우 업무정지처분을 받을 수 있다(법 제39조 제1항).
⑤ 전속중개계약을 체결한 중개의뢰인이 그 유효기간 내에 스스로 발견한 제3자와 직접 매매계약을 체결한 경우 그 매매계약은 무효가 되는 것은 아니며 중개보수 50% 범위 내에서 개업공인중개사가 소요한 비용을 지불하여야 한다(별지 서식 제15호).

정답 09. ④

10

전속중계계약을 체결한 개업공인중개사가 공인중개사법령상 공개해야 할 중개대상물에 대한 정보에 해당하는 것을 모두 고른 것은? (중개의뢰인이 비공개를 요청하지 않은 경우임)

26회 출제

㉠ 벽면 및 도배의 상태
㉡ 중개대상물의 권리관계에 관한 사항 중에서 권리자의 주소·성명 등 인적사항에 관한 정보
㉢ 도로 및 대중교통수단과의 연계성
㉣ 오수·폐수·쓰레기 처리시설 등의 상태

① ㉠, ㉢
② ㉠, ㉣
③ ㉡, ㉣
④ ㉠, ㉢, ㉣
⑤ ㉠, ㉡, ㉢, ㉣

해설 ▶ 전속중개계약시 정보공개

㉡ 권리자의 주소·성명 등 인적사항에 관한 정보는 공개하면 아니 된다(영 제2조 제2항 제5호).

11

공인중개사법령상 전속중개계약에 관한 설명으로 옳은 것을 모두 고른 것은?

27회 출제

㉠ 특정한 개업공인중개사를 정하여 그 개업공인중개사에 한하여 중개대상물을 중개하도록 하는 계약이 전속중개계약이다.
㉡ 당사자 간에 기간의 약정이 없으면 전속중개계약의 유효기간은 6개월로 한다.
㉢ 개업공인중개사는 중개의뢰인에게 전속중개계약 체결 후 2주일에 1회 이상 중개업무 처리상황을 문서로 통지해야 한다.
㉣ 전속중개계약의 유효기간 내에 다른 개업공인중개사에게 해당 중개대상물의 중개를 의뢰하여 거래한 중개의뢰인은 전속중개계약을 체결한 개업공인중개사에게 위약금 지불의무를 진다.

① ㉠, ㉢
② ㉡, ㉣
③ ㉠, ㉡, ㉢
④ ㉠, ㉢, ㉣
⑤ ㉠, ㉡, ㉢, ㉣

해설 ▶ 전속중개계약

㉡ 당사자 간에 기간의 약정이 없으면 전속중개계약의 유효기간은 3개월로 한다(영 제20조 제1항).

정답 10. ④ 11. ④

12. 전속중개계약에 관한 다음 설명 중 맞는 것은? ★★

① 전속중개계약을 체결한 개업공인중개사는 전속중개계약서를 작성하고 이를 1년간 보존하여야 한다.
② 중개의뢰인이 중개를 의뢰함에 있어 특정한 개업공인중개사를 정하여 그 개업공인중개사에 한하여 중개하도록 하는 계약을 체결할 수 있다.
③ 전속중개계약의 유효기간은 당사자간에 다른 약정이 있더라도 3월을 초과할 수 없다.
④ 전속중개계약을 체결한 개업공인중개사는 소유권·전세권 및 권리자의 주소·성명 등 중개대상물의 권리관계에 관한 사항을 공개하여야 한다.
⑤ 개업공인중개사는 전속중개계약을 체결하고자 하는 때에는 특별시·광역시 또는 도의 조례로 정하는 계약서를 사용하여야 한다.

해설 ▶ 전속중개계약

① 전속중개계약서를 보존하여야 할 기간은 3년으로 한다(규칙 제14조 제2항).
③ 전속중개계약의 유효기간은 3월로 한다. 다만, 전속중개계약서상에 당사자간에 다른 약정이 있는 경우에는 그 약정에 따른다(영 제20조 제1항).
④ 각 권리자의 주소·성명 등 인적사항에 관한 정보는 공개하여서는 아니 된다(영 제20조 제2항 제5호).
⑤ 개업공인중개사는 전속중개계약을 체결하고자 하는 때에는 국토교통부령이 정하는 계약서를 사용하여야 한다(법 제23조 제2항).

13. 甲소유 X부동산을 매도하기 위한 甲과 개업공인중개사 乙의 전속중개계약에 관한 설명으로 틀린 것은? [28회 출제]

① 甲과 乙의 전속중개계약은 국토교통부령이 정하는 계약서에 의해야 한다.
② 甲과 乙의 전속중개계약의 유효기간을 약정하지 않은 경우 유효기간은 3개월로 한다.
③ 乙이 甲과의 전속중개계약 체결 뒤 6개월만에 그 계약서를 폐기한 경우 이는 업무정지사유에 해당한다.
④ 甲이 비공개를 요청하지 않은 경우 乙은 전속중개계약 체결 후 2주 내에 X부동산에 관한 정보를 부동산거래정보망 또는 일간신문에 공개해야 한다.
⑤ 전속중개계약 체결 후 乙이 공개해야 할 X부동산에 관한 정보에는 도로 및 대중교통수단과의 연계성이 포함된다.

정답 12. ② 13. ④

해설 ▶ **전속중개계약**
개업공인중개사는 전속중개계약을 체결한 때에는 7일 이내에 부동산거래정보망 또는 일간신문에 당해 중개대상물에 관한 정보를 공개하여야 한다(법 제23조 제3항, 별지 15호 서식).

14 개업공인중개사 甲과 중개의뢰인 乙은 3월의 유효기간으로 하는 전속중개계약을 체결하였다. 그 후 乙은 유효기간 내에 스스로 발견한 상대방과 거래계약을 체결하는 바 甲이 받을 수 있는 것으로 옳은 것은? (단, 甲의 지출비용은 광고비로 80만원이고, 중개보수는 200만원이었다)

① 위 약 금   100만원   ② 위 약 금   80만원
③ 소요비용   200만원   ④ 소요비용   100만원
⑤ 소요비용   80만원

해설 ▶ **스스로 발견한 상대방과 거래한 경우**
스스로 발견한 상대방과 거래한 경우에 해당하므로 중개보수의 50% 범위 내에서 소요비용을 정산하면 된다.

15 부동산 중개계약에 관한 내용 중 **틀린** 것은?★★

① 개업공인중개사 A는 매도의뢰인 B와 5개월간의 전속중개계약을 체결하였고, B의 요청에 의하여 중개대상물에 대한 정보를 비공개로 하기로 하였다.
② 개업공인중개사 C는 중개의뢰인 D와 일반중개계약서를 작성하였고, 그 계약서에 거래예정가격에 대한 중개보수를 기재하였다.
③ 등록관청은 국토교통부령에서 정하고 있는 전속중개계약서에 의하지 아니하고 전속중개계약을 체결하였다는 이유로 개업공인중개사 E에게 3월의 업무정지를 명하였다.
④ 개업공인중개사가 전속중개계약을 체결한 때에는 당해 계약서를 3년 동안 보존하여야 한다.
⑤ 개업공인중개사가 임대차를 위한 전속중개계약을 체결할 때 중개대상물의 거래예정금액 및 공시지가는 필수적 정보공개대상에 해당된다.

해설 ▶ **중개계약**
⑤ 공시지가는 임대차의 경우 공개하지 않을 수 있다.

정답   14. ⑤   15. ⑤

16 다음은 공인중개사법령상의 전속중개계약에 관한 설명이다. 가장 타당한 것은?★★

① 개업공인중개사가 전속중개계약을 체결한 경우에 중개의뢰인이 중개대상물에 관한 정보를 공개하지 아니할 것을 요청한 경우에는 이를 공개하여서는 아니 된다.
② 전속중개계약의 유효기간은 3월로 하여야 하며, 계약당사자간의 다른 약정이 있더라도 그 기간을 초과할 수 없다.
③ 개업공인중개사가 전속중개계약을 체결하고자 하는 때에는 국토교통부령이 정하는 전속중개계약서를 사용하여야 하며, 그 계약서를 1년간 보존하여야 한다.
④ 개업공인중개사가 전속중개계약을 체결한 경우에는 지체없이 부동산거래정보망에 당해 중개대상물에 관한 정보를 공개하고, 일간신문에 공개하여야 한다.
⑤ 개업공인중개사는 중개의뢰인의 요청이 있는 경우 언제나 전속중개계약을 체결하여야 한다.

해설 ▶ 전속중개계약

② 전속중개계약의 유효기간은 3월로 한다. 다만, 당사자간에 다른 약정이 있는 경우에는 그 약정에 따른다(영 제20조 제1항).
③ 전속중개계약서를 보존하여야 할 기간은 3년으로 한다(규칙 제14조 제1항).
④ 개업공인중개사는 전속중개계약을 체결한 경우에는 부동산거래정보망 또는 일간신문에 당해 중개대상물에 관한 정보를 공개하여야 한다(법 제23조 제3항).
⑤ 중개의뢰인은 중개대상물의 중개를 의뢰함에 있어서 특정한 개업공인중개사를 정하여 그 개업공인중개사에 한하여 당해 중개대상물을 중개하도록 하는 계약을 체결할 수 있다(법 제23조 제1항).

정답   16. ①

17

공인중개사법령상 개업공인중개사의 일반중개계약과 전속중개계약에 관한 설명으로 옳은 것은?

33회 출제

① 일반중개계약은 중개의뢰인이 중개대상물의 중개를 의뢰하기 위해 특정한 개업공인중개사를 정하여 그 개업공인중개사에 한정하여 중개대상물을 중개하도록 하는 계약을 말한다.
② 개업공인중개사가 일반중개계약을 체결한 때에는 중개의뢰인이 비공개를 요청하지 않은 경우, 부동산거래정보망에 해당 중개대상물에 관한 정보를 공개해야 한다.
③ 개업공인중개사가 일반중개계약을 체결한 때에는 중개의뢰인에게 2주일에 1회 이상 중개업무 처리상황을 문서로 통지해야 한다.
④ 개업공인중개사가 국토교통부령으로 정하는 전속중개계약서에 의하지 아니하고 전속중개계약을 체결한 행위는 업무정지 사유에 해당하지 않는다.
⑤ 표준서식인 일반중개계약서와 전속중개계약서에는 개업공인중개사가 중개보수를 과다수령 시 그 차액의 환급을 공통적으로 규정하고 있다.

해설 ▶ 전속중개계약

① 전속중개계약은 중개의뢰인이 중개대상물의 중개를 의뢰하기 위해 특정한 개업공인중개사를 정하여 그 개업공인중개사에 한정하여 중개대상물을 중개하도록 하는 계약을 말한다.
② 개업공인중개사가 전속중개계약을 체결한 때에는 중개의뢰인이 비공개를 요청하지 않은 경우, 부동산거래정보망에 해당 중개대상물에 관한 정보를 공개해야 한다.
③ 개업공인중개사가 전속중개계약을 체결한 때에는 중개의뢰인에게 2주일에 1회 이상 중개업무 처리상황을 문서로 통지해야 한다.
④ 개업공인중개사가 국토교통부령으로 정하는 전속중개계약서에 의하지 아니하고 전속중개계약을 체결한 행위는 업무정지 사유에 해당한다.

정답 17. ⑤

제1편 공인중개사법령

18 다음 설명 중 틀린 것은? ★★

① 전속중개계약기간이 끝난 다음날 개업공인중개사가 중개를 완성시켜 거래계약을 체결한 경우 개업공인중개사는 중개의뢰인에 대하여 중개보수청구권을 갖는다.
② 전속중개계약체결시 전속중개계약서를 사용하지 아니한 경우 등록관청은 6월 범위 내에서 업무정지를 명할 수 있다.
③ 개업공인중개사가 부동산거래정보망에 공개된 중개대상물의 거래사실을 거래정보사업자에게 통보하지 아니하여 등록관청으로부터 3월의 업무정지처분을 받았다.
④ 자격증 양도를 이유로 2022.5.3 전북도지사로부터 공인중개사자격을 취소당한 자가 2023.10.29 경기도지사로부터 시험응시를 거부당했다.
⑤ 전속중개계약의 유효기간은 3개월이 원칙이므로 3개월 이상으로 계약하는 것은 효력이 없다.

해설 ▶ 전속중개계약
전속중개계약의 유효기간은 3개월이 원칙이나 당사자 약정에 의하여 3개월 이상으로 계약할 수 있다(영 제20조 제1항).

19 전속중개계약을 체결한 개업공인중개사가 공개하여야 할 정보로서 공인중개사법령의 규정과 알맞지 않은 것은?

① 벽면 및 도배의 상태
② 공법상 이용제한 및 거래규제에 관한 사항
③ 수도·전기·가스·소방·열공급설비, 오수·폐수·쓰레기처리시설 등의 상태
④ 권리를 취득함에 따라 부담해야 할 조세의 종류 및 세율
⑤ 도로 및 대중교통수단과의 연계성, 시장·학교 등과의 근접성, 지형 등 입지조건, 일조·소음·진동·악취 등 환경조건

해설 ▶ 전속중개계약시 공개사항
확인·설명의 대상에 해당하나 공개대상은 아니다(영 제20조 제2항 참조).

정답   18. ⑤   19. ④

20

공인중개사법령상 중개계약에 관한 설명으로 옳은 것은? `20회 출제`

① 전속중개계약의 유효기간 내에는 중개의뢰인이 스스로 발견한 상대방과 거래계약을 체결할 수 없다.
② 전속중개계약을 체결한 개업공인중개사는 원칙적으로 중개대상물의 공법상의 이용제한 및 거래규제에 관한 사항을 공개해서는 안 된다.
③ 소속공인중개사가 중개의뢰를 접수하여 그 중개업무를 수행한 경우 이 법 시행규칙 별지서식 중개계약서에는 개업공인중개사와 소속공인중개사가 함께 서명 또는 날인하도록 하고 있다.
④ 이 법 시행규칙 별지서식 중개계약서의 기재란에는 권리이전용과 권리취득용으로 구분되어 있다.
⑤ 개업공인중개사가 국토교통부령이 정하는 전속중개계약서에 의하지 아니하고 전속중개계약을 체결한 경우 등록관청은 등록을 취소할 수 있다.

해설 ▶ 전속중개계약

① 전속중개계약의 유효기간 내에는 중개의뢰인이 스스로 발견한 상대방과 거래계약을 체결할 수 있다. 다만 중개보수 50% 범위 내에서 개업공인중개사가 소요한 비용을 지불하여야 한다(별지 제15호 서식).
② 중개대상물의 공법상 이용제한 및 거래규제에 관한 사항은 공개하여야 할 사항에 해당한다(영 제20조 제2항).
③ 소속공인중개사가 중개의뢰를 접수하여 그 중개업무를 수행한 경우 이 법 시행규칙 별지서식 중개계약서에는 소속공인중개사가 함께 서명 또는 날인할 의무는 없다.
⑤ 개업공인중개사가 국토교통부령이 정하는 전속중개계약서에 의하지 아니하고 전속중개계약을 체결한 경우 업무정지처분을 받을 수 있다(법 제39조 제1항 제3호).

정답 20. ④

02 부동산거래정보망

21 다음 중 거래정보사업자로 지정받고자 하는 자가 갖추어야 할 요건으로서 **부적절한** 것은?★★★

① 공인중개사 1인 이상을 확보할 것
② 정보처리기사 1인 이상을 확보할 것
③ 가입·이용신청을 한 개업공인중개사의 수가 전국적으로 500명 이상이고 2개 이상의 시·도에서 각 30명 이상의 개업공인중개사가 가입·이용신청을 할 것
④ 부동산거래정보망의 가입자가 이용하는 데 지장이 없는 정도의 용량 및 성능을 갖춘 컴퓨터설비를 확보할 것
⑤ 「전기통신사업법」의 규정에 의하여 부가통신사업자일 것

해설 **거래정보사업자**
부동산거래정보망의 가입자가 이용하는 데 지장이 없는 정도로서 국토교통부장관이 정하는 용량 및 성능을 갖춘 컴퓨터설비를 확보할 것

22 부동산거래정보망에 관한 다음 설명 중 맞는 것은?★★

① 부동산거래정보망을 설치·운영할 자로서 지정을 받을 수 있는 자는 부가통신사업자로서 국토교통부장관에게 등록된 자이어야 한다.
② 거래정보사업자는 정보처리기사 1인 이상과 공인중개사 2인 이상을 확보하여야 한다.
③ 거래정보사업자 지정의 절차와 운영규정에 정할 내용은 대통령령으로 정한다.
④ 개업공인중개사가 중개대상물의 정보를 거짓으로 공개한 경우에는 6월 이내의 업무정지처분을 받을 수 있다.
⑤ 거래정보사업자는 개업공인중개사 및 중개의뢰인으로부터 의뢰받은 중개대상물의 정보를 공개하여야 한다.

해설 **거래정보망**
① 부동산거래정보망을 설치·운영할 자로 지정을 받을 수 있는 자는 「전기통신사업법」의 규정에 의하여 부가통신사업자로 신고한 자 중에서 국토교통부령이 정하는 요건을 갖추어야 한다(법 제24조 제2항).
② 정보처리기사 1인 이상을 확보할 것, 공인중개사 1인 이상을 확보할 것(규칙 제15조 제2항).
③ 거래정보사업자 지정의 절차와 운영규정에 정할 내용 기타 필요한 사항은 국토교통부령으로 정한다(법 제24조 제8항).
⑤ 거래정보사업자는 개업공인중개사로부터 의뢰받은 중개대상물의 정보에 한하여 이를 공개하여야 하며, 의뢰받은 내용과 다르게 정보를 공개하거나 어떠한 방법으로든지 개업공인중개사에 따라 정보가 차별적으로 공개되도록 하여서는 안 된다(법 제24조 제4항).

정답 21. ④ 22. ④

23

다음은 공인중개사법령상 거래정보사업자의 지정과 관련된 설명이다. 옳지 않은 것은?★★

① 국토교통부장관은 부동산거래정보망을 설치·운영할 자를 지정하여야 한다.
② 거래정보사업자가 되려면 「전기통신사업법」의 규정에 의하여 부가통신사업자로 신고된 자이어야 한다.
③ 거래정보사업자는 지정을 받은 날부터 3월 이내에 운영규정을 정하여 국토교통부장관의 승인을 얻어야 한다.
④ 거래정보사업자는 개업공인중개사로부터 의뢰받은 중개대상물의 정보에 한하여 이를 공개하여야 한다.
⑤ 개업공인중개사는 부동산거래정보망에 중개대상물에 관한 정보를 허위로 공개하여서는 아니 된다.

해설 ▶ **거래정보사업자**

국토교통부장관은 개업공인중개사 상호간에 부동산매매 등에 관한 정보의 공개와 유통을 촉진하고 공정한 부동산거래질서를 확립하기 위하여 부동산거래정보망을 설치·운영할 자를 지정할 수 있다(법 제24조 제1항). 따라서 국토교통부장관이 반드시 거래정보사업자를 지정해야 하는 것은 아니다.

24

다음 중 거래정보사업자의 지정취소요건에 포함되지 않는 것은?

① 개업공인중개사로부터 의뢰받지 않은 중개대상물의 정보를 공개한 때
② 지정을 받은 날부터 6월 이내에 운영규정을 승인받지 않거나 변경승인을 얻지 아니한 경우
③ 거짓 그 밖의 부정한 방법으로 지정을 받은 때
④ 법인의 해산 기타의 사유로 부동산거래정보망의 계속적인 운영이 불가능한 때
⑤ 정당한 사유없이 지정을 받은 날부터 1년 이내에 부동산거래정보망을 설치·운영하지 아니한 때

정답 23. ① 24. ②

해설 ▶ 거래정보사업자 지정취소

국토교통부장관은 거래정보사업자가 다음의 어느 하나에 해당하는 때에는 그 지정을 취소할 수 있다(법 제24조 제5항).
1) 거짓 그 밖의 부정한 방법으로 지정을 받은 때
2) 운영규정의 승인규정에 위반하여 거래정보사업자가 운영규정의 승인 또는 변경승인을 얻지 아니하거나, 운영규정의 내용에 위반하여 부동산거래정보망을 운영한 때
3) 거래정보사업자가 중개대상물 정보의 공개 규정에 위반하여 정보를 공개한 때
4) 정당한 사유없이 지정을 받은 날부터 1년 이내에 부동산거래정보망을 설치·운영하지 아니한 때
5) 사망·해산 그 밖의 사유로 부동산거래정보망의 계속적인 운영이 불가능한 때

25. 거래정보사업자에 대한 다음 사항 중 틀린 것은? ★★

① 부동산거래정보망을 설치·운영할 자로 지정받고자 하는 자는 전국적으로 500명 이상, 10개 이상의 시·도에서 각 30명 이상의 가입, 이용신청을 한 개업공인중개사의 이용신청서와 등록증 사본을 신청서에 첨부하여야 한다.
② 거래정보사업자는 개업공인중개사로부터 의뢰받은 중개대상물의 정보에 한하여 이를 공개하여야 하며, 의뢰받은 내용과 다르게 정보를 공개해서는 안 된다.
③ 법인의 경우 거래정보사업자지정신청서에는 법인등기사항증명서를 첨부할 필요가 없다.
④ 거래정보사업자는 정보처리기사 1인 이상 공인중개사 1인 이상을 확보하여야 한다.
⑤ 거래정보사업자는 부동산거래정보망의 가입자가 이용하는데 지장이 없는 정도로서 국토교통부장관이 정하는 용량 및 성능을 갖춘 컴퓨터설비를 확보하여야 한다.

해설 ▶ 거래정보사업자

부동산거래정보망을 설치·운영할 자로 지정받고자 하는 자는 전국적으로 500명 이상, 2개 이상의 시·도에서 각 30명 이상의 가입, 이용신청을 한 개업공인중개사의 등록증사본 및 가입·이용신청서를 신청서에 첨부하여야 한다(규칙 제15조 제2항 제1호).

정답 25. ①

26
다음 중 거래정보사업자로 지정받고자 하는 자가 갖추어야 할 요건으로서 **부적절한** 것은? ★★★

① 공인중개사 1인 이상을 확보할 것
② 정보처리기사 1인 이상을 확보할 것
③ 가입·이용신청을 한 개업공인중개사의 수가 전국적으로 500명 이상이고 2개 이상의 시·도에서 각 30명 이상의 개업공인중개사가 가입·이용신청을 할 것
④ 부동산거래정보망의 가입자가 이용하는데 지장이 없는 정도의 용량 및 성능을 갖춘 컴퓨터설비를 확보할 것
⑤ 「전기통신사업법」의 규정에 의하여 부가통신사업자일 것

해설 ▶ 거래정보사업자
부동산거래정보망의 가입자가 이용하는 데 지장이 없는 정도로서 국토교통부장관이 정하는 용량 및 성능을 갖춘 컴퓨터설비를 확보할 것

27
부동산거래정보망에 관한 다음 설명 중 맞는 것은? ★★

① 부동산거래정보망을 설치·운영할 자로서 지정을 받을 수 있는 자는 부가통신사업자로서 국토교통부장관에게 등록된 자이어야 한다.
② 거래정보사업자는 정보처리기사 1인 이상과 공인중개사 2인 이상을 확보하여야 한다.
③ 거래정보사업자 지정의 절차와 운영규정에 정할 내용은 대통령령으로 정한다.
④ 개업공인중개사가 중개대상물의 정보를 거짓으로 공개한 경우에는 6월 이내의 업무정지처분을 받을 수 있다.
⑤ 거래정보사업자는 개업공인중개사 및 중개의뢰인으로부터 의뢰받은 중개대상물의 정보를 공개하여야 한다.

해설 ▶ 거래정보망
① 부동산거래정보망을 설치·운영할 자로 지정을 받을 수 있는 자는 「전기통신사업법」의 규정에 의하여 부가통신사업자로 신고한 자 중에서 국토교통부령이 정하는 요건을 갖추어야 한다(법 제24조 제2항).
② 정보처리기사 1인 이상을 확보할 것, 공인중개사 1인 이상을 확보할 것(규칙 제15조 제2항).
③ 거래정보사업자 지정의 절차와 운영규정에 정할 내용 기타 필요한 사항은 국토교통부령으로 정한다(법 제24조 제8항).
⑤ 거래정보사업자는 개업공인중개사로부터 의뢰받은 중개대상물의 정보에 한하여 이를 공개하여야 하며, 의뢰받은 내용과 다르게 정보를 공개하거나 어떠한 방법으로든지 개업공인중개사에 따라 정보가 차별적으로 공개되도록 하여서는 안 된다(법 제24조 제4항).

정답 26. ④ 27. ④

28

공인중개사법령상 부동산거래정보망에 관한 설명으로 틀린 것은?

① 부동산거래정보망을 설치·운영할 자로 지정받으려는 자는 신청서류를 국토교통부장관에게 제출하여야 한다.
② 거래정보사업자지정신청서에 개업공인중개사의 주된 컴퓨터 설비의 내역을 기재해야 한다.
③ 부동산거래정보망은 개업공인중개사 상호간 부동산매매 등에 관한 정보의 공개와 유통을 촉진시키려는 제도이다.
④ 개업공인중개사가 중개의뢰인과 일반중개계약을 체결한 경우는 부동산거래정보망에 중개대상물에 관한 정보를 공개할 의무에 대한 명문규정은 없다.
⑤ 거래정보사업자가 승인받아야 하는 부동산거래정보망의 이용 및 정보제공방법 등에 관한 운영규정에는 가입자에 대한 회비 및 그 징수에 관한 사항을 정하여야 한다.

해설 ▶ 부동산거래정보망

거래정보사업자지정신청서에는 '개업공인중개사'의 주된 컴퓨터 설비의 내역을 기재하는 것이 아니라, '거래정보사업자로 지정을 받으려는 「전기통신사업법」의 규정에 의한 부가통신사업자'의 주요설비를 기재하여야 한다(법 제24조 제2항, 규칙 제15조 제1항 별지 제16호 서식).

29

다음은 공인중개사법령에 의해 국토교통부장관이 지정한 부동산거래정보사업자의 부동산거래정보망 운영규정에 정하여야 할 사항을 열거한 것이다. 옳지 않은 것은?

① 부동산거래정보망에 등록할 정보의 종류 및 방법
② 부동산거래정보망에의 등록절차 및 자료의 제공·이용방법에 관한 사항
③ 가입자에 대한 회비 및 그 징수에 관한 사항
④ 거래정보사업자 및 가입자의 권리·의무에 관한 사항
⑤ 그 밖에 부동산거래정보망의 이용에 관하여 필요한 사항

해설 ▶ 운영규정에 정하여야 할 내용 (규칙 제15조 제4항)

1) 부동산거래정보망에의 등록절차
2) 자료의 제공·이용방법에 관한 사항
3) 가입자에 대한 회비 및 그 징수에 관한 사항
4) 거래정보사업자 및 가입자의 권리·의무에 관한 사항
5) 그 밖에 부동산거래정보망의 이용에 관하여 필요한 사항

정답 28. ② 29. ①

30

부동산거래정보망 등에 대한 설명 중 틀린 것은?

① 부동산거래정보망을 설치·운영할 자의 지정권자는 국토교통부장관이다.
② 공인중개사 1인 이상의 확보는 거래정보사업자의 지정을 받기 위한 요건 중 하나이다.
③ 전속중개계약을 체결한 개업공인중개사와 일반중개계약을 체결한 개업공인중개사는 거래정보사업자인 공인중개사협회의 부동산거래정보망에 가입하면 차별 없이 이용할 수 있다.
④ 개업공인중개사는 중개대상물의 거래가 완성된 때에는 지체없이 이를 당해 거래정보사업자에게 통보하여야 한다.
⑤ 법인인 거래정보사업자의 해산으로 거래정보망 운영이 불가능한 경우 관할관청은 그 사업자지정을 취소하기 위하여 청문을 실시하여야 한다.

해설 ▶ 거래정보망
사망 또는 해산으로 지정을 취소할 경우 청문을 실시하지 않는다.

31

다음은 부동산거래정보망에 대한 설명이다. 옳지 않은 것은?

① 부동산거래정보망을 이용하여 중개하는 개업공인중개사는 신속한 부동산거래로서 거래당사자에 대한 서비스의 질을 높일 수 있다.
② 부동산거래정보망을 이용하여 공동중개하는 개업공인중개사는 거래당사자 쌍방으로부터 각각 중개보수를 받는다.
③ 부동산거래정보망 설치로서 부동산가격의 안정을 기대할 수 있다.
④ 부동산거래정보망의 활성화는 추상적 부동산시장을 구체적 시장으로 변화시킬 수 있다.
⑤ 부동산거래정보망은 정보화시대에 대응하고 전속중개계약의 활성화를 도모하기 위해서 도입된 제도이다.

해설 ▶ 부동산거래정보망
중개보수청구권은 중개의뢰계약을 근거로 하는 것으로, 부동산거래정보망을 통하여 공동중개가 이루어질 경우 권리이전 개업공인중개사는 권리이전 중개의뢰인에게 중개보수를 받고, 권리취득 개업공인중개사는 권리취득 중개의뢰인에게 중개보수를 받을 수 있다.

정답 30. ⑤ 31. ②

32

다음은 부동산거래정보망의 이용 등과 관련된 설명이다. 법률에서 정한 사항과 가장 일치하지 <u>않는</u> 것은?★★

① 거래정보사업자는 지정을 받은 날부터 3월 이내에 부동산거래정보망의 이용 및 정보제공방법 등에 관한 사항이 포함된 운영규정을 정하여 국토교통부장관의 승인을 얻어야 한다.
② 거래정보사업자가 운영규정을 변경한 경우에는 반드시 국토교통부장관의 승인을 얻어야 한다.
③ 거래정보사업자는 의뢰받은 내용과 다르게 정보를 공개하여서는 아니 된다.
④ 거래정보사업자는 개업공인중개사로부터 의뢰받은 중개대상물의 정보에 한하여 이를 공개하여야 한다.
⑤ 개업공인중개사는 당해 중개대상물의 거래가 완성된 때에는 이를 지체없이 거래정보사업자에게 통보하여야 한다.

해설 ▶ 거래정보사업자

거래정보사업자는 지정을 받은 날부터 3월 이내에 부동산거래정보망의 이용 및 정보제공방법 등에 관한 사항을 정하여 국토교통부장관의 승인을 얻어야 한다. 이를 변경하고자 하는 경우에도 또한 같다(법 제24조 제3항). 따라서 운영규정을 변경하고자 할 경우에는 사전에 국토교통부장관의 승인을 얻어야 한다.

33

부동산거래정보망에 대한 설명 중 옳은 것은?★★★

① 부동산거래정보사업자는 지정을 받은 날부터 3월 이내에 운영규정을 정하여 시·도지사의 승인을 받아야 한다.
② 부동산거래정보망은 개업공인중개사와 의뢰인 상호 간에 부동산매매 등에 관한 정보의 공개와 유통을 촉진하기 위한 제도다.
③ 부동산거래정보망을 설치·운영할 자로 지정받으려면 가입한 개업공인중개사가 보유하고 있는 주된 컴퓨터의 용량 및 성능을 확인할 수 있는 서류가 필요하다.
④ 정당한 사유 없이 지정받은 날부터 2년 이내에 부동산거래정보망을 설치·운영하지 아니하면 지정을 취소하여야 한다.
⑤ 개업공인중개사는 부동산거래정보망을 통해 거래하는 경우 거래가 완성된 때에는 지체없이 이를 당해 거래정보사업자에게 통보하여야 한다.

정답 32. ② 33. ⑤

해설 ▸ **거래정보사업자**
① 지정을 받은 날부터 3월 이내에 운영규정을 정하여 국토교통부장관의 승인을 받아야 한다.
② 개업공인중개사 상호 간에 부동산 매매 등에 관한 정보의 공개와 유통을 촉진하고 공정한 부동산거래질서를 확립하기 위한 제도이다.
③ 부가통신사업자가 보유하고 있는 주된 컴퓨터 용량 및 성능을 확인할 수 있는 서류가 필요하다.
④ 정당한 사유 없이 지정받은 날부터 1년 이내에 부동산거래정보망을 설치·운영하지 아니하면 지정을 취소할 수 있다.

34. 거래정보사업자에 관한 설명 중 틀린 것은?

① 거래정보사업자는 「전기통신사업법」의 규정에 의하여 부가통신사업자로서 국토교통부령이 정하는 요건을 갖추어야 한다.
② 거래정보사업자는 개업공인중개사로부터 중개대상물의 등록을 받아 중개의뢰인에게 정보를 공개하여야 한다.
③ 거래정보사업자는 정보처리기사 1인과 공인중개사 1인 이상을 확보하여야 한다.
④ 거래정보사업자는 개업공인중개사로부터 의뢰받은 정보에 한하여 이를 공개하여야 한다.
⑤ 거래정보사업자는 정당한 이유가 없는 한 지정받은 날로부터 1년 이내에 부동산거래정보망을 설치·운영하여야 한다.

해설 ▸ **거래정보사업자**
국토교통부장관이 부동산거래정보망을 설치·운영할 자를 지정하는 것은 개업공인중개사 상호간에 부동산매매 등에 관한 정보의 공개와 유통을 촉진하고 공정한 부동산거래질서를 확립하기 위한 것이다(법 제24조 제1항).

정답 34. ②

제1편 공인중개사법령

35 공인중개사법령상 부동산거래정보망에 관한 설명으로 옳은 것은? **24회 출제**

① 거래정보사업자로 지정받기 위하여 신청서를 제출하는 경우 공인중개사 자격증 원본을 첨부해야 한다.
② 국토교통부장관은 거래정보사업자 지정신청을 받은 날부터 14일 이내에 이를 검토하여 그 지정 여부를 결정해야 한다.
③ 전속중개계약을 체결한 개업공인중개사가 부동산거래정보망에 임대 중인 중개대상물 정보를 공개하는 경우 임차인의 성명을 공개해야 한다.
④ 거래정보사업자로 지정받은 법인이 해산하여 부동산거래정보망사업의 계속적인 운영이 불가능한 경우 국토교통부장관은 청문을 거치지 않고 사업자 지정을 취소할 수 있다.
⑤ 거래정보사업자는 개업공인중개사로부터 의뢰받은 중개대상물의 정보뿐만 아니라 의뢰인의 이익을 위해 직접 조사한 중개대상물의 정보도 부동산거래정보망에 공개할 수 있다.

해설 ▶ 부동산거래정보망
① 거래정보사업자로 지정받기 위하여 신청서를 제출하는 경우 공인중개사 자격증 사본을 첨부해야 한다.
② 국토교통부장관은 거래정보사업자 지정신청을 받은 날부터 30일 이내에 이를 검토하여 그 지정 여부를 결정해야 한다.
③ 전속중개계약을 체결한 개업공인중개사는 권리자의 주소·성명 등 인적사항은 공개해서는 아니 된다.
⑤ 거래정보사업자는 개업공인중개사로부터 의뢰받은 물건 정보에 대해서만 공개하여야 한다.

정답 35. ④

제5절 중개대상물 확인·설명의무 및 거래계약서

01 중개대상물 확인·설명의무

01 개업공인중개사가 중개의뢰를 받은 경우 중개대상물의 확인·설명에 관하여 공인중개사법령상 설명으로 옳지 않은 것은?★★

① 당해 중개대상물에 관한 권리를 취득하고자 하는 중개의뢰인에게 중개대상물에 대해 성실·정확하게 구두로 설명을 하면 된다.
② 중개대상물 확인·설명을 성실·정확하게 하지 아니한 경우에는 500만원 이하의 과태료에 처한다.
③ 거래가 이루어져 거래계약서를 작성한 때에는 그 확인·설명사항을 서면으로 작성하여 거래당사자 쌍방에게 교부하여야 한다.
④ 당해 중개대상물의 권리관계·법령의 규정에 의한 거래 또는 이용제한사항 등을 확인하여야 한다.
⑤ 중개대상물 확인·설명제도는 개업공인중개사의 적극적인 중개활동의무를 규정하고 있는 것이다.

해설 확인·설명의무
개업공인중개사가 중개의뢰를 받은 경우에는 당해 중개대상물의 상태·입지·권리관계, 법령의 규정에 의한 거래 또는 이용제한사항 기타 대통령령이 정하는 사항을 확인하여 이를 당해 중개대상물에 관한 권리를 취득하고자 하는 중개의뢰인에게 성실·정확하게 설명하고 근거자료를 제시하여야 한다(법 제25조 제1항).

정답 01. ①

제1편 공인중개사법령

02 공인중개사법령에 규정된 중개대상물의 확인·설명에 관한 설명이다. 옳은 것은?

① 개업공인중개사가 중개의뢰를 받은 경우 확인·설명을 함에 있어서 구두 또는 서면으로 확인·설명을 하여야 한다.
② 개업공인중개사 및 소속공인중개사는 중개업무수행에 필요한 경우 중개의뢰인에게 주민등록증 등 신분증명서 제시를 요구할 수 있다.
③ 개업공인중개사는 중개가 완성되어 거래계약서를 작성한 때에는 확인·설명사항을 서면으로 작성하여야 한다.
④ 확인·설명서에는 개업공인중개사가 서명 및 날인하되, 당해 중개행위를 한 소속공인중개사가 법인에 소속된 경우에만 법인의 대표자 또는 분사무소책임자와 소속공인중개사가 함께 서명 및 날인하여야 한다.
⑤ 개업공인중개사의 확인·설명의무와, 확인·설명서 작성·교부의무는 모두 의뢰인 쌍방에 대한 의무다.

해설 ▶ 확인·설명의무
① 성실·정확하게 설명하고 근거자료를 제시하여야 한다.
② 신분증명서 제시를 요구할 수 있는 자는 개업공인중개사이다.
④ 확인·설명서나 거래계약서에 당해 중개행위를 한 소속공인중개사는 종별 불문하고 개업공인중개사와 함께 서명 및 날인의무가 있다.
⑤ 개업공인중개사의 확인·설명의무는 권리취득의뢰인에게 있으나, 확인·설명서 작성교부는 쌍방에 대한 의무이다.

03 공인중개사법령상 개업공인중개사의 확인·설명의무에 관한 설명으로 틀린 것을 모두 고른 것은? **22회 출제**

㉠ 권리관계의 경우 등기사항증명서 등의 근거자료를 권리를 취득하려는 의뢰인에게 제시해야 한다.
㉡ 개업공인중개사의 자료요구에 대해 중개의뢰인이 자료를 제공하지 않는 경우 개업공인중개사는 중개대상물에 대해 조사할 권한이 있다.
㉢ 법인의 분사무소에서 중개가 완성되어 거래계약서를 작성하면서 확인·설명서를 작성한 경우에는 대표자가 서명 및 날인해야 한다.
㉣ 부동산유치권은 확인·설명의 대상이 아니다.
㉤ 중개대상물 확인·설명서 서식에 권리관계의 증명근거로 지형도는 명시되어 있지 않다.

① ㉠, ㉡, ㉢
② ㉡, ㉢, ㉣
③ ㉡, ㉢, ㉤
④ ㉡, ㉣, ㉤
⑤ ㉢, ㉣, ㉤

정답 02. ③ 03. ②

제3장 중개업

해설 ▶ 확인·설명의무

ⓒ 개업공인중개사의 자료요구에 대해 중개의뢰인이 자료를 제공하지 않는 경우 권리취득 의뢰인에게 설명하고 확인·설명서에 기재할 의무가 있다(영 제21조 제2항). 그러나 조사할 권한까지는 부여하지 않고 있다.
ⓒ 법인의 분사무소에서 중개가 완성되어 거래계약서를 작성하면서 확인·설명서를 작성한 경우에는 분사무소 책임자가 서명 및 날인해야 한다(법 제25조 제4항).
ⓔ 부동산유치권은 권리관계에 관한 사항으로 확인·설명의 대상에 해당한다(영 제21조 제1항).

04
다음은 공인중개사법령에 의해 개업공인중개사가 상가임대차 중개시 확인·설명하여야 할 사항을 열거한 것이다. 옳지 않은 것은? ★★

① 관리비 금액과 산출내역
② 벽면·바닥면 및 도배상태
③ 수도·전기·가스·소방·열공급·승강기 및 배수 등 시설물 상태
④ 중개대상물의 종류·소재지·지번·지목·면적·구조·용도·건축연도 등 당해 중개대상물에 관한 기본적인 사항
⑤ 도로 및 대중교통수단과의 연계성, 시장·학교 등과의 근접성, 지형 등 입지조건 일조·소음·진동 등 환경조건

해설 ▶ 확인·설명사항

관리비 금액과 산출내역은 주택임대차 중개시 설명하여야할 내용이다.

05
공인중개사법령상 개업공인중개사의 중개대상물 확인·설명서 작성에 관한 설명으로 옳은 것은? **25회 출제**

① 개업공인중개사는 중개가 완성되어 거래계약서를 작성하는 때, 확인·설명사항을 서면으로 작성하여 거래당사자에게 교부하고 확인·설명서를 5년간 보존해야 한다.
② 개업공인중개사는 중개대상물의 상태에 관한 자료요구에 매도의뢰인이 불응한 경우 그 사실을 매수의뢰인에게 설명하고 중개대상물 확인·설명서에 기재해야 한다.
③ 중개대상물 확인·설명서에는 개업공인중개사가 서명 또는 날인하되, 당해 중개행위를 한 소속공인중개사가 있는 경우에는 소속공인중개사가 함께 서명 또는 날인해야 한다.
④ 공동중개의 경우 중개대상물 확인·설명서에는 참여한 개업공인중개사(소속공인중개사 포함) 중 1인이 서명 및 날인하면 된다.
⑤ 중개가 완성된 후 개업공인중개사가 중개대상물 확인·설명서를 작성하여 교부하지 아니한 것만으로도 중개사무소 개설등록 취소사유에 해당한다.

정답 04. ① 05. ②

해설 ▸ **확인·설명의무**
① 개업공인중개사는 중개가 완성되어 거래계약서를 작성하는 때, 확인·설명사항을 서면으로 작성하여 거래당사자에게 교부하고 확인·설명서를 3년간 보존해야 한다(영 제21조 제3항).
③ 중개대상물 확인·설명서에는 개업공인중개사가 서명 및 날인하되, 당해 중개행위를 한 소속공인중개사가 있는 경우에는 소속공인중개사가 함께 서명 및 날인해야 한다(법 제22조 제4항).
④ 공동중개의 경우 중개대상물 확인·설명서에는 참여한 개업공인중개사(소속공인중개사 포함) 모두가 서명 및 날인하여야 한다.
⑤ 중개가 완성된 후 개업공인중개사가 중개대상물 확인·설명서를 작성하여 교부하지 아니한 경우 업무정지처분을 받을 수 있다(법 제39조 제1항 제6호).

06
공인중개사법령상 개업공인중개사가 주택의 매매 중개의뢰를 받은 경우 당해 중개대상물에 대하여 이를 확인·설명하여야 할 사항에 포함되지 <u>않는</u> 것은?

① 중개보수 및 실비 금액과 산출내역
② 소유권·전세권 등 권리관계에 관한 사항
③ 공법상 이용제한 및 거래규제에 관한 사항
④ 확정일자 부여기관에 정보제공을 요청할 수 있다는 사항
⑤ 일조, 소음, 진동 등 환경조건

해설 ▸ **확인·설명사항**
④는 주택임대차 중개시 설명할 사항이다.

07
다음 확인·설명에 대한 설명 중 옳은 것은?

① 소속 공인중개사는 확인·설명 의무가 없다.
② 공법상 용도지역, 용도지구, 용도구역은 개략적인 이용제한사항을 설명한다.
③ 거래예정금액은 공시지가나 공시가격을 설명한다.
④ 개업공인중개사는 매매와 관련된 조세에 대하여 설명하여야 한다.
⑤ 개업공인중개사를 통해서 매매계약을 하는 경우에도 매수인은 목적물을 현장에서 확인해야 할 의무가 있다.

해설 ▸ **확인·설명**
① 소속 공인중개사는 확인·설명할 의무는 없다. 다만 개업공인중개사를 대신해 할 수 있다.
③ 중개가 완성되기 전의 거래예정금액(의견 가격)을 설명하여야 한다.
④ 매매가 아니라 취득과 관련된 조세를 설명하여야 한다.
⑤ 매수인이 현장에서 확인해야 하는 것은 아니다.

정답 06. ④ 07. ②

08

개업공인중개사의 중개대상물에 대하여 확인·설명에 관한 사항으로 틀린 것은?
★★★

① 조세에 관한 사항은 당해 중개대상물의 권리를 이전함에 따라 부담해야 할 개략적인 사항을 설명하여야 한다.
② 개업공인중개사는 중개가 완성되어 거래계약서를 작성하는 때에는 확인·설명사항을 서면으로 작성하여 거래당사자 쌍방에게 교부하여야 한다.
③ 개업공인중개사는 거래당사자 쌍방에게 교부하는 중개대상물의 확인·설명서에 서명 및 날인하여야 한다.
④ 개업공인중개사는 거래당사자 쌍방에게 교부한 중개대상물의 확인·설명서를 3년간 보관하여야 한다.
⑤ 중개대상물의 확인·설명서에 개업공인중개사와 그 중개행위를 한 공인중개사가 함께 서명 및 날인하여야 한다.

해설 ▶ 확인·설명 의무
개업공인중개사는 당해 중개대상물에 관한 권리를 취득함에 따라 부담하여야 할 조세의 종류 및 세율에 대해 확인·설명한다(영 제21조 제1항 제9호).

09

공인중개사법령상 개업공인중개사의 중개대상물 확인·설명으로 틀린 것은? (다툼이 있으면 판례에 의함) **22회 출제**

① 지적공부와 등기부상 토지의 지목이 다른 경우 지적공부를 기준으로 확인·설명해야 한다.
② 건물의 소유자는 건물과 법정지상권 중 건물만을 처분하는 것은 가능하다.
③ 건물소유를 목적으로 한 토지임차인이 그 지상건물에 대해 소유권보존등기를 하면 제3자에 대하여 임대차의 효력이 생긴다.
④ 법정지상권의 경우 특약이 없는 한 지료를 지급해야 할 의무가 없다.
⑤ 토지에 저당권이 설정된 후 토지소유자가 그 위에 건물을 건축하였다가 경매로 인하여 그 토지와 지상건물의 소유가 달라진 경우 토지소유자는 관습법상의 법정지상권을 취득한다.

해설 ▶ 확인·설명의무
토지에 저당권이 설정된 후 토지소유자가 그 위에 건물을 건축하였다가 경매로 인하여 그 토지와 지상 건물의 소유가 달라진 경우 관습법상의 법정지상권이 인정되지 않는다.

정답   08. ①   09. ⑤

제1편 공인중개사법령

10 다음은 중개대상물의 확인·설명에 관한 것이다. **틀린 것은?** ★★

① 개업공인중개사는 중개대상물의 소재지·지목·면적·구조·건축연도 등 당해 중개대상물에 관한 기본적인 사항에 대하여 확인·설명하여야 한다.
② 개업공인중개사는 벽면·바닥면 및 도배의 상태, 교통수단과의 연계성, 기타 환경조건 및 입지여건 등을 확인·설명하여야 한다.
③ 개업공인중개사는 확인·설명을 위해 필요한 경우 권리이전의뢰인에게 당해 중개대상물의 상태에 관한 자료를 요구할 수 있다.
④ 개업공인중개사는 거래계약서 작성시 확인·설명사항을 서면으로 작성하여 거래당사자 쌍방에게 이를 교부하여야 한다.
⑤ 개업공인중개사는 중개대상물의 확인·설명서를 5년간 보관하여야 한다.

해설 ▶ **확인·설명의무**
① 중개대상물에 대한 기본적 사항으로서 확인·설명하여야 할 사항이다.
② 벽면, 바닥면, 도배, 입지조건, 환경조건 등도 확인·설명하여야 할 사항이다.
③ 자료요구는 매도·임대 등 권리이전의뢰인에게 할 수 있다.
④ 확인·설명서 교부는 쌍방에게 하여야 한다.
⑤ 개업공인중개사는 중개대상물의 확인·설명서를 3년간 보관하여야 한다(영 제21조 제3항).

11 중개대상물의 확인·설명에 관한 내용으로 **틀린 것은?** `20회 출제`

① 중개대상물 확인·설명서 서식은 4종이 있다.
② 개업공인중개사는 권리를 취득하려는 중개의뢰인에게 중개대상물 설명시 그 근거자료를 제시해야 한다.
③ 개업공인중개사의 중개대상물의 상태에 관한 자료요구에 매도의뢰인이 불응할 경우 개업공인중개사는 이를 매수의뢰인에게 설명하고 중개대상물 확인·설명서에 기재해야 한다.
④ 중개대상물 확인·설명서는 개업공인중개사가 3년간 보존해야 한다.
⑤ 개업공인중개사는 중개가 완성된 때 중개대상물 확인·설명서를 작성하여 거래당사자 일방에게만 교부하면 된다.

해설 ▶ **확인·설명의무**
개업공인중개사는 중개가 완성되어 거래계약서를 작성하는 때에는 제1항의 규정에 의한 확인·설명사항을 대통령령이 정하는 바에 따라 서면으로 작성하여 거래당사자에게 교부하고 대통령령이 정하는 기간 동안 보존하여야 한다(법 제25조 제3항).

정답 10. ⑤ 11. ⑤

12

다음 확인·설명 등과 관련된 설명 중 옳은 것은?

① 거래예정금액은 매도 또는 임대인 등과 같은 이전 의뢰인에게 설명하여야 한다.
② 주택 또는 상가 임대차 중개시 임대 보증금 보증에 관한 사항도 확인하여 설명하여야 한다.
③ 당해 업무를 수행한 소속 공인중개사가 있으면 개업공인중개사 또는 소속 공인중개사는 서명 및 날인하여야 한다.
④ 법인의 임원이 업무를 수행하였다면 대표자와 임원이 함께 서명 및 날인하여야 한다.
⑤ 성실·정확하게 설명하지 않은 경우 개업공인중개사는 500만원 이하의 과태료에 처하며 소속공인중개사는 자격정지처분을 받을 수 있다.

해설 확인·설명
① 거래예정금액은 중개대상물을 취득하고자 하는 의뢰인에게 하여야 할 것이다.
② 주택임대차 중개시 의무이다.
③ 당해 업무를 수행했던 소속 공인중개사와 "함께" 서명 및 날인할 의무가 있다.
④ 임원은 공인중개사 자격이 없는 자도 해당한다. 자격 없는 자는 업무를 수행해서도 안되고, 이 법상 서명 및 날인하여야 하는 자에 해당하지도 않는다.

13

중개행위에 관한 설명으로 가장 옳은 것은?

① 개업공인중개사의 중개행위는 중개의뢰접수부터 중개대상물의 권리가 이전되는 거래완성까지이다.
② 거래계약이 체결된 이후 개업공인중개사의 귀책사유없이 계약이 취소되는 경우 중개보수는 받을 수 없다.
③ 거래상대방에 대한 확인소홀로 중개사고 발생시 중개의뢰인에게 일정부분 과오를 인정하는 것이 판례의 태도이다.
④ 중개가 완성되어 거래계약서를 작성하는 때에는 확인·설명사항을 서면으로 작성하여 권리를 취득하려는 중개의뢰인에게 교부하여야 한다.
⑤ 개업공인중개사는 거래계약서와 중개대상물 확인·설명서를 3년간 보관하여야 한다.

해설 확인·설명의무
① 개업공인중개사의 중개행위는 중개의뢰계약부터 중개완성까지이다.
② 거래계약이 체결된 이후 개업공인중개사의 고의 또는 과실 없이 계약이 취소되는 경우에는 중개보수를 받을 수 있다.
④ 개업공인중개사는 중개가 완성되어 거래계약서를 작성하는 때에는 확인·설명사항을 서면으로 작성하여 거래당사자 쌍방에게 이를 교부해야 한다(법 제25조 제3항).
⑤ 공인전자문서센터에 보관된 경우를 제외하고는 거래계약서는 5년간, 확인·설명서는 3년간 보관하여야 한다.

정답 12. ⑤ 13. ③

14. 공인중개사법령상 개업공인중개사의 중개대상물의 확인·설명의무에 관한 설명으로 옳은 것은? (다툼이 있으면 판례에 의함) [24회 출제]

① 소속공인중개사가 중개하여 작성한 중개대상물 확인·설명서에 개업공인중개사가 서명 및 날인한 경우 소속공인중개사는 서명 및 날인하지 않아도 된다.
② 주거용 건축물의 구조나 진동에 관한 확인·설명의무는 없다.
③ 비주거용 건축물에 관한 중개대상물 확인·설명서에는 소음에 관한 환경조건도 기재해야 한다.
④ 중개대상물에 근저당권이 설정된 경우 실제의 피담보채무액까지 조사·확인하여 설명할 의무는 없다.
⑤ 토지에 관한 중개대상물의 확인·설명서에는 등기된 토지임차권이 존재하더라도 이를 기재할 필요는 없다.

해설 ▶ 개업공인중개사의 중개대상물의 확인·설명의무
① 소속공인중개사가 중개하여 작성한 경우 개업공인중개사와 함께 소속공인중개사도 서명 및 날인하여야 한다.
② 주거용 건축물의 구조나 진동에 관한 확인·설명의무가 있다.
③ 비주거용 건축물에 관한 중개대상물 확인·설명서에는 환경조건이 없다.
⑤ 토지에 관한 중개대상물의 확인·설명서에는 등기된 토지임차권이 있는 경우 이를 기재하여야 한다.

15. 다음은 개업공인중개사의 중개행위에 관한 설명이다. 틀린 것은? ★★★

① 부동산의 매매를 중개하는 경우 개업공인중개사는 거래당사자 쌍방에게 부동산의 매각 및 매입에 따라 부담하여야 하는 조세의 종류 및 세율을 설명하여야 한다.
② 부동산을 매매하는 경우 매매당사자는 개업공인중개사가 매매목적물을 혼동하고 있는지 여부를 미리 확인하거나 이에 관하여 개업공인중개사에게 주의를 촉구할 의무까지는 없다.
③ 개업공인중개사는 중개의뢰인이 제시한 사실을 기초로 하여 중개대상물의 확인·설명서를 작성한 경우에는 이를 명시하여 책임소재를 분명히 하여야 한다.
④ 개업공인중개사는 매도의뢰인이 중개대상물의 상태에 관한 자료요구에 불응한 경우에는 이를 매수의뢰인에게 설명하고 중개대상물의 확인·설명서에 기재하여야 한다.
⑤ 일반인은 개업공인중개사가 전문적인 지식과 경험을 가진 것으로 신뢰하고 그에 의한 거래조건의 제시·설명에 과오가 없을 것으로 믿고 거래한다.

정답 14. ④ 15. ①

해설 확인·설명

개업공인중개사는 당해 중개대상물에 관한 권리를 취득하고자 하는 중개의뢰인에게 성실·정확하게 설명하고 근거자료를 제시하여야 하며(법 제25조 제1항), 당해 중개대상물에 관한 권리를 취득함에 따라 부담하여야 할 조세에 관한 종류 및 세율에 대해 설명한다(영 제21조 제1항 제9호).

16. 개업공인중개사가 중개를 의뢰받아 공인중개사법령상 중개대상물의 확인·설명을 하는 경우에 관한 내용으로 틀린 것은? [26회 출제]

① 개업공인중개사는 중개가 완성되기 전에 확인·설명 사항을 확인하여 이를 당해 중개대상물에 관한 권리를 취득하고자 하는 중개의뢰인에게 설명해야 한다.
② 개업공인중개사가 성실·정확하게 중개대상물의 확인·설명을 하지 아니하면 업무정지사유에 해당한다.
③ 중개대상물에 대한 권리를 취득함에 따라 부담해야 할 조세의 종류 및 세율은 개업공인중개사가 확인·설명해야 할 사항이다.
④ 개업공인중개사는 거래계약서를 작성하는 때에는 확인·설명서를 작성하여 거래당사자에게 교부하고 확인·설명서를 3년 동안 보존해야 한다.
⑤ 확인·설명서에는 개업공인중개사가 서명 및 날인하되, 당해 중개행위를 한 소속공인중개사가 있는 경우에는 소속공인중개사가 함께 서명 및 날인해야 한다.

해설 확인·설명

개업공인중개사가 성실·정확하게 중개대상물의 확인·설명을 하지 아니하면 500만원 이하의 과태료에 처한다(법 제51조 제2항 제1호의2).

17. 다음은 개업공인중개사의 설명의무에 대한 내용이다. 틀린 것은? (판례에 의함)

① 부동산중개계약에 따른 개업공인중개사의 확인·설명의무와 이에 위반한 경우의 손해배상의무는 중개의뢰인이 개업공인중개사에게 소정의 중개보수를 지급하지 아니하였다고 해서 당연히 소멸되는 것이 아니다.
② 중개대상물건에 근저당이 설정된 경우에는 개업공인중개사는 채권최고액만을 조사·확인해서 의뢰인에게 설명하면 족한 것이 아니라, 실제의 현재 채무액까지 설명해 주어야 할 의무가 있다.
③ 중개대상물에 대한 설명은 권리를 취득하고자 하는 의뢰인에게 설명하여야 하고, 설명의 근거자료를 제시하여야 한다.
④ 중개가 완성된 경우에는 업무보증 증서사본을 교부하거나 전자문서를 제공하여야 하며, 거래당사자 쌍방에게 보증에 관한 설명을 하여야 한다.
⑤ 개업공인중개사가 중개대상물의 현황을 측량까지 하여 확인·설명할 의무는 없다.

정답 16. ② 17. ②

해설 ▶ 확인·설명의무

② (✗) 중개대상물건에 근저당이 설정된 경우에는 개업공인중개사는 채권최고액만을 조사·확인해서 의뢰인에게 설명하면 족하고, 실제의 현재 채무액까지 설명해 주어야 할 의무는 없다.

③, ④ (○) 중개대상물에 대한 설명은 권리를 취득하려는 의뢰인에게 하여야 하나, 보증에 관한 설명(보장기간 등)은 거래당사자 쌍방에게 설명하여야 한다.

18. 공인중개사법령상 개업공인중개사의 의무에 관한 설명으로 옳은 것을 모두 고른 것은? 〔23회 출제〕

㉠ 등록한 인장을 변경한 경우 변경일부터 7일 이내에 그 변경된 인장을 등록관청에 등록해야 한다.
㉡ 개업공인중개사는 중개완성시 거래당사자에게 손해배상책임의 보장에 관한 주요사항을 설명하면 되고, 관계 증서 사본 등을 교부할 의무는 없다.
㉢ 전속중개계약을 체결한 경우 중개의뢰인에게 2주일에 1회 이상 중개업무 처리상황을 문서로 통지해야 한다.
㉣ 개업공인중개사가 작성한 일반중개계약서는 3년간 보존해야 한다.

① ㉠, ㉡ ② ㉠, ㉢ ③ ㉢, ㉣
④ ㉠, ㉡, ㉢ ⑤ ㉠, ㉢, ㉣

해설 ▶ 개업공인중개사의 의무

㉡ 개업공인중개사는 중개완성시 거래당사자에게 손해배상책임의 보장에 관한 보증기간, 보증금액, 보증기관 등의 사항을 설명하고 관계 증서 사본 등을 교부할 의무가 있다(법 제30조 제5항).

㉣ 개업공인중개사가 작성한 일반중개계약서는 보존의무가 없다.

정답 18. ②

19. 공인중개사법령상 중개대상물의 확인·설명에 관한 설명으로 틀린 것은? (다툼이 있으면 판례에 의함) 〔23회 출제〕

① 개업공인중개사가 중개를 의뢰받은 경우 중개대상물에 대한 확인·설명은 중개가 완성되기 전에 해야 한다.
② 개업공인중개사의 중개대상물에 대한 확인·설명은 당해 중개대상물에 대한 권리를 취득하고자 하는 중개의뢰인에게 해야 한다.
③ 개업공인중개사는 중개가 완성되어 거래계약서를 작성하는 때에는 중개대상물 확인·설명서를 작성하여 거래당사자에게 교부해야 한다.
④ 중개의뢰인이 개업공인중개사에게 소정의 중개보수를 지급하지 아니하였다고 해서 개업공인중개사의 확인·설명의무 위반에 따른 손해배상책임이 당연히 소멸되는 것은 아니다.
⑤ 주거용 건축물의 경우 소음·진동은 개업공인중개사가 확인하기 곤란하므로 확인·설명할 사항에 해당하지 않는다.

해설 ▶ 중개대상물의 확인·설명사항

1) 중개대상물의 종류·소재지·지번·지목·면적·용도·구조 및 건축연도 등 당해 중개대상물에 관한 기본적인 사항
2) 소유권·전세권·저당권·지상권 및 임차권 등 당해 중개대상물의 권리관계에 관한 사항
3) 거래예정금액, 중개보수 및 실비의 금액과 그 산출내역
4) 토지이용계획, 공법상 거래규제 및 이용제한에 관한 사항
5) 수도·전기·가스·소방·열공급·승강기 설비 및 배수 등 시설물의 상태
6) 벽면·바닥면 및 도배의 상태
7) 일조·소음·진동 등 환경조건
8) 도로 및 대중교통수단과의 연계성, 시장·학교와의 근접성 등 입지조건
9) 당해 중개대상물에 대한 권리를 취득함에 따라 부담하여야 할 조세의 종류 및 세율
10) 주택임대차 중개시 설명의무 : 개업공인중개사는 주택의 임대차계약을 체결하려는 중개의뢰인에게 다음의 사항을 설명하여야 한다.
   ㉠ 임대인의 정보제시의무 및 보증금중 일정액의 보호에 관한 사항
   ㉡ 전입세대확인서의 열람 또는 교부에 관한 사항
   ㉢ 임대보증금에 관한 보증에 관한 사항(민간임대주택특별법에 의한 민간임대주택에 한함)
   ㉣ 관리비 금액과 산출내역

정답 19. ⑤

02 거래계약서 작성의무

20 부동산거래계약서에 관한 기술이다. 맞는 것은?

① 개업공인중개사가 거래계약서 작성의무를 위반한 경우 등록관청은 등록을 취소할 수 있다.
② 거래계약서는 3년간 이를 보관하여야 한다.
③ 중개대상물에 관하여 중개의뢰가 있는 때에는 거래계약서를 지체없이 작성하여야 한다.
④ 확인·설명서 교부일자는 거래계약서의 필요적 기재사항에 해당하지 아니한다.
⑤ 개업공인중개사가 등록한 인장을 사용하지 아니한 경우 등록관청은 6월의 범위 내에서 기간을 정하여 업무의 정지를 명할 수 있다.

해설 ▶ 거래계약서 및 인장사용

① 거래계약서 작성의무를 위반한 경우에는 6월의 범위 안에서 기간을 정하여 업무의 정지를 명할 수 있다(법 제39조 제1항 제8호).
② 개업공인중개사는 계약서를 작성한 때에는 이를 거래당사자에게 교부하고 5년간 보관하여야 한다(법 제26조 제1항).
③ 개업공인중개사는 중개대상물에 관하여 중개가 완성된 때에는 필요한 사항을 빠뜨리지 아니하고 확인하여 거래계약서를 작성하고 이에 서명 및 날인하여야 하며, 대통령령이 정하는 기간 동안 보관하여야 한다(법 제25조 제1항).
④ 확인·설명서 교부일자는 거래계약서의 필요적 기재사항에 해당한다(영 제22조 제1항).

21 다음 중 공인중개사법령상 개업공인중개사가 작성하는 거래계약서의 필수적 기재사항이 아닌 것은 모두 몇 개인가? **20회 출제**

⊙ 물건의 표시   ⓒ 거래예정금액   ⓒ 물건의 인도일시
② 권리이전의 내용 ⑩ 토지이용계획의 내용 ⑪ 거래당사자의 인적사항
⊗ 권리취득에 따른 조세의 개략적 금액

① 2개   ② 3개   ③ 4개   ④ 5개   ⑤ 6개

정답   20. ⑤   21. ②

해설 ▸ **거래계약서의 필수적 기재사항**(영 제22조 제1항)
1) 거래당사자의 인적 사항
2) 물건의 표시
3) 계약일
4) 거래금액·계약금액 및 그 지급일자 등 지급에 관한 사항
5) 물건의 인도일시
6) 권리이전의 내용
7) 계약의 조건이나 기한이 있는 경우에는 그 조건 또는 기한
8) 중개대상물 확인·설명서 교부일자
9) 그 밖의 약정내용

22 전문직업인으로서 개업공인중개사의 거래계약서 사용에 있어 다음 중 틀린 것은?

① 개업공인중개사는 중개대상물에 관하여 중개가 완성된 때에는 계약서의 필요적 기재사항을 빠뜨리지 아니하고 확인하여 작성하고 이에 서명 및 날인하여야 한다.
② 거래계약서를 작성하는 때에는 거래금액 등 거래내용을 거짓으로 기재해서는 아니 된다.
③ 거래계약서를 작성하는 때 서로 다른 2 이상의 계약서를 작성해서는 아니 된다.
④ 국토교통부장관은 개업공인중개사가 작성하는 계약서에 관하여 표준이 되는 서식을 정하여 이의 사용을 권장할 수 있다.
⑤ 공인중개사협회가 계약서 서식을 정하고자 하는 경우에는 국토교통부장관의 승인을 얻어야 한다.

해설 ▸ **거래계약서**
국토교통부장관은 개업공인중개사가 작성하는 계약서에 관하여 표준이 되는 서식을 정하여 이의 사용을 권장할 수 있다(영 제22조 제3항).

정답 22. ⑤

23

공인중개사법령상 거래계약서의 작성에 관한 설명으로 옳은 것은? (다툼이 있으면 판례에 의함) **20회 출제**

① 중개행위를 한 소속공인중개사는 거래계약서를 작성할 수 있고, 이 경우 서명 및 날인은 개업공인중개사만 하면 된다.
② 법인의 분사무소에서 분사무소 소속공인중개사에 의해 중개가 완성된 경우 거래계약서에 법인의 대표자가 서명 및 날인해야 한다.
③ 거래계약서에는 중개대상물 확인·설명서의 교부일자를 반드시 기재하지 않아도 된다.
④ 개업공인중개사가 거래계약서에 서명과 날인 중 어느 1가지를 하지 아니한 경우에는 업무정지사유가 된다.
⑤ 거래계약서의 서식은 이 법 시행규칙에서 정하고 있다.

해설 ▶ 거래계약서

①, ② 확인·설명서에는 개업공인중개사(법인인 경우에는 대표자를 말하며, 법인에 분사무소가 설치되어 있는 경우에는 분사무소의 책임자를 말함)가 서명 및 날인하되, 당해 중개행위를 한 소속공인중개사가 있는 경우에는 소속공인중개사가 함께 서명 및 날인하여야 한다(법 제25조 제4항).
③ 거래계약서에는 중개대상물 확인·설명서의 교부일자는 기재사항에 해당된다(영 제22조 제1항).
⑤ 거래계약서의 서식은 이 법 시행규칙에서 정하고 있지 않다.

24

다음은 공인중개사법상 거래계약서의 작성에 관한 설명이다. **틀린 것은?** ★★

① 개업공인중개사가 거래계약서를 작성할 때에는 등록관청에 등록한 인장을 사용하여야 한다.
② 개업공인중개사가 거래계약서에 거래내용을 거짓으로 기재한 때에는 등록이 취소될 수 있다.
③ 거래계약서에는 개업공인중개사와 당해 업무를 수행한 공인중개사가 함께 서명 및 날인하여야 한다.
④ 개업공인중개사는 거래계약서를 5년간 보관하여야 한다.
⑤ 개업공인중개사가 부동산의 매매에 관한 거래계약서를 작성하는 경우에는 국토교통부령으로 정하는 표준계약서를 사용하여야 한다.

해설 ▶ 거래계약서

⑤ 표준계약서 서식은 없다.

정답 23. ④ 24. ⑤

25. 거래계약서의 작성 등과 관련된 설명 중 옳은 것은?

① 개업공인중개사는 국토교통부령에서 정하는 거래계약서를 작성하여 교부하여야 한다.
② 등록관청은 개업공인중개사가 작성하는 거래계약서의 표준이 되는 서식을 정하여 그 사용을 권장할 수 있다.
③ 중개보수 산출 내역이나 금액, 공시지가도 거래계약서에 기재하여야 한다.
④ 중개보조원이 거래계약서를 작성한 경우 거래계약은 유효하지만 개업공인중개사의 자격 또는 등록이 취소된다.
⑤ 개업공인중개사는 3년 동안 거래계약서를 보존하여야 한다.

해설 ▶ **거래계약서 작성**
① 일반중개계약서·전속중개계약서, 확인·설명서는 국토교통부령으로 정한 서식이 있으나 계약자유의 원칙으로 거래계약서의 서식은 법정서식이 없다.
② 국토교통부장관이 그 사용을 권장할 수 있다.
③ 확인·설명서에 기재할 사항에 해당한다.
⑤ 5년 동안 보존하여야 한다.

26. 개업공인중개사가 작성하는 거래계약서에 관한 설명 중 틀린 것은?

① 개업공인중개사는 부동산매매계약이 성립되어 계약서를 작성하는 경우 반드시 등록된 인장을 사용하여야 한다.
② 개업공인중개사는 거래계약서를 작성함에 있어 거래금액을 거짓기재하거나 서로 다른 2 이상의 계약서를 작성할 수 없다.
③ 거래계약서를 작성할 때에는 권리이전 내용은 필요적 기재사항에 해당된다.
④ 거래계약서를 작성한 때에는 이를 거래당사자에게 교부하고 3년간 보관하여야 한다.
⑤ 개업공인중개사는 일방을 대리하여 계약서를 작성할 수 있다.

해설 ▶ **거래계약서**
개업공인중개사는 중개대상물에 대하여 중개가 완성된 때에는 필요한 사항을 빠뜨리지 아니하고 작성하고 이에 서명 및 날인하여야 하며, 거래당사자에게 교부하고 5년간 보관하여야 한다(법 제26조 제1항, 영 제22조 제2항).

정답 25. ④ 26. ④

27. 공인중개사법령상 개업공인중개사의 거래계약서 작성 등에 관한 설명으로 옳은 것은? `33회 출제`

① 개업공인중개사가 국토교통부장관이 정하는 거래계약서 표준서식을 사용하지 아니한 경우, 시·도지사는 그 자격을 취소해야 한다.
② 중개대상물확인·설명서 교부일자는 거래계약서에 기재해야 하는 사항이다.
③ 하나의 거래계약에 대하여 서로 다른 둘 이상의 거래계약서를 작성한 경우, 시·도지사는 3개월의 범위 안에서 그 업무를 정지해야 한다.
④ 중개행위를 한 소속공인중개사가 거래계약서를 작성하는 경우, 그 소속공인중개사가 거래계약서에 서명 및 날인하여야 하며 개업공인중개사는 서명 및 날인의무가 없다.
⑤ 거래계약서가 「전자문서 및 전자거래 기본법」에 따른 공인전자문서센터에 보관된 경우 3년간 그 사본을 보존해야 한다.

해설 ▶ 거래계약서

① 개업공인중개사가 국토교통부장관이 정하는 거래계약서 표준서식을 사용하지 아니한 경우, 등록관청은 업무정지를 명할수 있다.
③ 하나의 거래계약에 대하여 서로 다른 둘 이상의 거래계약서를 작성한 경우, 등록관청은 등록을 취소할 수 있다.
④ 중개행위를 한 소속공인중개사가 거래계약서를 작성하는 경우, 개업공인중개사와 그 소속공인중개사가 거래계약서에 서명 및 날인하여야 한다.
⑤ 거래계약서가 「전자문서 및 전자거래 기본법」에 따른 공인전자문서센터에 보관된 경우 보관의무가 없다.

28. 공인중개사법령상 거래계약서의 작성에 관한 설명으로 틀린 것은 모두 몇 개인가? `22회 출제`

㉠ 개업공인중개사는 거래계약서를 3년 동안 보존해야 한다.
㉡ 거래당사자가 원할 때에는 매수인의 성명을 공란으로 둘 수 있다.
㉢ 개업공인중개사는 반드시 정해진 서식을 사용해야 한다.
㉣ 개업공인중개사가 거래금액을 거짓으로 기재하면 중개사무소 등록이 취소될 수 있다.

① 0개 ② 1개 ③ 2개 ④ 3개 ⑤ 4개

해설 ▶ 거래계약서의 작성

㉠ 개업공인중개사는 5년 동안 보존해야 한다(법 제26조 제1항, 영 제22조 제2항).
㉡ 공인중개사법으로 규정되어 있지 않으나 거래당사자 쌍방의 성명은 반드시 작성하여야 한다.
㉢ 거래계약서는 법정서식이 정해지지 않고 있다.

정답 27. ② 28. ④

29. 다음은 거래계약과 관련된 내용이다. 옳은 것은?★★

① 개업공인중개사가 거래계약을 체결한 경우에는 「부동산등기 특별조치법」상의 검인을 신청할 의무가 발생한다.
② 공인중개사법령상 거래계약서의 필요적 기재사항에 관하여는 규정을 두고 있으나, 검인신청시 필요적 기재사항에 관하여는 규정을 두고 있지 않다.
③ 공인중개사법령상 개업공인중개사가 작성하는 거래계약서에 관하여 표준이 되는 서식을 정하고 있지 않으므로 서면에 의하여 거래계약서를 작성하지 않아도 된다.
④ 공인중개사법령상 중개법인의 주된 사무소에서 이루어진 거래계약의 경우에는 중개법인의 모든 임원이 거래계약서를 작성할 수 있다.
⑤ 개업공인중개사의 중개에 의하여 교환계약이 성립된 경우에는 개업공인중개사에 관한 사항은 검인신청시 필요적 기재사항이 아니다.

해설 ▶ 거래계약서
① 검인신청의무는 없다.
③ 개업공인중개사는 중개대상물에 관하여 중개가 완성된 때에는 필요한 사항을 빠뜨리지 아니하고 확인하여 거래계약서를 작성하고 이에 서명 및 날인하여야 하며, 대통령령이 정하는 기간 동안 보관하여야 한다(법 제26조 제1항).
④ 공인중개사가 아닌 사원 또는 임원은 계약서를 작성할 수 없다.
⑤ 「부동산등기 특별조치법」 제3조 제5호에서는 검인대상 계약서의 필수기재사항으로 "개업공인중개사가 있을 때에는 개업공인중개사"를 규정하고 있다.

30. 공인중개사법령상 거래계약서의 작성에 관한 설명으로 틀린 것은? [23회 출제]

① 개업공인중개사는 중개대상물에 관하여 중개가 완성된 때에는 거래계약서를 작성하여 거래당사자에게 교부한다.
② 개업공인중개사는 거래계약서에 서명 및 날인해야 한다.
③ 국토교통부장관은 개업공인중개사가 작성하는 거래계약서의 표준이 되는 서식을 정하여 그 사용을 권장할 수 있으나 공인중개사법령에는 별지서식이 정해져 있지 않다.
④ 물건의 인도일시는 거래계약서에 기재할 사항이다.
⑤ 중개대상물 확인·설명서 교부일자는 거래계약서에 기재할 사항이 아니다.

정답 29. ② 30. ⑤

> **해설** ▶ 거래계약서의 작성
>
> ■ 거래계약서의 필요적 기재사항(영 제22조 제1항)
>   1) 거래당사자의 인적사항   2) 물건의 표시   3) 계약일
>   4) 거래금액·계약금액 및 그 지급일자 등 지급에 관한 사항
>   5) 물건의 인도일시   6) 권리이전의 내용
>   7) 계약의 조건이나 기한이 있는 경우에는 그 조건 또는 기한
>   8) 중개대상물 확인·설명서 교부일자   9) 그 밖의 약정내용

31. 공인중개사법령상 개업공인중개사의 거래계약서 작성에 관한 설명으로 옳은 것은? [25회 출제]

① 중개대상물 확인·설명서 교부일자는 거래계약서에 기재해야 할 사항이 아니다.
② 당해 중개행위를 한 소속공인중개사도 거래계약서를 작성할 수 있으며, 이 경우 개업공인중개사만 서명 및 날인하면 된다.
③ 거래계약서는 국토교통부장관이 정하는 표준서식으로 작성해야 한다.
④ 법인의 분사무소가 설치되어 있는 경우 그 분사무소에서 작성하는 거래계약서에 분사무소의 책임자가 서명 및 날인해야 한다.
⑤ 개업공인중개사가 거래계약서에 거래내용을 거짓으로 기재한 경우 1년 이하의 징역 또는 1천만원 이하의 벌금에 처해진다.

> **해설** ▶ 거래계약서 작성
> ① 중개대상물 확인·설명서 교부일자는 거래계약서에 기재해야 할 사항에 해당한다(영 제22조 제1항).
> ② 당해 중개행위를 한 소속공인중개사도 거래계약서를 작성할 수 있으며, 이 경우 개업공인중개사 및 소속공인중개사가 함께 서명 및 날인하여야 한다(법 제26조 제2항).
> ③ 거래계약서는 표준서식이 없다.
> ⑤ 개업공인중개사가 거래계약서에 거래내용을 거짓으로 기재한 경우 등록을 취소할 수 있다(법 제38조 제2항 제7호).

정답   31. ④

제3장 중개업

제6절 개업공인중개사 일반의무

01 개업공인중개사등의 기본윤리

01 개업공인중개사는 물론 소속공인중개사, 중개보조원 및 개업공인중개사 법인의 사원·임원에게도 적용되는 것은?

① 중개사무소등록증 등의 게시의무
② 중개사무소 이중 개설등록의 금지
③ 인장등록의무
④ 품위유지 및 공정의무
⑤ 비밀누설금지의무

해설 ▶ 개업공인중개사등의 의무
비밀누설금지의무는 개업공인중개사는 물론 소속공인중개사, 중개보조원 및 개업공인중개사인 법인의 사원 또는 임원에게까지 적용된다.

02 다음은 개업공인중개사의 의무 중 비밀준수의무와 관련된 내용이다. 옳은 것은?

① 개업공인중개사의 업무상 알게 된 비밀은 그 직을 떠난 후에 지키지 않아도 된다.
② 비밀준수의무는 개업공인중개사의 고용인에게는 적용되지 않는다.
③ 개업공인중개사는 업무상 알게 된 비밀을 어떠한 경우에도 누설하여서는 안 된다.
④ 개업공인중개사는 본인의 승낙이 있는 경우에도 비밀을 누설하여서는 안 된다.
⑤ 비밀준수의무를 위반한 자에게는 1년 이하의 징역 또는 1,000만원 이하의 벌금을 과하나 피해당사자의 명백한 의사에 반하여 벌할 수 없는 반의사불벌죄에 해당한다.

해설 ▶ 비밀준수의무
① 그 직을 떠난 후에도 지켜야 한다.
② 비밀준수의무는 고용인에게도 적용된다.
③, ④ 개업공인중개사는 업무상 알게 된 비밀을 본인이 승낙하거나, 개업공인중개사등이 거래상대방에게 비밀사항을 고지할 의무가 있는 경우이거나, 다른 법률규정에 의하여 비밀사항을 고지할 법률상의 의무가 있는 경우에는 위법성이 소멸되어 허용된다.

정답 01. ⑤ 02. ⑤

03 다음 공인중개사법령에 의한 개업공인중개사등의 비밀준수의무와 관련된 설명으로서 옳지 <u>않은</u> 것은?

① 의무위반에 대한 처벌은 반의사불벌죄이므로 피해자의 명시된 의사에 반하여 처벌되지 않는다.
② 의무위반으로 손해가 발생한 피해자는 개업공인중개사등에게 손해배상을 청구할 수 있다.
③ 공인중개사인 개업공인중개사가 의무의 위반으로 징역형의 선고를 받으면 시·도지사는 공인중개사자격을 취소하여야 한다.
④ 의무를 위반하여 300만원 이상의 벌금형을 받은 경우 등록관청은 등록을 취소하거나 업무정지처분을 내릴 수 있다.
⑤ 중개보조원의 의무위반으로 인한 손해배상은 그를 고용한 개업공인중개사에게도 청구할 수 있다.

해설 ▶ 비밀준수의무
개업공인중개사가 비밀준수의무를 위반하여 300만원 이상 벌금형을 받으면 결격사유에 해당하며, 이는 절대등록취소사유에 해당하므로 등록관청은 반드시 중개사무소의 개설등록을 취소해야 할 것이다.

02 손해배상책임보장

04 공인중개사법령에서 정한 개업공인중개사의 손해배상책임에 관한 설명으로 옳은 것은? ★★

① 개업공인중개사의 과실이 있더라도 권리이전 중개의뢰인의 재산상 손해에 대해서는 개업공인중개사의 손해배상책임이 없다.
② 부칙에 의해 개설·등록한 것으로 보는 자는 손해배상책임이 없다.
③ 개업공인중개사가 고의로 중개의뢰인에게 피해를 입힌 경우에는 정신적 피해까지도 배상할 책임이 있다.
④ 중개보조원의 업무상 행위로 인하여 중개의뢰인에게 재산상 손해를 발생케 한 경우에는 개업공인중개사에게도 손해배상책임이 있다.
⑤ 개업공인중개사의 손해배상책임 범위는 업무보증금액을 한도로 한다.

정답 03. ④   04. ④

해설 ▶ 손해배상요건
① 개업공인중개사가 중개행위를 함에 있어서 고의 또는 과실로 인하여 거래당사자에게 재산상의 손해를 발생하게 한 때에는 그 손해를 배상할 책임이 있으므로, 모든 거래당사자에게 손해가 발생한 경우에는 손해배상책임이 있는 것으로 보아야 한다.
② 부칙에 의해 개설·등록한 것으로 보는 자도 개업공인중개사의 범위에 포함되므로 손해배상책임이 있다.
③ "거래당사자에게 재산상의 손해를 발생하게 한 때" 손해배상책임이 발생하는 것으로, 정신적 피해를 보상할 의무는 없다고 보아야 할 것이다. 다만, 중개의뢰인에게 정신적 피해가 발생하였고, 개업공인중개사에게 「민법」에서 정한 불법행위책임이 인정된다면 정신적 피해에 대한 손해배상을 청구할 수 있을 것이다.
⑤ "그 손해를 배상할 책임"이 있으므로 업무보증금액을 초과한 손해에 대해서도 개업공인중개사가 배상해주어야 할 것이다.

05

공인중개사법령상 손해배상책임의 보장에 관한 설명으로 옳은 것은? **25회 출제**

① 개업공인중개사의 손해배상책임을 보장하기 위한 보증보험 또는 공제가입, 공탁은 중개사무소 개설등록신청을 할 때 해야 한다.
② 다른 법률의 규정에 따라 중개업을 할 수 있는 법인이 부동산중개업을 하는 경우 업무보증설정을 하지 않아도 된다.
③ 공제에 가입한 개업공인중개사로서 보증기간이 만료되어 다시 보증을 설정하고자 하는 자는 그 보증기간 만료 후 15일 이내에 다시 보증을 설정해야 한다.
④ 개업공인중개사가 손해배상책임을 보장하기 위한 조치를 이행하지 아니하고 업무를 개시한 경우 등록관청은 개설등록을 취소할 수 있다.
⑤ 보증보험금으로 손해배상을 한 경우 개업공인중개사는 30일 이내에 보증보험에 다시 가입해야 한다.

해설 ▶ 손해배상책임의 보장
① 개업공인중개사는 업무개시 전까지 손해배상책임을 보장하기 위한 보증보험 또는 공제·공탁을 하여야 한다(법 제30조 제3항).
② 다른 법률의 규정에 따라 중개업을 할 수 있는 법인이 부동산중개업을 하는 경우 업무보증설정을 하여야 하며 2천만원 이상만 하면 된다.
③ 공제에 가입한 개업공인중개사로서 보증기간이 만료되어 다시 보증을 설정하고자 하는 자는 그 보증기간의 만료일까지 다시 보증을 설정해야 한다(영 제25조 제2항).
⑤ 보증보험금으로 손해배상을 한 경우 개업공인중개사는 15일 이내에 보증보험에 다시 가입해야 한다(영 제26조 제2항).

정답 05. ④

06

공인중개사법령상 손해배상책임의 보장에 관한 설명으로 옳은 것을 모두 고른 것은? 〔26회 출제〕

> ㉠ 지역농업협동조합이 부동산중개업을 하는 때에는 중개업무를 개시하기 전에 보장금액 1천만원 이상의 보증을 보증기관에 설정하고 그 증명서류를 갖추어 등록관청에 신고해야 한다.
> ㉡ 개업공인중개사는 자기의 중개사무소를 다른 사람의 중개행위의 장소로 제공함으로써 거래당사자에게 재산상의 손해를 발생하게 한 때에는 그 손해를 배상할 책임이 없다.
> ㉢ 개업공인중개사는 보증보험금으로 손해배상을 한 때에는 10일 이내에 보증보험에 다시 가입하여야 한다.

① ㉠ ② ㉡ ③ ㉠, ㉢
④ ㉡, ㉢ ⑤ ㉠, ㉡, ㉢

해설 ▶ 손해배상책임

㉡ 개업공인중개사는 자기의 중개사무소를 다른 사람의 중개행위의 장소로 제공함으로써 거래당사자에게 재산상의 손해를 발생하게 한 때에는 그 손해를 배상할 책임이 있다(법 제30조 제2항).

㉢ 개업공인중개사는 보증보험금으로 손해배상을 한 때에는 15일 이내에 보증보험에 다시 가입하여야 한다(영 제26조 제2항).

07

공인중개사법령상 개업공인중개사의 손해배상책임규정에 관한 설명으로 틀린 것은? (다툼이 있으면 판례에 의함) 〔22회 출제〕

① 개업공인중개사는 업무를 개시하기 전에 손해배상책임을 보장하기 위하여 보증보험 또는 공제에 가입하거나 공탁을 해야 한다.
② 개업공인중개사가 손해배상책임의 보장을 위하여 가입한 보험은 이른바 타인을 위한 손해보험계약의 성질을 가진다.
③ 개업공인중개사가 자기의 중개사무소를 타인의 중개행위의 장소로 제공하여 거래당사자에게 재산상의 손해를 입힌 경우 개업공인중개사에게 책임이 있다.
④ 개업공인중개사의 손해배상책임은 가입한 보증보험의 보장금액을 한도로 한다.
⑤ 중개의뢰인이 개업공인중개사에게 소정의 중개보수를 지급하지 아니한 무상중개의 경우에 손해배상의무가 당연히 소멸되는 것은 아니다.

해설 ▶ 개업공인중개사의 손해배상책임

개업공인중개사의 손해배상책임은 손해를 본 전부에 대해 책임을 진다. 다만 가입한 보증보험회사에서는 약정한 보장금액을 한도로 지급한다(법 제30조 제1항 참조).

정답 06. ① 07. ④

08

다음 중 공인중개사법령상 개업공인중개사의 업무보증설정에 대한 설명으로 옳지 않은 것은?

① 손해배상책임을 보장하기 위하여 업무보증을 설정하여야 한다.
② 등록관청은 등록증을 교부하는 때에 개업공인중개사의 업무보증설정 여부를 확인하여야 한다.
③ 공탁을 하는 경우에는 폐업 또는 개업공인중개사가 사망한 날로부터 3년 이내에는 이를 회수할 수 없다.
④ 업무보증설정을 아니하고 업무를 개시한 개업공인중개사는 업무의 정지를 명할 수도 있다.
⑤ 업무보증설정을 아니하고 업무를 개시한 개업공인중개사는 100만원 이하의 과태료에 처한다.

해설 ▶ **개업공인중개사의 보증설정**

개업공인중개사가 업무보증설정의무를 이행하지 아니하고 업무를 개시한 경우에 등록을 취소할 수 있는 사유로 하고 있다(법 제38조 제2항 제8호).

09

거래계약이 체결된 이후 개업공인중개사가 하여야 할 사항이다. 틀린 것은? ★★

① 거래계약서 3부를 작성하여 거래당사자에게 각 1부씩 교부하고, 개업공인중개사가 1부를 갖도록 한다.
② 중개대상물 확인·설명서도 3부를 작성하여 거래당사자에게 각 1부씩 교부하고, 개업공인중개사가 1부를 갖도록 한다.
③ 개업공인중개사의 책임범위에 대하여 설명한다.
④ 보증설정에 대하여 보장금액, 보증기관 및 그 소재지, 보장기간과 보장금액만큼 배상책임이 있다고 설명한다.
⑤ 개업공인중개사가 중개 잘못으로 인한 손해배상을 보장하기 위한 보증설정 관계증서의 사본을 거래당사자 쌍방에게 교부하도록 한다.

해설 ▶ **업무보증설정**

개업공인중개사가 중개행위를 함에 있어서 고의 또는 과실로 인하여 거래당사자에게 재산상의 손해를 발생하게 한 때에는 그 손해를 배상할 책임이 있다(법 제30조 제1항). 그 한도액에 대해서는 규정하고 있지 않다.

정답 08. ⑤ 09. ④

10 공인중개사법령상 업무보증에 관한 기술로서 옳지 않은 것은? ★★

① 중개가 완성된 경우에는 거래당사자에게 업무보증설정에 관한 사항을 설명하고 관련증서 사본을 교부하여야 한다.
② 등록관청은 보증을 설정한 개업공인중개사에게 업무보증서를 별도로 교부하지 않는다.
③ 개업공인중개사가 공탁금으로 손해배상을 한 때에는 15일 이내에 공탁금 중 부족하게 된 금액을 보전해야 한다.
④ 업무보증설정을 하지 아니하고 업무를 개시한 경우에는 100만원 이하의 과태료에 처한다.
⑤ 업무보증설정을 하지 아니하고 업무를 개시한 경우에는 등록을 취소할 수 있다.

해설 ▶ 업무보증설정
등록관청은 개업공인중개사가 손해배상책임을 보장하기 위한 조치를 이행하지 아니하고 업무를 개시한 경우에는 등록을 취소할 수 있으며, 6월의 범위 안에서 기간을 정하여 업무의 정지를 명할 수 있다(법 제38조 제2항 제8호).

11 공인중개사법령상 손해배상책임의 보장에 관한 설명으로 틀린 것은? (다툼이 있으면 판례에 의함)

① 공탁으로 업무보증을 하는 경우 개업공인중개사가 폐업 또는 사망한 날부터 3년 이내에는 공탁금을 회수하지 못한다.
② 개업공인중개사가 자기의 중개사무소를 다른 사람의 중개행위의 장소로 제공해 거래당사자에게 재산상의 손해를 발생하게 한 때에는 그 손해를 배상할 책임이 있다.
③ 공제제도는 개업공인중개사가 그의 불법행위 또는 채무불이행으로 인하여 거래당사자에게 부담하게 되는 손해배상책임을 보증하는 보증보험적 성격을 가진 제도이다.
④ 다른법률에 의해 중개업을 할 수 있는 법인이 부동산중개업을 하는 때에는 2천만원 이상의 보증을 설정해야 한다.
⑤ 확인·설명의무를 위반하여 개업공인중개사가 중개의뢰인에게 손해를 끼친 경우 중개의뢰인이 개업공인중개사에게 소정의 중개보수를 지급하지 않았다면 개업공인중개사는 그에 따른 책임을 지지 않는다.

정답 10. ④ 11. ⑤

해설 ▶ 손해배상책임의 보장

무료로 중개하였다고 하여 개업공인중개사의 확인·설명의무가 감경되는지 여부 : 부동산 중개계약에 따른 개업공인중개사의 확인·설명의무와 이에 위반한 경우의 손해배상의무는, 이와 성질이 유사한 「민법」상 위임계약에 있어서 무상위임의 경우에도 수임인이 수임사무의 처리에 관하여 선량한 관리자의 주의를 기울일 의무가 면제되지 않는 점과 「부동산중개업법」이 위 조항의 적용 범위를 특별히 제한하지 않고 있는 점 등에 비추어 볼 때, 중개의뢰인이 개업공인중개사에게 소정의 중개보수를 지급하지 아니하였다고 해서 당연히 소멸되는 것이 아니다(대판 2002.2.5. 2001다71484).

12. 개업공인중개사의 손해배상책임에 관한 다음 설명 중 맞는 것은? ★★★

① 개업공인중개사의 고용인의 업무상 행위로 중개의뢰인에게 재산상 손해를 발생하게 한 경우 개업공인중개사가 그 행위에 대하여 상당한 주의와 감독을 게을리 하지 않았다는 것을 입증하면 개업공인중개사는 손해배상책임이 없다.
② 개업공인중개사가 자기의 중개사무소를 다른 사람의 중개행위의 장소로 제공함으로써 거래당사자에게 손해를 발생하게 한 때에는 손해배상책임이 없다.
③ 개업공인중개사가 고의 또는 중과실로 인하여 거래당사자에게 재산상의 손해를 발생하게 한 때에는 손해배상책임이 있으나 개업공인중개사의 경과실은 손해배상책임을 면한다.
④ 개업공인중개사는 손해배상책임을 보장하기 위하여 반드시 공제에 가입하고 이를 등록관청에 신고하여야 한다.
⑤ 보증을 설정한 개업공인중개사가 그 보증을 다른 보증으로 변경하고자 하는 경우에는 이미 설정한 보증의 효력이 있는 기간 중에 다른 보증을 설정하여야 한다.

해설 ▶ 손해배상책임

① 개업공인중개사가 고용한 공인중개사 및 중개보조원의 업무상 행위는 그를 고용한 개업공인중개사의 행위로 본다(법 제15조 제2항). 따라서 개업공인중개사가 감독을 게을리 하지 않았더라도 개업공인중개사는 손해배상책임을 져야 한다.
② 개업공인중개사는 자기의 중개사무소를 다른 사람의 중개행위의 장소로 제공함으로써 거래당사자에게 재산상의 손해를 발생하게 한 때에는 그 손해를 배상할 책임이 있다(법 제30조 제2항).
③ 불법행위로 인한 손해배상책임에 있어서의 과실이라 함은 통상적인 사람을 기준으로 하여 마땅히 하여야 할 의무를 태만히 하였거나 또는 하지 아니하면 아니될 의무를 이행하지 아니한 경우를 뜻하는 것으로(대판 1979.12.26. 79다1843), 이때의 과실은 경과실도 포함된다는 것이 학설과 판례의 입장이다.
④ 개업공인중개사는 손해배상책임을 보장하기 위하여 대통령령이 정하는 바에 의하여 보증보험 또는 공제에 가입하거나 공탁을 하여야 한다(법 제30조 제3항).

정답 12. ⑤

13. 개인공인중개사의 손해배상책임 및 그 보장제도에 관한 설명 중 옳지 않은 것은?
(다툼이 있으면 판례에 의함)

① 보증보험계약이 유효하게 성립하기 위해서는 계약 당시에 보험사고의 발생 여부가 확정되어 있지 않아야 한다는 우연성과 선의성의 요건을 갖추어야 한다.
② 공제규정 및 공제약관에 정한 공제금은 공제계약의 유효 기간 내에 발생된 공제사고 1건당 보상한도이다.
③ 보증보험은 개업공인중개사가 중개행위를 함에 있어서 고의 또는 과실로 인하여 거래당사자에게 입힌 재산상의 손해를 보상하기 위하여 체결된 이른바 타인을 위한 손해보험계약의 성질을 갖는다.
④ 개업공인중개사의 손해배상책임의 범위는 개업공인중개사가 설정한 업무보증금액 범위 내로 제한되는 것이 아니다.
⑤ 공인중개사협회의 공제약관에 개업공인중개사의 고의로 인한 중개사고의 경우까지 공제금을 지급하도록 규정된 것은 공제제도의 본질에 반한다.

해설 ▶ 업무보증의 설정과 신고의무

보증보험이나 공제제도는 개업공인중개사가 그의 불법행위 등으로 인하여 제3자인 거래당사자에게 부담하게 되는 손해배상책임을 보증하는 보증보험적 성격을 가진 제도이므로 개업공인중개사의 고의로 인한 사고의 경우까지 공제금을 지급하도록 규정된 것은 보증보험이나 공제제도의 본질에 어긋나지 않는다(대판 1995.9.29., 94다4726).

14. 다음은 개업공인중개사가 중개행위를 함에 있어 고의 또는 과실로 거래당사자에게 재산상의 손해를 발생하게 한 경우 그 손해를 배상하게 하는 손해배상책임의 보장에 관한 것이다. 틀린 것은?

① 법인인 개업공인중개사는 2억원 이상을 보증금액으로 설정하되, 분사무소를 두는 경우 분사무소마다 1억원 이상을 추가로 설정하여야 한다.
② 법인이 아닌 개업공인중개사는 2억원 이상을 보증금액으로 설정하여야 한다.
③ 농업협동조합이 부동산중개업을 하는 때에는 2천만원 이상의 보증금액을 설정하고 그 증명서류를 갖추어 등록관청에 신고하여야 한다.
④ 보증을 설정한 개업공인중개사가 다른 보증으로 변경하고자 할 경우에는 이미 설정한 보증의 효력이 있는 기간 중에 다른 보증을 설정하고 등록관청에 신고하여야 한다.
⑤ 개업공인중개사는 업무를 개시하기 전까지 손해배상책임을 보장하기 위하여 보증보험 또는 공제에 가입하거나 공탁을 하여야 한다.

해설 ▶ 업무보증 설정
① 법인인 개업공인중개사는 4억원 이상을 보증금액으로 설정하되, 분사무소를 두는 경우 분사무소마다 2억원 이상을 추가로 설정하도록 규정하고 있다(영 제24조 제1항 제1호).

정답 13. ⑤ 14. ①

15

개업공인중개사 A에게 고용된 소속 공인중개사 B는 중개업무를 수행하던 중 매도 의뢰인 C에게 중개대상물의 중요 사항에 대하여 거짓말을 해서 C에게 재산상의 손해를 가하였다. 이 경우와 관련된 책임에 대한 설명 중 틀린 것은?

① B의 행위는 A의 행위로 간주되므로 A는 B의 행위로 인한 책임을 지게 되며, A가 부담하는 책임은 업무 보증에 의한 배상의 대상에 포함된다.
② B는 금지행위에 해당하여 1년 이하의 징역 또는 1천만원 이하의 벌금에 처해질 수 있다.
③ B는 행정처분을 받지 않지만 개업공인중개사는 고용인을 대위하여 등록이 취소될 수 있다.
④ 2억원의 보증보험에 가입하였다면, 보증보험에서는 2억원 한도 내에서 손해 배상금을 지불하면 족하다.
⑤ 보증보험금으로 손해배상금이 지급되면 A는 15일 이내에 보증보험 또는 공제에 다시 가입하거나 공탁하여야 한다.

해설 ▶ 손해배상

소속 공인중개사로 금지행위를 하였으므로 소속 공인중개사는 6월 내에서 자격정지를 받을 수 있다.

27회 출제

16

공인중개사법령상 ( )에 들어갈 기간이 긴 것부터 짧은 순으로 옳게 나열된 것은?

- 공인중개사 자격취소처분을 받아 자격증을 반납하고자 하는 자는 그 처분을 받은 날부터 (㉠) 이내에 그 자격증을 반납해야 한다.
- 거래정보사업자로 지정받은 자는 지정받은 날부터 (㉡) 이내에 부동산거래정보망의 이용 및 정보제공방법 등에 관한 운영규정을 정하여 승인받아야 한다.
- 개업공인중개사가 보증보험금·공제금 또는 공탁금으로 손해배상을 한 때에는 (㉢) 이내에 보증보험 또는 공제에 다시 가입하거나 공탁금 중 부족하게 된 금액을 보전해야 한다.

① ㉠ → ㉡ → ㉢   ② ㉡ → ㉠ → ㉢   ③ ㉡ → ㉢ → ㉠
④ ㉢ → ㉠ → ㉡   ⑤ ㉢ → ㉡ → ㉠

해설 ▶  자격증 반납 등

- 공인중개사 자격취소 처분을 받아 자격증을 반납하고자 하는 자는 그 처분을 받은 날부터 7일 이내에 그 자격증을 반납해야 한다(규칙 제21조).
- 거래정보사업자 지정을 받은 자는 지정받은 날부터 3월 이내에 부동산거래정보망의 이용 및 정보제공방법 등에 관한 운영규정을 정하여 승인받아야 한다(법 제24조 제3항).
- 개업공인중개사가 보증보험금·공제금 또는 공탁금으로 손해배상을 한 때에는 15일 이내에 보증보험 또는 공제에 다시 가입하거나 공탁금 중 부족하게 된 금액을 보전하여야 한다(영 제26조 제2항).

정답 15. ③ 16. ③

제1편 공인중개사법령

17 공인중개사의 개업공인중개사 A에게 고용된 중개보조원 B는 중개업무를 수행하던 중 매도의뢰인 C에게 중개보수를 초과하여 받았다. 이 법상 책임에 관한 설명 중 틀린 것은?

① 손해를 입은 C는 A와 B에게 공동 또는 선택적으로 손해배상을 청구할 수 있으며, A와 B의 책임은 부진정 연대채무의 성질을 띤다.
② B는 1년 이하의 징역 또는 1천만원 이하의 벌금에 처해질 수 있다.
③ B는 개업공인중개사등의 금지행위에 해당해도 개업공인중개사 A는 징역형이 선고되지는 않는다.
④ A가 벌금형에 처해져도 A의 중개업 등록이나 공인중개사 자격이 취소되지는 않는다.
⑤ B의 행위에 대하여 개업공인중개사 A가 상당한 주의를 한 경우에는 등록취소를 받지는 않는다.

해설 ▶ 손해배상
상당한 주의나 감독을 게을리 하지 않은 경우 양벌규정이 적용되지 않지만 개업공인중개사가 상당한 주의를 했다고 입증해도 행정상 책임은 지게 된다. 고용인이 초과하여 중개보수를 받은 것은 금지행위이며 그 행위는 개업공인중개사의 행위이므로 결국은 개업공인중개사가 등록취소를 받을 수 있다(상대적 등록취소).

18 개업공인중개사의 업무보증설정에 관한 다음 설명 중 옳은 것은? ★★

① 법인인 개업공인중개사가 분사무소를 설치할 경우에 추가로 업무보증을 설정할 필요가 없다.
② 중개사무소 개설등록 통지를 받은 개업공인중개사는 사무소 소재지를 관할하는 공탁기관에 공탁금을 공탁하면 즉시 업무를 개시할 수 있다.
③ 개업공인중개사가 사망한 경우에 그 상속인은 피상속인이 공탁한 공탁금을 즉시 회수할 수 있다.
④ 개업공인중개사가 업무보증설정의무를 이행하지 않고 업무를 개시한 경우에는 업무정지를 명할 수 있으나, 등록은 취소할 수 없다.
⑤ 보증보험 또는 공제로 손해배상을 한 개업공인중개사는 15일 이내에 다시 가입하여야 한다.

정답   17. ⑤   18. ⑤

해설 ▶ **손해배상청구**
① 법인인 개업공인중개사 : 4억원 이상. 다만, 분사무소를 두는 경우에는 분사무소마다 2억원 이상을 추가로 설정하여야 한다(영 제24조 제1항 제1호).
② 개업공인중개사가 중개사무소 개설등록을 한 때에는 업무를 개시하기 전에 보증을 설정한 후 그 증명서류를 갖추어 등록관청에 신고하여야 한다(영 제24조 제2항).
③ 공탁한 공탁금은 개업공인중개사가 폐업 또는 사망한 날부터 3년 이내에는 이를 회수할 수 없다(법 제30조 제4항).
④ 개업공인중개사가 업무보증설정의무를 이행하지 아니하고 업무를 개시한 경우에는 등록을 취소하거나, 6월 이하의 업무정지에 처할 수 있다(법 제38조 제2항 제8호).

19. 공인중개사법령상 개업공인중개사의 손해배상책임 등에 관한 설명으로 옳은 것은? (다툼이 있으면 판례에 의함) **21회 출제**

① 중개의뢰인에 대한 손해배상책임을 보장하기 위한 공탁은 중개업무 개시와 동시에 하여야 한다.
② 법인 아닌 개업공인중개사가 손해배상책임으로 보증해야 할 금액은 1억원 이상이어야 한다.
③ 공탁금으로 손해배상을 한 개업공인중개사는 30일 이내에 그 부족하게 된 금액을 보전해야 한다.
④ 지역농업협동조합이 부동산중개업을 하는 때에는 1천만원 이상의 보증을 설정해야 한다.
⑤ 중개행위에 따른 확인·설명의무와 그 위반을 이유로 하는 손해배상의무는 중개의뢰인이 개업공인중개사에게 소정의 중개보수를 지급하지 아니하였다고 해서 당연히 소멸되는 것은 아니다.

해설 ▶ **개업공인중개사의 손해배상책임 등**
① 업무보증 설정은 업무개시 전에 하여야 한다(법 제30조 제3항).
② 법인 아닌 개업공인중개사가 손해배상책임으로 보증해야 할 금액은 2억원 이상이어야 한다(영 제24조 제1항).
③ 공탁금으로 손해배상을 한 개업공인중개사는 15일 이내에 그 부족하게 된 금액을 보전해야 한다(영 제26조 제2항).
④ 지역농업협동조합이 부동산중개업을 하는 때에는 2천만원 이상의 보증을 설정해야 한다(영 제24조 제3항).

정답 19. ⑤

20

개업공인중개사 甲의 중개보조원 乙의 과실로 중개의뢰인 丙이 손해를 입었다. 이와 관련한 설명으로 옳은 것은? (다툼이 있으면 판례에 의함) **23회 출제**

① 甲은 중개사무소 개설등록 이전에 손해배상 책임을 보장하기 위해 보증보험 또는 공제에 가입하거나 공탁을 해야 한다.
② 乙의 업무상 행위는 그를 고용한 甲의 행위로 본다.
③ 甲은 乙의 모든 행위에 대하여 丙에게 손해배상책임을 진다.
④ 甲의 丙에 대한 책임이 인정되는 경우 乙은 직접 丙에게 손해배상책임을 지지 않는다.
⑤ 甲의 책임이 인정되어 丙에게 손해배상책임을 이행한 공제사업자는 甲에게 구상권을 행사할 수 없다.

해설 ▶ 중개보조원의 과실로 인한 손해

① 甲은 중개사무소를 개설등록한 경우 업무개시 전까지 손해배상책임을 보장하기 위해 보증보험 또는 공제에 가입하거나 공탁을 해야 한다(법 제30조 제3항 참조).
③ 甲은 乙의 업무상 행위에 대하여 丙에게 손해배상 책임을 진다(법 제15조 제2항, 법 제30조 제1항 참조).
④ 甲의 丙에 대한 책임이 인정되는 경우에도, 乙은 직접 丙에게 손해배상책임을 지는 연대책임에 해당한다.
⑤ 甲의 책임이 인정되어 丙에게 손해배상책임을 이행한 공제사업자는 甲에게 구상권을 행사할 수 있다.

정답 20. ②

03 계약금 등의 반환채무이행의 보장

21 다음은 계약금 등의 반환채무이행의 보장에 관한 사항이다. 옳은 것은? ★★

① 개업공인중개사는 거래의 안전을 보장하기 위해 계약이행이 완료될 때까지 계약금 또는 중도금을 반드시 개업공인중개사 명의로 금융기관에 예치하여야 한다.
② 계약금 등을 예치할 수 있는 금융기관으로는 신탁업자, 금융기관, 공제사업을 하는 자 등이 있다.
③ 계약금 등을 예치하는 경우에는 계약이행이 완료되기 전까지는 중도에 이를 수령할 수 없다.
④ 계약금 등을 개업공인중개사 명의로 금융기관에 예치하는 경우 개업공인중개사 소유의 예치금과 분리하지 않아도 된다.
⑤ 예치된 계약금 등은 거래당사자의 동의없이 인출할 수 있다.

해설 ▶ 계약금 등 예치권고

① 개업공인중개사는 거래의 안전을 보장하기 위하여 필요하다고 인정하는 경우에는 거래계약의 이행이 완료될 때까지 계약금 등을 개업공인중개사 또는 은행, 보험회사, 신탁업자, 체신관서, 공제사업하는 자, 전문회사 명의로 금융기관, 공제사업을 하는 자,「자본시장과 금융투자업에 관한 법률」에 의한 신탁업자 등에 예치하도록 거래당사자에게 권고할 수 있다(법 제31조, 영 제27조 제1항).
③ 계약금 등을 예치한 경우 매도인·임대인 등 계약금 등을 수령할 수 있는 권리가 있는 자는 당해 계약을 해지한 때 계약금 등의 반환을 보장하는 내용의 금융기관 또는 보증보험회사가 발행하는 보증서를 계약금 등의 예치명의자에게 교부하고 계약금 등을 미리 수령할 수 있다(법 제31조 제2항).
④, ⑤ 개업공인중개사는 거래당사자가 거래계약과 관련한 계약금 등을 그의 명의로 금융기관 등에 예치하는 경우 자기소유의 예치금과 분리하여 관리될 수 있도록 하여야 하며, 예치된 계약금·중도금은 거래당사자의 동의없이 인출하여서는 아니 된다(영 제27조 제3항).

정답 21. ②

22

다음 중 계약금 등의 반환채무이행의 보장에 관한 설명으로 틀린 것은?★★★ **21회 출제**

① 개업공인중개사가 거래당사자에게 계약금 등을 예치하도록 권고할 법률상 의무는 없다.
② 계약금 등을 예치하는 경우 「우체국예금·보험에 관한 법률」에 따른 체신관서 명의로 공제사업을 하는 공인중개사협회에 예치할 수도 있다.
③ 계약금 등을 예치하는 경우 「보험업법」에 따른 보험회사 명의로 금융기관에 예치할 수 있다.
④ 계약금 등을 예치하는 경우 매도인 명의로 금융기관에 예치할 수 있다.
⑤ 계약금 등의 예치는 거래계약의 이행이 완료될 때까지로 한다.

해설 ▶ **예치명의자**(법 제31조 제1항, 영 제27조 제1항)
1) 개업공인중개사
2) 「은행법」에 따른 은행
3) 「보험업법」에 따른 보험회사
4) 「자본시장과 금융투자업에 관한 법률」에 따른 신탁업자
5) 「우체국예금·보험에 관한 법률」에 따른 체신관서
6) 법 제42조의 규정에 따라 공제사업을 하는 자
7) 부동산거래계약의 이행을 보장하기 위하여 계약금·중도금 또는 잔금(계약금등) 및 계약관련서류를 관리하는 업무를 수행하는 전문회사

23

공인중개사법령상 계약금 등의 반환채무 이행의 보장에 관한 설명 중 틀린 것은?

① 개업공인중개사는 매수인이 요구하는 때에는 계약금 등을 금융기관, 공제사업자 등에 예치하여야 한다.
② 이 제도는 계약이행기간 동안의 거래안전을 보장하기 위한 것이다.
③ 은행은 거래대금의 예치명의자가 될 수 있다.
④ 개업공인중개사는 거래대금을 자기명의로 금융기관 등에 예치하는 경우에는 자기 소유의 예치금과 분리하여 관리하여야 한다.
⑤ 계약금·중도금 또는 잔금 및 계약 관련 서류관리업무를 수행하는 전문회사는 거래대금의 예치명의자가 될 수 있다.

해설 ▶ **계약금 등 예치권고**
매수인이 요구하더라도 개업공인중개사는 예치의무는 없다.

정답 22. ④ 23. ①

24

공인중개사법령상 계약금 등의 반환채무이행의 보장에 관한 설명으로 틀린 것은?

① 예치대상 '계약금 등'에는 계약금, 중도금 또는 잔금이 있다.
② 계약금 등을 개업공인중개사 명의로 금융기관 등에 예치하는 경우 개업공인중개사는 거래당사자의 동의 없이 이를 인출할 수 있다.
③ 거래당사자는 반환채무이행의 보장을 위해 계약금 등을 반드시 금융기관 등에 예치해야 하는 것은 아니다.
④ 개업공인중개사의 명의로 계약금 등을 예치시 예치되는 계약금 등의 안전을 보장하기 위한 규정을 위반한 경우 업무정지 1월을 명할 수 있다.
⑤ 거래당사자간 계약이행기간 동안의 거래안전을 보장하기 위한 제도이다.

해설 ▶ 계약금 등의 반환채무이행의 보장
개업공인중개사는 거래계약과 관련된 계약금 등을 자기명의로 금융기관 등에 예치하는 경우에는 자기 소유의 예치금과 분리하여 관리될 수 있도록 하여야 하며, 예치된 계약금 등은 거래당사자의 동의 없이 인출하여서는 아니 된다(영 제27조 제3항).

25

계약금 등의 반환채무이행의 보장에 대한 설명 중 옳은 것은?

① 개업공인중개사는 거래의 안전을 보장하기 위하여 필요하다고 인정하는 경우 거래계약서의 작성이 완료될 때까지 계약금·중도금 또는 잔금을 예치하도록 권고해야 한다.
② 계약금 등의 반환채무이행을 보장하기 위해 이를 금융기관에 예치하는 경우 개업공인중개사의 명의로는 할 수 없다.
③ 개업공인중개사가 계약금 등의 반환채무이행의 보장에 반하는 행위를 한 경우 중개사무소 개설·등록을 취소할 수 있다.
④ 「우체국예금·보험에 관한 법률」에 따른 체신관서도 예치기관이 될 수 있다.
⑤ 계약금 등의 예치를 매도인이 개업공인중개사에게 요구한 경우 이를 거절할 수 없다.

해설 ▶ 계약금 등 예치
① 개업공인중개사는 거래의 안전을 보장하기 위하여 필요하다고 인정하는 경우 거래계약의 이행이 완료될 때까지 계약금·중도금 또는 잔금을 예치하도록 권고할 수 있다.
② 계약금 등의 반환채무이행을 보장하기 위해 이를 금융기관에 예치하는 경우 개업공인중개사 명의로 예치할 수 있다.
③ 개업공인중개사가 계약금 등의 반환채무이행의 보장에 반하는 행위를 한 경우 업무정지처분을 받을 수 있다(개업공인중개사 명의로 예치하는 경우의 의무불이행의 경우).
⑤ 계약금 등의 예치를 매도인이 개업공인중개사에게 요구하였다 하더라도 개업공인중개사는 이를 거절할 수 있다.

정답 24. ② 25. ④

26

공인중개사법령에서 정한 계약금 등의 반환채무이행의 보장에 관련된 설명으로서 가장 옳지 <u>않은</u> 것은?★★★

① 개업공인중개사는 거래계약의 체결이 될 때까지 계약금 등을 개업공인중개사의 명의로 예치하도록 거래당사자에게 권고할 수 있다.
② 계약금 등의 예치기관은 금융기관이나 공제사업을 하는 자 또는 신탁업자 등이다.
③ 계약금 등을 수령할 수 있는 권리가 있는 자는 당해 계약을 해지한 때 계약금 등의 반환을 보장하는 내용의 보증서를 계약금 등의 예치명의자에게 교부하고 계약금 등을 미리 수령할 수 있다.
④ 거래계약을 해지한 때 계약금 등의 반환을 보장하는 내용의 보증서는 금융기관 또는 보증보험회사가 발행하는 보증서이어야 한다.
⑤ 계약금 등을 개업공인중개사 명의로 금융기관 등에 예치하는 경우 개업공인중개사 소유의 예치금과 분리하여 관리하여야 한다.

해설 ▶ **계약금 등의 예치**

개업공인중개사는 거래의 안전을 보장하기 위하여 필요하다고 인정하는 경우에는 거래계약의 이행이 완료될 때까지 계약금·중도금 또는 잔금을 개업공인중개사 또는 은행, 보험회사, 신탁업자, 체신관서, 공제기관, 전문회사 명의로 금융기관, 공제사업을 하는 자, 「자본시장과 금융투자업에 관한 법률」에 의한 신탁업자 등에 예치하도록 거래당사자에게 권고할 수 있다(법 제31조 제1항).

27

계약금 등의 반환채무이행의 보장과 관련된 설명 중 옳은 것은?

① 개업공인중개사는 거래의 안전을 보장하기 위해 거래계약의 이행이 완료될 때까지 예치하여야 한다.
② 개업공인중개사는 매수인이 요구를 하는 경우 계약금 등을 예치하여야 한다.
③ 개업공인중개사의 명의로 금융기관 등 대통령령이 정하는 기관에 예치해야 한다.
④ 금융기관 또는 보증보험회사가 발행하는 보증서를 계약금 등의 예치기관에 교부하고 계약금 등을 미리 수령할 수 있다.
⑤ 계약금 등의 관리·인출 및 반환 절차 등에 관하여 필요한 사항은 대통령령으로 정한다.

정답   26. ①   27. ⑤

해설 ▶ **계약금 등 예치**
① , ② 개업공인중개사는 예치명의자는 될 수 있지만 예치기관이 될 수 없다. 개업공인중개사가 예치를 해야 하는 것도 아니며 예치는 필요하다고 인정하는 경우에는 권고할 수 있다.
③ 반드시 개업공인중개사의 명의로 예치해야 하는 것은 아니다. 개업공인중개사 또는 대통령령이 정하는 자의 명의로 예치하여야 한다.
④ 예치기관이 아니라 예치명의자에게 교부한다.

28. 다음은 계약금 등의 반환채무이행의 보장에 관한 기술이다. 가장 타당한 것은? ★★

① 개업공인중개사가 거래계약의 이행이 완료될 때까지 중도금을 개업공인중개사가 아닌 금융기관 등의 명의로 신탁회사에 예치할 것을 거래당사자에게 권고하기 위하여는 사전에 예치금에 대한 담보책임을 진다는 의사표시를 거래당사자에게 하여야 한다.
② 개업공인중개사가 거래계약의 이행이 완료될 때까지 개업공인중개사 명의로 중도금을 공제사업자에게 예치할 것을 거래당사자에게 권고할 수는 없다.
③ 계약금 등을 개업공인중개사 명의로 예치한 경우 계약금 수령권자는 당해 부동산거래계약을 해지할 수 없다.
④ 개업공인중개사는 거래계약의 이행이 완료될 때까지 계약금을 개업공인중개사 명의로 금융기관에 예치하도록 거래당사자에게 권고할 수 있다.
⑤ 중도금을 예치할 것을 권고한 경우 거래당사자가 이를 거부하면 중개계약은 해지된다.

해설 ▶ **계약금 등의 예치**
① 사전에 예치금에 대한 담보책임을 진다는 의사표시를 할 의무는 없다.
② 공제사업하는 자, 금융기관은 예치기관에 해당한다.
③, ⑤ 해당 사항에 대한 규정은 없다.

정답 28. ④

29 개업공인중개사의 중개로 매매계약이 체결된 후 계약금등의 반환채무 이행을 보장하기 위해 매수인이 낸 계약금을 개업공인중개사 명의로 금융기관에 예치하였다. 공인중개사법령상 이에 관한 설명으로 틀린 것은? **23회 출제**

① 금융기관에 예치하는 데 소요되는 실비는 특별한 약정이 없는 한 매도인이 부담한다.
② 개업공인중개사는 계약금 이외에 중도금이나 잔금도 예치하도록 거래당사자에게 권고할 수 있다.
③ 개업공인중개사는 예치된 계약금에 해당하는 금액을 보장하는 보증보험 또는 공제에 가입하거나 공탁을 해야 한다.
④ 개업공인중개사는 예치된 계약금이 자기소유의 예치금과 분리하여 관리될 수 있도록 해야 한다.
⑤ 개업공인중개사는 예치된 계약금을 거래당사자의 동의 없이 임의로 인출하여서는 안 된다.

해설 ▶ 계약금
계약금 등의 예치에 소요되는 실비는 특별한 약정이 없는 한 매수인이 부담한다(규칙 제20조 제2항).

04 개업공인중개사등의 교육

30 공인중개사법령상 개업공인중개사등의 교육에 관한 설명으로 틀린 것은? **24회 출제**

① 중개사무소의 개설등록을 신청하려는 공인중개사는 28시간 이상 32시간 이하의 실무교육을 받아야 한다.
② 폐업신고 후 1년 이내에 중개사무소의 개설등록을 다시 신청하려는 자는 실무교육이 면제된다.
③ 소속공인중개사가 되고자 하는 자는 고용신고일 전 1년 이내에 시·도지사가 실시하는 직무교육을 받아야 한다.
④ 직무교육 시간은 3시간 이상 4시간 이내로 한다.
⑤ 분사무소 설치신고의 경우에는 그 분사무소의 책임자가 그 신고일 전 1년 이내에 실무교육을 받아야 한다.

정답   29. ①   30. ③

해설 ▸ **개업공인중개사등의 교육**
소속공인중개사가 되고자 하는 자는 고용신고일 전 1년 이내에 시·도지사가 실시하는 실무교육을 받아야 한다.

31. 다음의 개업공인중개사등의 교육에 관한 설명으로서 가장 옳지 않은 것은?

① 실무교육, 연수교육의 실시권자는 시·도지사이고, 직무교육의 실시권자는 시·도지사 또는 등록관청이다.
② 실무교육은 개업공인중개사 및 소속공인중개사의 직무수행에 필요한 법률지식, 부동산중개 및 경영실무, 직업윤리 등으로 구성한다.
③ 중개사무소의 개설등록을 하고자 하는 법인의 사원 또는 임원은 시·도지사가 실시하는 실무교육을 받아야 한다.
④ 국토교통부장관, 시·도지사, 등록관청은 부동산거래사고예방을 위한 교육을 실시할 수 있다.
⑤ 시·도지사는 실무교육의 전국적인 균형유지를 위하여 실무교육지침을 마련할 수 있다.

해설 ▸ **개업공인중개사등의 교육**
국토교통부장관은 실무교육의 전국적인 균형유지를 위하여 실무교육지침을 마련할 수 있다.

32. 개업공인중개사등의 교육에 관한 설명이다. 가장 타당하지 않은 것은? ★★★

① 개업공인중개사 및 소속공인중개사가 연수교육을 정당한 사유없이 받지 아니한 경우 100만원 이하의 과태료에 처한다.
② 폐업 후 1년 이내 다시 등록하는 경우 실무교육을 이수할 의무가 없다.
③ 시·도지사는 연수교육을 실시하려는 경우 실무교육 또는 연수교육을 받은 후 2년이 되기 2개월 전까지 연수교육의 일시·장소·내용 등을 대상자에게 통지하여야 한다.
④ 시·도지사가 공기업 또는 준정부기관에 교육에 관한 업무를 위탁할 수 있다.
⑤ 시·도지사가 교육에 관한 업무를 위탁한 때에는 위탁받은 교육기관의 명칭·대표자 및 소재지와 위탁업무의 내용 등을 관보에 고시하여야 한다.

해설 ▸ **개업공인중개사등의 교육**
연수교육을 정당한 사유없이 받지 아니한 경우 500만원 이하의 과태료에 처한다.

정답 31. ⑤ 32. ①

33. 공인중개사법령에서 정한 교육 관련 규정에 대한 다음의 설명 중 가장 옳지 않은 것은?

① 실무교육에 관한 업무를 위탁받으려고 하는 기관 또는 단체가 실무교육과목과 관련된 박사학위소지자를 강사로 확보할 수 있다.
② 개업공인중개사 및 소속공인중개사는 실무교육을 받은 날부터 2년마다 연수교육을 받아야 한다.
③ 실무교육은 중개사무소 개설등록을 신청하려는 자에게만 부여된 의무이다.
④ 연수교육은 시·도지사가 실시한다.
⑤ 시·도지사는 실무교육에 관한 업무를 위탁한 경우에는 위탁받은 교육기관의 명칭·대표자 및 소재지와 위탁업무의 내용 등을 관보에 고시하여야 한다.

해설 ▶ 실무교육 및 연수교육
개설등록하고자 하는 자, 법인의 사원 또는 임원, 분사무소 책임자, 소속공인중개사가 되고자 하는 자는 실무교육을 받을 의무가 있다(법 제34조 제1항).

34. 다음은 공인중개사법령에서 정한 개업공인중개사등의 교육에 관한 기술이다. 옳은 것은?★★

① 연수교육은 개업공인중개사등의 자질과 업무능력의 향상을 위하여 필요하다고 인정될 때에는 개업공인중개사등에 대하여 교육을 실시한다.
② 연수교육은 국토교통부장관, 시·도지사 또는 등록관청이 실시할 수 있다.
③ 실무교육을 실시하는 경우에는 모든 개업공인중개사는 지정된 장소에서 교육을 성실히 받아야 한다.
④ 국토교통부장관, 시·도지사 및 등록관청은 개업공인중개사등이 부동산거래사고예방 등을 위하여 교육을 받는 경우 필요한 비용을 지원하여야 한다.
⑤ 중개보조원은 고용신고일 전 1년 이내에 직무교육을 받아야 한다.

해설 ▶ 실무교육 및 연수교육
①, ② 연수교육은 개업공인중개사 및 소속공인중개사를 대상으로 실시하며 실시권자는 시·도지사이다.
③ 중개사무소의 개설등록을 하고자 하는 자(법인의 경우에는 사원 또는 임원을 말함)는 신청일 전 1년 이내에 시·도지사가 실시하는 실무교육을 받아야 한다(법 제34조 제1항).
④ 국토교통부 장관, 시·도지사 및 등록관청은 개업공인중개사등이 부동산거래사고예방 등을 위하여 교육을 받는 경우 필요한 비용을 지원할 수 있다.

정답 33. ③ 34. ⑤

35

공인중개사법령상 개업공인중개사등의 교육에 관한 설명으로 틀린 것은? ★★★

25회 출제

① 실무교육과 연수교육은 시·도지사가 실시한다.
② 실무교육의 교육시간은 28시간 이상 32시간 이하이다.
③ 실무교육을 실시하려는 경우 교육실시기관은 교육일 7일 전까지 교육의 일시·장소·내용 등을 대상자에게 통지해야 한다.
④ 실무교육을 받은 개업공인중개사 및 소속공인중개사는 실무교육을 받은 후 2년마다 12시간 이상 16시간 이하의 연수교육을 받아야 한다.
⑤ 중개보조원이 고용관계 종료 신고된 후, 1년 이내에 다시 고용신고 될 경우에는 직무교육을 받지 않아도 된다.

해설 ▶ 개업공인중개사 등의 교육

시·도지사는 법 제34조 제4항에 따른 연수교육을 실시하려는 경우 실무교육 또는 연수교육을 받은 후 2년이 되기 2개월 전까지 연수교육의 일시·장소·내용 등을 대상자에게 통지하여야 한다(영 제28조 제4항).

36

개업공인중개사등의 교육에 관한 설명으로 옳은 것은? ★★

① 법인의 분사무소 책임자는 임원이 아니므로 실무교육을 받을 의무가 없다.
② 소속공인중개사는 고용신고일 전 1년 이내에 직무교육을 받아야 한다.
③ 중개사무소의 개설등록을 하고자 하는 법인의 사원·임원 중 실질적으로 중개업무를 담당할 임원만 실무교육을 미리 받아야 한다.
④ 중개사무소의 개설등록을 하고자 하는 자는 신청일 전 1년 이내에 국토교통부장관이 실시하는 실무교육을 받아야 한다.
⑤ 시·도지사가 교육에 관한 업무를 위탁한 경우에는 위탁받은 교육기관의 명칭·대표자 및 소재지와 위탁업무의 내용 등을 관보에 고시하여야 한다.

해설 ▶ 실무교육 및 연수교육

①, ③ 공인중개사로서 중개사무소 개설등록을 하고자 하는 자와 법인의 경우 사원 또는 임원 전원, 그리고 분사무소 책임자, 소속공인중개사는 실무교육을 수료하여야 한다(법 제34조 제1항).
② 소속공인중개사는 고용신고일 전 1년 이내에 실무교육을 받아야 한다.
④ 중개사무소의 개설등록을 하고자 하는 자는 신청일 전 1년 이내에 시·도지사가 실시하는 실무교육을 받아야 한다(법 제34조 제1항).

정답 35. ③ 36. ⑤

37. 공인중개사법령상 개업공인중개사 등의 교육에 관한 설명으로 옳은 것은? [26회 출제]

① 실무교육을 받은 개업공인중개사는 실무교육을 받은 후 2년마다 시·도지사가 실시하는 직무교육을 받아야 한다.
② 분사무소의 책임자가 되고자 하는 공인중개사는 고용신고일 전 1년 이내에 시·도지사가 실시하는 연수교육을 받아야 한다.
③ 고용관계 종료 신고 후 1년 이내에 다시 중개보조원으로 고용신고의 대상이 된 자는 시·도지사 또는 등록관청이 실시하는 직무교육을 받지 않아도 된다.
④ 실무교육은 28시간 이상 32시간 이하, 연수교육은 3시간 이상 4시간 이하로 한다.
⑤ 국토교통부장관이 마련하여 시행하는 교육지침에는 교육대상, 교육과목 및 교육시간 등이 포함되어야 하나, 수강료는 그러하지 않다.

해설 ▸ 개업공인중개사등의 교육

① 실무교육을 받은 개업공인중개사는 실무교육을 받은 후 2년마다 시·도지사가 실시하는 연수교육을 받아야 한다.
② 분사무소의 책임자가 되고자 하는 공인중개사는 고용신고일 전 1년 이내에 시·도지사가 실시하는 실무교육을 받아야 한다.
④ 실무교육은 28시간 이상 32시간 이하, 연수교육은 12시간 이상 16시간 이하로 한다.
⑤ 국토교통부장관이 마련하여 시행하는 교육지침에는 ㉠ 교육의 목적, ㉡ 교육대상, ㉢ 교육과목 및 교육시간, ㉣ 강사의 자격, ㉤ 수강료, ㉥ 수강신청, 출결확인, 교육평가, 교육수료증 발급 등 학사운영 및 관리, ㉦ 그 밖에 균형있는 교육의 실시에 필요한 기준과 절차가 포함되어야 한다.

38. 다음 중 공인중개사법령상 실무교육을 의무적으로 받아야 하는 자를 고르면 모두 몇 개인가? [21회 출제]

- 공인중개사인 개업공인중개사의 소속공인중개사
- 중개사무소 개설등록을 하고자 하는 법인의 임원
- 중개사무소 개설등록을 하고자 하는 법인의 사원
- 법인인 개업공인중개사의 분사무소 책임자인 공인중개사
- 폐업신고 후 1년이 지난 뒤 중개사무소의 개설등록을 신청하려는 공인중개사

① 1개   ② 2개   ③ 3개   ④ 4개   ⑤ 5개

정답 37. ③   38. ⑤

> **해설** **실무교육 대상자**(법 제34조 제1항)
> 1) 중개사무소 개설등록을 하고자 하는 법인의 임원
> 2) 중개사무소 개설등록을 하고자 하는 법인의 사원
> 3) 법인인 개업공인중개사의 분사무소 책임자인 공인중개사
> 4) 소속공인중개사가 되고자 하는 자
> 5) 폐업신고 후 1년이 지난 뒤 중개사무소의 개설등록을 신청하려는 공인중개사

05 금지행위

39 다음은 법 제33조 제1항의 개업공인중개사 등의 금지행위에 대한 내용이다. 다음 중 3년 이하의 징역 또는 3,000만원 이하 벌금 사유에 해당하는 것만 모아 놓은 것은?

> ㉠ 거짓된 언행으로 판단을 그르치는 행위
> ㉡ 규정된 중개보수 이외의 금품을 받는 행위
> ㉢ 중개대상물의 매매를 업으로 하는 행위
> ㉣ 부동산의 분양·임대 등과 관련 있는 증서 등의 매매를 업으로 하는 행위
> ㉤ 직접거래, 쌍방대리
> ㉥ 미등기 전매행위 등 투기조장행위
> ㉦ 무등록업자와의 협조행위

① ㉠, ㉡, ㉢ ② ㉡, ㉢, ㉣ ③ ㉢, ㉣, ㉤
④ ㉣, ㉤, ㉥ ⑤ ㉤, ㉥, ㉦

> **해설** **개업공인중개사 등의 금지행위의 행정형벌**(법 제48조 제3호 및 법 제33조 제5·6·7호)
> ㉠, ㉡, ㉢, ㉦ 1년 이하 징역 또는 1천만원 이하의 벌금
> ㉣, ㉤, ㉥ 3년 이하 징역 또는 3천만원 이하의 벌금

40 법 제33조 제1항의 개업공인중개사등의 금지행위로서 옳지 <u>않은</u> 것은? ★★

① 사례·증여 그 밖의 어떠한 명목으로도 중개보수 또는 실비를 초과하여 금품을 받는 행위
② 당해 중개대상물의 거래상의 중요사항에 관하여 거짓된 언행 기타의 방법으로 중개의뢰인의 판단을 그르치게 하는 행위
③ 특정개업공인중개사 등에 대한 중개의뢰를 제한하거나 제한을 유도하는 행위
④ 부동산의 분양·임대 등과 관련 있는 증서 등의 매매·교환 등을 중개하는 행위
⑤ 부동산의 분양·임대 등과 관련 있는 증서 등의 매매를 업으로 하는 행위

정답 39. ④ 40. ③

해설 ▸ 법 제33조 제1항의 금지행위
거래질서 교란행위에 해당한다.

41

공인중개사법령상 법 제33조 제1항의 개업공인중개사의 금지행위와 그에 대한 벌칙의 연결이 옳은 것을 모두 고른 것은? **26회 출제**

	금지행위	벌 칙
㉠	거래당사자 쌍방을 대리하는 행위	3년 이하의 징역 또는 3천만원 이하의 벌금
㉡	중개대상물의 매매를 업으로 하는 행위	1년 이하의 징역 또는 1천만원 이하의 벌금
㉢	관계 법령에서 양도가 금지된 부동산의 분양과 관련 있는 증서 등의 매매를 중개하는 행위	1년 이하의 징역 또는 1천만원 이하의 벌금
㉣	사례의 명목으로 보수 또는 실비를 초과하여 금품을 받는 행위	3년 이하의 징역 또는 3천만원 이하의 벌금

① ㉠, ㉡ ② ㉠, ㉢ ③ ㉠, ㉣
④ ㉡, ㉢ ⑤ ㉢, ㉣

해설 ▸ 금지행위
㉢ 관계법령에서 양도가 금지된 부동산의 분양과 관련 있는 증서 등의 매매를 중개하는 행위 – 3년 이하의 징역 또는 3천만원 이하의 벌금
㉣ 사례의 명목으로 보수 또는 실비를 초과하여 금품을 받는 행위 – 1년 이하의 징역 또는 1천만원 이하의 벌금

42

공인중개사법령상 법 제33조 제1항의 개업공인중개사의 금지행위에 해당하지 <u>않는</u> 것은? (다툼이 있으면 판례에 의함) **25회 출제**

① 토지 또는 건축물의 매매를 업으로 하는 행위
② 중개의뢰인이 부동산을 단기 전매하여 세금을 포탈하려는 것을 알고도 개업공인중개사가 이에 동조하여 그 전매를 중개한 행위
③ 공인중개사가 매도의뢰인과 서로 짜고 매도의뢰가격을 숨긴 채 이에 비하여 무척 높은 가격으로 매수의뢰인에게 부동산을 매도하고 그 차액을 취득한 행위
④ 개업공인중개사가 소유자로부터 거래에 관한 대리권을 수여받은 대리인과 직접거래한 행위
⑤ 매도인으로부터 매도중개의뢰를 받은 개업공인중개사 乙의 중개로 X부동산을 매수한 개업공인중개사 甲이, 매수중개의뢰를 받은 다른 개업공인중개사 丙의 중개로 X부동산을 매도한 행위

정답 41. ① 42. ⑤

해설 ▶ 금지행위

매도인으로부터 매도중개의뢰를 받은 개업공인중개사 乙의 중개로 X부동산을 매수한 개업공인중개사 甲이, 매수중개의뢰를 받은 다른 개업공인중개사 丙의 중개로 X부동산을 매도한 행위는 직접거래의 대상에 해당되지 않는다.

43

공인중개사법령상 법제33조 제1항의 개업공인중개사의 금지행위에 관한 설명으로 틀린 것은? (다툼이 있으면 판례에 의함) ★★ [22회 출제]

① 개업공인중개사는 건축물의 매매를 업으로 해서는 안 된다.
② 개업공인중개사는 부동산거래에서 거래당사자 쌍방을 대리해서는 안 된다.
③ 개업공인중개사는 사례비 명목으로 공인중개사법령상의 중개보수 또는 실비를 초과하여 금품을 받아서는 안 된다.
④ 「공인중개사법」 등 관련법령에서 정한 한도를 초과하는 부동산 중개보수 약정은 그 전부가 무효이다.
⑤ 등록관청은 개업공인중개사가 금지행위를 한 경우에는 중개사무소의 개설등록을 취소할 수 있다.

해설 ▶ 금지행위

중개보수 초과수수 금지 규정은 중개보수 약정 중 소정의 한도를 초과하는 부분에 대한 사법상 효력을 제한하는 이른바 강행법규에 해당하고 따라서 그 한도를 초과하는 범위 내에서 무효이다(대판 2007. 12. 20. 2005다32159).

44

법 제33조 제1항의 개업공인중개사의 금지행위에 해당하지 않는 것은?

① 의뢰인의 토지를 중개하면서 알게 된 정보를 이용하여 그의 토지를 직접 사들였다.
② 의뢰인의 상가를 그의 요구에 맞추어 거래를 성사시켜 준 대가로 법정중개보수 상한액을 받고, 별도로 미술작품 1점을 받았다.
③ 업무상 알게 된 개발업자로부터 입수한 확정되지 않은 개발계획을 이용하여 타인에게 그 지역 임야를 매입하도록 권유하여 매매계약을 체결하였다.
④ 매매계약을 중개함에 있어서 매도의뢰인의 급박한 사고로 인해 그의 위임을 받아 매수의뢰인과 매매계약을 체결하였다.
⑤ 의뢰인에게 아파트 매매계약을 체결하게 한 후 전매차익을 얻을 목적으로 한 이전등기를 하지 아니하고 타인에게 다시 매매계약을 체결하게 하였다.

정답 43. ④ 44. ④

제1편 공인중개사법령

> **해설** 법 제33조 제1항의 금지행위
> ① 중개의뢰인과 직접거래행위에 해당한다.
> ② 법정중개보수를 초과하여 금품을 받은 경우에 해당한다.
> ③ 거짓언행으로 중개의뢰인의 판단을 그르치게 한 행위에 해당한다.
> ④ 일방대리행위는 금지행위에 해당하지 않는다.
> ⑤ 부동산투기를 조장하는 행위에 해당된다.

45 개업공인중개사의 의무 및 법 제33조 제1항의 금지행위에 관한 내용으로 틀린 것은? (다툼이 있으면 판례에 의함)

① 개업공인중개사등이 업무상 알게 된 비밀을 누설한 경우 피해자의 명시한 의사에 반하여 벌하지 아니한다.
② 개업공인중개사는 법령상의 중개대상물의 매매를 업으로 하는 행위를 하여서는 아니 된다.
③ 개업공인중개사가 미등기전매를 알선하였으나 중개의뢰인이 이로 인하여 전매차익을 얻지 못한 경우라면 법 제33조(금지행위) 제1항 제7호의 '부동산투기를 조장하는 행위'에 해당할 수 없다.
④ 개업공인중개사는 직접적인 위탁관계가 없더라도 그의 개입을 신뢰하여 거래하게 된 거래상대방에 대하여 목적물의 하자, 권리자의 진위 등에 대한 일반적인 주의의무를 부담한다.
⑤ 개업공인중개사는 업무상 알게 된 비밀을 누설하여서는 아니 되나, 중개대상물의 중대한 하자는 중개의뢰인과의 관계에서는 비밀에 해당하지 않는다.

> **해설** 개업공인중개사의 의무 및 금지행위
> ③ 부동산을 매수할 자력이 없는 甲이 전매차익을 노려 乙로부터 부동산을 매수하여 계약금만 걸어 놓은 다음 중간생략등기의 방법으로 단기 전매하여 각종 세금을 포탈하려는 것을 개업공인중개사인 원고의 중개보조인 丙이 알고도 이에 동조하여 그 전매를 중개하였는데, 중도금 지급기일이 임박하도록 전매차익이 생길만한 가액으로 위 부동산을 매수하겠다는 원매자가 나타나지 아니하자 계약이행을 하지 못하여 계약금을 몰취당하는 등의 손실을 방지하기 위하여 매수대금보다 싼값에 전매하게 된 것이라면 甲이 결과적으로 전매차익을 올리지 못하고 말았다고 할지라도 丙의 위 전매중개는 「공인중개사법」 제33조 제1항 제7호 소정의 탈세를 목적으로 이전등기를 하지 아니한 부동산의 매매를 중개하여 부동산투기를 조장하는 행위에 해당한다(대판 1990.11.23. 90누4464).

정답 45. ③

46
다음 중 법 제33조 제2항의 개업공인중개사에 대한 업무방해 금지행위에 해당하지 않는 것은?

① 안내문, 온라인 커뮤니티 등을 이용하여 특정 개업공인중개사등에 대한 중개의뢰를 제한하거나 제한을 유도하는 행위
② 안내문, 온라인 커뮤니티 등을 이용하여 중개대상물에 대하여 시세보다 현저하게 높게 표시·광고 또는 중개하는 특정 개업공인중개사등에게만 중개의뢰를 하도록 유도함으로써 다른 개업공인중개사등을 부당하게 차별하는 행위
③ 탈세 등 관계법령을 위반할 목적으로 소유권보존등기 또는 이전등기를 하지 아니한 부동산이나 관계법령의 규정에 의하여 전매 등 권리의 변동이 제한된 부동산의 매매를 중개하는 등 부동산투기를 조장하는 행위
④ 정당한 사유 없이 개업공인중개사등의 중개대상물에 대한 정당한 표시·광고 행위를 방해하는 행위
⑤ 개업공인중개사등에게 중개대상물을 시세보다 현저하게 높게 표시·광고하도록 강요하거나 대가를 약속하고 시세보다 현저하게 높게 표시·광고하도록 유도하는 행위

해설 금지행위
개업공인중개사 등의 금지행위이다.

47
공인중개사법령상 법 제33조 제1항의 개업공인중개사의 금지행위에 해당하는 것은? (다툼이 있으면 판례에 의함) **23회 출제**

① 공인중개사인 개업공인중개사가 중개업과 별도로 문구점의 운영을 업으로 하는 행위
② 법인인 개업공인중개사가 상가분양대행과 관련하여 법령상의 한도액을 초과한 금원을 받는 행위
③ 개업공인중개사가 중개의뢰인으로부터 매도의뢰 받은 주택을 직접 자기명의로 매수하는 행위
④ 개업공인중개사가 자신의 자(子)가 거주할 주택을 다른 개업공인중개사의 중개로 임차하는 행위
⑤ 개업공인중개사가 거래당사자 일방을 대리하는 행위

정답 46. ③ 47. ③

해설 개업공인중개사의 금지행위

1년 이하 징역 또는 1천만원 이하의 벌금	3년 이하 징역 또는 3천만원 이하의 벌금
1) 중개대상물의 매매를 업으로 하는 행위 2) 중개사무소의 개설등록을 하지 아니하고 중개업을 영위하는 자인 사실을 알면서 그를 통하여 중개를 의뢰받거나 그에게 자기의 명의를 이용하게 하는 행위 3) 사례·증여 그 밖의 어떠한 명목으로도 규정에 의한 중개보수 또는 실비를 초과하여 금품을 받는 행위 4) 당해 중개대상물의 거래상의 중요사항에 관하여 거짓된 언행 그 밖의 방법으로 중개의뢰인의 판단을 그르치게 하는 행위	1) 관계법령에서 양도·알선 등이 금지된 부동산의 분양·임대 등과 관련 있는 증서 등의 매매·교환 등을 중개하거나 그 매매를 업으로 하는 행위 2) 중개의뢰인과 직접거래를 하거나 거래당사자 쌍방을 대리하는 행위 3) 탈세 등 관계법령을 위반할 목적으로 소유권보존등기 또는 이전등기를 하지 아니한 부동산이나 관계법령의 규정에 의하여 전매 등 권리의 변동이 제한된 부동산의 매매를 중개하는 등 부동산투기를 조장하는 행위 4) 부당한 이익을 얻거나 제3자에게 부당한 이익을 얻게 할 목적으로 거짓으로 거래가 완료된 것처럼 꾸미는 등 중개대상물의 시세에 부당한 영향을 주거나 줄 우려가 있는 행위 5) 단체를 구성하여 특정 중개대상물에 대하여 중개를 제한하거나 단체 구성원 이외의 자와 공동중개를 제한하는 행위

48 다음 중 공인중개사법령상 개업공인중개사의 중개보조원이 중개업무에 관하여 중개의뢰인과 직접거래하는 과정에서 손해를 끼친 경우에 관한 기술로서 옳지 <u>않은</u> 것은?★★★

① 개업공인중개사에 대해 3,000만원 이하의 벌금에 처한다.
② 중개보조원에 대해 3년 이하의 징역 또는 3,000만원 이하의 벌금에 처한다.
③ 중개업의 등록을 취소할 수도 있다.
④ 업무의 정지를 명할 수도 있다.
⑤ 금지행위위반으로 인한 손해배상은 자기책임주의원칙으로 인하여 중개보조원의 단독책임이다.

해설 법 제33조 제1항의 금지행위

개업공인중개사가 고용한 공인중개사 및 중개보조원의 업무상 행위는 그를 고용한 개업공인중개사의 행위로 본다(법 제15조 제2항). 따라서 개업공인중개사는 중개보조원의 업무상 행위에 대하여 연대하여 배상할 책임이 있다.

정답 48. ⑤

49 다음 중 개업공인중개사의 소속공인중개사가 중개대상물의 거래상 주요사항에 관하여 중개의뢰인의 판단을 그르치게 하는 행위를 한 때에 관한 기술로서 옳지 않은 것은?

① 소속공인중개사의 업무상 행위는 그를 고용한 개업공인중개사의 행위로 본다.
② 개업공인중개사에 대하여도 「공인중개사법」에 규정된 징역형에 처할 경우도 있다.
③ 중개업등록을 취소할 수도 있다.
④ 소속공인중개사는 자격정지처분을 받을 수 있다.
⑤ 소속공인중개사는 1년 이하의 징역 또는 1,000만원 이하의 벌금에 처할 경우도 있다.

해설 ▶ 법 제33조 제1항의 금지행위
개업공인중개사인 법인의 임원·종업원이나 개업공인중개사가 고용한 공인중개사 및 중개보조원이 중개업무에 관하여 제48조 및 제49조의 규정에 해당하는 위반행위를 한 때에는 그 행위자를 벌하는 외에 그 개업공인중개사에 대하여도 동조에 규정된 벌금형을 과한다(법 제50조).

50 공인중개사법령과 관련된 판례의 내용 중 옳은 것은?

① 개업공인중개사가 중개의뢰인으로부터 중개보수 명목으로 법정한도를 초과하는 당좌수표를 교부받았으나 그 후에 부도처리된 경우는 개업공인중개사의 금지행위에 해당되지 않는다.
② 중간생략등기의 방법으로 단기전매하여 각종 세금을 포탈하려는 것을 알고도 이에 동조하여 그 전매를 중개한 경우 결과적으로 전매차익을 올리지 못하였더라도 부동산투기를 조장하는 행위에 해당된다.
③ 무등록업자의 중개행위가 부동산 컨설팅행위에 부수하여 이루어진 경우는 중개업에 해당되지 않는다.
④ 중개보조원이 고의 또는 과실로 거래당사자에게 손해를 입힌 경우는 그 중개보조원을 고용한 개업공인중개사만이 손해배상책임을 진다.
⑤ 공인중개사가 실질적으로 무자격자로 하여금 자기명의로 공인중개사 업무를 수행하도록 하였더라도 스스로 몇 건의 중개업무를 직접 수행한 경우는 자격증 대여행위에 해당되지 않는다.

정답 49. ② 50. ②

해설 ▸ 중개업 관련 판례

① 개업공인중개사가 중개의뢰인으로부터 중개보수 명목으로 법정한도를 초과하는 당좌수표를 교부받았으나 그 후에 부도처리된 경우는 개업공인중개사의 금지행위에 해당한다.
③ 무등록 개업공인중개사의 중개행위가 부동산 컨설팅행위에 부수하여 이루어진 경우 중개업에 해당된다.
④ 중개보조원이 고의 또는 과실로 거래당사자에게 손해를 입힌 경우는 그 중개보조원을 고용한 개업공인중개사뿐만 아니라 중개보조원도 같이 연대하여 손해배상책임을 진다.
⑤ 공인중개사가 실질적으로 무자격자로 하여금 자기명의로 공인중개사 업무를 수행하도록 한 경우 스스로 몇 건의 중개업무를 직접 수행하였더라도 자격증 대여행위에 해당된다.

51
개업공인중개사 甲이 고용한 소속공인중개사 乙은 그린벨트 지역 내의 토지를 중개하면서 그린벨트 지역이 아니라고 거짓말을 하고 거래계약체결을 중개하여 의뢰인에게 3천만원의 재산상의 손해를 입혔다. 다음 중 타당하지 않은 것은?

① 소속공인중개사 乙은 1년 이하의 징역 또는 1천만원 이하의 벌금에 처해진다. 만약, 乙이 징역형을 선고받는 경우에는 자격도 취소되게 된다.
② 개업공인중개사 甲에게는 1천만원 이하의 벌금형이 선고될 수 있으나, 이로 인하여 결격사유에 해당되지 않고 따라서 등록도 취소시킬 수 없다고 하는 것이 판례의 태도이다.
③ 개업공인중개사 甲은 乙의 행위로 인하여 등록이 취소될 수 있으며, 등록이 취소되지 않는다면 업무정지처분을 받을 수도 있다.
④ 개업공인중개사 甲은 乙과 연대하여 의뢰인에게 발생된 손해 3천만원을 배상하여야 하고, 개업공인중개사가 대신 배상을 한 경우에는 乙에 대하여 구상권을 행사할 수 있다.
⑤ 다만, 위 ④의 경우에 개업공인중개사에게는 고의 또는 과실은 있어야 한다.

해설 ▸ 금지행위
개업공인중개사가 고용인의 고의·과실로 인한 손해배상책임을 부담하는 경우 무과실책임을 진다.

52
공인중개사법령상 법 제33조 제1항의 개업공인중개사의 금지행위에 관한 설명으로 틀린 것은? (다툼이 있으면 판례에 의함) **22회 출제**

① 개업공인중개사는 건축물의 매매를 업으로 해서는 안 된다.
② 개업공인중개사는 부동산거래에서 거래당사자 쌍방을 대리해서는 안 된다.
③ 개업공인중개사는 사례비 명목으로 공인중개사법령상의 중개보수 또는 실비를 초과하여 금품을 받아서는 안 된다.
④ 「공인중개사법」 등 관련법령에서 정한 한도를 초과하는 부동산 중개보수 약정은 그 전부가 무효이다.
⑤ 등록관청은 개업공인중개사가 금지행위를 한 경우에는 중개사무소의 개설등록을 취소할 수 있다.

정답 51. ⑤ 52. ④

해설 ▶ **금지행위**

중개보수 초과수수 금지 규정은 중개보수 약정 중 소정의 한도를 초과하는 부분에 대한 사법상 효력을 제한하는 이른바 강행법규에 해당하고 따라서 그 한도를 초과하는 범위 내에서 무효이다(대판 2007.12.20. 2005다32159).

53. 공인중개사법령상 법 제33조 제1항의 개업공인중개사의 금지행위에 해당하는 것을 모두 고른 것은? (다툼이 있으면 판례에 따름) [27회 출제]

㉠ 중개의뢰인을 대리하여 타인에게 중개대상물을 임대하는 행위
㉡ 상업용 건축물의 분양을 대행하고 법정의 중개보수 또는 실비를 초과하여 금품을 받는 행위
㉢ 중개의뢰인인 소유자로부터 거래에 관한 대리권을 수여받은 대리인과 중개대상물을 직접거래하는 행위
㉣ 건축물의 매매를 업으로 하는 행위

① ㉠, ㉡ ② ㉢, ㉣ ③ ㉠, ㉡, ㉣
④ ㉠, ㉢, ㉣ ⑤ ㉡, ㉢, ㉣

해설 ▶ **금지행위**(법 제33조)
㉠ 일방대리는 금지행위가 아니다.
㉡ 상업용 건축물의 분양을 대행하는 것은 겸업으로 중개사법이 적용되지 않는다.

54. 다음 중 법 제33조 제1항의 개업공인중개사의 금지행위에 해당하는 것을 모두 고른 것은? ★★★

㉠ 개업공인중개사 甲이 의뢰인 乙에게서 임야를 1억원에 매도해 줄 것을 의뢰받고 개업공인중개사가 직접 매수하였다.
㉡ 개업공인중개사 甲은 중개대상물의 매매를 주된 업으로 하였다.
㉢ 개업공인중개사 甲이 乙, 丙간의 매매계약을 중개하면서 乙, 丙이 모두 출장중인 관계로 양당사자의 위임을 받고 매매계약을 체결하였다.
㉣ 개업공인중개사 甲은 의뢰인 乙이 매수 의뢰한 매수대상물의 매매계약을 성사시킨 대가로 법정중개보수 외에 매매대상물에 관한 공유지분을 받았다.

① ㉡, ㉢, ㉣ ② ㉠, ㉢, ㉣ ③ ㉠, ㉡, ㉣
④ ㉠, ㉡, ㉢ ⑤ ㉠, ㉡, ㉢, ㉣

해설 ▶ **금지행위**(법 제33조)
㉠, ㉢ 중개의뢰인과 직접거래를 하거나 거래당사자 쌍방을 대리하는 행위에 해당(동조 제6호).
㉡ 제3조의 규정에 의한 중개대상물의 매매를 업으로 하는 행위에 해당(동조 제1호).
㉣ 사례·증여 그 밖에 어떠한 명목으로라도 중개보수 또는 실비를 초과하여 금품을 받는 행위에 해당(동조 제3호).

정답 53. ② 54. ⑤

제7절 중개보수 등

01 중개보수청구권

01 중개보수에 관한 내용 중 맞는 것은?

① 주택의 중개에 대한 보수는 중개의뢰인 쌍방으로부터 각각 받되, 중개의뢰인과 개업공인중개사가 서로 협의하여 결정한다.
② 경기도 수원시의 분사무소에 근무하는 개업공인중개사는 중개대상물인 주택이 경기도 안양시 평촌 신도시에 있고, 주된 사무소의 소재지가 대전광역시에 있는 경우 경기도의 조례로 정한 기준에 따라 중개보수 및 실비를 받아야 한다.
③ 개업공인중개사의 고의 또는 과실로 인하여 중개의뢰인 간의 거래행위가 무효·취소 또는 해제된 경우에는 약정된 중개보수의 50%를 받는다.
④ 계약금 등의 반환채무이행 보장에 소요되는 실비는 개업공인중개사가 영수증을 첨부하여 매도·임대 기타 권리를 이전하고자 하는 중개의뢰인에게 청구할 수 있다.
⑤ 오피스텔의 매매는 전용면적이 85㎡ 이하인 경우 매매금액의 1천분의 5를 받는다.

해설 ▶ 중개보수
① 주택의 중개에 대한 보수는 중개의뢰인 쌍방으로부터 각각 받되, 그 일방으로부터 받을 수 있는 한도는 별표 1과 같으며, 그 금액은 시·도의 조례로 정하는 요율한도 이내에서 중개의뢰인과 개업공인중개사가 서로 협의하여 결정한다.
③ 개업공인중개사의 중개보수청구권은 부인되며 수령한 것이 있으면 반환하여야 한다.
④ 계약금 등의 반환채무이행 보장에 소요되는 실비는 개업공인중개사가 영수증을 첨부하여 매수·임차 기타 권리를 취득하고자 하는 의뢰인에게 청구할 수 있다(시행규칙 제20조 제2항).
⑤ 전용면적이 85㎡ 이하이어야 하며 상·하수도 시설이 갖추어진 전용입식부엌, 전용수세식 화장실 및 목욕시설을 갖추어야 1천분의 5를 받는다.

정답 **01.** ②

02
다음은 공인중개사법령에서 정한 중개보수 및 실비 등에 관련된 설명이다. 가장 옳지 않은 것은? ★★

① 주택 외의 중개대상물의 중개의뢰인 일방으로부터 받을 수 있는 중개보수의 한도는 매매·교환·임대차 등의 경우에는 거래가액에 따라 0.9% 이내에서 합의하여 받을 수 있다.
② 실비는 중개대상물의 권리관계 등의 확인에 소요되는 비용 또는 계약금 등의 예치비용을 말한다.
③ 주택의 소재지와 사무소의 소재지가 다른 경우에는 중개사무소의 소재지를 관할하는 시·도의 조례로 정한 중개보수율을 적용한다.
④ 개업공인중개사가 중개보수나 실비를 받은 때에는 영수증을 작성하여 교부하고 3년간 보관하여야 한다.
⑤ 주택 외의 중개대상물의 중개에 대한 중개보수는 국토교통부령으로 정하는 범위 내에서 협의하여 받을 수 있다.

해설 ▶ 중개보수청구
영수증 규정은 삭제되고 확인·설명서에 기재하도록 하였다.

03
다음 중 공인중개사법령상 개업공인중개사의 보수청구권에 대한 기술로서 옳지 않은 것은? ★★★

① 중개업무에 관하여 중개의뢰인으로부터 소정의 중개보수를 받는다.
② 개업공인중개사의 고의 또는 과실로 인하여 중개의뢰인 간의 거래행위가 무효·취소 또는 해제된 경우에도 중개보수를 받을 수 있다.
③ 주택의 중개보수 및 실비의 한도 등에 관한 사항은 국토교통부령이 정하는 범위 내에서 특별시·광역시 또는 도의 조례로 정한다.
④ 전용면적이 85㎡ 이하이고 입식부엌, 화장실, 욕실을 갖춘 오피스텔의 경우 매매, 교환은 1천분의 5범위 내에서 중개보수를 받는다.
⑤ 중개완성만 있으면 개업공인중개사 본인이 중개행위에 직접 종사하였는가와는 관계없이 중개계약을 이행한 것으로 되는 것이 원칙이다.

해설 ▶ 중개보수청구권
개업공인중개사는 중개업무에 관하여 중개의뢰인으로부터 소정의 중개보수를 받는다. 다만, 개업공인중개사의 고의 또는 과실로 인하여 중개의뢰인 간의 거래행위가 무효·취소 또는 해제된 경우에는 그러하지 아니하다(법 제32조 제1항).

정답 02. ④   03. ②

제1편 공인중개사법령

04 공인중개사법령상 중개보수에 대한 다음 설명 중 가장 타당한 것은? ★★

① 중개계약 체결 후 중개업무를 하였을 경우에는 중개가 완성되었다면 비록 보수에 관한 약정을 하지 않았더라도 중개의뢰인에게 그에 상당한 보수를 청구할 수 있다.
② 약정이 없는 경우 중개보수는 거래계약이 성립되어 거래대금지급이 완료되면 청구할 수 있으며, 중도에 거래계약이 무효·취소 또는 해제된 경우에도 영향을 받지 않는다.
③ 중개대상물의 권리관계 등의 확인에 소요되는 비용은 개업공인중개사가 영수증 등을 첨부하여 매수·임차 기타 권리를 취득하려고 하는 중개의뢰인에게 청구할 수 있다.
④ 개업공인중개사는 중개대상물의 소재지와 사무소의 소재지가 다른 경우에는 사무소 소재지를 관할하는 시·군·구의 조례로 정한 기준에 따라 중개보수 및 실비를 받아야 한다.
⑤ 개업공인중개사는 주택 및 주택 외의 중개대상물에 대하여 중개보수요율범위 안에서 실제 자기가 받고자 하는 중개보수 상한요율을 중개보수 한도액표에 명시하여야 한다.

해설 ▶ 중개보수

② 개업공인중개사는 중개업무에 관하여 중개의뢰인으로부터 소정의 중개보수를 받는다. 다만, 개업공인중개사의 고의 또는 과실로 인하여 중개의뢰인 간의 거래행위가 무효·취소 또는 해제된 경우에는 그러하지 아니하다(법 제32조 제1항).
③ 중개대상물의 권리관계 등의 확인에 소요되는 실비는 개업공인중개사가 영수증 등을 첨부하여 매도·임대 기타 권리를 이전하고자 하는 중개의뢰인에게 청구할 수 있다(법 제32조 제2항).
④ 개업공인중개사는 중개대상물의 소재지와 사무소의 소재지가 다른 경우에는 그 사무소의 소재지를 관할하는 시·도의 조례로 정한 기준에 따라 중개보수 및 실비를 받아야 한다(규칙 제20조 제3항).
⑤ 주택 외의 중개대상물에 대하여만 적용한다(규칙 제20조 제7항).

정답 04. ①

05. 중개보수에 관련된 설명 중 틀린 것은?

① 중개보수의 청구권은 특별한 약정이 없으면 중개계약이 체결되면 행사할 수 있다.
② 개업공인중개사가 중개보수 요율표를 중개사무소에 게시하지 않은 경우 100만원 이하의 과태료에 처한다.
③ 개업공인중개사의 중개보수는 중개계약에서 유상임을 명시하지 않더라도 중개보수청구권은 인정된다.
④ 거래계약이 거래당사자의 사정으로 합의 해제되거나 채무불이행 등의 이유로 파기된 경우에도 개업공인중개사에게는 여전히 중개보수청구권이 존재한다.
⑤ 주택의 소재지와 사무소의 소재지가 다른 경우에는 그 사무소의 소재지를 관할하는 시·도의 조례로 정한 기준에 따른다.

해설 ▶ 중개보수
중개보수의 청구권은 특별한 약정이 없으면 중개가 완성되어 거래대금 지급이 완료되면 행사할 수 있다.

06. 공인중개사법령상 중개보수에 관한 판례의 입장이 아닌 것은?

① 법령상 상한을 초과하는 부동산중개보수 약정은 그 한도를 넘는 범위 내에서 무효이다.
② 법령상 한도를 초과하는 중개보수를 유효한 당좌수표로 받았으나 부도처리되어 개업공인중개사가 그 수표를 반환한 경우에도 이는 위법하다.
③ 권리금은 법령상의 중개대상물이 아니므로 중개보수에 관한 규정이 적용되지 않는다.
④ 중개사무소를 개설등록하지 아니하고 부동산거래를 중개하면서 그에 대한 중개보수를 약속·요구하는데 그친 행위는 처벌할 수 없다.
⑤ 개업공인중개사가 중개보수 산정에 관한 지방자치단체의 조례를 잘못 해석하여 법령이 허용하는 금액을 초과한 중개보수를 받은 경우 처벌대상이 되지 않는다.

해설 ▶ 중개보수
⑤ 피고인이 이 사건 아파트 분양권의 매매를 중개할 당시 '일반주택'이 아닌 '일반주택을 제외한 중개대상물'을 중개하는 것이어서 교부 받은 중개보수가 법에서 허용되는 범위 내의 것으로 믿고 이 사건 위반행위에 이르게 되었다고 하더라도 그러한 사정만으로는 자신의 행위가 법령에 저촉되지 않는 것으로 오인함에 정당한 사유가 있는 경우에 해당한다거나 피고인에게 범의가 없었다고 볼 수는 없다(대판 2005.5.27. 2004도62).

정답   05. ①   06. ⑤

〈관련판례〉
㉠ 당좌수표는 그 자체가 재산적 가치를 지닌 유가증권이므로, 그 취득 당시 보충할 수 없는 수표요건이 흠결되어 있는 이른바 불완전수표와 같이 그 당좌수표 자체에 이를 무효로 하는 사유의 기재가 있는 등의 특별한 사정이 없는 한 그 당좌수표를 교부받는 단계에서 곧바로 위 죄의 기수가 되는 것이고, 비록 그 후 그 당좌수표가 부도처리 되었다거나 또는 중개의뢰인에게 그대로 반환되었더라도 위 죄의 성립에는 아무런 영향이 없다(대판 2004.11.12. 2004도4136).
㉡ 중개대상물의 거래당사자들로부터 중개보수를 현실적으로 받지 아니하고 단지 중개보수를 받을 것을 약속하거나 거래당사자들에게 중개보수를 요구하는 데 그친 경우에는 구 「부동산중개업법」 제2조 제2호 소정의 '중개업'에 해당한다고 할 수 없어 같은 법 제38조 제1항 제1호에 의한 처벌대상이 아니고, 또한 위와 같은 중개보수 약속·요구행위를 별도로 처벌하는 규정 또는 같은 법 제38조 제1항 제1호 위반죄의 미수범을 처벌하는 규정도 존재하지 않으므로, 죄형법정주의의 원칙상 중개사무소 개설등록을 하지 아니하고 부동산거래를 중개하면서 그에 대한 중개보수를 약속·요구하는 행위를 구 「부동산중개업법」 위반죄로 처벌할 수는 없다(대판 2006.9.22. 2006도4842).

07 다음은 개업공인중개사의 중개보수에 대한 설명이다. 공인중개사법령 등의 규정과 일치하는 것은?

① 계약금 등을 개업공인중개사 명의로 예치하지 않는 경우에도 예치비용에 대한 실비를 받을 수 있다.
② 개업공인중개사가 거래당사자 쌍방으로 받을 수 있는 중개보수의 합계액은 거래가액에 법정중개보수율을 곱한 금액을 넘을 수 없다.
③ 동일한 중개대상물에 대하여 동일 당사자 간에 매매를 포함한 둘 이상의 거래가 동일기회에 이루어지는 경우에는 두 거래 모두 중개보수를 받을 수 있다.
④ 중개보수의 청구시기는 중개계약서에 명시함으로써 약정할 수 있다.
⑤ 개업공인중개사가 임의대로 중개보수를 할인해주거나 받지 않는 것은 공인중개사법령 위반으로 처벌될 수 있다.

해설 중개보수
① 개업공인중개사 명의로 예치한 경우에만 실비를 받을 수 있다.
② 중개보수는 중개의뢰인 쌍방으로부터 각각 받는다(규칙 제20조 제1항).
③ 매매계약에 관한 거래금액만을 적용한다(규칙 제20조 제5항 제3호).
⑤ 공인중개사법령에서는 중개보수의 상한액을 정하고 있으므로, 중개보수를 할인해주거나 받지 않는 것은 공인중개사법령 위반이라고 볼 수 없다.

정답 07. ④

02 중개보수 산정

08 중개보수 및 실비에 관한 설명으로 옳은 것은? (다툼이 있으면 판례에 의함)

① 동일한 중개대상물에 대하여 동일 당사자 간에 매매를 포함한 둘 이상의 거래가 동일 기회에 이루어지는 경우에는 매매계약에 관한 거래금액만을 적용한다.
② 교환계약의 경우에는 교환대상 중개대상물 중 거래금액이 적은 중개대상물의 가액을 거래금액으로 한다.
③ 개업공인중개사의 고의 또는 과실로 인하여 중개의뢰인 간 거래행위가 해제된 경우에도 중개보수의 청구권은 인정된다.
④ 계약금 등의 반환채무이행 보장에 소요되는 실비의 경우에는 매도·임대 그 밖의 권리를 이전하고자 하는 중개의뢰인에게 받을 수 있다.
⑤ 일부 중도금만 납부된 분양권을 중개하는 경우 중개보수는 총분양가에 프리미엄을 포함한 금액으로 계산한다.

해설 ▶ 중개보수 및 실비의 한도 등

① 동일한 중개대상물에 대하여 동일 당사자 간에 매매를 포함한 둘 이상의 거래가 동일기회에 이루어지는 경우에는 매매계약에 관한 거래금액만을 적용한다(규칙 제20조 제5항 제3호).
② 교환계약의 경우에는 교환대상 중개대상물 중 거래금액이 큰 중개대상물의 가액을 거래금액으로 한다(규칙 제20조 제5항 제2호).
③ 개업공인중개사의 고의 또는 과실로 인하여 중개의뢰인 간 거래행위가 해제된 경우에는 중개보수의 청구권은 인정되지 않는다(법 제32조 제1항 단서).
④ 계약금 등의 반환채무이행 보장에 소요되는 실비의 경우에는 매수·임차 그 밖의 권리를 취득하고자 하는 중개의뢰인에게 받을 수 있다(규칙 제20조 제2항).
⑤ 아파트 분양권의 매매를 중개한 경우에 있어서 거래가액이라 함은 당사자가 거래 당시 수수하게 되는 총대금(즉, 통상적으로 계약금, 기 납부한 중도금, 프리미엄을 합한 금액일 것이다)을 거래가액이라고 보아야 할 것이므로(이렇게 해석하는 것이 일반적인 거래관행과 상식에도 부합한다), 이와 달리 장차 건물이 완성되었을 경우를 상정하여 총분양대금과 프리미엄을 합산한 금액으로 거래가액을 산정하여야 한다는 취지의 상고이유의 주장도 받아들일 수 없다(대판 2005.5.27, 2004도62).

정답 08. ①

09 부동산중개보수에 관한 다음 설명 중 틀린 것은? ★★★

① 개업공인중개사는 일반과세사업자에게 중개보수에 대한 10%의 부가가치세를 추가로 받을 수 없다.
② 개업공인중개사의 고의·과실로 이미 성립된 거래계약이 해제된 경우에는 중개보수를 받을 수 없다.
③ 거래가 성립된 후 개업공인중개사의 고의나 과실로 계약이 해제된 경우 이미 받은 중개보수는 반환해야 한다.
④ 개업공인중개사는 중개보수 이외에 별도의 실비를 받을 수 있다.
⑤ 개업공인중개사는 주택 외의 중개대상물에 대하여 0.9% 범위 안에서 실제 자기가 받고자 하는 중개보수의 상한요율을 중개보수·실비의 요율 및 한도액표에 명시하여야 한다.

해설 ▸ 중개보수
중개보수는 부가가치세가 포함되지 아니한 것으로서 부가치세 가산 여부는 「부가가치세법」에 따라 적용되어야 할 것이다(국토교통부 사이버민원 2001.3.5. 회신 제7083호).

10 공인중개사법령상 중개보수 및 실비에 관한 설명으로 틀린 것은? [20회 출제]

① 개업공인중개사가 소정의 중개보수를 초과하여 사례비 명목으로 금품을 받은 경우 이 법령의 위반행위이다.
② 실비의 한도는 중개대상물의 권리관계 등의 확인 또는 계약금 등의 반환채무 이행 보장에 드는 비용으로 한다.
③ 중개대상물 소재지와 중개사무소 소재지가 다른 경우 중개대상물 소재지를 관할하는 시·도의 조례에서 정한 기준에 따라 중개보수를 받아야 한다.
④ 중개대상물인 건축물 중 주택의 면적이 2분의 1인 경우는 주택의 중개에 대한 중개보수 규정을 적용한다.
⑤ 주택의 중개에 대한 보수는 중개의뢰인 쌍방으로부터 각각 받되, 그 일방으로부터 받을 수 있는 한도는 별표 1과 같으며, 그 금액은 시·도의 조례로 정하는 요율한도 이내에서 중개의뢰인과 개업공인중개사가 서로 협의하여 결정한다.

해설 ▸ 중개보수 및 실비
중개대상물 소재지와 중개사무소 소재지가 다른 경우 사무소 소재지를 관할하는 시·도의 조례에서 정한 기준에 따라 중개보수를 받아야 한다(규칙 제20조 제3항).

정답 09. ① 10. ③

11. 부동산 중개보수 등에 관한 설명 중 틀린 것은? ★★★

① 주택의 중개에 대한 중개보수는 국토교통부령이 정하는 범위 안에서 특별시·광역시 또는 도의 조례로 정한다.
② 주택 외의 중개대상물에 대한 중개보수는 중개의뢰인 쌍방으로부터 각각 받되, 그 쌍방으로부터 합산하여 받을 수 있는 중개보수의 한도는 거래금액의 1천분의 9 이내이다.
③ 건축물 중 주택의 면적이 2분의 1 이상인 경우에는 주택의 중개에 대한 중개보수의 요율을 적용한다.
④ 개업공인중개사는 권리관계 확인에 소요되는 실비를 권리를 이전하고자 하는 중개의뢰인에게 청구할 수 있다.
⑤ 교환계약의 경우 교환대상 중개대상물 중 거래금액이 큰 중개대상물의 가액을 중개보수 산정기준이 되는 거래금액으로 한다.

해설 ▶ 중개보수 산정
일방으로부터 받을 수 있는 중개보수의 한도는 거래금액의 1천분의 9 이내이다.

12. 공인중개사법령상 중개보수의 제한에 관한 설명으로 옳은 것을 모두 고른 것은? (다툼이 있으면 판례에 따름) [33회 출제]

㉠ 공인중개사법령상 중개보수 제한 규정들은 공매 대상 부동산 취득의 알선에 대해서는 적용되지 않는다.
㉡ 공인중개사법령에서 정한 한도를 초과하는 부동산 중개보수 약정은 한도를 초과하는 범위 내에서 무효이다.
㉢ 개업공인중개사는 중개대상물에 대한 거래계약이 완료되지 않을 경우에도 중개의뢰인과 중개행위에 상응하는 보수를 지급하기로 약정할 수 있고, 이 경우 공인중개사법령상 중개보수 제한 규정들이 적용된다.

① ㉠ ② ㉢ ③ ㉠, ㉡
④ ㉡, ㉢ ⑤ ㉠, ㉡, ㉢

해설 ▶ 중개보수
공인중개사가 중개대상물에 대한 계약이 완료되지 않을 경우에도 중개행위에 상응하는 보수를 지급하기로 약정할 수 있다. 부동산 중개 보수 제한에 관한 공인중개사법 제32조 제4항과 같은 법 시행규칙 제20조 제1항, 제4항의 규정들은 공매 대상 부동산 취득의 알선에 대해서도 적용된다고 봄이 타당하다(대법원 2021. 7. 29선고 2017다243723 판결).

정답 11. ② 12. ④

제1편 공인중개사법령

13. 공인중개사법령상 중개보수에 관련된 설명으로 틀린 것을 모두 고른 것은? `23회 출제`

> ㉠ 중개대상물인 주택의 소재지와 중개사무소의 소재지가 다른 경우 개업공인중개사는 중개사무소소재지를 관할하는 시·도의 조례에서 정한 기준에 따라 중개보수를 받아야 한다.
> ㉡ 교환계약의 경우 교환대상 중개대상물 중 거래금액이 큰 중개대상물의 가액을 거래금액으로 하여 중개보수를 산정한다.
> ㉢ 사례·증여 기타 어떤 명목으로든 법에서 정한 중개보수를 초과하여 금품을 받는 행위는 반드시 개설등록을 취소하여야 하는 사유에 해당한다.
> ㉣ 동일한 중개대상물에 대하여 동일한 당사자 간에 매매와 임대차가 동일 기회에 이루어지는 경우 매매계약과 임대차계약의 거래금액을 합산한 금액을 기준으로 중개보수를 산정한다.

① ㉠, ㉡ ② ㉠, ㉣ ③ ㉡, ㉢
④ ㉡, ㉣ ⑤ ㉢, ㉣

해설 ▶ 중개보수
㉢ 사례·증여 기타 어떤 명목으로든 법에서 정한 중개보수를 초과하여 금품을 받는 행위는 금지행위로서 개설등록을 취소할 수 있는 사유에 해당한다(법 제38조 제2항).
㉣ 동일한 중개대상물에 대하여 동일한 당사자 간에 매매와 임대차가 동일 기회에 이루어지는 경우에는 매매거래금액만을 기준으로 중개보수를 산정한다(규칙 제20조 제5항 제3호).

---

03 중개보수 계산

14. 甲은 개업공인중개사 丙에게 중개를 의뢰하여 乙소유의 전용면적 70㎡ 오피스텔을 보증금 2천만원, 월차임 25만원에 임대차계약을 체결하였다. 이 경우 丙이 甲으로부터 받을 수 있는 중개보수의 최고한도액은? (임차한 오피스텔은 건축법령상 업무시설로 상·하수도 시설이 갖추어진 전용입식 부엌, 전용수세식 화장실 및 목욕시설을 갖춤) ★★ `26회 출제`

① 150,000원 ② 180,000원 ③ 187,500원
④ 225,000원 ⑤ 337,500원

정답 13. ⑤ 14. ①

제3장 중개업

> **해설** ▸ **중개보수**
> 오피스텔이고 4가지 조건(85㎡ 이하, 입식부엌, 화장실, 욕실)이 갖추어져 있으므로 요율은 0.4%가 적용된다. 월차임에 100을 곱하여 보증금과 합산하면 5천만원 미만이 되므로 70을 곱한다.
> 2,000만원 + (25만원 × 70) = 2,000만원 + 1,750만원 = 3,750만원 × 0.4% = 150,000원
> 그러므로, 甲으로부터 받을 수 있는 보수이므로 일방의 보수 150,000원이다.

15

개업공인중개사가 전용면적이 85㎡ 이하인 오피스텔(상·하수도 시설이 갖추어진 전용입식 부엌, 전용수세식 화장실 및 목욕시설을 갖춘 경우임)을 보증금 2,600만원 월차임 20만원으로 거래계약을 중개하였다. 개업공인중개사가 임대인으로부터 받을 수 있는 중개보수의 총액은?

① 160,000원 ② 180,000원 ③ 186,000원
④ 320,000원 ⑤ 360,000원

> **해설** ▸ **중개보수**
> 전용면적이 85㎡ 이하인 오피스텔의 임대차등은 1천분의 4범위 안에서 결정한다.
> 거래금액 : (20만원 × 70) + 2,600만원 = 4천만원
> 보수계산 : 4천만원 × 0.4% = 160,000원

16

개업공인중개사 甲이 乙의 일반주택을 6천만원에 매매를 중개한 경우와 甲이 위 주택을 보증금 1천 5백만원, 월차임 30만원, 계약기간 2년으로 임대차를 중개한 경우를 비교했을 때, 甲이 乙에게 받을 수 있는 중개보수 최고한도액의 차이는? **27회 출제**

> 〈주택 중개보수 시도조례 상한요율〉
> 1. 매매 : 거래금액 5천만원 이상 2억원 미만은 0.5%(한도액 25만원)
> 2. 임대차 : 거래금액 5천만원 미만은 0.5%, 5천만원 이상 1억원 미만은 0.4%(한도액 80만원)

① 0원 ② 75,000원 ③ 120,000원
④ 180,000원 ⑤ 225,000원

> **해설** ▸ **중개보수 계산**
> 매매는 6천만원 × 0.5%=300,000원이 된다. 임대차의 경우 1천5백만원 + (30만원 × 100) = 4,500만원이므로 5천만원 미만이 된다. 그러므로 다시 계산하면 1천5백만원 + (30만원 × 70) = 3,600만원 × 0.5% = 180,000원이 된다.
> 중개보수 최고한도액의 차이는 300,000원 − 180,000원 = 120,000원

정답 15. ① 16. ③

17

Y시에 중개사무소를 둔 개업공인중개사 A의 중개로 매도인(甲)과 매수인(乙)간에 X주택을 2억원에 매매하는 계약을 체결하고 동시에 乙이 임차인(丙)에게 X주택을 보증금 3천만원, 월차임 20만원에 임대하는 계약을 체결하였다. A가 乙에게 받을 수 있는 중개보수의 최고액은? ★★★

21회 출제

〈Y시의 조례로 정한 기준〉

구 분	중개보수 요율상한 및 한도액		
	거래가액	요율상한(%)	한도액
매매·교환	5천만원 이상 ~ 2억원 미만	0.5	80만원
	2억원 이상 ~ 9억원 미만	0.4	-
임대차 등	5천만원 미만	0.5	20만원
	5천만원 이상 ~ 1억원 미만	0.4	30만원

① 80만원 ② 95만원 ③ 100만원
④ 102만원 ⑤ 125만원

해설 ▶ 중개보수 계산

개업공인중개사가 매매를 중개하고 매수자와 또 다른 임차인 사이에 임대차 중개를 하였으므로 매매중개보수와 임대차 중개보수를 모두 받을 수 있다.
매매중개보수는 2억 × 0.4% = 80만원
임대차 중개보수는 [3천만원+(20만원×100)=5,000만원] × 0.4% = 20만원
乙로부터 받을 수 있는 중개보수는 80만원 + 20만원 = 100만원

18

A는 분양금액 3억원인 아파트를 분양받아 계약금 3천만원, 1차 중도금 3천만원을 납부하였다. 그런데 이 아파트에 2천만원의 프리미엄이 붙어 A는 B에게 분양권을 전매하였다. 만약 개업공인중개사가 이 분양권매매를 중개하였다면 받을 수 있는 중개보수 총액은 얼마인가? (단, 거래가액 5천만원 이상 2억원 미만인 경우 요율 0.5%, 한도액 80만원이며, 거래가액 2억원 이상 6억원 미만인 경우 요율 0.4%, 한도액은 없는 것으로 간주함) ★★

① 1,000,000원 ② 1,600,000원 ③ 800,000원
④ 1,200,000원 ⑤ 400,000원

해설 ▶ 중개보수 계산

분양권의 중개보수는 실제 거래금액(기납부액과 프리미엄을 합한 금액)을 기준으로 주택의 중개보수율을 적용하여 계산한다(국토교통부 유권해석 참조).
 1) 거래가액 = 계약금 3천만원 + 중도금 3천만원 + 프리미엄 2천만원 = 8천만원
 2) 중개보수 = 8천만원 × 0.5% = 40만원
 3) 당사자 쌍방으로부터 받을 수 있는 중개보수 = 40만원 × 2인 = 80만원

정답 17. ③ 18. ③

19

개업공인중개사가 X시에 소재하는 주택의 면적이 3분의 1인 건축물에 대하여 매매와 임대차계약을 동시에 중개하였다. 개업공인중개사가 甲으로부터 받을 수 있는 중개보수의 최고한도액은? **25회 출제**

〈계약 조건〉
1. 계약당사자 : 甲(매도인, 임차인)과 乙(매수인, 임대인)
2. 매매계약 : 1) 매매대금 : 1억원 2) 매매계약에 대하여 합의된 중개보수 : 100만원
3. 임대차계약 : 1) 임대보증금 : 3천만원 2) 월차임 : 30만원 3) 임대기간 : 2년

〈X시 중개보수 조례 기준〉
1. 매매대금 5천만원 이상 2억원 미만 : 상한요율 0.5%(한도액 80만원)
2. 보증금액 5천만원 이상 1억원 미만 : 상한요율 0.4%(한도액 30만원)

① 50만원 ② 74만원 ③ 90만원
④ 100만원 ⑤ 124만원

해설 ▶ 중개보수
- 주택면적이 3분의 1이라면 주택 외의 중개대상물의 중개보수를 적용하여야 하며 매매와 임대차를 동일기회에 동일 당사자 간에 체결하였으므로 매매중개보수만 받는다. 주택요율이 적용되지 않는다는 점에 유의하여야 한다.
- 주택 외의 대상물이므로 최대 받을 수 있는 요율은 0.9%이며 1억원의 0.9%는 90만원이다. 즉 甲으로부터 90만원을 받을 수 있다.

20

주택임대차 중개에서 개업공인중개사 甲이 임차인 乙에게 받을 수 있는 중개보수의 최고한도액은?

〈계약조건〉
보증금 : 3,000만원, 월세 : 30만원
계약기간 : 2년 6개월(30개월)
〈시·도 조례〉
- 거래가액 5,000만원 미만 : 요율 0.5%(한도액 20만원)
- 거래가액 5,000만원 이상 1억원 미만 : 요율 0.4%(한도액 30만원)

① 120,000원 ② 195,000원 ③ 200,000원
④ 240,000원 ⑤ 300,000원

해설 ▶ 중개보수 계산
[3,000만원 + (30만원 × 100)] × 0.4% = 240,000원이 일방으로부터 받을 수 있는 금액이다.

정답 19. ③ 20. ④

21. [20회 출제]

개업공인중개사가 다음과 같이 주택의 임대차를 중개하였을 경우 임차인으로부터 받을 수 있는 중개보수의 최고한도액은?

> 1. 계약기간 : 2년
> 2. 임대보증금 : 1천 5백만원, 월차임 : 30만원
> 3. 주택임대차 중개보수의 한도(○○시 조례 기준)
>   - 거래금액 5천만원 미만 : 상한요율 0.5%(한도액 20만원)
>   - 거래금액 5천만원 이상 1억원 미만 : 상한요율 0.4%(한도액 30만원)

① 16만원 ② 18만원 ③ 20만원
④ 30만원 ⑤ 36만원

해설 ▶ 중개보수 계산
- 1,500만원 + (30만원 × 100)으로 계산하면 4,500만원이 되며 5천만원 미만이므로 다시 1,500만원 + (30만원 × 70)으로 계산하여야 한다.
- 3,600만원 × 0.5% = 180,000원이 계산되고 한도액이 20만원이며 한도액 범위 내이므로 거래당사자 일방으로부터 받을 수 있는 중개보수이다.
- 문제에서 임차인으로부터 받을 수 있는 중개보수 최고한도를 묻고 있으므로 정답은 180,000원이다.

22. [24회 출제]

개업공인중개사가 Y시 소재 X주택에 대하여 동일 당사자 사이의 매매와 임대차를 동일 기회에 중개하는 경우 일방 당사자로부터 받을 수 있는 중개보수의 최고한도액은?

> ㉠ 甲(매도인, 임차인), 乙(매수인, 임대인)
> ㉡ 매매대금 : 1억8천만원
> ㉢ 임대보증금 : 2천만원, 월차임 : 20만원
> ㉣ 임대기간 : 1년
> ㉤ Y시 주택매매 및 임대차 중개보수의 기준
>   ⓐ 매도금액 5천만원 이상 2억원 미만 : 상한요율 0.5%(한도액 80만원)
>   ⓑ 보증금액 5천만원 미만 : 상한요율 0.5%(한도액 20만원)

① 80만원 ② 90만원 ③ 97만원
④ 100만원 ⑤ 107만원

해설 ▶ 중개보수

동일한 중개대상물에 대하여 동일 당사자 간에 매매를 포함한 둘 이상의 거래가 동일 기회에 이루어지는 경우에는 매매계약에 관한 거래금액만을 적용한다(규칙 제20조 제5항 제3호). 그러므로 매매중개보수만 적용하면 된다. 이를 계산하면 일방으로부터 받을 수 있는 중개보수가 90만원으로 계산되나 한도액이 80만원이므로 개업공인중개사가 일방당사자로부터 받을 수 있는 중개보수는 80만원이다.

정답 21. ② 22. ①

04 실비청구권

23
다음은 중개보수 및 실비에 관한 설명이다. 타당한 것은?★★

① 개업공인중개사가 중개의뢰인에게 받을 수 있는 실비는 거래계약이 체결되면 청구권이 발생한다.
② 순가중개의뢰계약은 「공인중개사법」상 당연히 위법이 된다.
③ 중개보수는 거래행위가 무효·취소 또는 해제된 경우에는 받을 수 없다.
④ 중개보수를 받지 않기로 특약을 하였을 경우 개업공인중개사는 중개대상물에 대한 확인·설명을 생략할 수 있다.
⑤ 개업공인중개사는 중개의뢰인으로부터 중개대상물의 권리관계 등의 확인 또는 계약금 등의 반환채무이행보장에 소요되는 실비를 받을 수 있다.

해설 ▶ 중개보수 및 실비청구권
① 실비의 지불시기는 개업공인중개사와 중개의뢰인 간의 약정에 의하며 계약체결과 무관하게 청구할 수 있다.
② 공인중개사법령에서는 순가중개의뢰계약을 금지하고 있지 않으며, 법 제33조 제3호에서는 중개보수를 규정보다 초과해서 받지 못하도록 규정하고 있을 뿐이다.
③ 개업공인중개사의 고의 또는 과실이 아닌 사유로 중개의뢰인 간의 거래행위가 무효·취소 또는 해제된 경우에는 중개보수를 받을 수 있다.
④ 개업공인중개사는 중개대상물의 확인·설명의무가 있으므로 중개행위를 할 때는 반드시 중개대상물에 대한 확인·설명을 해야 한다.

24
다음 중 공인중개사법령상 개업공인중개사의 실비청구권에 대한 기술로서 옳지 <u>않</u>은 것은?

① 중개보수를 받을 수 없는 경우에도 실비는 받을 수 있다.
② 권리관계확인에 소요된 비용은 영수증을 첨부하여 권리이전 중개의뢰인에게 개업공인중개사가 청구할 수 있다.
③ 계약금 등의 반환채무이행보장에 소요되는 비용은 영수증을 첨부하여 권리취득 중개의뢰인에게 개업공인중개사가 청구할 수 있다.
④ 실비의 한도 등에 관하여 필요한 사항은 국토교통부령으로 정한다.
⑤ 법정실비를 초과하여 받는 경우는 법정중개보수를 초과하여 받는 경우와 동일한 행정형벌을 받는다.

해설 ▶ 실비청구권
① 실비는 중개완성이 되지 않더라도 받을 수 있는 비용이다.
②, ③ 권리관계 등의 확인에 소요되는 비용은 권리이전의뢰인에게 받을 수 있으며 계약금 등의 예치비용은 권리취득의뢰인에게 받을 수 있다.
④ 실비의 한도 등에 관하여 필요한 사항은 시·도 조례로 정한다(법 제32조 제3항).

정답 23. ⑤ 24. ④

CHAPTER 04 지도·감독

학습포인트

- 감독상의 명령 등(제37조의2) 관련 문제는 감독권한자에 대한 내용을 숙지한다.
- 등록의 취소(제38조)는 기속등록취소와 재량등록취소별 등록취소의 성격을 이해해야 하며, 등록취소요건은 해당 규정의 해석과 함께 출제될 가능성이 높다. 이는 업무정지처분(제39조)도 유사하다.
- 행정제재처분효과의 승계 등(제40조)은 정확한 법률의 의미를 판단하고 활용할 수 있어야 한다.
- 포상금(제46조)은 지급대상 위법행위에 대해 숙지해야 할 것이다.

CHAPTER 학습 & 출제되는 키워드

- ☑ 지도·감독
- ☑ 의무위반에 대한 벌칙
- ☑ 지정취소
- ☑ 자격취소의 효력
- ☑ 업무위탁
- ☑ 고유식별정보의 처리
- ☑ 상대등록취소
- ☑ 업무의 정지처분
- ☑ 감독상의 명령 등의 내용·요건
- ☑ 행정처분
- ☑ 지정취소에 대한 청문
- ☑ 자격취소의 절차와 청문
- ☑ 포상금
- ☑ 자격정지
- ☑ 행정처분과 과태료처분
- ☑ 업무정지처분의 시효
- ☑ 중개사무소출입·검사
- ☑ 기속행위와 재량행위
- ☑ 자격취소
- ☑ 자격증 반납
- ☑ 행정수수료
- ☑ 절대등록취소
- ☑ 등록취소 관련 행정절차
- ☑ 행정제재처분효과의 승계

CHAPTER 학습 & 출제되는 질문

- ☑ 지도감독에 대한 설명으로 옳지 않은 것은?
- ☑ 자격취소사유가 아닌 것은?
- ☑ 등록취소 사유가 아닌 것은?
- ☑ 행정처분 승계에 대한 설명으로 옳지 않은 것은?
- ☑ 포상금 제도에 대한 설명으로 옳지 않은 것은?

제4장 지도·감독

제1절 감독상의 명령

01 다음은 개업공인중개사등에 대한 감독권의 설명이다. 타당한 것은? ★★★

① 개업공인중개사에 대한 지도·감독관청은 국토교통부장관, 시·도지사, 등록관청(분사무소 소재지 시·군·구 포함)이다.
② 분사무소 소재지 등록관청은 법인의 분사무소에 대한 감독권이 없다.
③ 등록관청은 행정처분을 하기 전에 반드시 중개사무소에 출입하여 조사하여야 한다.
④ 중개사무소 개설등록을 하지 않고 중개업을 하는 자에 대한 지도·감독권을 행사할 수 없다.
⑤ 중개사무소 출입공무원은 그 권한을 나타내는 증표를 당해 개업공인중개사에게 내보이고 관계서류를 교부하여야 한다.

해설 ▶ 지도·감독
② 감독관청은 국토교통부장관, 시·도지사 및 등록관청(분사무소 소재지의 시장·군수 또는 구청장을 포함함)이므로, 분사무소 소재지의 시장·군수 또는 구청장도 개업공인중개사에 대한 감독관청에 포함된다(법 제37조 제1항).
③ "중개사무소에 출입하여 장부·서류 등을 조사 또는 검사하게 하거나 질문하게 할 수 있다"라고 규정하고 있으므로 반드시 중개사무소에 출입하여 조사해야 하는 것은 아니다.
④ 중개사무소 개설등록하지 않고 중개업을 하는 자에 대한 사무소출입이 가능하다.
⑤ 출입·검사 등을 하는 공무원은 그 권한을 나타내는 증표를 지니고 이를 관계인에게 내보이는 것으로 충분하다(법 제37조 제2항).

02 개업공인중개사등에 대한 행정처분에 관한 설명 중 옳은 것은?

① 행정처분에는 업무정지, 등록취소, 지정취소, 자격취소, 과태료가 있다.
② 공인중개사 자격이 취소되어도 반드시 등록이 취소되는 것은 아니다.
③ 중개사무소 등록이 취소되면 공인중개사 자격이 취소된다.
④ 국토교통부장관, 시·도지사, 등록관청은 불법중개행위 등에 대한 단속을 함에 있어 공인중개사협회 및 관계기관에 협조를 요청할 수 있다.
⑤ 행정처분의 효력은 항상 개업공인중개사에게만 미치므로 소속 공인중개사는 독립하여 공인중개사인 개업공인중개사가 될 수 있다.

정답 01. ① 02. ④

해설 ▶ 행정처분
① 행정처분은 행정관청이 처분하는 것으로 등록 취소, 업무정지 등이 있으며 과태료는 행정질서벌에 해당한다.
② 자격이 취소되면 결격사유에 의하여 등록은 반드시 취소된다.
③ 등록취소가 되더라도 자격이 취소되는 것은 아니다.
⑤ 소속 공인중개사가 이 법을 위반하면 "자격정지"라는 처분을 받을 수 있다.

03 개업공인중개사에 행한 지도·감독에 대한 설명 중 옳은 것은 모두 몇 개인가? ★★★

㉠ 경기도지사로부터 공인중개사 자격증을 발급받고 서울특별시에 주소를 둔 자가 부정한 방법으로 공인중개사의 자격을 취득하였음을 이유로 하여 경기도지사가 그 자격을 취소하였다.
㉡ 서울특별시 강남구에 주소를 둔 개업공인중개사가 성실·정확하게 중개대상물의 확인·설명을 하지 아니하여 강남구청장이 그 자격을 정지하였다.
㉢ 서울특별시 노원구에 사무소를 둔 개업공인중개사가 거짓으로 중개사무소 개설등록한 것을 이유로 하여 노원구청장이 6월의 업무정지처분을 하였다.
㉣ 전라북도 군산시에 사무소를 둔 개업공인중개사가 다른 사람에게 자기의 성명을 사용하여 중개업무를 하게 하여 군산시장이 그 개설등록을 취소하였다.
㉤ 강원도 원주시에 사무소를 둔 개업공인중개사가 중개사무소등록증 등을 게시하지 아니하여 강원도지사가 500만원의 과태료부과처분을 하였다.

① 1개   ② 2개   ③ 3개   ④ 4개   ⑤ 5개

해설 ▶ 지도·감독
㉡ 개업공인중개사가 성실·정확하게 중개대상물의 확인·설명을 하지 아니한 경우 500만원 이하의 과태료에 처한다.
㉢ 개업공인중개사가 거짓 그 밖의 부정한 방법으로 중개사무소 개설등록한 경우 등록을 취소하여야 한다.
㉤ 개업공인중개사가 등록증 등을 게시하지 않은 경우 등록관청은 100만원 이하의 과태료에 처한다.

정답 03. ②

04

공인중개사법령상 지도·감독 등에 관한 설명 중 옳은 것은?

① 공인중개사가 「공인중개사법」을 위반하여 징역형의 선고를 받은 경우 그 자격이 취소되고, 취소된 후 3년이 경과되지 아니 한 자는 공인중개사가 될 수 없다.
② 「공인중개사법」을 위반하여 벌금형의 선고를 받아 중개사무소의 개설등록이 취소된 자는 등록취소를 받은 날부터 3년이 경과되지 아니하면 등록의 결격사유에 해당한다.
③ 개업공인중개사가 중개사무소 개설등록 결격사유에 해당하여 등록이 취소된 경우에는 3년 동안 중개업에 종사할 수 없다.
④ 등록관청이 등록취소처분을 하는 경우 그에 해당하는 사유가 발생한 날부터 3년이 경과한 때에는 등록취소처분을 할 수 없다.
⑤ 폐업신고 전의 개업공인중개사에 대하여 위반행위를 사유로 행한 행정처분의 효과는 폐업일부터 1년간 재등록 개업공인중개사에게 승계된다.

해설 ▶ 지도·감독

② 「공인중개사법」을 위반하여 벌금형의 선고를 받아 중개사무소의 개설등록이 취소된 자는 벌금형을 선고받은 날부터 3년이 경과되지 아니하면 등록의 결격사유에 해당한다. 등록취소 3년은 적용되지 않는다.
③ 개업공인중개사가 중개사무소 개설등록 결격사유에 해당하여 등록이 취소된 경우에는 결격사유 기간만을 적용하며 등록취소 3년은 적용하지 않는다.
④ 등록취소 사유는 소멸시효가 적용되지 않는다.
⑤ 폐업신고 전의 개업공인중개사에 대하여 위반행위를 사유로 행한 업무정지, 과태료 처분의 효과는 처분일부터 1년간 재등록 개업공인중개사에게 승계된다.

정답 04. ①

제2절 행정처분

01 공인중개사 행정처분

01 공인중개사법령상 공인중개사 자격취소에 관한 설명으로 옳은 것은? `24회 출제`

① 공인중개사가 폭행죄로 징역형을 선고받은 경우에는 자격취소 사유가 된다.
② 자격이 취소된 자는 그 자격증을 폐기하고, 그 사실을 시·도지사에게 고지해야 한다.
③ 자격취소처분을 받은 자는 그 취소처분을 안 날로부터 14일 이내에 그 자격증을 반납해야 한다.
④ 취소처분을 받은 자가 자격증을 분실한 경우에는 그 사유를 구두로 설명하는 것으로 자격증 반납에 갈음할 수 있다.
⑤ 공인중개사가 자격정지처분을 받고 그 기간 중에 다른 개업공인중개사의 소속공인중개사가 된 경우 자격취소 사유가 된다.

해설 ▶ 공인중개사 자격취소
① 공인중개사가 폭행죄로 징역형을 선고받은 경우에는 이 법에 위반한 징역형이 아니므로 자격취소 사유가 아니다.
② 자격이 취소된 자는 7일 이내에 자격증을 반납하여야 한다.
③ 자격취소처분을 받은 자는 그 취소처분을 받은 날로부터 7일 이내에 그 자격증을 반납해야 한다.
④ 취소처분을 받은 자가 자격증을 분실한 경우에는 그 사유서를 제출하여야 한다.

02 다음 중 공인중개사법령상 공인중개사 자격취소에 대한 기술로서 옳지 <u>않은</u> 것은? ★★

① 공인중개사인 개업공인중개사의 사무소를 관할하는 시·도지사가 자격취소 사유를 발견한 경우 처분절차를 모두 이행한 후 자격증을 교부한 시·도지사에게 통보하여야 한다.
② 해당 공인중개사의 자격증서를 교부한 시·도지사는 자격취소의 처분을 행한다.
③ 자격취소처분을 받은 날로부터 30일 이내에 자격증을 교부한 시·도지사에게 자격증을 반납해야 한다.
④ 자격이 취소된 자는 그 취소된 날로부터 3년 이내에는 자격을 다시 취득할 수 없다.
⑤ 공인중개사 자격을 취소하고자 하는 경우 「행정절차법」에 의한 청문을 실시하여야 한다.

정답   01. ⑤   02. ③

제4장 지도·감독

해설 ▸ **자격취소**
공인중개사자격이 취소된 자는 자격취소처분을 받은 날부터 7일 이내에 자격취소를 한 시·도지사에게 자격증을 반납하여야 한다(규칙 제21조).

03 공인중개사법령상 공인중개사의 자격취소에 관한 설명으로 틀린 것은? 6회 출제
① 자격취소처분은 중개사무소의 소재지를 관할하는 시·도지사가 한다.
② 시·도지사는 자격증 대여를 이유로 자격을 취소하고자 하는 경우 청문을 실시해야 한다.
③ 시·도지사는 자격취소처분을 한 때에는 5일 이내에 이를 국토교통부장관에게 보고하고 다른 시·도지사에게 통지해야 한다.
④ 자격취소처분을 받아 자격증을 반납하고자 하는 자는 그 처분을 받은 날부터 7일 이내에 반납해야 한다.
⑤ 자격이 취소된 자는 자격증을 교부한 시·도지사에게 그 자격증을 반납해야 한다.

해설 ▸ **자격취소**
자격취소처분은 자격증을 교부한 시·도지사가 한다(영 제29조 제1항).

04 공인중개사법령상 공인중개사의 자격취소에 관한 설명으로 옳은 것은? 21회 출제
① 시·도지사는 공인중개사 자격증을 대여한 자의 자격을 취소할 수 있다.
② 공인중개사자격이 취소된 자는 취소된 후 5년이 경과하지 않으면 공인중개사가 될 수 없다.
③ 공인중개사가 자격정지처분을 받은 기간 중에 다른 법인인 개업공인중개사의 사원이 되는 경우 자격취소사유에 해당한다.
④ 공인중개사자격증 교부 시·도지사와 중개사무소 소재지 관할 시·도지사가 다른 경우 자격증 반납은 소재지 관할 시·도지사에게 반납하여야 한다.
⑤ 공인중개사자격이 취소된 자는 그 취소처분을 받은 날부터 10일 이내에 자격증을 반납해야 한다.

해설 ▸ **공인중개사의 자격취소**
① 시·도지사는 공인중개사 자격증을 대여한 자의 자격을 취소하여야 한다(법 제35조 제1항).
② 공인중개사자격이 취소된 자는 취소된 후 3년이 경과하지 않으면 공인중개사가 될 수 없다(법 제6조).
④ 공인중개사자격증 교부 시·도지사와 중개사무소 소재지 관할 시·도지사가 다른 경우 자격증반납은 교부한 시·도지사에게 반납한다(법 제35조 제3항).
⑤ 공인중개사자격이 취소된 자는 그 취소처분을 받은 날부터 7일 이내에 자격증을 반납해야 한다(규칙 제21조).

정답   03. ①   04. ③

05

공인중개사법령상 공인중개사 자격정지의 절차에 관한 설명으로 옳은 것은? **22회 출제**

① 등록관청은 공인중개사가 자격정지처분 사유에 해당하는 사실을 알게 된 때에는 지체없이 그 사실을 시·도지사에게 통보해야 한다.
② 시·도지사는 공인중개사의 자격을 정지하고자 하는 경우에는 청문을 실시해야 한다.
③ 공인중개사자격증을 교부한 시·도지사와 공인중개사사무소의 소재지를 관할하는 시·도지사가 서로 다른 경우에는 공인중개사 사무소의 소재지를 관할하는 시·도지사가 자격정지처분을 한다.
④ 시·도지사는 공인중개사의 자격정지처분을 한 때에는 5일 이내에 이를 국토교통부장관에게 통보해야 한다.
⑤ 공인중개사의 자격이 정지된 자는 자격정지처분을 받은 날부터 7일 이내에 자격증을 교부한 시·도지사에게 그 자격증을 반납해야 한다.

해설 ▶ 자격정지
② 자격정지는 청문대상이 아니다.
③ 공인중개사자격증을 교부한 시·도지사와 공인중개사사무소의 소재지를 관할하는 시·도지사가 서로 다른 경우에는 공인중개사 사무소의 소재지를 관할하는 시·도지사가 자격정지처분 절차를 모두 이행한 후 교부한 시·도지사에게 통보하여야 한다(영 제29조 제2항).
④ 자격정지는 국토교통부장관에게 통보하는 규정이 없다.
⑤ 자격정지는 자격증 반납규정이 없다.

06

다음 중 소속공인중개사의 자격정지처분 사유에 해당되지 않는 것은?

① 2 이상의 중개사무소에 소속된 경우
② 인장등록을 하지 아니하거나 등록하지 아니한 인장을 사용한 경우
③ 성실·정확하게 중개대상물의 확인·설명을 하지 아니하거나 설명의 근거자료를 제시하지 아니한 경우
④ 거래계약체결시 업무보증에 대해 설명하지 않고 사본을 교부하지 않은 경우
⑤ 거래계약서에 거래금액 등 거래내용을 거짓으로 기재하거나 서로 다른 2 이상의 거래계약서를 작성한 경우

정답   05. ①   06. ④

제4장 지도·감독

> **해설** ▶ **자격정지 사유**(법 제36조 제1항)
> ④ 개업공인중개사의 의무위반으로 100만원 이하 과태료에 해당한다.
> ■ 시·도지사는 공인중개사가 소속공인중개사로서 업무를 수행하는 기간 중에 다음의 어느 하나에 해당하는 경우에는 6월의 범위 안에서 기간을 정하여 그 자격을 정지할 수 있다.
> 1) 2이상의 중개사무소에 소속된 경우
> 2) 인장등록을 하지 아니하거나 등록하지 아니한 인장을 사용한 경우
> 3) 성실·정확하게 중개대상물의 확인·설명을 하지 아니하거나 설명의 근거자료를 제시하지 아니한 경우
> 4) 중개대상물 확인·설명서에 서명 및 날인을 하지 아니한 경우
> 5) 거래계약서에 서명 및 날인을 하지 아니한 경우
> 6) 거래계약서에 거래금액 등 거래내용을 거짓으로 기재하거나 서로 다른 2 이상의 거래계약서를 작성한 경우
> 7) 개업공인중개사 등의 금지행위를 한 경우

07 다음 중 소속공인중개사의 자격정지기준이 틀린 것은? ★★

① 성실·정확하게 중개대상물의 확인·설명을 하지 아니하거나 설명의 근거자료를 제시하지 아니한 경우 : 3월
② 중개대상물 확인·설명서에 서명 및 날인을 하지 아니한 경우 : 3월
③ 거래계약서에 서명 및 날인을 하지 아니한 경우 : 3월
④ 거래계약서에 거래금액 등 거래내용을 거짓으로 기재하거나 서로 다른 2 이상의 거래계약서를 작성한 경우 : 3월
⑤ 인장등록을 하지 아니하거나 등록하지 아니한 인장을 사용한 경우 : 3월

> **해설** ▶ **자격정지기간 기준**(규칙 [별표 1])
>
> | 위 반 행 위 | 자격정지기준 |
> | --- | --- |
> | 1) 법 제12조 제2항의 규정을 위반하여 2 이상의 중개사무소에 소속된 경우 | 자격정지 6월 |
> | 2) 법 제16조의 규정을 위반하여 인장등록을 하지 아니하거나 등록하지 아니한 인장을 사용한 경우 | 자격정지 3월 |
> | 3) 법 제25조 제1항의 규정을 위반하여 성실·정확하게 중개대상물의 확인·설명을 하지 아니하거나 설명의 근거자료를 제시하지 아니한 경우 | 자격정지 3월 |
> | 4) 법 제25조 제4항의 규정을 위반하여 중개대상물 확인·설명서에 서명 및 날인을 하지 아니한 경우 | 자격정지 3월 |
> | 5) 법 제26조 제2항의 규정을 위반하여 거래계약서에 서명·날인을 하지 아니한 경우 | 자격정지 3월 |
> | 6) 법 제26조 제3항의 규정을 위반하여 거래계약서에 거래금액 등 거래내용을 거짓으로 기재하거나 서로 다른 2 이상의 거래계약서를 작성한 경우 | 자격정지 6월 |
> | 7) 법 제33조 제1항 각호에 규정된 금지행위를 한 경우 | 자격정지 6월 |

정답 07. ④

제1편 공인중개사법령

08 공인중개사법령상 공인중개사의 자격취소와 자격정지에 관한 설명으로 틀린 것은? [25회 출제]

① 자격취소처분은 공인중개사를 대상으로, 자격정지처분은 소속공인중개사를 대상으로 한다.
② 자격취소 또는 자격정지처분을 할 수 있는 자는 자격증을 교부한 시·도지사이다.
③ 자격정지처분을 받고 그 자격정지기간 중에 중개업무를 행한 경우는 자격취소사유에 해당한다.
④ 공인중개사에 대하여 자격취소와 자격정지를 명할 수 있는 자는 자격취소 또는 자격정지처분을 한 때에 5일 이내에 국토교통부장관에게 보고해야 한다.
⑤ 자격정지사유에는 행정형벌이 병과될 수 있는 경우도 있다.

해설 ▶ 자격취소 및 자격정지
공인중개사에 대하여 자격취소를 명할 수 있는 자는 자격취소 처분을 한 때에 5일 이내에 국토교통부장관과 다른 시도지사에게 통보하여야 한다(영 제29조 제3항).

09 공인중개사법령상 소속공인중개사의 자격정지사유에 해당하는 것을 모두 고른 것은?

㉠ 공인중개사자격증을 대여한 경우
㉡ 부정한 방법으로 공인중개사의 자격을 취득한 경우
㉢ 2 이상의 중개사무소의 소속공인중개사가 된 경우
㉣ 거래당사자 쌍방을 대리하는 행위를 한 경우

① ㉠, ㉡   ② ㉠, ㉢   ③ ㉢, ㉣   ④ ㉠, ㉡, ㉣   ⑤ ㉡, ㉢, ㉣

해설 ▶ 자격정지사유
㉠ 공인중개사자격증을 대여한 경우와 ㉡ 부정한 방법으로 공인중개사의 자격을 취득한 경우는 자격의 취소사유이다.

■ **소속공인중개사의 자격정지사유**(법 제36조 제1항)
1) 제12조 제2항의 규정을 위반하여 2 이상의 중개사무소에 소속된 경우
2) 제16조의 규정을 위반하여 인장등록을 하지 아니하거나 등록하지 아니한 인장을 사용한 경우
3) 제25조 제1항의 규정을 위반하여 성실·정확하게 중개대상물의 확인·설명을 하지 아니하거나 설명의 근거자료를 제시하지 아니한 경우
4) 제25조 제4항의 규정을 위반하여 중개대상물 확인·설명서에 서명 및 날인을 하지 아니한 경우
5) 제26조 제2항의 규정을 위반하여 거래계약서에 서명 및 날인을 하지 아니한 경우
6) 제26조 제3항의 규정을 위반하여 거래계약서에 거래금액 등 거래내용을 거짓으로 기재하거나 서로 다른 2 이상의 거래계약서를 작성한 경우
7) 제33조 제1항 각호에 규정된 금지행위를 한 경우

정답 08. ④   09. ③

02 개업공인중개사 행정처분

10 공인중개사법령상 중개사무소의 개설등록을 반드시 취소해야 하는 경우가 아닌 것은? `22회 출제`

① 개업공인중개사가 이 법에 의한 손해배상책임을 보장하기 위한 조치를 이행하지 아니하고 업무를 개시한 경우
② 개업공인중개사인 법인이 해산한 경우
③ 개업공인중개사가 다른 사람에게 자기의 상호를 사용하여 중개업무를 하게 한 경우
④ 개업공인중개사가 다른 개업공인중개사인 법인의 임원이 된 경우
⑤ 개업공인중개사가 최근 1년 이내에 이 법에 의하여 2회 이상 업무정지처분을 받고 다시 업무정지처분에 해당하는 행위를 한 경우

해설 ▶ **절대등록취소**
개업공인중개사가 이 법에 의한 손해배상책임을 보장하기 위한 조치를 이행하지 아니하고 업무를 개시한 경우 등록을 취소할 수 있다(법 제38조 제2항 제8호).

11 공인중개사법령상 개업공인중개사 중개사무소의 개설등록을 취소하여야 하는 경우를 모두 고른 것은? `27회 출제`

㉠ 최근 1년 이내에 「공인중개사법」에 의하여 2회 업무정지처분을 받고 다시 업무정지처분에 해당하는 행위를 한 경우
㉡ 최근 1년 이내에 「공인중개사법」에 의하여 1회 업무정지처분, 2회 과태료처분을 받고 다시 업무정지처분에 해당하는 행위를 한 경우
㉢ 최근 1년 이내에 「공인중개사법」에 의하여 2회 업무정지처분, 1회 과태료처분을 받고 다시 업무정지처분에 해당하는 행위를 한 경우
㉣ 최근 1년 이내에 「공인중개사법」에 의하여 3회 과태료처분을 받고 다시 업무정지처분에 해당하는 행위를 한 경우

① ㉠   ② ㉠, ㉢   ③ ㉡, ㉣   ④ ㉢, ㉣   ⑤ ㉠, ㉡, ㉢

해설 ▶ **등록취소**(법 제38조)
㉡ 최근 1년 이내에 공인중개사법에 의하여 1회 업무정지처분, 2회 과태료 처분을 받고 다시 업무정지처분에 해당하는 행위를 한 경우 : 상대등록취소
㉣ 최근 1년 이내에 공인중개사법에 의하여 3회 과태료 처분을 받고 다시 업무정지처분에 해당하는 행위를 한 경우 : 상대등록취소

정답 10. ① 11. ②

제1편 공인중개사법령

12 공인중개사법령 및 공인중개사제도에 관한 설명으로 틀린 것은?

① 부동산중개사무소 개설등록신청서 서식에서 개업공인중개사 종별로는 법인과 공인중개사만이 있다.
② 무등록업자의 중개행위로 인한 부동산매매계약이 당연히 무효인 것은 아니다.
③ 자격정지처분을 받은 날부터 6월이 경과한 공인중개사는 법인인 개업공인중개사의 임원이 될 수 있다.
④ 법 제39조(업무의 정지) 제1항에 따른 등록관청의 업무정지처분은 해당하는 사유가 발생한 날부터 3년이 경과한 때에는 이를 할 수 없다.
⑤ 자격취소처분을 받은 공인중개사인 개업공인중개사는 그 사무소의 소재지를 관할하는 시·도지사에게 자격증을 반납해야 한다.

해설 공인중개사제도

③ (○) 자격정지기간은 6월을 초과할 수 없으므로(법 제36조 제1항, 규칙 제22조 제2항) 자격정지처분을 받은 날부터 6월을 경과한 공인중개사는 법인인 개업공인중개사의 임원이 될 수 있다.
⑤ (×) 공인중개사 자격을 취소당한 자는 공인중개사자격증을 자격취소처분을 받은 날부터 7일 이내에 자격증을 교부한 시·도지사에게 반납하여야 한다(법 제35조 제3항, 규칙 제21조).

13 공인중개사법령상 개업공인중개사인 甲에 대한 처분으로 옳음(○), 틀림(×)의 표기가 옳은 것은? (주어진 사례의 조건만 고려함) [26회 출제]

> ㉠ 甲이 중개사무소등록증을 대여한 날부터 2개월 후 폐업을 하였고, 2년의 폐업기간 경과 후 다시 개설등록을 하고 업무개시를 한 경우 위 대여행위를 이유로 업무정지처분을 할 수 있다.
> ㉡ 甲이 미성년자를 중개보조원으로 고용한 날부터 45일 만에 고용관계를 해소한 경우 이를 이유로 업무정지처분을 할 수 있다.
> ㉢ 甲이 업무정지사유에 해당하는 거짓 보고를 한 날부터 1개월 후 폐업을 하였고 4년의 폐업기간 경과 후 다시 개설등록을 한 경우 위 거짓보고를 한 행위를 이유로 업무정지처분을 할 수 있다.

	㉠	㉡	㉢		㉠	㉡	㉢
①	○	○	○	②	○	○	×
③	○	×	×	④	×	○	×
⑤	×	×	×				

정답 12. ⑤ 13. ⑤

제4장 지도·감독

해설 ▶ 행정처분
㉠ 甲이 중개사무소등록증을 대여한 날부터 2개월 후 폐업을 하였고, 2년의 폐업기간 경과 후 다시 개설등록을 하고 업무개시를 한 경우 위 대여행위를 이유로 등록취소를 하여야 한다.
㉡ 甲이 미성년자를 중개보조원으로 고용한 날부터 45일 만에 고용관계를 해소한 경우에는 2개월 내에 해소하였으므로 업무정지사유가 아니다.
㉢ 甲이 업무정지사유에 해당하는 거짓보고를 한 날부터 1개월 후 폐업을 하였고 4년의 폐업기간 경과 후 다시 개설등록을 한 경우 폐업기간이 1년을 초과하였으므로 위 거짓보고를 한 행위를 이유로 업무정지처분을 할 수 없다.

14
공인중개사법령에 개업공인중개사가 다음에 해당하는 경우에는 업무정지를 명할 수 있는 사항으로 규정하고 있지 <u>않은</u> 것은?★★

① 공인중개사협회에 가입하지 않은 경우
② 부칙에 의해 개설등록한 것으로 보는 자가 업무지역범위의 제한을 위반하여 중개대상물에 대한 알선·중개행위를 한 경우
③ 중개대상물의 정보를 거짓으로 공개하거나 거래완성사실을 통보하지 아니한 경우
④ 중개행위에 사용할 인장을 등록하지 아니한 경우
⑤ 정당한 사유없이 관계공무원의 검사 또는 질문에 불응한 경우

해설 ▶ 업무정지사유
현행 공인중개사법령에서는 공인중개사협회에 가입하지 않은 경우에 대한 처벌규정을 두지 않고 있다.

15
다음에 열거된 개업공인중개사의 행위 중 업무의 정지를 명할 사유에 포함되지 <u>않는</u> 것은?★★

① 중개의뢰인의 일반중개계약서 작성요구에 불응한 경우
② 거래계약서 등을 5년간 보관하고 있지 않은 경우
③ 계약금 등을 자기의 예금계좌와 구분하여 보관하지 않은 경우
④ 법인인 개업공인중개사가 법 제14조에 규정된 업무 이외의 업무를 한 경우
⑤ 휴업신고 또는 기간변경신고를 하지 아니하고 계속하여 6월을 초과하여 휴업한 경우

해설 ▶ 업무정지사유
등록관청은 개업공인중개사가 이 법 또는 이 법에 의한 명령에 위반한 경우에는 6월의 범위 안에서 기간을 정하여 업무의 정지를 명할 수 있으나(법 제39조 제1항 제13호), 현행 공인중개사법령에서는 중개의뢰인의 중개계약서작성 요구에 개업공인중개사가 반드시 응해야 한다고 규정하고 있지 않으므로, ①은 업무정지처분의 사유에 해당하지 않는다.

정답 14. ① 15. ①

16

공인중개사법령은 일정한 처분을 하기에 앞서 청문을 하도록 규제하고 있다. 이에 해당하지 <u>않는</u> 것은?

① 이중등록을 한 개업공인중개사의 등록취소처분
② 자격정지기간 중에 업무를 한 소속공인중개사의 자격취소처분
③ 이중으로 중개사무소 개설등록을 한 개업공인중개사의 등록취소처분
④ 법인의 해산으로 인한 등록취소처분
⑤ 1년 이내에 정보망을 운영하지 아니한 거래정보사업자의 지정취소처분

해설 ▶ 청문대상
개인개업공인중개사 사망 또는 법인의 해산으로 인한 등록취소는 청문을 실시하지 않는다 (법 제38조 제3항).

17

공인중개사법령상 자격정지처분과 업무정지처분에 관한 설명 중 <u>틀린</u> 것은?

① 자격정지처분은 자격증을 교부한 시·도지사가 하고, 업무정지처분은 등록관청이 한다.
② 자격정지처분의 대상은 소속공인중개사이나, 업무정지처분의 대상은 개업공인중개사이다.
③ 자격정지기간 또는 업무정지기간 중에 있는 자는 중개업무를 할 수 없다.
④ 업무정지처분은 법에 정한 기간이 경과한 때에는 이를 할 수 없으나, 자격정지처분은 그에 관한 규정이 없다.
⑤ 이중소속에 해당되는 경우 공인중개사는 자격정지사유에 해당되고, 개업공인중개사는 업무정지사유에 해당된다.

해설 ▶ 업무정지처분
이중소속에 해당되는 경우 소속공인중개사는 자격정지사유에 해당되고, 개업공인중개사는 등록이 반드시 취소되는 사유에 해당된다.

정답 16. ④ 17. ⑤

18. 공인중개사법령상 개업공인중개사에 대한 업무정지처분에 관한 설명으로 옳은 것은? [24회 출제]

① 광역시장은 업무정지기간의 2분의 1 범위 안에서 가중할 수 있다.
② 업무정지기간을 가중 처분하는 경우 그 기간은 9월을 한도로 한다.
③ 최근 1년 이내에 이 법에 의하여 2회 이상 업무정지처분을 받은 개업공인중개사가 다시 업무정지처분에 해당하는 행위를 한 경우 6월의 업무정지처분을 받을 수 있다.
④ 업무정지처분은 해당 사유가 발생한 날부터 2년이 된 때에는 이를 할 수 없다.
⑤ 개업공인중개사가 중개대상물에 관한 정보를 거짓으로 공개한 경우 등록관청은 위반행위의 동기 등을 참작하여 4월의 업무정지처분을 할 수 있다.

해설 ▶ 개업공인중개사의 업무정지
① 등록관청은 업무정지기간의 2분의 1 범위 안에서 가중할 수 있다.
② 업무정지기간을 가중처분하는 경우 그 기간은 6월을 한도로 한다.
③ 최근 1년 이내에 이 법에 의하여 2회 이상 업무정지처분을 받은 개업공인중개사가 다시 업무정지처분에 해당하는 행위를 한 경우에는 등록을 취소하여야 한다.
④ 업무정지처분은 해당 사유가 발생한 날부터 3년이 된 때에는 이를 할 수 없다.

19. 「공인중개사법 시행규칙」상 개업공인중개사 업무정지의 기준기간으로 옳은 것은 모두 몇 개인가?

위반행위	업무정지기준
부동산거래정보망에 중개대상물에 관한 정보를 거짓으로 공개한 경우	6월
중개대상물 확인·설명서를 교부하지 않은 경우	3월
중개대상물 확인·설명서에 서명 및 날인을 하지 않은 경우	3월
거래계약서에 서명 및 날인을 하지 않은 경우	3월
등록하지 않은 인장을 사용한 경우	3월

① 1개 ② 2개 ③ 3개 ④ 4개 ⑤ 5개

해설 ▶ 개업공인중개사 업무정지의 기준기간
위 내용 모두 맞는 내용이다.

정답 18. ⑤ 19. ⑤

제1편 공인중개사법령

20 공인중개사법령상 개업공인중개사에 대한 업무정지처분에 관한 설명으로 옳은 것은? `20회 출제`

① 업무정지기간을 가중처분하는 경우에는 6월을 초과할 수 있다.
② 등록관청은 법인인 개업공인중개사에게 업무정지를 명하는 경우 분사무소별로 업무의 정지를 명해야 한다.
③ 부정한 방법으로 중개사무소의 개설등록을 한 경우 3월의 업무정지를 명할 수 있다.
④ 업무정지처분은 그 사유가 발생한 날부터 3년이 경과한 때에는 이를 할 수 없다.
⑤ 등록관청이 업무정지처분을 하고자 하는 경우 청문을 실시해야 한다.

해설 ▶ 업무정지 처분

① 등록관청은 위반행위의 동기·결과 및 횟수 등을 참작하여 업무정지기간의 2분의 1의 범위 안에서 가중 또는 감경할 수 있다. 이 경우 가중하여 처분하는 경우에도 업무정지기간은 6월을 초과할 수 없다(규칙 제25조 제2항).
② 법인인 개업공인중개사에 대하여는 법인 또는 분사무소별로 업무의 정지를 명할 수 있다(법 제39조 제1항).
③ 부정한 방법으로 중개사무소의 개설등록을 한 경우 등록을 취소하여야 한다(법 제38조 제1항).
⑤ 업무정지처분은 청문대상이 아니다.

21 공인중개사법령상 행정제재처분효과의 승계 등에 관한 설명으로 옳은 것을 모두 고른 것은? `33회 출제`

> ㄱ. 폐업신고 전에 개업공인중개사에게 한 업무정지처분의 효과는 그 처분일부터 2년간 재등록 개업공인중개사에게 승계된다.
> ㄴ. 폐업기간이 2년을 초과한 재등록 개업공인중개사에 대해 폐업신고 전의 중개사무소 업무정지사유에 해당하는 위반행위를 이유로 행정처분을 할 수 없다.
> ㄷ. 폐업신고 전에 개업공인중개사에게 한 과태료부과처분의 효과는 그 처분일부터 10개월된 때에 재등록을 한 개업공인중개사에게 승계된다.
> ㄹ. 폐업기간이 3년 6개월이 지난 재등록 개업공인중개사에게 폐업신고 전의 중개사무소 개설등록 취소사유에 해당하는 위반행위를 이유로 개설등록취소처분을 할 수 없다.

① ㄱ ② ㄱ, ㄹ ③ ㄴ, ㄷ
④ ㄴ, ㄷ, ㄹ ⑤ ㄱ, ㄴ, ㄷ, ㄹ

해설 ▶ 행정처분

ㄱ. 폐업신고 전에 개업공인중개사에게 한 업무정지처분의 효과는 그 처분일부터 1년간 재등록 개업공인중개사에게 승계된다(법 제40조 제2항).

정답 20. ④ 21. ④

22. 공인중개사법령상 행정제재처분효과의 승계 등에 관한 설명으로 틀린 것은? [23회 출제]

① 폐업기간이 1년을 초과한 경우에는 폐업신고 전의 위반행위에 대한 행정처분이 업무정지에 해당하더라도 재등록 개업공인중개사에게 다시 업무정지처분을 할 수 없다.
② 중개대상물 확인·설명서를 교부하지 않은 사유로 폐업신고 전에 개업공인중개사에게 한 업무정지처분의 효과는 그 처분일부터 1년간 재등록 개업공인중개사에게 승계된다.
③ 폐업기간이 3년을 초과한 경우에도 재등록 개업공인중개사에 대해 폐업신고 전의 중개사무소 개설등록 취소사유에 해당하는 위반행위를 이유로 행정처분을 할 수 있다.
④ 연수교육을 받지 않은 사유로 폐업신고 전에 개업공인중개사에게 한 과태료부과처분의 효과는 그 처분일부터 1년간 재등록 개업공인중개사에게 승계된다.
⑤ 재등록 개업공인중개사에 대하여 폐업신고 전의 개설등록취소 및 업무정지에 해당하는 위반행위에 대한 행정처분을 함에 있어서는 폐업기간과 폐업의 사유 등을 고려해야 한다.

해설 ▶ 행정제재처분 효과의 승계 등
폐업기간이 3년을 초과한 경우 재등록 개업공인중개사에 대해 폐업신고 전의 중개사무소 개설등록 취소사유에 해당하는 위반행위를 이유로 행정처분을 할 수 없다(법 제40조 제3항 제1호).

23. 개업공인중개사를 대상으로 한 행정처분에 관한 설명 중 틀린 것은?★★

① 개업공인중개사가 폐업신고 후 등록관청을 달리하여 다시 중개사무소 개설등록을 한 때에는 폐업신고 전의 개업공인중개사의 지위를 승계한다.
② 폐업신고 전의 개업공인중개사에 대한 업무정지처분의 효과는 그 처분일로부터 3년간 재등록개업공인중개사에게 승계된다.
③ 폐업신고 전의 개업공인중개사에 대한 과태료처분의 효과는 그 처분일로부터 1년간 재등록개업공인중개사에게 승계된다.
④ 폐업기간이 3년을 초과한 재등록개업공인중개사에 대하여는 폐업신고 전의 위반행위를 사유로 하는 등록취소처분을 할 수 없다.
⑤ 폐업기간이 1년을 초과한 재등록개업공인중개사에 대하여는 폐업신고 전의 위반행위를 사유로 하는 업무정지처분을 할 수 없다.

해설 ▶ 행정처분 승계
폐업신고 전의 개업공인중개사에 대한 업무정지처분의 효과는 그 처분일로부터 1년간 재등록업자에게 승계된다.

정답 22. ③ 23. ②

제1편 공인중개사법령

제3절 보칙

01 다음 중 신고 또는 고발에 대한 포상금제도에 대한 설명으로 옳지 않은 것은?

① 등록관청은 포상금지급신청이 있는 때에는 그 사건에 관한 수사기관의 처분내용을 조회한 후 포상금지급을 결정하고, 그 결정일부터 3월 이내에 포상금을 지급하여야 한다.
② 포상금은 1건당 50만원으로 하며 국고에서 그 일부를 보조할 수 있다.
③ 포상금은 신고 또는 고발 대상행위를 한 자가 행정기관에 의하여 발각되기 전에 등록관청이나 수사기관에 신고 또는 고발한 자에 대하여 당해 신고 또는 고발사건에 대하여 검사가 공소제기 또는 기소유예의 결정을 한 경우에 한하여 지급한다.
④ 포상금의 지급에 소요되는 비용 중 국고에서 보조할 수 있는 비율은 100분의 50 이내로 한다.
⑤ 한 사건에 대해 2건 이상의 신고 또는 고발이 접수된 경우 최초 신고자에게 포상금을 지급한다.

해설 ▶ 포상금제도
등록관청은 포상금지급신청이 있는 때에는 그 사건에 관한 수사기관의 처분내용을 조회한 후 포상금지급을 결정하고, 그 결정일부터 1월 이내에 포상금을 지급하여야 한다(규칙 제28조 제2항).

02 공인중개사법령상 포상금제도에 관한 설명으로 옳은 것은? **21회 출제**

① 부정한 방법으로 중개사무소의 개설등록을 한 개업공인중개사를 신고하더라도 포상금의 지급대상이 아니다.
② 포상금은 해당 신고사건에 관하여 검사가 불기소처분을 한 경우에도 지급한다.
③ 하나의 사건에 대하여 2인 이상이 공동으로 신고한 경우 포상금은 1인당 50만원이다.
④ 하나의 사건에 대하여 2건 이상의 신고가 접수된 경우 포상금은 균분하여 지급한다.
⑤ 등록관청은 포상금의 지급결정일부터 1월 이내에 포상금을 지급해야 한다.

정답 01. ① 02. ⑤

제4장 지도·감독

해설 ▶ **포상금제도**
① 부정한 방법으로 중개사무소의 개설등록을 한 개업공인중개사는 신고대상에 해당한다 (법 46조 제1항).
② 포상금은 해당 신고사건에 관하여 발각되기 전에 신고 또는 고발 하여야 하며 검사의 공소제기 또는 기소유예 처분이 있는 경우에 한하여 지급한다(영 제37조 제2항).
③ 하나의 사건에 대하여 2인 이상이 공동으로 신고한 경우 포상금은 균등 배분한다(규칙 제28조 제3조).
④ 하나의 사건에 대하여 2건 이상의 신고 또는 고발이 접수된 경우 최초로 신고한 자에게 지급한다(규칙 제28조 제4항).

03

공인중개사법령상 등록관청에 신고한 甲과 乙이 받을 수 있는 포상금 최대금액은? **24회 출제**

> ㉠ 甲은 중개사무소를 부정한 방법으로 개설등록한 A와 B를 각각 신고하였다.
> ㉡ 중개사무소의 개설등록을 하지 아니하고 중개업을 하고 있는 C를 甲과 乙이 공동으로 신고하였다.
> ㉢ 乙이 중개사무소등록증을 다른 사람에게 양도한 D를 신고한 이후에, 甲도 D를 신고하였다.
> ㉣ E가 부정한 방법으로 중개사무소를 개설등록한 사실이 등록관청에 의해 발각된 이후, 甲과 乙은 E를 공동으로 신고하였다.
> ㉤ 담당 검사는 A와 E에 대하여 공소제기, C와 D에 대하여 기소유예결정, B에 대하여 무혐의처분을 하였다.
> ㉥ 甲과 乙사이에 포상금 분배약정은 없었다.

① 甲 : 75만원 乙 : 75만원
② 甲 : 100만원 乙 : 100만원
③ 甲 : 125만원 乙 : 75만원
④ 甲 : 125만원 乙 : 100만원
⑤ 甲 : 150만원 乙 : 50만원

해설 ▶ **포상금**
甲이 신고한 A와 B 중에서 B는 무혐의 처분을 받았으므로 A에 대해서만 50만원을 지급하며, C에 대해서는 乙과 공동으로 신고하였으므로 25만원이 지급된다. 또한 乙은 甲과 공동신고한 C에 대하여 25만원, D의 신고에 대하여 50만원의 포상금을 받으므로 갑과 을 모두 각각 75만원의 포상금을 받는다.

정답 03. ①

04 공인중개사법령상 포상금에 관한 설명으로 옳은 것은? `22회 출제`

① 포상금은 1건당 50만원으로 한다.
② 포상금의 지급에 소요되는 비용은 그 일부를 공인중개사협회에서 보조할 수 있다.
③ 국토교통부장관은 거짓 그 밖의 부정한 방법으로 중개사무소의 개설등록을 한 자를 신고한 자에 대하여 포상금을 지급할 수 있다.
④ 포상금지급신청서를 제출받은 국토교통부장관은 포상금지급결정일부터 3월 이내에 포상금을 지급해야 한다.
⑤ 하나의 사건에 대하여 2건 이상의 신고가 접수된 경우에는 포상금을 균등하게 배분하여 지급한다.

해설 ▶ 포상금

② 포상금의 지급에 소요되는 비용은 그 일부를 국고에서 보조할 수 있다(법 제46조 제2항).
③ 등록관청은 거짓 그 밖의 부정한 방법으로 중개사무소의 개설등록을 한 자를 신고한 자에 대하여 포상금을 지급할 수 있다(규칙 제28조 제2항).
④ 포상금지급신청서를 제출받은 등록관청은 포상금지급결정일부터 1월 이내에 포상금을 지급해야 한다(규칙 제28조 제2항).
⑤ 하나의 사건에 대하여 2건 이상의 신고가 접수된 경우에는 최초로 신고한 자에게 지급한다(규칙 제28조 제4항).

05 공인중개사법령상 포상금에 관한 설명으로 틀린 것은? `23회 출제`

① 포상금의 지급결정은 포상금지급신청서를 제출받은 등록관청이 한다.
② 신고 또는 고발사건에 대하여 검사가 공소제기 또는 기소유예의 결정을 한 경우에 한하여 지급한다.
③ 하나의 사건에 대하여 2인 이상이 공동으로 신고한 경우 공인중개사법령이 정한 균등배분방법은 공동포상금을 수령할 자가 합의한 배분방법에 우선하여 적용된다.
④ 포상금의 지급에 소요되는 비용 중 국고에서 보조할 수 있는 비율은 100분의 50 이내로 한다.
⑤ 포상금지급신청서를 제출받은 등록관청은 포상금의 지급결정일로부터 1월 이내에 포상금을 지급해야 한다.

정답 04. ① 05. ③

제4장 지도·감독

해설 ▶ 포상금

하나의 사건에 대하여 2인 이상이 공동으로 신고한 경우 포상금은 균등하게 배분하여 지급한다. 다만 포상금을 지급받을 자가 배분방법에 관해 미리 합의하여 포상금지급을 신청한 경우에는 그 합의된 방법에 따라 지급한다(규칙 제28조 제3항).

06 공인중개사법령상 甲과 乙이 받을 수 있는 포상금의 최대 금액은? **27회 출제**

- 甲은 중개사무소를 부정한 방법으로 개설등록한 A와 B를 각각 고발하였으며, 검사는 A를 공소제기하였고, B를 무혐의처분하였다.
- 乙은 중개사무소를 부정한 방법으로 개설등록한 C를 신고하였으며, C는 형사재판에서 무죄판결을 받았다.
- 甲과 乙은 포상금배분에 관한 합의 없이 중개사무소등록증을 대여한 D를 공동으로 고발하여 D는 기소유예의 처분을 받았다.
- 중개사무소의 개설등록을 하지 않고 중개업을 하는 E를 乙이 신고한 이후에 甲도 E를 신고하였고, E는 형사재판에서 유죄판결을 받았다.
- A, B, C, D, E는 甲 또는 乙의 위 신고·고발 전에 행정기관에 의해 발각되지 않았다.

① 甲 : 75만원, 乙 : 50만원   ② 甲 : 75만원, 乙 : 75만원
③ 甲 : 75만원, 乙 : 125만원 ④ 甲 : 125만원, 乙 : 75만원
⑤ 甲 : 125만원, 乙 : 125만원

해설 ▶ 포상금

- 甲 : A를 공소제기하였으므로 지급대상이 된다. – 50만원
- 乙 : C는 형사재판에서 무죄판결을 받았다 하더라도 공소제기가 되어야 재판이 이루어지므로 판결 여부와 관계없이 지급대상이 된다. – 50만원
- 甲과 乙 : D는 기소유예 처분을 받았으므로 지급대상이 된다. – 甲과 乙 각각 25만원
- 乙 : E는 형사재판에서 유죄판결을 받았으므로 먼저 신고한 乙이 지급대상이 된다. – 50만원

정답 06. ③

07 부동산거래질서교란행위 신고센터에 대한 설명으로 옳지 않은 것은?

① 시·도지사는 부동산거래질서교란행위를 방지하기 위하여 부동산거래질서교란행위 신고센터를 설치·운영할 수 있다.
② 신고센터는 신고사항에 대한 확인 또는 시·도지사 및 등록관청 등에 신고사항에 대한 조사 및 조치 요구에 대한 업무를 할 수 있다.
③ 국토교통부장관은 신고센터의 업무를 대통령령으로 정하는 기관인 한국부동산원에 위탁한다.
④ 조사 및 조치 요구를 받은 시·도지사, 등록관청 등은 신속하게 해당 요구에 따른 조사 및 조치를 완료하고, 완료한 날부터 10일 이내에 그 결과를 신고센터에 통보하여야 한다.
⑤ 신고센터는 매월 10일까지 직전 달의 신고사항 접수 및 처리 결과 등을 국토교통부장관에게 제출하여야 한다.

해설 ▶ 거래질서 교란행위신고센터
① 국토교통부장관은 부동산거래질서교란행위를 방지하기 위하여 부동산거래질서교란행위 신고센터를 설치·운영할 수 있다.

정답 07. ①

CHAPTER 05 공인중개사협회

- 공인중개사협회에 관한 규정은 법률개정으로 대폭 축소되었으나 최근에는 1문제 내외 정도가 출제되고 있다.
- 공인중개사협회에 대해서는 협회의 설립과 특징, 업무, 공제사업 등에 대하여 숙지해야 할 것이다.

CHAPTER 학습 & 출제되는 키워드

- ☑ 협회의 정의
- ☑ 법인
- ☑ 설립임의주의
- ☑ 발기인총회
- ☑ 협회의 조직
- ☑ 협회의 인가 취소
- ☑ 운용실적공시
- ☑ 조사 또는 검사

- ☑ 협회의 회원
- ☑ 사법인
- ☑ 가입임의주의
- ☑ 창립총회
- ☑ 지부와 지회
- ☑ 공제사업
- ☑ 공제사업 감독
- ☑ 공제사업 운영의 개선명령

- ☑ 협회의 특징
- ☑ 사단법인
- ☑ 협회의 설립
- ☑ 설립인가
- ☑ 협회의 업무
- ☑ 공제규정
- ☑ 운영위원회
- ☑ 재무건전성

CHAPTER 학습 & 출제되는 질문

- ☑ 협회에 대한 설명으로 옳지 않은 것은?
- ☑ 공제제도에 대한 설명으로 옳지 않은 것은?

01 협회 설립 절차

01 공인중개사협회에 대한 설명 중 빈칸에 들어갈 내용이 바르게 짝지어진 것은? ★★

> 공인중개사협회를 설립하고자 하는 때에는 발기인이 작성하여 서명·날인한 정관에 대하여 회원 (A)인 이상이 출석한 창립총회에서 출석한 회원 과반수의 동의를 얻어 국토교통부장관의 설립인가를 받아야 하며, 창립총회에는 서울특별시에서는 (B)인 이상, 광역시 및 도에서는 각각 (C)인 이상의 회원이 참여하여야 한다.

	(A)	(B)	(C)
①	300	100	20
②	300	100	50
③	300	200	50
④	600	100	20
⑤	600	200	20

해설 ▶ 공인중개사협회 설립
창립총회는 개업공인중개사 600인 이상이 참석해야 하며 서울특별시에서는 100인 이상 광역시와 도에서는 각 20인 이상이 참석해야 한다.

02 공인중개사법령에 의해 설립되는 공인중개사협회에 대한 설명으로 가장 옳지 않은 것은?

① 개업공인중개사는 공인중개사협회를 설립할 수 있다.
② 협회는 국토교통부장관의 인가를 받아 그 주된 사무소의 소재지에서 설립등기를 함으로써 성립한다.
③ 협회의 설립 및 설립인가의 신청에 관하여 필요한 사항은 대통령령으로 정한다.
④ 협회는 정관이 정하는 바에 따라 특별시·광역시·도에 지부를, 시·군·구에 지회를 둘 수 있다.
⑤ 협회는 재단법인으로 한다.

해설 ▶ 공인중개사협회
공인중개사협회는 개업공인중개사가 모인 단체로서, 자발적으로(임의로) 설립된 사단법인에 속한다(법 제41조 제2항). 즉, 민법상 사단법인으로서 공인중개사법에서 규정된 것 이외에는 민법 중 사단법인 규정을 적용한다.

정답 01. ④ 02. ⑤

제5장 공인중개사협회

03 공인중개사법령상 공인중개사협회에 관한 설명으로 옳은 것은? ★★ 25회 출제

① 협회는 재무건전성기준이 되는 지급여력비율을 100분의 100 이상으로 유지해야 한다.
② 협회의 창립총회는 서울특별시에서는 300인 이상의 회원의 참여를 요한다.
③ 협회는 시·도에 지부를 반드시 두어야 하나, 군·구에 지회를 반드시 두어야 하는 것은 아니다.
④ 협회는 총회의 의결내용을 15일 내에 국토교통부장관에게 보고해야 한다.
⑤ 협회의 설립은 공인중개사법령의 규정을 제외하고 「민법」의 사단법인에 관한 규정을 준용하므로 설립허가주의를 취한다.

해설 ▶ 공인중개사협회

② 협회의 창립총회는 서울특별시에서는 100인 이상, 광역시와 도에서는 20인 이상의 회원의 참여를 요한다(영 제30조 제2항).
③ 협회는 정관이 정하는 바에 따라 시·도에 지부를, 시·군·구에 지회를 둘 수 있다(법 제41조 제4항).
④ 협회는 총회의 의결내용을 지체없이 국토교통부장관에게 보고해야 한다(영 제32조 제1항).
⑤ 협회는 회원 300인 이상이 발기인이 되어 정관을 작성하여 창립총회의 의결을 거친 후 국토교통부장관의 인가를 받아 그 주된 사무소의 소재지에서 설립등기를 함으로써 성립한다(법 제41조 제3항).

04 공인중개사법령상 설명이 옳은 것은 몇 개인가?

㉠ 공인중개사협회의 지부를 두는 경우 시·도지사에게 인가를 받아야 한다.
㉡ 개업공인중개사는 소속공인중개사의 공인중개사자격증 사본을 중개사무소에 게시하여야 한다.
㉢ 부동산거래정보망을 설치·운영할 자는 국토교통부장관의 지정을 받아야 한다.
㉣ 공제규정은 국토교통부장관의 승인을 얻어야 한다.

① 0개 ② 1개 ③ 2개 ④ 3개 ⑤ 4개

해설 ▶ 공인중개사법령상 일반

㉠ 공인중개사협회가 지부를 설치한 경우 시·도지사에게 신고를 하여야 한다(영 제32조 제2항).
㉡ 개업공인중개사는 소속공인중개사의 공인중개사자격증 원본을 중개사무소에 게시하여야 한다(규칙 제10조 제3호).

정답 03. ① 04. ③

05
다음 중 공인중개사법령상 공인중개사협회가 법률상 성립하는 단계를 옳게 기술하고 있는 것은?

> ㉠ 설립등기   ㉡ 창립총회   ㉢ 발기인 구성
> ㉣ 국토교통부장관의 인가   ㉤ 정관작성

① ㉡ → ㉢ → ㉤ → ㉠ → ㉣
② ㉡ → ㉢ → ㉤ → ㉣ → ㉠
③ ㉢ → ㉤ → ㉡ → ㉣ → ㉠
④ ㉢ → ㉡ → ㉠ → ㉣ → ㉤
⑤ ㉢ → ㉡ → ㉤ → ㉠ → ㉣

해설 ▶ **협회의 설립절차**
발기인 구성(개업공인중개사 300인 이상) → 정관작성(발기인 서명·날인) → 창립총회(600인 이상 출석) → 국토교통부장관 인가(정관승인, 법인설립인가) → 설립등기(주된 사무소 소재지)

06
공인중개사법령상 공인중개사협회에 관한 설명으로 **틀린** 것은? **21회 출제**

① 설립 및 설립인가의 신청 등에 관하여 필요한 사항은 대통령령으로 정한다.
② 설립인가신청에 필요한 서류는 국토교통부령으로 정한다.
③ 협회를 설립하려면 회원 300명 이상의 발기인이 요구된다.
④ 협회는 총회의 의결내용을 10일 이내에 국토교통부장관에게 보고해야 한다.
⑤ 협회에 대한 감독을 위하여 협회 사무소에 출입하고자 하는 공무원은 국토교통부령이 정하는 증표를 지니고 상대방에게 내보여야 한다.

해설 ▶ **공인중개사협회**
협회는 총회의 의결내용을 지체없이 국토교통부장관에게 보고해야 한다(영 제32조 제1항).

07
협회의 성립에 대한 설명 중 옳은 것은?

① 협회는 자연인의 형태로는 불가능하며 오로지 법인으로만 성립이 가능하다.
② 협회는 「민법」의 사단법인에 관한 규정이 우선적으로 적용된다.
③ 국토교통부령이 정하는 바에 따라 지부나 지회를 둘 수 있다.
④ 금융감독원의 장은 국토교통부장관의 요청이 없어도 협회의 공제사업에 관하여 조사 또는 검사할 수 있다.
⑤ 협회는 매년도의 공제사업 운용실적을 국토교통부장관에게 공시하여야 한다.

정답   05. ③   06. ④   07. ①

해설 공인중개사협회
② 공인중개사법이 우선 적용되며 다른 규정이 없으면 민법의 사단법인에 관한 규정은 준용할 뿐이다.
③ 정관이 정하는 바에 따라 둘 수 있다.
④ 국토교통부장관으로부터 요청이 있는 경우에는 금융감독원의 원장이 조사 또는 검사할 수 있다. 요청 없이는 금융감독원의 원장이 단독으로는 조사 또는 검사할 수 없다.
⑤ 국토교통부장관이 아니라 공제 계약자에게 공시하여야 한다.

08 공인중개사법령상 공인중개사협회에 관한 설명으로 틀린 것은? [23회 출제]

① 협회는 전국 어디에나 주된 사무소를 둘 수 있다.
② 협회는 총회의 의결내용을 지체없이 국토교통부장관에게 보고해야 한다.
③ 협회는 부동산중개제도의 연구·개선에 관한 업무를 수행할 수 있다.
④ 협회가 지부를 설치한 때에는 그 지부는 시·도지사에게 신고해야 한다.
⑤ 협회에 관하여 공인중개사법령에 규정된 것 외에는 「민법」 중 재단법인에 관한 규정을 적용한다.

해설 공인중개사협회
협회에 관하여 공인중개사법령에 규정된 것 외에는 「민법」 중 사단법인에 관한 규정을 적용한다(법 제43조).

09 다음은 공인중개사협회가 수행해야 할 업무로 공인중개사법령에서 정해진 사항들을 열거한 것이다. 옳지 않은 것은?

① 회원의 품위유지를 위한 업무
② 회원의 자질향상을 위한 지도와 교육 및 연수에 관한 업무
③ 부동산거래제도의 연구·개선에 관한 업무
④ 회원의 윤리헌장 제정 및 그 실천에 관한 업무
⑤ 부동산 정보제공에 관한 업무

해설 협회의 업무(영 제31조)
1) 회원의 품위유지를 위한 업무
2) 부동산중개제도의 연구·개선에 관한 업무
3) 회원의 자질향상을 위한 지도와 교육 및 연수에 관한 업무
4) 회원의 윤리헌장 제정 및 그 실천에 관한 업무
5) 부동산 정보제공에 관한 업무
6) 공제사업, 이 경우 공제사업은 비영리사업으로서 회원간의 상호부조를 목적으로 한다.
7) 그 밖의 협회의 설립목적달성을 위하여 필요한 업무

정답 08. ⑤ 09. ③

10. 이 법상 업무위탁과 수수료에 대한 설명으로 옳은 것은?

① 공인중개사 자격시험을 국토교통부장관이 시행하는 경우에도 시·도지사의 승인을 얻어서 결정하는 수수료를 납부하여야 한다.
② 시·도지사가 자격증 재교부업무를 위탁한 경우에는 시·도지사의 승인을 얻어서 결정·공고하는 수수료를 납부하여야 한다.
③ 공인중개사 시험의 시행에 관한 업무는 협회에 위탁할 수 없다.
④ 실무교육은 「고등교육법」에 따라 설립된 대학 또는 전문대학에 위탁할 수 있다.
⑤ 국토교통부장관 또는 시험시행기관장은 업무를 위탁한 때에는 위탁받은 기관의 명칭·대표자 및 소재지와 위탁업무의 내용 등을 일간신문 및 관보에 고시하여야 한다.

해설 업무위탁
① 국토교통부장관이 시험을 시행하는 경우에는 국토교통부장관이 결정·공고하는 수수료를 납부하여야 한다.
③ 시험의 시행에 관한 업무는 협회에도 위탁할 수 있다.
④ 실무교육은 「고등교육법」에 따라 설립된 대학 또는 전문대학 중 부동산 관련 학과가 개설된 학교, 협회, 「공기업, 준정부기관」에 위탁할 수 있다.
⑤ 관보에 고시하여야 한다.

02 공제사업

11. 공인중개사법령상 공인중개사협회와 공제사업에 관한 설명으로 옳은 것은 모두 몇 개인가? [24회 출제]

㉠ 협회는 서울특별시에 주된 사무소를 두어야 한다.
㉡ 협회에 관하여 공인중개사법령에 규정된 것 외에는 「민법」 중 조합에 관한 규정을 적용한다.
㉢ 협회는 정관으로 정하는 바에 따라 광역시에 지부를 둘 수 있다.
㉣ 협회는 책임준비금을 다른 용도로 사용하고자 하는 경우에는 국토교통부장관의 승인을 얻어야 한다.
㉤ 책임준비금의 적립비율은 협회 총수입액의 100분의 10 이상으로 정해야 한다.

① 1개 ② 2개 ③ 3개 ④ 4개 ⑤ 5개

정답 10. ② 11. ②

해설 ▶ 협회와 공제사업
㉠ 협회는 서울특별시에 주된 사무소를 두어야 하는 규정은 폐지되었다.
㉡ 민법 중 사단법인에 관한 규정을 준용한다.
㉢ 책임준비금의 적립비율은 공제료 수입액의 100분의 10 이상으로 정해야 한다.

12 공인중개사협회에 관한 설명으로 틀린 것은?★★★   [20회 출제]

① 협회의 지부 또는 지회 설치는 시·도지사의 허가를 받아야 한다.
② 협회는 부동산 정보제공에 관한 업무를 수행할 수 있다.
③ 협회는 총회의 의결내용을 지체없이 국토교통부장관에게 보고해야 한다.
④ 협회는 공제사업을 다른 회계와 구분하여 별도의 회계로 관리해야 한다.
⑤ 협회는 공제사업 운용실적을 매 회계연도 종료 후 3개월 이내에 일간신문 또는 협회보에 공시하고 협회의 인터넷 홈페이지에 게시해야 한다.

해설 ▶ 공인중개사협회
협회가 그 지부 또는 지회를 설치한 때에는 그 지부는 시·도지사에게, 지회는 등록관청에 신고하여야 한다(영 제32조 제2항).

13 공인중개사법령상 협회의 공제사업에 관한 설명으로 옳지 않은 것은?

① 협회가 공제사업을 하고자 하는 때에는 공제규정을 제정하여 국토교통부장관의 승인을 얻어야 한다. 공제규정을 변경하고자 하는 때에는 사전에 신고를 하여야 한다.
② 「금융위원회의 설치 등에 관한 법률」에 의한 금융감독원의 원장은 국토교통부장관으로부터 요청이 있는 경우에는 협회의 공제사업에 관하여 조사 또는 검사를 할 수 있다.
③ 책임준비금의 적립비율은 공제사고 발생률 및 공제금 지급액 등을 종합적으로 고려하여 정하되, 공제료 수입액의 100분의 10 이상으로 정해야 한다.
④ 협회는 공제사업 결산서인 요약 대차대조표, 손익계산서 및 감사보고서, 공제료 수입액, 공제금 지급액, 책임준비금 적립액 그 밖에 공제사업의 운용과 관련된 참고사항을 공시하여야 한다.
⑤ 협회는 공제사업 운용실적을 매 회계연도 종료 후 3월 이내에 일간신문 또는 협회보에 공시하고 협회의 인터넷 홈페이지에 게시하여야 한다.

해설 ▶ 공인중개사협회
공제규정의 변경의 경우에도 승인사항에 해당한다.

정답 12. ① 13. ①

14. 공인중개사법령상 공인중개사협회의 공제사업에 관한 설명으로 옳은 것을 모두 고른 것은? (다툼이 있으면 판례에 의함) [25회 출제]

㉠ 협회의 공제규정을 제정·변경하고자 하는 때에는 국토교통부장관의 승인을 얻어야 한다.
㉡ 위촉받아 보궐위원이 된 운영위원의 임기는 전임자 임기의 남은 기간으로 한다.
㉢ 운영위원회의 회의는 재적위원 과반수의 찬성으로 심의사항을 의결한다.
㉣ 협회와 개업공인중개사간에 체결된 공제계약이 유효하게 성립하려면 공제계약 당시에 공제사고의 발생 여부가 확정되어 있지 않은 것을 대상으로 해야 한다.

① ㉠, ㉡
② ㉢, ㉣
③ ㉠, ㉡, ㉣
④ ㉡, ㉢, ㉣
⑤ ㉠, ㉡, ㉢, ㉣

해설 ▶ 공제사업
운영위원회의 회의는 재적위원 과반수의 출석으로 개의(開議)하고, 출석위원 과반수의 찬성으로 심의사항을 의결한다(영 제35조의2 제7항).

15. 다음 중 협회에 관한 설명으로 옳지 않은 것은?

① 정관이 정하는 바에 따라 서울특별시·광역시·도에 지부를, 시·군·구에 지회를 둘 수 있다.
② 국토교통부장관의 개선명령을 위반한 경우 협회는 500만원 이하의 과태료처분을 받을 수 있다.
③ 국토교통부장관의 개선명령은 협회가 이 법 및 공제규정을 준수하지 아니하여 공제사업의 건전성을 해할 우려가 있다고 인정되는 경우에 할 수 있다.
④ 공제사업의 범위는 손해배상책임을 보장하기 위한 공제기금의 조성 및 공제금의 지급에 관한 사업과 공제사업의 부대업무로서 공제규정으로 정하는 사업에 한한다.
⑤ 협회는 공제사업을 다른 회계와 구분하여 별도의 회계로 관리하여야 하며, 책임준비금을 다른 용도로 사용하고자 하는 경우에는 국토교통부장관의 인가를 받아야 한다.

해설 ▶ 공인중개사협회
협회는 공제사업을 다른 회계와 구분하여 별도의 회계로 관리하여야 하며, 책임준비금을 다른 용도로 사용하고자 하는 경우에는 국토교통부장관의 승인을 얻어야 한다(법 제42조 제4항).

정답 14. ③ 15. ⑤

16. 다음 중 운영위원회 구성에 관한 사항으로 옳지 <u>않은</u> 것은?

① 국토교통부장관이 소속 공무원 중에서 지명하는 사람 2명
② 협회의 회장
③ 협회 이사회가 협회의 임원 중에서 선임하는 사람
④ 변호사·공인회계사 또는 공인중개사의 자격이 있는 사람
⑤ 금융감독원 또는 금융기관에서 임원 이상의 직에 있거나 있었던 사람

해설 ▶ **운영위원회의 구성**(영 제35조의2 제2항)
1) 국토교통부장관이 소속 공무원 중에서 지명하는 사람 1명
2) 협회의 회장
3) 협회 이사회가 협회의 임원 중에서 선임하는 사람
4) 다음의 어느 하나에 해당하는 사람으로서 협회의 회장이 추천하여 국토교통부장관의 승인을 받아 위촉하는 사람
   ① 대학 또는 정부출연연구기관에서 부교수 또는 책임연구원 이상으로 재직하고 있거나 재직하였던 사람으로서 부동산 분야 또는 법률·회계·금융·보험 분야를 전공한 사람
   ② 변호사·공인회계사 또는 공인중개사의 자격이 있는 사람
   ③ 금융감독원 또는 금융기관에서 임원 이상의 직에 있거나 있었던 사람
   ④ 공제조합 관련 업무에 관한 학식과 경험이 풍부한 사람으로서 해당 업무에 5년 이상 종사한 사람
   ⑤ 「소비자기본법」에 따라 등록한 소비자단체 및 한국소비자원의 임원으로 재직 중인 사람

17. 다음 중 운영위원회 운영과 관련한 설명으로 옳지 <u>않은</u> 것은?

① 운영위원회의 위원장은 운영위원회의 회의를 소집하며 그 의장이 된다.
② 운영위원회의 회의는 재적위원 과반수의 출석으로 개의(開議)하고, 출석위원 과반수의 찬성으로 심의사항을 의결한다.
③ 운영위원회의 사무를 처리하기 위하여 간사 및 서기를 두되, 간사 및 서기는 국토교통부소속 공무원 중에서 위원장이 임명한다.
④ 간사는 회의 때마다 회의록을 작성하여 다음 회의에 보고하고 이를 보관하여야 한다.
⑤ 이 법령에서 규정된 것 이외에 운영위원회의 운영에 필요한 사항은 운영위원회의 심의를 거쳐 위원장이 정한다.

해설 ▶ **운영위원회**
운영위원회의 사무를 처리하기 위하여 간사 및 서기를 두되, 간사 및 서기는 공제업무를 담당하는 협회의 직원 중에서 위원장이 임명한다.

정답 16. ① 17. ③

18
다음 중 공제금의 재무건전성 기준에 대한 설명으로 옳지 않은 것은?

① 협회는 공제금 지급능력과 경영의 건전성을 확보하기 위하여 대통령령으로 정하는 재무 건전성 기준을 지켜야 한다.
② 지급여력비율은 100분의 80 이상을 유지하여야 한다.
③ 지급여력금액은 자본금, 대손충당금, 이익잉여금, 그 밖에 이에 준하는 것으로서 국토교통부장관이 정하는 금액을 합산한 금액에서 영업권, 선급비용 등 국토교통부장관이 정하는 금액을 뺀 금액을 말한다.
④ 구상채권 등 보유자산의 건전성을 정기적으로 분류하고 대손충당금을 적립하여야 한다.
⑤ 지급여력기준금액은 공제사업을 운영함에 따라 발생하게 되는 위험을 국토교통부장관이 정하는 방법에 따라 금액으로 환산한 것을 말한다.

해설 ▶ 재무건전성 기준
지급여력비율은 100분의 100 이상을 유지하여야 한다.

19
다음 중 공제사업의 운영위원회와 관련한 설명으로 옳지 않은 것은?

① 운영위원회는 공제사업에 관한 사항을 심의하고 그 업무집행을 감독하기 위하여 협회에 운영위원회를 둔다.
② 운영위원회의 위원은 협회의 임원, 중개업·법률·회계·금융·보험·부동산 분야 전문가, 관계 공무원 및 그 밖에 중개업 관련 이해관계자로 구성하되, 그 수는 19명 이내로 한다.
③ 운영위원회의 구성과 운영에 필요한 세부사항은 국토교통부령으로 정한다.
④ 운영위원회의 부위원장은 위원장을 보좌하며, 위원장이 부득이한 사유로 그 직무를 수행할 수 없을 때에는 그 직무를 대행한다.
⑤ 운영위원회에는 위원장과 부위원장 각각 1명을 두되, 위원장 및 부위원장은 위원 중에서 각각 호선(互選)한다.

해설 ▶ 운영위원회
운영위원회의 구성과 운영에 필요한 세부사항은 대통령령으로 정한다.

정답 18. ② 19. ③

20. 공인중개사법령상 국토교통부장관이 공인중개사협회의 공제사업운영에 대하여 개선조치로서 명할 수 있는 것으로 명시되지 <u>않은</u> 것은? `25회 출제`

① 자산예탁기관의 변경
② 자산의 장부가격의 변경
③ 업무집행방법의 변경
④ 공제사업의 양도
⑤ 불건전한 자산에 대한 적립금의 보유

해설 ▶ 개선명령

- 국토교통부장관은 협회의 공제사업 운영이 적정하지 아니하거나 자산상황이 불량하여 중개사고 피해자 및 공제가입자 등의 권익을 해칠 우려가 있다고 인정하면 다음의 조치를 명할 수 있다(법 제42조의4).
  1) 업무집행방법의 변경
  2) 자산예탁기관의 변경
  3) 자산의 장부가격의 변경
  4) 불건전한 자산에 대한 적립금의 보유
  5) 가치가 없다고 인정되는 자산의 손실 처리
  6) 그 밖에 이 법 및 공제규정을 준수하지 아니하여 공제사업의 건전성을 해할 우려가 있는 경우 이에 대한 개선명령

정답 20. ④

제1편 공인중개사법령

03 지도·감독 등

21 다음은 공인중개사협회에 대한 지도·감독 등에 관한 설명이다. 공인중개사법령에서 정한 사항과 <u>다른</u> 것은?★★

① 협회에 관하여 공인중개사법령에 규정된 것 외에는 「민법」 중 사단법인에 관한 규정을 준용한다.
② 협회의 지부 또는 지회를 설치한 때에는 즉시 국토교통부장관에게 신고하여야 한다.
③ 국토교통부장관은 감독상 필요한 때에는 업무에 관한 사항을 보고하게 하거나 자료의 제출 기타 필요한 명령을 할 수 있다.
④ 국토교통부장관은 감독상 필요한 때에는 소속공무원으로 하여금 협회의 사무소에 출입하여 장부·서류 등을 조사 또는 검사하게 하거나 질문을 하게 할 수 있다.
⑤ 협회는 총회의 의결내용을 지체없이 국토교통부장관에게 보고하여야 한다.

해설 ▶ 공인중개사협회
협회가 그 지부 또는 지회를 설치한 때에는 그 지부는 시·도지사에게, 지회는 등록관청에 신고하여야 한다(영 제32조 제2항). 특별히 기간을 정한 규정은 없다.

22 공인중개사법령상 공인중개사협회에 관한 설명으로 옳은 것을 모두 고른 것은? **27회 출제**

㉠ 협회는 총회의 의결내용을 지체없이 국토교통부장관에게 보고하여야 한다.
㉡ 협회가 지회를 설치한 때에는 시·도지사에게 신고하여야 한다.
㉢ 공제사업 운영위원회 위원의 임기는 2년이며 연임할 수 없다.
㉣ 금융기관에서 임원 이상의 현직에 있는 사람은 공제사업 운영위원회 위원이 될 수 없다.

① ㉠
② ㉠, ㉢
③ ㉡, ㉣
④ ㉠, ㉢, ㉣
⑤ ㉡, ㉢, ㉣

해설 ▶ 공인중개사협회
㉡ 협회가 지회를 설치한 때에는 등록관청에게 신고하여야 한다(영 제32조 제2항).
㉢ 공제사업 운영위원회 위원의 임기는 2년이며 연임할 수 있다(영 제35조의2 제3항).
㉣ 금융기관에서 임원 이상의 현직에 있는 사람은 공제사업 운영위원회 위원이 될 수 있다(영 제35조의2 제2항).

정답   21. ②   22. ①

CHAPTER 06 벌칙

학습포인트

- 행정형벌(제48조, 제49조)은 각 행정형벌에 처하는 사유의 내용을 이해해야 하며, 행정형벌 대상 규정의 해석과 함께 출제될 가능성이 높은 점을 감안해야 한다.
- 행정질서벌(제51조) 역시 과태료 대상 규정의 해석과 함께 출제될 가능성이 높은 점을 감안해야 한다.
- 양벌규정(제50조)은 중개업자의 고용인 규정과 연관되어 이해해야 한다.

CHAPTER 학습 & 출제되는 키워드

- ☑ 행정벌
- ☑ 벌금
- ☑ 3년 이하의 징역 등
- ☑ 양도·알선 등이 금지된 부동산
- ☑ 1년 이하의 징역 등
- ☑ 이중등록자와 이중소속자
- ☑ 양벌규정
- ☑ 100만원 이하의 과태료
- ☑ 행정형벌
- ☑ 행정질서벌
- ☑ 무등록업자
- ☑ 중개의뢰인과 직접 거래 등
- ☑ 자격증 대여
- ☑ 2 이상의 중개사무소 설치
- ☑ 벌금형의 분리선고
- ☑ 과태료 부과·징수
- ☑ 징역
- ☑ 이중처벌금지
- ☑ 부정한 개설등록
- ☑ 부동산투기 조장
- ☑ 공인중개사 명칭 등 사용
- ☑ 중개사무소 유사명칭 사용자
- ☑ 500만원 이하의 과태료
- ☑ 2분의 1 범위 안에서 가중·감경

CHAPTER 학습 & 출제되는 질문

- ☑ 3년 이하 징역 또는 3천만원 이하 벌금에 해당하지 않는 것은?
- ☑ 형벌에 대한 설명이다. 옳지 않은 것은?
- ☑ 과태료에 대한 설명이다. 옳지 않은 것은?

제1편 공인중개사법령

01 행정형벌

01 다음 중 3년 이하의 징역 또는 3천만원 이하의 벌금에 처해지는 사유에 해당되지 <u>않</u>는 자는?

① 거짓 그 밖의 부정한 방법으로 사무소의 개설등록을 한 자
② 중개사무소의 개설등록을 하지 않고 중개업을 한 자
③ 중개업등록증을 다른 사람에게 대여하거나 다른 사람으로부터 양수·대여받은 자
④ 중개의뢰인과 직접거래를 하거나 거래당사자 쌍방을 대리하는 행위를 한 자
⑤ 부동산의 분양·임대 등과 관련있는 증서 등의 매매·교환 등을 중개하거나 그 매매를 업으로 하는 행위를 한 자

> **해설** ▶ **3년 이하의 징역 또는 3천만원 이하의 벌금**
> 다른 사람에게 자기의 성명 또는 상호를 사용하여 중개업무를 하게 하거나 중개사무소등록증을 다른 사람에게 양도·대여한 자 또는 다른 사람의 성명·상호를 사용하여 중개업무를 하거나 중개사무소등록증을 양수·대여받은 자는 1년 이하 징역 또는 1천만원 이하 벌금에 처한다(법 제49조 제1항 제7호).

02 다음 행정형벌에 해당하는 사항 중 가장 가벼운 형량으로 공인중개사법령에서 규정하고 있는 것은?★★

① 이중으로 중개사무소 개설등록을 한 자
② 중개사무소의 개설등록을 하지 아니하고 중개업을 한 자
③ 거짓 그 밖의 부정한 방법으로 중개사무소의 개설등록을 한 자
④ 미등기 전매 부동산중개 등 부동산투기를 조장하는 행위를 한 자
⑤ 부동산의 분양·임대 등과 관련있는 증서 등의 매매를 업으로 하는 행위를 한 자

> **해설** ▶ **행정형벌**
> 이중등록자는 1년 이하의 징역 또는 1천만원 이하의 벌금에 처한다(법 제49조 제1항 제3호).

정답 01. ③ 02. ①

03

다음은 공인중개사법령에서 1년 이하의 징역 또는 1천만원 이하의 벌금에 처해지는 자를 열거한 것이다. 옳지 않은 것은? ★★★

① 개업공인중개사로부터 의뢰받은 내용과 다르게 중개대상물에 관한 정보를 공개한 거래정보사업자
② 공인중개사가 아니면서 공인중개사 또는 이와 유사한 명칭을 사용한 자
③ 비밀준수의무를 위반한 자
④ 공인중개사자격증을 부정하게 취득한 자
⑤ 사례·증여 그 밖의 어떠한 명목으로라도 중개보수 또는 실비를 초과하여 금품을 받는 행위를 한 자

해설 ▶ 1년 이하 징역 또는 1천만원 이하 벌금
공인중개사자격증을 부정하게 취득한 자는 자격증만 취소된다.

04

공인중개사법령상 1년 이하의 징역 또는 1천만원 이하의 벌금에 처해지는 자에 해당되는 것은 모두 몇 개인가?

> ㉠ 거짓 그 밖의 부정한 방법으로 중개사무소의 개설등록을 한 자
> ㉡ 다른 사람에게 공인중개사 자격증을 양도·대여한 자
> ㉢ 개업공인중개사로서 중개의뢰인과 직접거래를 하거나 거래당사자 쌍방을 대리하는 행위를 한 자
> ㉣ 개업공인중개사로서 그 업무상 알게 된 비밀을 누설한 자
> ㉤ 부동산거래의 신고를 하지 아니한 자

① 1개 ② 2개 ③ 3개 ④ 4개 ⑤ 5개

해설 ▶ 1년 이하 징역 또는 1천만원 이하 벌금
㉠ 거짓 그 밖의 부정한 방법으로 중개사무소의 개설등록을 한 자 : 3년 이하 징역 또는 3천만원 이하 벌금
㉡ 다른 사람에게 공인중개사 자격증을 양도·대여한 자 : 1년 이하 징역 또는 1천만원 이하 벌금
㉢ 개업공인중개사로서 중개의뢰인과 직접거래를 하거나 거래당사자 쌍방을 대리하는 행위를 한 자 : 3년 이하 징역 또는 3천만원 이하 벌금
㉣ 개업공인중개사로서 그 업무상 알게 된 비밀을 누설한 자 : 1년 이하 징역 또는 1천만원 이하 벌금
㉤ 부동산거래의 신고를 하지 아니한 자 : 500만원 이하 과태료

정답 03. ④ 04. ②

05

다음에 해당하는 자는 1년 이하의 징역 또는 1천만원 이하의 벌금에 처한다. 옳지 않은 것은?

① 다른 사람에게 자기의 성명 또는 상호를 사용하여 중개업무를 하게 한 경우
② 중개업등록증 또는 공인중개사자격증을 다른 사람에게 양도·대여하거나 다른 사람으로부터 양수·대여받은 자
③ 공인중개사법령상의 결격사유에 해당되는 자를 중개보조원으로 둔 자
④ 다른 사람의 성명, 상호를 사용하여 중개업무를 한 경우
⑤ 임시 중개시설물을 설치한 자

> **해설** ▶ 1년 이하 징역 또는 1천만원 이하 벌금
> 결격사유가 있는 중개보조원을 둔 자는 업무정지를 받을 수 있다(법 제39조 제1항 제1호).

06

공인중개사법령상 벌칙 등에 관한 설명 중 옳은 것은?

① 개업공인중개사가 중개대상물의 매매를 업으로 하는 행위를 한 경우에는 임의적 등록취소 사유에 해당하며, 1년 이하의 징역 또는 1천만원 이하의 벌금에 처한다.
② 중개사무소를 2개 이상 둔 개업공인중개사와 임시중개시설물을 설치한 개업공인중개사의 벌칙내용은 다르다.
③ 부정한 방법으로 공인중개사의 자격을 취득한 경우에는 자격취소사유에 해당하며, 동시에 3년 이하의 징역 또는 3천만원 이하의 벌금에 처한다.
④ 개업공인중개사가 폐업한 후에 그 업무상 알게 된 비밀을 누설한 경우에는 벌하지 않는다.
⑤ 500만원 이하의 과태료를 부과하고자 하는 경우 위반행위 동기·결과·횟수를 참작하여 3분의 1범위 내에서 가중 또는 감경할 수 있다.

> **해설** ▶ 행정형벌
> ② 중개사무소를 2개 이상 둔 개업공인중개사와 임시중개시설물을 설치한 개업공인중개사의 벌칙은 모두 1년 이하 징역 또는 1천만원 이하의 벌금이다.
> ③ 부정한 방법으로 공인중개사의 자격을 취득한 경우에는 자격취소사유에 해당하며, 형벌사항에는 해당되지 않는다.
> ④ 개업공인중개사가 폐업한 후에 그 업무상 알게 된 비밀을 누설한 경우에도 처벌대상으로서 1년 이하의 징역 또는 1천만원 이하 벌금형에 해당한다.
> ⑤ 500만원 이하 과태료는 2분의 1 범위 내에서 가중 또는 감경할 수 있다.

정답 05. ③ 06. ①

07. 다음 사항 중 행정형벌의 형량에서 가장 공통점이 없는 것은?

① 중개사무소의 개설등록을 하지 아니하고 중개업을 한 자
② 개업공인중개사가 아닌 자가 중개업을 하기 위해 중개대상물에 대한 표시광고를 한 자
③ 거짓 그 밖의 부정한 방법으로 중개사무소의 개설등록을 한 자
④ 부동산의 분양·임대 등과 관련있는 증서 등의 매매를 업으로 하는 행위를 한 자
⑤ 법령의 규정에 의하여 전매 등 권리의 변동이 제한된 부동산의 매매를 중개하는 등 부동산의 투기를 조장하는 행위를 한 자

해설 ▶ 행정형벌
②는 1년 이하 징역 또는 1천만원 이하 벌금이며 ①, ③, ④, ⑤는 3년 이하 징역 또는 3천만원 이하 벌금이다.

08. 공인중개사법령에 의한 반의사불벌죄와 양벌규정에 관한 다음의 설명 중 그 취지가 어긋나는 것은?★★★

① 비밀준수의무를 위반한 자는 피해자의 명시한 의사에 반하여 벌하지 아니한다.
② 비밀준수의무 위반으로 적발된 경우 피해자가 처벌하지 말 것을 요구하기 전까지는 처벌 할 수 있다.
③ 개업공인중개사가 고용한 공인중개사 및 중개보조원이 중개업무에 관하여 행정형벌에 해당하는 위반행위를 한 때에는 그 행위자를 벌하는 외에 그 개업공인중개사에 대하여도 행정형벌에서 정한 벌금형을 과한다.
④ 중개보조원이 3년 이하의 징역 또는 3천만원 이하의 벌금형에 해당하는 위반을 한 경우 개업공인중개사에게는 3천만원 이하의 벌금형이 과해진다.
⑤ ④의 경우 중개보조원은 3년 이하의 징역형에 처해진다.

해설 ▶ 반의사불벌죄 및 양벌규정
중개보조원이 3년 이하의 징역 또는 3천만원 이하의 벌금형에 해당하는 위반을 한 것이므로, 법관의 판단에 따라 징역형 또는 벌금형 중 선택적으로 형이 선고될 수 있을 것이다.

정답 07. ② 08. ⑤

09 공인중개사법령 위반시 행정처분 및 벌칙사항에 대한 설명으로 옳은 것은?

① 부칙에 의한 개업공인중개사가 업무지역을 위반한 경우 등록관청은 업무정지 처분을 하여야 한다.
② 개업공인중개사가 비밀준수의무 위반시 등록을 취소할 수 있다.
③ 거래정보사업자가 개업공인중개사로부터 의뢰받은 내용과 다르게 공개하였을 경우 1년 이하의 징역 또는 1천만원 이하의 벌금형에 해당된다.
④ 성실·정확하게 확인·설명을 하지 않은 경우 100만원 이하의 과태료에 처한다.
⑤ 중개보조원이 법령사항을 위반한 경우 그를 고용한 개업공인중개사에 대하여 행정처분은 과할 수 없다.

해설 ▶ 행정처분 및 형벌

① 부칙에 의한 개업공인중개사가 업무범위의 제한을 위반하여 중개행위를 한 경우에는 6월의 범위 안에서 기간을 정하여 업무의 정지를 명할 수 있다(부칙 제6조 제7항).
② 비밀준수의무를 위반한 자는 1년 이하의 징역 또는 1천만원 이하의 벌금에 처한다(법 제49조 제1항 제9호).
④ 성실·정확하게 확인·설명을 하지 않은 경우 500만원 이하의 과태료에 처한다.
⑤ 개업공인중개사가 고용한 공인중개사 및 중개보조원의 업무상 행위는 그를 고용한 개업공인중개사의 행위로 본다(법 제15조 제2항).

10 공인중개사법령상 벌칙에 관한 설명으로 옳은 것은? **22회 출제**

① 이 법에 의한 과태료의 부과기준은 국토교통부령으로 정한다.
② 중개사무소의 개설등록을 하지 않고 중개업을 한 자는 2년 이하의 징역 또는 3천만원 이하의 벌금에 처한다.
③ 업무상 알게 된 비밀을 누설한 개업공인중개사는 피해자의 명시한 의사에 반하여 벌하지 아니한다.
④ 소속공인중개사가 중개업무에 관하여 벌칙에 처해질 위반행위를 한 때에는 그 행위자를 벌하는 외에 그 개업공인중개사에 대하여도 동일한 금액의 벌금형을 과한다.
⑤ 개업공인중개사가 소속공인중개사의 위반행위를 방지하기 위해 해당 업무에 관하여 상당한 주의와 감독을 게을리 하지 않았다면 2분의 1의 범위 내에서 그 형을 감경할 수 있다.

정답 09. ③   10. ③

해설 ▶ **벌 칙**
① 이 법에 의한 과태료의 부과기준은 대통령령으로 정하고 있다(영 제38조 제1항).
② 중개사무소의 개설등록을 하지 않고 중개업을 한 자는 3년 이하의 징역 또는 3천만원 이하의 벌금에 처한다(법 제48조 제1호).
④ 소속공인중개사가 중개업무에 관하여 벌칙에 처해질 위반행위를 한 때에는 그 행위자를 벌하는 외에 그 개업공인중개사에 대하여도 동조에 규정된 벌금형을 과한다(법 제50조).
⑤ 개업공인중개사가 소속공인중개사의 위반행위를 방지하기 위해 해당 업무에 관하여 상당한 주의와 감독을 게을리 하지 않았다면 양벌규정을 적용하지 아니한다(법 제50조).

11

「공인중개사법」상 개업공인중개사등에 대한 벌칙이 적용된 예에 관한 설명 중 틀린 것은?

① 중개사무소의 개설등록을 하지 아니하고 중개업을 한 개업공인중개사가 1천만원의 벌금형을 받았다.
② 개업공인중개사가 중개사무소 이전신고 의무위반으로 30만원의 과태료 처분을 받았다.
③ 공인중개사협회가 공제사업 운영실적 공시의무 위반으로 3백만원의 과태료 처분을 받았다.
④ 다른 사람에게 자기의 성명을 사용하여 중개업무를 하게 한 개업공인중개사가 1천 2백만원의 벌금형을 받았다.
⑤ 중개의뢰인과 직접거래하였다는 이유로 개업공인중개사가 1천 5백만원의 벌금형을 받았다.

해설 ▶ **행정형벌 및 질서벌**
다른 사람에게 자기의 성명을 사용하여 중개업무를 하게 한 개업공인중개사는 1년 이하 징역 또는 1천만원 이하의 벌금에 처한다.

12

공인중개사법령상 벌칙의 법정형이 같은 것끼리 모두 묶은 것은? **25회 출제**

㉠ 이중으로 중개사무소의 개설등록을 한 개업공인중개사
㉡ 중개의뢰인과 직접거래를 한 개업공인중개사
㉢ 이동이 용이한 임시 중개시설물을 설치한 개업공인중개사
㉣ 2 이상의 중개사무소에 소속된 공인중개사
㉤ 중개사무소의 개설등록을 하지 아니하고 중개업을 한 자

① ㉠, ㉡
② ㉠, ㉢, ㉣
③ ㉠, ㉣, ㉤
④ ㉡, ㉢, ㉤
⑤ ㉢, ㉣, ㉤

정답 11. ④ 12. ②

> **해설** 벌칙(법 제48조, 제49조)
> ㉠, ㉢, ㉣ 1년 이하 징역 또는 1천만원 이하의 벌금
> ㉡, ㉤ 3년 이하 징역 또는 3천만원 이하 벌금에 해당한다.

02 행정질서벌

13 다음에 열거한 자 중 공인중개사법령에 의해 100만원 이하의 과태료에 처해지는 사유에 포함되지 <u>않는</u> 자는?

① 중개사무소의 이전신고를 하지 아니한 자
② 휴업 또는 폐업의 신고를 하지 아니한 자
③ 공인중개사자격 취소처분을 받고도 자격증을 반납하지 아니한 자
④ 부당한 표시·광고를 한 개업공인중개사
⑤ 등록증 등의 게시의무를 위반한 자

> **해설** 100만원 이하 과태료
> ④ 500만원 이하의 과태료에 처한다.

14 다음 중 500만원 이하 과태료 처분사유가 <u>아닌</u> 것은?★★

① 중개보조원이라는 사실을 의뢰인에게 고지하지 않은 경우
② 보고, 자료의 제출, 조사 또는 검사를 거부·방해 또는 기피하거나 그 밖의 명령을 이행하지 아니하거나 거짓으로 보고 또는 자료제출을 한 거래정보사업자
③ 중개사무소 이전신고를 하지 아니한 자
④ 정당한 사유없이 연수교육을 받지 아니한 자
⑤ 모니터링을 위한 자료제출요구를 위반한 정보통신서비스 제공자

> **해설** 500만원 이하 과태료
> 중개사무소 이전신고를 하지 않은 자는 100만원 이하의 과태료에 처한다.

정답 13. ④ 14. ③

15

다음 중 과태료처분 대상이 되는 행위는?

① 소속공인중개사가 인장사용의무를 이행치 않은 행위
② 전속중개계약서를 3년간 보존하지 않은 행위
③ 법인인 개업공인중개사가 법무사업을 겸업하는 행위
④ 업무정지기간 중에 업무를 중지하지 않은 행위
⑤ 등록취소 후 등록증을 7일 이내 반납하지 않는 행위

해설 ▶ **과태료 처분대상**
① 자격정지처분 행위이다.
② 업무정지처분을 받을 수 있는 행위이다.
③ 상대등록취소할 수 있는 행위이다.
④ 업무정지처분기간 중에 업무를 행한 경우에는 등록을 취소하여야 한다.
⑤ 100만원 이하의 과태료이다.

16

다음은 공인중개사법령에서 규정한 개업공인중개사의 과태료처분에 해당하는 사항을 열거한 것이다. 옳은 것은?

① 개업공인중개사가 아닌 자가 사무소명칭에 "부동산중개"라는 명칭을 사용한 자
② 개업공인중개사가 거래계약서에 서명 및 날인하지 아니한 개업공인중개사
③ 부칙에 의한 개업공인중개사가 업무범위의 제한을 위반하여 중개행위를 한 자
④ 지도·감독상 명령에 위반한 협회
⑤ 최근 1년 이내에 2회 이상 이 법에 의하여 과태료처분을 받고 다시 과태료처분 행위를 한 개업공인중개사

해설 ▶ **과태료 처분대상**
① 1년 이하 징역 또는 1천만원 이하의 벌금에 처한다.
②, ⑤ 6개월 이하의 업무정지를 명할 수 있다.
④ 500만원 이하의 과태료에 처한다.

17

공인중개사법령상 과태료 부과대상자와 부과기관의 연결이 옳은 것은? `22회 출제`

① 등록취소 후 등록증을 반납하지 않은 자 ·················· 시·도지사
② 연수교육 의무를 위반한 자 ·················· 등록관청
③ 중개사무소등록증을 게시하지 아니한 자 ·················· 국토교통부장관
④ 공제사업 운용실적을 공시하지 아니한 자 ·················· 시·도지사
⑤ 옥외 광고물에 성명을 표기하지 아니한 자 ·················· 등록관청

정답 15. ⑤ 16. ④ 17. ⑤

해설 ▶ 과태료 부과대상자와 부과기관
① 등록증 반납하지 않은 자 – 등록관청
② 연수교육 의무를 위반한 자 – 시·도지사
③ 중개사무소등록증을 게시하지 아니한 자 – 등록관청
④ 공제사업 운용실적을 공시하지 아니한 자 – 국토교통부장관

18
다음 중 공인중개사법령에서 정한 기간과 관련하여 연결이 옳지 <u>않은</u> 것은?

① 공인중개사 시험부정행위자에 대한 응시자격정지 ·············· 5년
② 개업공인중개사의 전속중개계약서 보존 ······················ 5년
③ 개업공인중개사의 중개대상물 확인·설명서 보관 ·············· 3년
④ 개업공인중개사의 거래계약서 보관 ··························· 5년
⑤ 공인중개사 자격취소시 재취득 금지 ·························· 3년

해설 ▶ 공인중개사법상 기간
개업공인중개사가 전속중개계약서를 보존하여야 할 기간은 3년으로 한다(규칙 제14조 제2항).

19
공인중개사법령 위반시의 벌칙 등에 관한 다음 설명 중 옳지 <u>않은</u> 것은?★★★

① 중개보조원이라는 사실을 고지하지 않은 경우 개업공인중개사는 500만원 이하 과태료에 처하나 상당한 주의와 감독을 게을리하지 않은 경우 과태료를 부과하지 않는다.
② 개업공인중개사가 아닌 자가 공인중개사사무소·부동산중개 또는 이와 유사한 명칭을 사용한 때는 1년 이하의 징역 또는 1천만원 이하의 벌금에 처한다.
③ 개업공인중개사가 중개사무소의 이전신고를 하지 아니한 때는 100만원 이하의 과태료에 처한다.
④ 양벌규정은 개업공인중개사가 상당한 주의와 감독을 게을리하지 않은 때에도 적용된다.
⑤ 법인의 사원 또는 임원이 중개업무에 관하여 행정형벌에 처할 수 있는 위반행위를 한 때에는 그 행위자를 벌하는 외에 그를 고용한 법인인 개업공인중개사에 대하여도 벌금형을 과한다.

해설 ▶ 행정형벌
양벌규정은 그 개업공인중개사가 그 위반행위를 방지하기 위하여 해당업무에 관하여 상당한 주의와 감독을 게을리하지 않은 경우에는 그러하지 아니하다(법 제50조 단서).

정답 18. ② 19. ④

20

공인중개사법령상 벌칙에 관한 설명으로 **틀린** 것은? (다툼이 있으면 판례에 의함) 〔21회 출제〕

① 양벌규정은 소속공인중개사가 과태료 부과대상인 행위를 한 경우에도 적용된다.
② 등록관청의 관할구역 안에 2 이상의 중개사무소를 둔 공인중개사인 개업공인중개사는 1년 이하의 징역 또는 1천만원 이하의 벌금에 처한다.
③ 벌금과 과태료는 병과할 수 없다.
④ 거래당사자 쌍방을 대리하는 행위를 한 개업공인중개사는 3년 이하의 징역 또는 3천만원 이하의 벌금에 처한다.
⑤ 개업공인중개사가 중개보조원의 위반행위로 양벌규정에 의하여 벌금형을 받은 경우는 이 법상 '벌금형의 선고를 받고 3년이 경과되지 아니한 자'에 해당하지 않는다.

해설 ▶ 벌 칙

소속공인중개사·중개보조원 또는 개업공인중개사인 법인의 사원·임원이 중개업무에 관하여 제48조 또는 제49조의 규정(벌금 또는 징역형)에 해당하는 위반행위를 한 때에는 그 행위자를 벌하는 외에 그 개업공인중개사에 대하여도 해당 조에 규정된 벌금형을 과한다. 다만, 그 개업공인중개사가 그 위반행위를 방지하기 위하여 해당 업무에 관하여 상당한 주의와 감독을 게을리하지 아니한 경우에는 그러하지 아니하다(법 제50조).

21

「공인중개사법」상 개업공인중개사에 대한 벌칙규정 내용이 바르게 연결된 것으로만 짝지어진 것은? ★★

> ㉠ 중개사무소를 개설등록하지 아니하고 중개업을 한 자 : 1년 이하의 징역 또는 1천만원 이하의 벌금
> ㉡ 공인중개사가 아닌 자로서 공인중개사 또는 이와 유사한 명칭을 사용한 자 : 500만원 이하의 과태료
> ㉢ 중개의뢰인과 직접거래를 한 자 : 3년 이하의 징역 또는 3천만원 이하의 벌금
> ㉣ 등록취소 후 중개사무소등록증을 반납하지 아니한 자 : 100만원 이하의 과태료
> ㉤ 이중으로 중개사무소의 개설등록하거나 2 이상의 중개사무소에 소속된 자 : 1년 이하의 또는 1천만원 이하의 벌금

① ㉠, ㉡, ㉢
② ㉠, ㉡, ㉤
③ ㉠, ㉣, ㉤
④ ㉡, ㉢, ㉣
⑤ ㉢, ㉣, ㉤

해설 ▶ 행정형벌

㉠ 3년 이하의 징역 또는 3천만원 이하의 벌금
㉡ 1년 이하의 징역 또는 1천만원 이하의 벌금

정답 20. ① 21. ⑤

22

공인중개사법령상 개업공인중개사에 대한 제재의 내용으로 <u>틀린</u> 것은? **20회 출제**

① 개업공인중개사가 이 법에 대한 1건의 위반행위로 행정처분 외에 행정형벌을 받을 수 있다.
② 공인중개사 및 개업공인중개사가 아닌 자도 이 법에 따라 과태료처분을 받을 수 있다.
③ 공인중개사 및 개업공인중개사가 아닌 자도 이 법에 따라 행정형벌을 받을 수 있다.
④ 법인이 아닌 개업공인중개사의 소속공인중개사가 결격사유에 해당하는 경우 그 사유가 발생한 날부터 2월 이내에 그 사유를 해소하지 않는 한 등록관청은 개업공인중개사에게 업무정지를 명할 수 있다.
⑤ 중개사무소 개설등록기준에 미달하여 등록이 취소된 경우 취소된 날부터 3년 이내에는 개설등록할 수 없다.

해설 행정처분, 행정형벌, 과태료
중개사무소 개설등록 기준에 미달하여 등록이 취소된 경우 등록취소로 인한 결격사유가 적용되지 않으므로 바로 등록을 할 수 있다(법 제38조 제1항 제3호).

정답 22. ⑤

23. 공인중개사법령에서 규정한 과태료 부과처분대상자, 부과금액 기준, 부과권자가 바르게 연결된 것은? `21회 출제`

① 중개사무소등록증을 게시하지 않은 개업공인중개사 — 100만원 이하 — 등록관청
② 중개사무소 개설등록이 취소되었으나 중개사무소등록증을 반납하지 않은 개업공인중개사 — 500만원 이하 — 등록관청
③ 성실·정확하게 확인·설명을 하지 않거나 근거자료를 제시하지 않은 경우 — 500만원 이하 — 국토교통부장관
④ 부동산거래정보망 운영규정을 승인받지 않고 부동산거래정보망을 운영한 거래정보사업자 — 100만원 이하 — 신고관청
⑤ 연수교육을 받지 않은 자 — 100만원 이하 — 등록관청

해설 ▶ 과태료

② 중개사무소 개설등록이 취소되었으나 중개사무소등록증을 반납하지 않은 개업공인중개사 – 100만원 이하 – 등록관청
③ 성실·정확하게 확인·설명을 하지 않았거나 근거자료를 제시하지 않은 경우 – 500만원 이하 – 등록관청
④ 부동산거래정보망 운영규정을 승인받지 않고 부동산거래정보망을 운영한 거래정보사업자 : 500만원 이하 – 국토교통부장관
⑤ 연수교육을 받지 않은 자 – 500만원 이하 – 시·도지사

정답 23. ①

PART 02 부동산거래신고 등에 관한 법률

구 분		26회	27회	28회	29회	30회	31회	32회	33회	34회	35회	계	비율(%)
부동산 거래 신고 등에 관한 법률	제1장 총칙	0	0	0	0	0	0	0	1	0	0	1	0.3
	제2장 부동산거래신고	2	2	1	2	3	2	2	1	3	4	22	5.5
	제3장 외국인등의 부동산취득의 특례	1	1	1	1	1	1	1	1	1	1	10	2.5
	제4장 토지거래허가	0	0	1	1	2	2	3	4	3	2	18	4.5
	제5장 부동산 정보 관리 및 보칙	0	0	0	0	1	0	1	1	1	0	4	1.0
	제6장 벌칙	0	0	1	0	0	0	1	1	1	0	4	1.0
소 계		3	3	4	4	7	5	8	9	9	7	59	14.8

CHAPTER 01 부동산거래신고

학습포인트

- 부동산거래신고 절차를 학습하여야 한다.
- 정정신청 및 변경신고 사항 등을 학습하여야 한다.

CHAPTER 학습 & 출제되는 키워드

- ☑ 부동산거래의 신고
- ☑ 등록관청에 신고
- ☑ 부동산거래가격 검증체계
- ☑ 거래계약의 해제 등
- ☑ 부동산거래신고에 관한 금지행위
- ☑ 개업공인중개사의 신고
- ☑ 신고의 대행

- ☑ 신고대상 거래
- ☑ 신고사항·신고절차
- ☑ 부동산거래가격 검증
- ☑ 정정신청
- ☑ 검인의제
- ☑ 거래당사자 의무면제

- ☑ 신고의무자
- ☑ 신고내역 조사
- ☑ 시·도지사에게 보고
- ☑ 변경신고
- ☑ 신고의무 부적용
- ☑ 신고필증의 교부

CHAPTER 학습 & 출제되는 질문

- ☑ 부동산거래계약에 관하여 신고하여야 하는 사항으로 보기 어려운 것은?
- ☑ 부동산거래신고 등에 관한 법률상 부동산거래의 신고절차 등에 관한 설명 중 옳은 것은?
- ☑ 부동산거래신고 등에 관한 법률상 부동산거래신고에 관한 설명으로 옳은 것은?

제1장 부동산거래신고

01 토지를 매수하면서 부동산거래계약신고를 하는 경우 다음 설명 중 옳은 것은? **22회 출제**

① 수도권 등에 소재하는 1억원 이상의 토지지분을 매수하는 경우 자금조달·토지이용계획서를 제출하여야 한다.
② 개업공인중개사가 거래계약서를 작성·교부한 경우 거래계약당사자가 이 신고를 하면 개업공인중개사는 신고의무가 없다.
③ 외국인은 신고서 작성 시 대한민국 국민과 달리 부동산등의 매수용도를 표시해야 한다.
④ 신고서의 신고사항에는 실제 거래가격 및 기준시가가 포함되어야 한다.
⑤ 2 이상의 부동산을 함께 거래하는 경우 신고서의 물건별 거래금액란에는 합산액을 기재한다.

해설 ▶ **부동산거래계약신고**

① 수도권 등에 소재하는 토지지분 또는 1억원 이상의 토지를 매수하는 경우 자금조달·토지이용계획서를 제출하여야 한다.
② 개업공인중개사가 공인중개사법 제26조 제1항의 규정에 의하여 거래계약서를 작성·교부한 때에는 제1항의 규정에 불구하고 당해 개업공인중개사가 제1항의 규정에 의한 신고를 하여야 한다(법 제3조 제3항).
④ 부동산거래신고시 공통적인 신고사항(영 제3조 제1항)
  ㉠ 거래당사자의 인적사항(위탁관리인의 인적사항 포함)
  ㉡ 계약일, 중도금 지급일 및 잔금 지급일
  ㉢ 거래대상부동산(부동산을 취득할 수 있는 권리에 관한 매매계약의 경우에는 그 권리의 종류 및 그 권리의 대상인 부동산을 말한다. 이하 제5호에서 같다)의 소재지·지번 및 지목
  ㉣ 거래대상부동산의 종류 및 계약대상 면적
  ㉤ 거래대상부동산의 면적
  ㉥ 실제 거래가격
  ㉦ 계약의 조건이나 기한이 있는 경우에는 그 조건 또는 기한
  ㉧ 개업공인중개사의 인적 사항 및 중개사무소의 개설등록을 한 사무소의 상호, 소재지, 전화번호(공인중개사법에 따라 개업공인중개사가 거래계약서를 작성·교부한 경우에만 해당한다)
⑤ 2 이상의 부동산을 함께 거래하는 경우 신고서의 물건별 거래금액란에는 각각의 부동산별 거래금액을 적는다(별지 제1호 서식).

정답 01. ③

02

「부동산거래신고 등에 관한 법률」의 부동산거래의 신고에 관한 설명 중 옳은 것은? ★★★

① 법인 외의 자가 법인 신고서를 제출하는 경우 법인은 부동산거래계약을 신고하려는 자에게 계약체결일로부터 30일 이내에 법인 신고서를 제공하여야 한다.
② 법인 주택거래계약신고서를 제출할 때 매수인이 단독으로 서명 또는 날인한 법인신고서를 신고관청에 제출하여야 한다.
③ 수도권 등 외의 지역에 소재하는 6억원을 초과하는 토지지분 또는 토지를 매수하는 경우 자금조달·토지이용계획서를 제출하여야 한다.
④ 거래당사자 일방이 국가등인 경우 국가등이 부동산거래신고를 하여야 한다.
⑤ 신고필증을 교부받은 부동산거래계약이 무효가 된 경우 신고의무자는 부동산거래계약 해제등신고서를 작성하여 제출하여야 한다.

해설 ▶ 부동산거래신고

① 25일 이내에 제공하여야 한다.
② 법인 주택거래계약신고서를 제출할 때 법인이 모두 서명 또는 날인한 법인신고서를 신고관청에 제출하여야 한다.
③ 수도권 등 외의 지역에 소재하는 6억원 이상의 토지지분 또는 6억원 이상의 토지를 매수하는 경우 자금조달·토지이용계획서를 제출하여야 한다.
⑤ 신고필증을 교부받은 부동산거래계약이 무효·취소·해제된 경우 거래당사자는 30일 이내에 부동산거래계약 해제등신고서를 작성하여 제출하여야 한다.

03

다음 중 부동산거래신고에 대한 설명으로 옳지 않은 것은? ★★★

① 부동산거래신고를 받은 시장·군수 또는 구청장은 그 신고내용을 확인한 후 신고필증을 5일 이내에 신고인에게 발급하여야 한다.
② 거래당사자 중 일방이 부동산거래신고를 거부하는 경우 다른 일방이 단독으로 부동산거래계약신고서에 서명 또는 날인을 한 후 그 사유서와 계약서 사본을 첨부하여 이를 제출할 수 있다.
③ 부동산거래의 신고를 하고자 하는 자는 주민등록증 등 신고인의 신분을 확인할 수 있는 신분증명서를 시장·군수 또는 구청장에게 제시하여야 한다. 다만, 전자문서로 신고를 하고자 하는 자에 대하여는 공인인증방법에 의한 전자인증의 방법에 의한다.
④ 거래당사자의 신고를 대행하고자 하는 자는 위임한 거래당사자가 개인인 경우 자필서명이 된 위임장과 신분증명서사본을 첨부하여 제출한다.
⑤ 개업공인중개사가 거래신고를 하는 경우 부동산거래의 신고(전자문서에 의한 신고는 제외)는 소속공인중개사가 이를 대행할 수 있다.

정답 02. ④ 03. ①

해설 ▶ 부동산거래신고

부동산거래신고를 받은 시장·군수 또는 구청장은 그 신고내용을 확인한 후 신고필증을 신고인에게 지체없이 발급하여야 한다(법 제3조 제4항).

04

「부동산거래신고 등에 관한 법률」상 부동산거래신고에 관한 설명으로 옳은 것은? **25회 출제**

① 법인이 법인의 현황에 따른 사항을 신고해야 하는 경우에는 신고서를 제출할 때 법인 주택 거래계약 신고서를 신고관청에 함께 제출해야 한다.
② 개업공인중개사가 공동으로 중개하는 경우 부동산거래신고는 공동으로 중개한 개업공인중개사 중 어느 1인의 명의로 해도 된다.
③ 중개대상물의 범위에 속하는 물건의 매매계약을 체결한 때에는 모두 부동산거래신고를 해야 한다.
④ 부동산거래계약 신고서의 방문제출은 당해 거래계약을 중개한 개업공인중개사의 위임을 받은 소속공인중개사가 대행할 수 없다.
⑤ 외국인이 대한민국 안의 부동산등을 취득하는 계약을 체결하였을 때, 부동산거래신고를 한 경우에도 부동산등의 취득신고를 해야 한다.

해설 ▶ 부동산거래신고

② 개업공인중개사가 공동으로 중개하는 경우 부동산거래신고는 공동으로 중개한 개업공인중개사 모두가 신고의무가 있다(부동산거래신고 등에 관한 법률 제3조 제3항).
③ 부동산거래신고는 토지 또는 건축물, 부동산을 취득할 수 있는 권리가 그 대상이 된다(동법 제3조 제1항).
④ 부동산거래계약 신고서의 방문제출은 당해 거래계약을 중개한 개업공인중개사의 위임을 받은 소속공인중개사가 대행할 수 있다(동법 규칙 제3조 제1항).
⑤ 외국인이 대한민국 안의 부동산등을 취득하는 계약을 체결하였을 때, 부동산거래신고를 한 경우 부동산등의 취득신고는 제외한다(동법 제8조 제1항).

정답 04. ①

제2편 부동산거래신고 등에 관한 법률

05 부동산거래신고에 대한 설명 중 옳은 것은?

① 개업공인중개사가 공동으로 중개한 경우 공동개업공인중개사 모두가 부동산거래신고의무가 있다.
② 거래당사자가 개업공인중개사에게 해제등신고 요청한 경우 개업공인중개사는 해제등신고를 하여야 한다.
③ 법인이 법인주택거래계약신고서를 제출하는 경우 자금조달계획서 및 입주계획서를 제출한 것으로 본다.
④ 법인거래에 있어 거래상대방이 개인인 경우 그 개인이 해당 법인의 임원이거나 법인의 임원과 친족관계가 있는 경우 가족관계증명서를 제출하여야 한다.
⑤ 위탁관리인은 매도인이 국내의 주소 또는 거소를 두지 않을 경우 서류를 수령할 수 있는 사람을 말한다.

해설 ▶ 부동산거래신고

② 개업공인중개사는 해제등 신고를 할 의무가 없다. 거래당사자가 요청한 경우에도 마찬가지이다.
③ 법인이 매수인인 경우 주택거래계약신고서와 자금조달·입주계획서를 함께 제출하여야 한다.
④ 법인거래에 있어 거래상대방이 개인인 경우 그 개인이 해당 법인의 임원이거나 법인의 임원과 친족관계가 있는 경우 법인의 등기현황을 제출하여야 한다.
⑤ 위탁관리인은 매수인이 국내의 주소 또는 거소를 두지 않을 경우 서류를 수령할 수 있는 사람을 말한다.

〈법인이 주택의 거래계약을 체결하는 경우 신고사항〉
① 법인의 현황에 관한 다음의 사항[거래당사자 중 국가등이 포함되어 있거나 거래계약이 법 제3조 제1항 제2호(부동산 공급계약) 또는 같은 항 제3호 가목(분양권)에 해당하는 경우는 제외한다]
  ㉠ 법인의 등기현황
  ㉡ 법인과 거래상대방 간의 관계가 다음의 어느 하나에 해당하는지 여부
    ⓐ 거래상대방이 개인인 경우 : 그 개인이 해당 법인의 임원이거나 법인의 임원과 친족관계가 있는 경우
    ⓑ 거래상대방이 법인인 경우 : 거래당사자인 매도법인과 매수법인의 임원 중 같은 사람이 있거나 거래당사자인 매도법인과 매수법인의 임원 간 친족관계가 있는 경우
② 주택 취득 목적 및 취득 자금 등에 관한 다음의 사항(법인이 주택의 매수자인 경우만 해당한다)
  ㉠ 거래대상인 주택의 취득목적
  ㉡ 거래대상 주택의 취득에 필요한 자금의 조달계획 및 지급방식. 이 경우 투기과열지구에 소재하는 주택의 거래계약을 체결한 경우에는 자금의 조달계획을 증명하는 서류로서 국토교통부령으로 정하는 서류를 첨부해야 한다.
  ㉢ 임대 등 거래대상 주택의 이용계획

정답 05. ①

06

「부동산거래신고 등에 관한 법률」상 부동산거래신고절차에 관한 설명으로 옳은 것은?

① 개업공인중개사에 의하지 아니하고 거래한 경우 신고서에는 원칙적으로 거래당사자가 공동으로 서명 또는 날인하여야 한다.
② 신고를 하고자 하는 자는 신고인의 신분을 확인할 수 있는 신분증명서를 시·도지사에게 내보여야 한다.
③ 신고서는 거래당사자가 공동으로 제출하여야 한다.
④ 전자문서에 의한 신고의 경우 거래당사자 중 1인의 위임을 받은 자가 신고를 대행할 수 있다.
⑤ 개업공인중개사가 신고의무자인 경우 소속공인중개사가 신고를 대행하는 경우 전자문서에 의한 신고를 할 수 있다.

해설 ▶ 부동산거래신고
② 부동산거래신고를 하고자 하는 자는 신고인의 신분을 확인할 수 있는 신분증명서를 시장·군수 또는 구청장에게 내보여야 한다.
③ 신고서는 거래당사자가 공동으로 서명 또는 날인하여 거래당사자 중 일방이 제출하여야 한다.
④ 전자문서에 의한 신고인 경우 거래당사자가 직접 하여야 하고 신고를 대행할 수 없다.
⑤ 개업공인중개사가 전자문서에 의한 신고를 하는 경우 신고를 대행할 수 없고 개업공인중개사가 직접 하여야 한다.

07

거래당사자가 부동산거래계약 신고를 하는 경우 신고하여야 할 사항이 <u>아닌</u> 것은?

① 개업공인중개사의 인적 사항 및 중개사무소의 개설등록을 한 사무소의 상호, 소재지, 전화번호
② 계약일·중도금지급일 및 잔금지급일
③ 거래대상부동산의 종류 및 계약대상 면적과 실제 거래가격
④ 계약의 조건이나 기한이 있는 경우 그 조건 또는 기한
⑤ 거래대상부동산의 소재지·지번 및 지목

해설 ▶ 부동산거래신고 사항
개업공인중개사에 의해 거래가 이루어졌을 때 신고사항이다.

정답   06. ①   07. ①

제2편 부동산거래신고 등에 관한 법률

08 부동산거래의 신고대상 등에 관한 설명 중 <u>틀린</u> 것은?

① 부동산거래신고대상은 「부동산거래신고 등에 관한 법률」에서 규정하고 있는 부동산 또는 부동산을 취득할 수 있는 권리에 한정된다.
② 「도시 및 주거환경정비법」에 따른 관리처분계획의 인가로 인하여 취득한 입주자로 선정된 지위에 관한 매매계약을 체결한 때에는 부동산거래의 신고를 하여야 한다.
③ 「주택법」에 따라 조성한 택지를 공급 받을 수 있는 권리에 관한 매매계약을 체결한 때에는 부동산거래의 신고를 하지 않아도 된다.
④ 농지취득자격증명을 취득한 경우에도 부동산거래신고를 하여야 한다.
⑤ 토지거래허가구역 내에서 「부동산거래신고 등에 관한 법률」에 따라 토지거래허가를 받더라도 부동산거래의 신고를 하여야 한다.

해설 ▶ 부동산거래신고
「주택법」상 택지를 공급받을 수 있는 권리도 부동산거래신고 대상이다(영 제3조 제3항).

09 「부동산거래신고 등에 관한 법률」상의 부동산거래신고와 관련한 설명으로 옳지 못한 것은?

① 부동산거래신고 의무자가 아닌 자가 거짓된 내용의 신고를 한 경우 취득가액의 100분의 10 이하의 과태료에 처한다.
② 물건거래금액이 변경된 경우 소유권이전등기 전까지 변경신고를 할 수 있다.
③ 농지취득자격증명을 받은 경우라 하더라도 별도로 부동산거래신고는 하여야 한다.
④ 토지거래계약허가를 받은 경우라 하더라도 별도로 부동산거래신고는 하여야 한다.
⑤ 개업공인중개사가 중개한 경우 거래계약의 해제등 신고를 개업공인중개사가 하여야 한다.

해설 ▶ 부동산거래신고
개업공인중개사는 해제등신고를 할 의무는 없다.

정답 08. ③ 09. ⑤

10

「부동산거래신고 등에 관한 법률」상 부동산매매계약에 관하여 신고해야 할 사항으로 **틀린** 것은?

① 거래당사자의 인적사항
② 계약의 조건이나 기한이 있는 경우에는 그 조건 또는 기한
③ 거래대상부동산의 소재지·지번 및 지목
④ 거래대상부동산의 권리관계
⑤ 실제 거래가격

해설 ▶ 공통적인 부동산거래의 신고사항
- 부동산 또는 부동산을 취득할 수 있는 권리에 관한 매매계약에 관하여 신고하여야 하는 사항은 다음과 같다(영 제3조 제1항).
  1) 거래당사자의 인적사항(위탁관리인의 인적사항 포함)
  2) 계약일·중도금 지급일 및 잔금 지급일
  3) 거래대상부동산(부동산을 취득할 수 있는 권리에 관한 매매계약의 경우에는 그 권리의 종류 및 그 권리의 대상인 부동산을 말함)의 소재지·지번 및 지목
  4) 거래대상부동산의 종류 및 계약대상 면적
  5) 거래대상부동산의 면적
  6) 실제 거래가격
  7) 계약의 조건이나 기한이 있는 경우에는 그 조건 또는 기한
  8) 개업공인중개사의 중개에 의한 계약인 경우에는 개업공인중개사의 인적사항 및 중개사무소의 개설등록을 한 사무소의 상호, 소재지, 전화번호

11

「부동산거래신고 등에 관한 법률」상 부동산거래의 신고절차 등에 관한 설명 중 **틀린** 것은? **18회 출제**

① 개업공인중개사가 거래계약서를 작성·교부한 경우 거래당사자는 부동산거래의 신고의무가 없다.
② 부동산거래의 신고는 단독신고와 신고를 대행하는 경우를 제외하고 전자문서로 된 신고서에 의하여 할 수 있다.
③ 부동산거래의 신고는 거래계약의 체결일부터 30일 이내에 매매대상부동산 소재지의 관할 시장·군수 또는 구청장에게 하여야 한다.
④ 거래당사자 또는 개업공인중개사는 부동산거래계약에 관하여 신고한 내용 중 거래금액이 잘못 기재된 경우 정정신청을 할 수 있다.
⑤ 부동산거래계약신고서에는 계약일, 실제 거래가격 및 중도금·잔금 지급일을 기재하여야 한다.

정답 10. ④ 11. ④

제2편 부동산거래신고 등에 관한 법률

해설 ▶ 부동산거래신고 절차
거래당사자 또는 개업공인중개사는 부동산거래계약에 관하여 신고한 내용 중 거래당사자의 주소·전화번호·휴대전화번호, 거래지분비율, 개업공인중개사의 전화번호·상호·소재지, 거래건축물의 종류, 부동산등의 지목·면적, 거래지분 및 대지권비율을 잘못 기재한 경우 정정신청을 할 수 있다. 거래금액은 이에 해당되지 않는다.

12

「부동산거래신고 등에 관한 법률」상 부동산거래신고 정정신청을 할 수 있는 사유로 명시된 경우가 <u>아닌</u> 것을 모두 고른 것은? **22회 출제**

㉠ 주택거래의 중도금 지급일이 변경된 경우
㉡ 부동산등의 종류가 잘못 기재된 경우
㉢ 매수인들의 거래지분 비율이 잘못 기재된 경우
㉣ 개업공인중개사의 사무소 소재지가 잘못 기재된 경우
㉤ 상가건물거래의 거래가격이 변경된 경우

① ㉠, ㉡　　② ㉠, ㉤　　③ ㉡, ㉢
④ ㉠, ㉣, ㉤　　⑤ ㉡, ㉢, ㉣

해설 ▶ 정정신청 사유(규칙 제5조 제1항)
1) 거래당사자의 주소·전화번호 또는 휴대전화번호
2) 거래지분 비율
3) 개업공인중개사의 전화번호·상호 또는 사무소 소재지
4) 거래대상 건축물의 종류
5) 거래대상부동산등의 지목·면적, 거래지분 및 대지권비율

13

「부동산거래신고 등에 관한 법률」상 부동산거래계약 변경신고서를 제출할 수 있는 사유를 모두 고른 것은? **24회 출제**

㉠ 거래지분의 변경　　㉡ 계약의 기한 변경
㉢ 계약대상 면적의 변경　　㉣ 중도금 및 지급일의 변경

① ㉠, ㉢　　② ㉢, ㉣　　③ ㉠, ㉡, ㉣
④ ㉡, ㉢, ㉣　　⑤ ㉠, ㉡, ㉢, ㉣

정답　12. ②　13. ⑤

해설 ▶ **변경신고**

■ 부동산거래계약의 신고를 한 후 다음의 어느 하나에 해당하는 내용이 변경된 경우 「부동산등기법」에 따른 부동산에 관한 등기 신청 전에 별지 제8호 서식의 부동산거래계약 변경신고서에 거래당사자 또는 개업공인중개사가 서명 또는 날인하여 신고관청에 제출할 수 있다. 다만, 제2호의 계약대상 면적의 변경없이 제4호의 물건 거래금액을 변경하는 경우에는 이를 증명할 수 있는 거래계약서 사본 등을 첨부하여야 한다(규칙 제5조 제3항).
  1) 거래지분 비율
  2) 거래지분
  3) 거래대상부동산등의 면적
  4) 거래의 조건 또는 기한
  5) 거래가격
  6) 중도금·잔금 및 지급일
  7) 공동매수의 경우 일부 매수인의 변경(매수인 중 일부가 제외되는 경우만 해당한다)
  8) 거래대상부동산 등이 다수인 경우 일부 부동산등의 변경(거래대상부동산 등 중 일부가 제외되는 경우만 해당한다)
  9) 위탁관리인의 성명, 주소 등 인적사항

14

다음 중 부동산거래신고에 대한 설명으로 옳지 않은 것은?★★★

① 매수인이 법인신고서 또는 자금조달·입주계획서를 부동산거래계약 신고서와 분리하여 제출하기를 희망하는 경우 매수인은 별도로 제출할 수 있다.
② 개업공인중개사가 부동산거래신고를 한 후 거래계약이 무효, 취소, 해제된 경우 개업공인중개사가 계약해제등신고서를 제출하여야 한다.
③ 부동산거래신고필증을 교부받은 경우 「부동산등기 특별조치법」상의 검인을 받은 것으로 본다.
④ 신고관청은 신고내용의 조사결과를 시·도지사에게 보고하여야 하며 시·도지사는 이를 국토교통부장관에게 보고하여야 한다.
⑤ 국토교통부 장관은 부동산거래가격 검증체계를 구축·운영하여야 한다.

해설 ▶ **부동산거래신고**

개업공인중개사는 해제등신고서의 제출의무가 없다.

정답 14. ②

15

다음 ( )의 연결이 모두 옳은 것은?

- 거래당사자는 부동산 또는 부동산을 취득할 수 있는 권리에 관한 매매계약을 체결한 때에는 부동산 등의 실제 거래가격 등 (㉠)이 정하는 사항을 거래계약의 체결일부터 (㉡) 이내에 매매 대상부동산(권리에 관한 매매계약의 경우에는 그 권리의 대상인 부동산) 소재지의 관할 시장·군수 또는 구청장에게 공동으로 신고하여야 한다.
- 다만, 거래당사자 중 일방이 신고를 거부하는 경우에는 (㉢)으로 정하는 바에 따라 상대방이 단독으로 신고할 수 있다.

	(㉠)	(㉡)	(㉢)
①	대통령령	5일	대통령령
②	대통령령	30일	대통령령
③	대통령	30일	국토교통부령
④	국토교통부령	15일	대통령령
⑤	국토교통부령	30일	국토교통부령

해설 ▶ 부동산거래신고

거래당사자는 부동산 또는 부동산을 취득할 수 있는 권리에 관한 매매계약을 체결한 때에는 부동산 등의 실제 거래가격 등 (㉠ 대통령령)이 정하는 사항을 거래계약의 체결일부터 (㉡ 30일) 이내에 매매 대상부동산(권리에 관한 매매계약의 경우에는 그 권리의 대상인 부동산) 소재지의 관할 시장·군수 또는 구청장에게 공동으로 신고하여야 한다. 다만, 거래당사자 중 일방이 신고를 거부하는 경우에는 (㉢ 국토교통부령)으로 정하는 바에 따라 상대방이 단독으로 신고할 수 있다(법 제3조 제1항).

16

「부동산거래신고 등에 관한 법률」상 부동산거래계약 신고서 작성에 관한 설명으로 옳은 것은? ★★   **26회 출제**

① 입주권과 분양권인 경우 물건별거래금액과 '총실제거래가격'란에는 부가가치세를 포함한 금액을 적는다.
② 계약대상 면적에는 실제 거래면적을 계산하여 적되, 건축물 면적은 집합건축물의 경우 연면적을 적는다.
③ 법인이 6억원 이상의 주택을 매수하는 경우 거래대상부동산의 취득에 필요한 자금조달계획은 신고서 작성사항에 해당한다.
④ 종전의 부동산란은 분양권의 매매 경우에만 적는다.
⑤ 개업공인중개사가 거짓으로 신고서를 작성하여 신고한 경우 500만원 이하의 과태료 부과사유에 해당한다.

정답   15. ③   16. ①

제1장 부동산거래신고

> **해설** ▶ 부동산거래신고
> ② 계약대상 면적에는 실제 거래면적을 계산하여 적되, 건축물 면적은 집합건축물의 경우 전용면적을 적는다(별지 제1호 서식).
> ③ 법인이 주택을 매수하는 경우 가격과 무관하게 자금조달계획서를 제출한다.
> ④ 종전의 부동산란은 입주권 매매의 경우에만 작성한다.
> ⑤ 개업공인중개사가 거짓으로 신고서를 작성하여 신고하면 해당 취득가액의 100분의 5 이하에 상당하는 금액의 과태료 부과사유에 해당한다(법 제28조 제3항).

17

「부동산거래신고 등에 관한 법률」상 부동산거래의 신고에 관한 설명으로 옳은 것은? **20회 출제**

① 토지거래계약허가를 받은 경우는 거래신고를 하지 않아도 된다.
② 개업공인중개사가 거래계약서를 작성하여 교부한 경우에는 계약 체결일부터 30일 이내에 개업공인중개사가 신고해야 한다.
③ 거래당사자는 신고서에 반드시 공동으로 서명 및 날인하여 공동으로 제출해야 한다.
④ 개업공인중개사가 폐업 후 중개행위로 토지의 매매계약을 체결한 때에는 그 개업공인중개사가 계약체결일부터 30일 이내에 거래신고를 해야 한다.
⑤ 거래신고를 하지 아니한 거래당사자 또는 개업공인중개사에 대한 과태료는 시·도지사가 부과한다.

> **해설** ▶ 부동산거래신고
> ① 거래당사자는 신고서에 공동으로 서명 또는 날인하여 일방이 제출하여야 한다(규칙 제2조 제1항).
> ③ 토지거래계약허가를 받은 경우에도 거래신고를 하여야 한다.
> ④ 개업공인중개사가 폐업한 경우 개업공인중개사가 아니기 때문에 거래신고의무가 없다.
> ⑤ 거래신고를 하지 아니한 거래당사자 또는 개업공인중개사에 대한 과태료는 신고관청이 부과한다(법 제28조 제6항).

18

「부동산거래신고 등에 관한 법률」상 '부동산거래계약 신고서'의 신고대상에 따른 기재사항이 옳게 짝지어진 것을 다음 중 모두 고른 것은? **21회 출제**

| ㉠ 투기과열지구의 주택 ··· 자금조달계획서 |
| ㉡ 외국인이 부동산등을 매수할 경우 ························· 부동산등의 매수 용도 |
| ㉢ 매매의 목적물이 집합건축물인 경우 ························· 전용면적 |
| ㉣ 매매의 목적물이 아파트인 경우 ································ 동·호수 |

① ㉠, ㉡
② ㉠, ㉡, ㉢
③ ㉠, ㉢, ㉣
④ ㉡, ㉢, ㉣
⑤ ㉠, ㉡, ㉢, ㉣

정답 17. ② 18. ⑤

제2편 부동산거래신고 등에 관한 법률

해설 ▸ 부동산거래계약 신고서
모두 맞는 내용이다.

19 토지거래계약허가구역 내 허가대상면적을 초과하는 "과수원" 매매계약을 중개하고자 하는 개업공인중개사 甲의 중개행위로 옳지 <u>못한</u> 것은?

① 甲은 토지거래계약허가구역 내 허가대상 토지이므로 가장 먼저 허가를 받을 것을 전제로 한 계약을 체결시켰다.
② 甲은 허가구청의 허가가 있은 후 본 계약을 체결시켰다.
③ 거래대상 토지의 지목이 농지에 해당하므로 농지취득자격증명원 발급을 신청하였다.
④ 甲은 계약 체결일로부터 30일 이내에 「부동산거래신고 등에 관한 법률」상의 부동산거래신고를 하였다.
⑤ ④의 거래신고를 할 때 甲의 소속공인중개사 乙을 대행시켰다.

해설 ▸ 거래계약체결
허가구역 내 농지는 농지취득자격증명 없이 허가를 받으면 취득할 수 있다.

20 「부동산거래신고 등에 관한 법률」상 부동산거래신고에 관한 설명으로 옳은 것은? **23회 출제**

① 부동산거래신고는 부동산의 증여계약을 체결한 경우에도 해야 한다.
② 개업공인중개사가 중개를 완성하여 거래계약서를 작성·교부한 때에는 거래당사자와 개업공인중개사가 공동으로 신고해야 한다.
③ 농지의 매매계약을 체결한 경우 「농지법」상의 농지취득자격증명을 받으면 부동산거래신고를 한 것으로 본다.
④ 시장·군수 또는 구청장은 부동산거래가격 검증체계를 구축·운영해야 한다.
⑤ 부동산거래계약 신고필증을 교부받은 때에는 매수인은 「부동산등기 특별조치법」에 따른 검인을 받은 것으로 본다.

해설 ▸ 부동산거래신고
① 부동산의 증여계약은 부동산거래신고대상이 아니며 매매에 한한다(법 제3조 제1항).
② 개업공인중개사가 중개를 완성하여 거래계약서를 작성·교부한 때에는 개업공인중개사가 신고해야 한다(법 제3조 제3항).
③ 농지의 매매계약을 체결한 경우 농지법상의 농지취득자격증명을 받았다 하더라도 부동산거래신고를 하여야 한다.
④ 국토교통부장관은 부동산거래가격 검증체계를 구축·운영해야 한다(법 제5조 제1항).

정답 19. ③ 20. ⑤

21

「부동산거래신고 등에 관한 법률」상 부동산거래계약 신고서의 작성방법으로 옳은 것을 모두 고른 것은? **27회 출제**

> ㉠ 공급계약 또는 전매계약의 경우 총실제거래가격에 부가가치세를 제외한 금액을 적는다.
> ㉡ 물건별 거래금액란에는 둘 이상의 부동산을 함께 거래하는 경우 각각의 부동산별 거래금액을 적는다.
> ㉢ 종전부동산란은 입주권 매매의 경우에만 종전 토지에 대해 작성한다.
> ㉣ 계약의 조건 또는 기한은 부동산거래계약 내용에 계약조건이나 기한을 붙인 경우에만 적는다.

① ㉠, ㉢
② ㉡, ㉣
③ ㉠, ㉡, ㉣
④ ㉡, ㉢, ㉣
⑤ ㉠, ㉡, ㉢, ㉣

해설 ▶ 부동산거래신고서 작성
㉠ 공급계약 또는 전매계약의 경우 물건별 거래가격 및 총실제거래가격에 부가가치세를 포함한 금액을 적는다(규칙 별지서식 제1호).

22

「부동산거래신고 등에 관한 법률」상 개업공인중개사의 부동산거래계약 신고서 작성방법에 관한 설명으로 틀린 것은? **25회 출제**

① 거래당사자가 다수인 경우 매수인 또는 매도인의 주소란에 각자의 거래지분 비율을 표시한다.
② 거래대상부동산의 종류가 건축물인 경우에는 「건축법 시행령」에 따른 용도별 건축물의 종류를 적는다.
③ 거래대상 면적에는 실제 거래면적을 계산하여 적되, 집합건축물의 경우 전용면적과 공용면적을 합산하여 기재한다.
④ 물건별 거래대상 거래금액란에는 둘 이상의 부동산을 함께 거래하는 경우 각각의 부동산별 거래금액을 적는다.
⑤ 개업공인중개사의 인적 사항 및 중개사무소의 개설등록을 한 사무소의 상호·소재지·연락처에 관한 사항을 기재해야 한다.

해설 ▶ 부동산거래신고서 작성
거래대상 면적에는 실제 거래면적을 계산하여 적되, 집합건축물의 경우 전용면적을, 그 밖의 건물의 경우 연면적을 기재한다.

정답 21. ④ 22. ③

23

다음은 「부동산거래신고 등에 관한 법률」상 주택임대차계약신고에 대한 설명으로 옳지 않은 것은?

① 주택임대차 계약신고를 하지 않거나 거짓으로 신고한 경우 100만원 이하의 과태료에 처한다.
② 보증금이 6천만원을 초과하거나 월차임이 30만원을 초과하는 주택임대차 계약에 대해 적용한다.
③ 특별시·광역시·도의 지역에서 체결되는 주택임대차계약에 대해 신고하여야 한다.
④ 임대차계약당사자의 위임을 받은 사람은 임대차신고서, 임대차변경신고서 및 임대차 해제신고서등의 작성·제출 및 정정신청을 대행할 수 있다.
⑤ 임대차계약을 신고한 후 임대차계약의 보증금, 차임 등 임대차 가격이 변경 또는 임대차 계약이 해제된 때 신고하여야 한다.

해설 ▶ 주택임대차계약
주택임대차계약의 신고지역은 특별자치도, 특별자치시, 시·군(광역시 및 경기도의 군을 말한다)·구(자치구)에서 이루어지는 주택임대차 계약에 대해 신고대상이다.

24

다음은 「부동산거래신고 등에 관한 법률」에 의한 주택임대차계약신고에 대한 설명으로 옳지 않은 것은?

① 개업공인중개사가 주택임대차 계약을 중개한 경우 개업공인중개사가 계약체결일로부터 30일 이내에 신고하여야 한다.
② 임대차계약당사자 중 일방이 신고를 거부하는 경우에는 국토교통부령으로 정하는 바에 따라 단독으로 신고할 수 있다.
③ 신고관청은 주택임대차 계약의 신고 사무에 대한 해당 권한의 일부를 그 지방자치단체의 조례로 정하는 바에 따라 읍·면·동장 또는 출장소장에게 위임할 수 있다.
④ 임대차계약당사자는 해당 주택임대차 계약의 보증금, 차임 등 임대차 가격이 변경되거나 임대차 계약이 해제된 때에는 변경 또는 해제가 확정된 날부터 30일 이내에 해당 신고관청에 공동으로 신고하여야 한다.
⑤ 임차인이 「주민등록법」에 따라 전입신고를 하는 경우 이 법에 따른 주택 임대차 계약의 신고를 한 것으로 본다.

해설 ▶ 주택임대차계약신고
개업공인중개사는 주택임대차계약신고 의무가 없으며 임대차 계약당사자가 하여야 한다.

정답   23. ③   24. ①

CHAPTER 02 외국인등의 부동산취득의 특례

학습포인트
- 외국인등의 부동산 등의 취득에 대한 내용을 알아야 한다.
- 외국인 등의 토지취득 허가에 대해 숙지해야 한다.

CHAPTER 학습 & 출제되는 키워드

- ☑ 외국인등의 부동산등의 취득 신고
- ☑ 외국인등의 토지취득허가
- ☑ 신고 및 허가 절차

CHAPTER 학습 & 출제되는 질문

- ☑ 외국인등의 부동산등의 취득 신고에 대한 설명으로 옳지 않은 것은?
- ☑ 외국인등의 토지취득 허가에 대한 설명으로 옳지 않은 것은?
- ☑ 외국인등이 허가를 받지 않고 토지를 취득한 경우 형벌은?

제2편 부동산거래신고 등에 관한 법률

01 개업공인중개사가 대한민국 영토 안의 부동산등을 취득하고자 하는 외국인에게 설명한 내용 중 옳은 것은?

① 경매로 부동산등을 취득한 경우 취득일부터 6월 이내에 시장·군수 또는 구청장에게 신고하여야 한다.
② 대한민국 안의 부동산등을 취득하는 계약을 체결한 경우에는 계약체결일부터 90일 이내에 신고하여야 한다.
③ 지정문화유산지역 내 토지는 취득 할 수 없다.
④ 군사기지 및 군사시설보호구역 내 토지의 경우에는 취득일부터 30일 이내에 신고하여야 한다.
⑤ 토지취득허가의무에 위반하여 체결한 토지취득계약이라도 그 효력은 발생한다.

해설 ▶ 외국인등의 부동산등 취득
② 대한민국 안의 부동산등을 취득하는 계약을 체결한 경우에는 계약체결일부터 60일 이내에 신고하여야 한다(매매로 인한 계약은 30일 이내 부동산거래신고).
③ 지정문화유산과 이를 위한 보호물·보호구역 내 토지는 허가를 받은 경우 취득 할 수 있다.
④ 군사기지 및 군사시설보호구역 내 토지의 경우에는 계약체결 전에 허가를 받아야 한다.
⑤ 토지취득허가의무에 위반하여 체결한 토지취득계약은 무효이다.

02 개업공인중개사가 국내부동산등을 취득하려는 외국인에게 설명한 것으로 옳은 것을 모두 고른 것은? ★★ [24회 출제]

㉠ 「자연환경보전법」상 생태·경관보전지역 내의 토지에 관하여 허가권자의 허가 없이 체결한 토지취득계약은 효력이 없다.
㉡ 경매로 취득한 때에는 그 취득일부터 60일 이내에 시장·군수 또는 구청장에게 신고해야 한다.
㉢ 상속으로 취득한 때에, 이를 신고하지 않거나 거짓으로 신고한 경우 100만원 이하의 과태료가 부과된다.
㉣ 부동산등의 취득계약을 체결하고 부동산거래신고를 한 때에도 계약체결일부터 60일 이내에 시장·군수 또는 구청장에게 신고해야 한다.

① ㉠, ㉡
② ㉠, ㉢
③ ㉡, ㉢
④ ㉡, ㉣
⑤ ㉢, ㉣

해설 ▶ 외국인등의 부동산등의 취득
㉡ 경매로 취득한 때에는 그 취득일부터 6월 이내에 시장·군수 또는 구청장에게 신고해야 한다.
㉣ 부동산등의 취득계약을 체결하고 부동산거래신고를 한 때에는 외국인의 부동산등의 취득신고는 제외된다.

정답 01. ① 02. ②

제2장 외국인등의 부동산취득의 특례

03 공인중개사인 개업공인중개사가 국내에서 부동산등을 취득하고자 하는 외국인에게 한 설명으로 틀린 것은? `22회 출제`

① 외국의 법령에 따라 설립된 법인 또는 단체도 외국인에 속한다.
② 외국인이 대한민국 안의 부동산등을 증여계약으로 체결한 경우에는 계약체결일부터 60일 이내에 부동산등의 소재지를 관할하는 시장·군수·구청장에게 신고해야 한다.
③ 부동산등의 취득의 신고를 하지 아니하거나 거짓으로 신고한 자는 2년 이하의 징역 또는 2천만원 이하의 벌금에 처한다.
④ 외국인이 지정문화유산과 이를 위한 보호물 또는 보호구역에 있는 토지를 취득하고자 하는 경우에는 원칙적으로 토지소재지를 관할하는 시장·군수·구청장으로부터 토지취득허가를 받아야 한다.
⑤ 「부동산거래신고 등에 관한 법률」에 따라 부동산거래신고를 한 경우에는 신고 의무는 없다.

해설 ▶ **외국인의 부동산등의 취득**
계약으로 인한 부동산등이 취득신고를 하지 않았거나 허위로 신고한자는 300만원 이하의 과태료이며 계약 이외의 원인에 의한 취득신고와 계속 보유신고를 하지 않거나 허위로 신고한 자는 100만원 이하의 과태료에 처한다.

04 개업공인중개사가 외국인등의 부동산등의 취득에 관하여 중개의뢰인에게 한 설명으로 가장 옳은 것은? ★★

① 외국인이 대한민국 안의 부동산등을 취득하는 계약을 체결한 경우에는 계약체결일부터 30일 이내에 시장(구가 설치되지 않은 시)·군수 또는 구청장에게 신고하여야 한다.
② 외국인이 상속·경매 기타 계약 외의 원인으로 인하여 대한민국 안의 부동산등을 취득한 경우에는 토지를 취득한 날부터 60일 이내에 시장(구가 설치되지 않은 시)·군수 또는 구청장에게 신고하여야 한다.
③ 외국인이 「자연환경보전법」에 의한 생태·경관보전지역의 토지를 취득하고자 하는 경우에는 시·도지사의 허가를 받아야 한다.
④ 대한민국 안의 부동산등을 가지고 있는 대한민국 국민이 외국인으로 변경된 경우 그 외국인이 당해 부동산등을 계속 보유하고자 하는 때에는 외국인으로 변경된 날로부터 1년 이내에 시장(구가 설치되지 않은 시)·군수 또는 구청장에게 신고하여야 한다.
⑤ 허가를 받지 아니하고 토지취득계약을 체결하거나 부정한 방법으로 허가를 받아 토지취득계약을 체결한 외국인은 2년 이하의 징역 또는 2천만원 이하의 벌금에 처한다.

정답 03. ③   04. ⑤

제2편 부동산거래신고 등에 관한 법률

해설 ▶ **외국인등의 부동산등의 취득**

① 외국인등이 대한민국 안의 부동산등을 취득하는 계약을 체결한 경우에는 계약체결일부터 60일 이내에 대통령령이 정하는 바에 따라 시장(구가 설치되지 않은 시)·군수 또는 구청장에게 신고하여야 한다(법 제8조 제1항).
② 외국인등은 상속·경매 기타 대통령령이 정하는 계약 외의 원인으로 인하여 대한민국 안의 부동산등을 취득한 경우에는 부동산등을 취득한 날부터 6월 이내에 대통령령이 정하는 바에 따라 시장·군수 또는 구청장에게 신고하여야 한다(법 제8조 제2항).
③ 외국인이 「자연환경보전법」에 의한 생태·경관보전지역의 토지를 취득하고자 하는 경우에는 토지계약을 체결하기 전에 시장·군수 또는 구청장의 허가를 받아야 한다(법 제9조 제1항).
④ 대한민국 안의 부동산등을 가지고 있는 대한민국 국민이나 대한민국의 법령에 의하여 설립된 법인 또는 단체가 외국인으로 변경된 경우 그 외국인이 당해 부동산등을 계속 보유하고자 하는 때에는 외국인으로 변경된 날부터 6월 이내에 시장·군수 또는 구청장에게 신고하여야 한다(법 제8조 제3항).

05

개업공인중개사가 대한민국 안의 부동산등을 취득하고자 하는 외국인에게 설명한 내용으로 틀린 것은? **20회 출제**

① 외국인이 경매로 부동산등을 취득한 때에는 취득한 날부터 6개월 이내에 이를 신고해야 한다.
② 외국인이 계약에 의하여 부동산등을 취득하는 때에는 토지취득일부터 60일 이내에 이를 신고해야 한다.
③ 부동산등의 취득신고는 전자문서로 신고하는 경우를 제외하고 외국인인 당사자의 위임을 받은 자가 대리할 수 있다.
④ 외국인이 건물에 대한 지상권을 취득할 때에는 외국인의 부동산등의 취득신고 규정이 적용되지 않는다.
⑤ 외국인의 범위에는 사원 또는 구성원의 2분의 1 이상이 대한민국 국적을 보유하고 있지 않은 법인 또는 단체도 포함된다.

해설 ▶ **외국인등의 부동산등의 취득**
외국인이 계약에 의하여 부동산등을 취득하는 때에는 계약체결일로부터 60일 이내에 이를 신고해야 한다(법 제8조 제1항).

정답 05. ②

06

개업공인중개사가 대한민국 내의 부동산등을 취득하고자 하는 외국인에게 한 설명으로 옳은 것은? **23회 출제**

① 대한민국 안의 부동산등을 가지고 있는 대한민국 국민이 외국인으로 변경된 경우 그 외국인이 해당 부동산등을 계속 보유하려는 경우에는 외국인으로 변경된 날부터 3개월 이내에 국토교통부장관에게 신고해야 한다.
② 국토교통부장관은 부동산등의 취득신고를 하지 않은 외국인에게 과태료를 부과·징수한다.
③ 외국인이 경매로 대한민국 안의 부동산등을 취득한 때에는 부동산등을 취득한 날부터 6개월 이내에 시장·군수 또는 구청장에게 신고해야 한다.
④ 「부동산거래신고 등에 관한 법률」에 따라 부동산거래신고를 한 경우에도 부동산등의 취득신고를 해야 한다.
⑤ 신고관청은 신고내용 및 허가내용을 매분기 종료일부터 3개월 이내에 시·도지사에게 제출하여야 한다.

해설 ▶ **외국인의 부동산등의 취득**

① 대한민국 안의 부동산등을 가지고 있는 대한민국 국민이 외국인으로 변경된 경우 그 외국인이 해당 부동산등을 계속 보유하려는 경우에는 외국인으로 변경된 날부터 6개월 이내에 시장·군수 또는 구청장에게 신고해야 한다(법 제8조 제2항).
② 시장·군수 또는 구청장은 부동산등의 취득신고를 하지 않은 외국인에게 과태료를 부과·징수한다(법 제28조 제6항).
④ 「부동산거래신고 등에 관한 법률」에 따라 부동산거래신고를 한 경우에는 외국인의 부동산등의 취득신고가 제외된다(법 제8조 제1항).
⑤ 신고관청은 신고내용 및 허가내용을 매 분기 종료일로부터 1개월 이내에 시·도지사에게 제출하여야 한다(영 제5조 제3항).

정답 06. ③

제2편 부동산거래신고 등에 관한 법률

07 개업공인중개사가 외국인에게 부동산거래신고 등에 관한 법령의 내용을 설명한 것으로 틀린 것은? **28회 출제**

① 외국인이 부동산거래신고의 대상인 계약을 체결하여 부동산거래신고를 한 때에도 부동산 취득신고를 해야 한다.
② 외국인이 경매로 대한민국 안의 부동산을 취득한 때에는 취득한 날부터 6개월 이내에 신고관청에 신고해야 한다.
③ 외국인이 취득하려는 토지가 「자연환경보전법」에 따른 생태·경관보전지역에 있으면, 「부동산거래신고 등에 관한 법률」에 따라 토지거래계약에 관한 허가를 받은 경우를 제외하고는 토지취득계약을 체결하기 전에 신고관청으로부터 토지취득의 허가를 받아야 한다.
④ 대한민국 안의 부동산을 가지고 있는 대한민국 국민이 외국인으로 변경되었음에도 해당 부동산을 계속 보유하려는 경우 외국인으로 변경된 날부터 6개월 이내에 신고관청에 계속보유에 관한 신고를 해야 한다.
⑤ 외국의 법령에 따라 설립된 법인이 자본금의 2분의 1 이상을 가지고 있는 법인은 "외국인등"에 해당한다.

해설 외국인등의 부동산 등 취득 특례
① 외국인이 부동산거래신고의 대상인 계약을 체결하여 부동산거래신고를 한 경우에는 부동산 취득신고를 하지 않아도 된다(법 제8조 제1항).

정답 07. ①

CHAPTER 03

토지거래허가

학습포인트

- 토지거래허가구역의 지정에 대하여 알아야 한다.
- 토지거래 허가절차에 대하여 알아야 한다.
- 선매제도에 대하여 숙지하여야 한다.

CHAPTER 학습 & 출제되는 키워드

- ☑ 지정권자
- ☑ 토지사용의무
- ☑ 허가의 불복
- ☑ 허가신청
- ☑ 지정의 해제 또는 축소
- ☑ 허가권자
- ☑ 포상금
- ☑ 선매
- ☑ 허가 또는 불허가
- ☑ 허가기준 면적
- ☑ 지정절차
- ☑ 이행강제금

CHAPTER 학습 & 출제되는 질문

- ☑ 토지거래허가 지정 절차에 대한 설명으로 옳지 않은 것은?
- ☑ 토지거래허가에 대한 설명으로 옳지 않은 것은?
- ☑ 선매제도에 대한 설명으로 옳지 않은 것은?

제2편 부동산거래신고 등에 관한 법률

01 다음 중 「부동산거래신고 등에 관한 법률」상 토지거래허가구역에 관한 설명으로 옳은 것은?

① 토지거래허가구역의 지정권자는 특별시장·광역시장·특별자치시장·특별자치도지사·시장 또는 군수이다.
② 토지에 대한 투기적인 거래가 성행하는 지역에는 토지거래허가구역으로 지정하여야 한다.
③ 지정통지를 받은 시·군·구청장은 지체없이 등기소의 장에게 통지하고, 그 사실을 7일 이상 공고하고, 그 공고 내용을 15일간 일반이 열람할 수 있도록 하여야 한다.
④ 토지거래허가구역의 지정기간은 10년으로 한다.
⑤ 토지거래허가권자는 특별시장·광역시장·특별자치시장·특별자치도지사·시장 또는 군수이다.

해설 ► **토지거래허가구역**
① 토지거래허가구역의 지정권자는 2 이상의 시·군·구에 걸치는 경우에는 국토교통부장관이고, 같은 시·군·구 지역의 일부에 지정하는 경우에는 시·도지사이다(법 제10조 제1항).
② 토지에 대한 투기적인 거래가 성행하는 지역에는 토지거래허가구역을 지정할 수 있다. 토지거래허가구역의 지정은 지정권자의 재량사항이다(법 제10조 제1항).
④ 허가구역의 지정기간은 5년 이내로 한다(법 제10조 제1항, 영 제8조 제1항).
⑤ 토지거래허가권자는 시장·군수 또는 구청장이다. 특별시장·광역시장은 허가권자가 아니다(법 제11조 제1항).

02 「부동산거래신고 등에 관한 법률」상 토지거래계약에 관한 허가구역에 대한 설명 중 옳은 것은?

① 토지거래계약에 관한 허가 및 허가받은 사항의 변경에 관한 허가권자는 시·도지사이다.
② 허가구역의 지정은 그 지정을 공고한 날부터 15일 후에 그 효력이 발생한다.
③ 허가구역 안에 있는 토지의 소유권을 이전하고자 하는 경우에는 유·무상에 관계없이 토지거래계약에 관한 허가를 받아야 한다.
④ 「민사집행법」에 의한 경매의 경우라 하더라도 허가구역 안에 있는 일정 규모 이상의 토지를 거래하고자 하는 경우에는 토지거래계약에 관한 허가를 받아야 한다.
⑤ 허가권자는 허가받은 목적대로 토지를 이용하지 아니하는 자에 대하여는 토지이용의무의 최초 이행명령이 있은 날을 기준으로 1년에 1회씩 당해 이행명령이 이행될 때까지 반복하여 이행강제금을 부과할 수 있다.

정답 01. ③ 02. ⑤

> **해설** 토지거래계약에 관한 허가구역
> ① 시장·군수 또는 구청장이 허가권자이다(법 제11조 제1항).
> ② 토지거래허가구역의 지정이나 확대지정의 효력은 공고한 날부터 5일 후에 발생하지만 재지정·축소·해제의 경우에는 공고일 즉시 효력이 발생한다(법 제10조 제5항).
> ③ 유상계약인 경우에만 허가를 받아야 한다(법 제11조 제1항).
> ④ 경매에 의하여 낙찰받는 경우에는 허가를 받지 아니한다(법 제14조 제2항).

03

부동산 거래신고 등에 관한 법령에 대한 설명이다. ( )에 들어갈 숫자는? (단, 국토교통부장관 또는 시·도지사가 따로 정하여 공고한 경우와 종전 규정에 따라 공고된 면제대상 토지면적 기준은 고려하지 않음) **33회 출제**

> 경제 및 지가의 동향과 거래단위면적 등을 종합적으로 고려하여 「국토의 계획 및 이용에 관한 법률」에 따른 도시지역 중 아래의 세부 용도지역별 면적 이하의 토지에 대한 토지거래계약허가는 필요하지 아니하다.
> ○ 주거지역: (ㄱ)제곱미터
> ○ 상업지역: (ㄴ)제곱미터
> ○ 공업지역: (ㄷ)제곱미터
> ○ 녹지지역: (ㄹ)제곱미터

① ㄱ: 60,   ㄴ: 100,   ㄷ: 100,   ㄹ: 200
② ㄱ: 60,   ㄴ: 150,   ㄷ: 150,   ㄹ: 200
③ ㄱ: 180, ㄴ: 180,   ㄷ: 660,   ㄹ: 500
④ ㄱ: 180, ㄴ: 200,   ㄷ: 660,   ㄹ: 200
⑤ ㄱ: 180, ㄴ: 250,   ㄷ: 500,   ㄹ: 1천

> **해설** 토지거래계약에 관한 허가구역
> 토지거래허가구역의 기준면적은 아래 기준면적 이하인 경우 시에는 허가를 받지 않는다(법 제11조 제2항, 영 제10조 제1항).

구 분	용도지역	기준면적
도시지역	주거지역	60㎡ 이하
	상업지역	150㎡ 이하
	공업지역	150㎡ 이하
	녹지지역	200㎡ 이하
	지역의 미지정	60㎡ 이하
도시지역 외 지역	임야	1,000㎡ 이하
	농지	500㎡ 이하
	기타	250㎡ 이하

정답 03. ②

04

「부동산거래신고 등에 관한 법률」상 토지거래허가에 관한 내용 중 옳은 것은?

① 법률의 제·개정으로 인하여 행위제한이 강화되거나 해제되는 지역에 대하여 토지거래허가구역으로 지정할 수 있다.
② 국토교통부장관이 일정지역에 토지거래허가구역을 지정한 후 허가를 받지 않아도 되는 면적을 기준면적의 2배(200%)로 정했다면, 주거지역에서 허가받지 않고도 토지거래를 할 수 있는 면적은 120㎡ 이하이다.
③ 토지거래계약이라 함은 허가구역 안과 인접지역에 있는 토지의 소유권·지상권을 이전 또는 설정하는 계약행위를 말한다.
④ 허가구역 지정당시 기준면적을 초과하는 토지는 토지거래허가구역의 지정 후 당해 토지가 토지거래허가를 받지 않아도 되는 규모 이하로 분할된 경우에는 분할된 이후부터 곧바로 토지거래허가를 받지 않고도 거래할 수 있다.
⑤ 토지거래허가구역 안의 토지를 거래함에 있어 그 당사자의 일방 또는 쌍방이 국가 및 지방자치단체이거나 공공기관 등 공공단체일 경우 당해 기관장이 시장·군수와 협의 할 수 있고, 협의가 성립된 뒤에는 시장·군수의 허가를 얻어야 토지거래를 할 수 있다.

해설 ▶ **토지거래허가**

① 행위제한이 완화 또는 해제되는 지역에 대하여 지정할 수 있다(법 제10조 제1항, 영 제8조 제1항).
③ 인접지역에 대하여는 적용되지 않는다(법 제10조 제1항, 영 제8조 제1항).
④ 허가구역을 지정할 당시 규정된 면적을 초과하는 토지는 허가구역의 지정 후 당해 토지가 분할된 경우에도 그 분할된 토지에 대한 토지거래계약을 체결함에 있어서는 분할 후 최초의 거래에 한하여 규정된 면적을 초과하는 토지거래계약을 체결하는 것으로 본다. 허가구역의 지정 후 토지가 공유지분으로 거래되는 경우에도 같다(영 제10조 제3항).
⑤ 토지거래당사자의 일방 또는 쌍방이 국가 등인 경우에는 허가권자와 사전에 협의를 한 경우에는 허가를 받은 것으로 간주한다(법 제14조 제1항).

정답   04. ②

05

토지거래허가구역에 관한 설명으로 옳은 것은?

① 토지거래허가구역은 지가가 급격히 상승하는 지역을 대상으로 10년 단위로 지정된다.
② 허가구역의 지정은 허가권자가 허가구역의 지정을 공고한 날로부터 15일 후에 그 효력이 발생한다.
③ 허가구역 안에서 공공사업용으로 토지를 수용당한 자가 그 수용된 날로부터 3년 이내에 수용된 토지에 대체되는 토지를 취득하고자 하는 경우에는 취득가액에 관계없이 허가를 받을 수 없다.
④ 허가구역을 지정할 당시 허가를 요하는 규모의 토지가 허가구역의 지정 후 분할되어 허가를 요하는 규모 미만으로 되었을 경우 분할 후 최초의 거래에 한하여 허가의 대상이 된다.
⑤ 허가구역 안의 토지에 관한 소유권·지상권을 무상으로 이전하는 경우라도 허가의 대상이 된다.

해설 ▶ 토지거래허가

① 5년 이내의 기간을 정하여 지정한다(법 제10조 제1항, 영 제8조 제1항).
② 지정권자가 공고한 날로부터 5일후에 효력이 발생한다(법 제10조 제5항).
③ 대체토지를 취득하고자 하는 경우에는 종전가격과 동일하거나 그 이하이어야 한다(법 제12조 제1호, 영 제11조).
⑤ 유상계약에 대하여만 허가의 대상으로 본다(법 제11조 제1항).

06

「부동산거래신고 등에 관한 법률」상 토지거래허가에 관한 설명으로 틀린 것은?

① 허가를 받으려는 자는 당사자 공동으로 그 허가신청서에 계약내용과 그 토지의 이용계획, 취득자금 조달계획 등을 적어 시장·군수 또는 구청장에게 제출하여야 한다.
② 시장·군수 또는 구청장은 토지거래계약에 관하여 필요한 조사를 하는 때에는 허가 신청한 토지에 대한 현황을 파악할 수 있는 사진을 촬영·보관하여야 한다.
③ 토지거래계약에 관한 허가구역 안의 토지에 대하여 무상으로 지상권을 설정하는 경우 토지거래계약허가를 받아야 한다.
④ 토지의 개발·이용계획 중 착공일은 토지를 취득한 날부터 2년을 초과하지 않아야 한다.
⑤ 선매협의(先買協議) 절차가 진행 중인 경우에는 15일 이내에 그 사실을 신청인에게 알려야 한다.

정답 05. ④   06. ③

해설 ▶ **토지거래허가**
무상으로 소유권을 이전하거나 지상권을 설정하는 행위는 허가대상행위가 아니다(법 제11조 제1항).

07 「부동산거래신고 등에 관한 법률」상 토지거래계약허가구역의 지정에 관한 설명으로 틀린 것은? [25회 출제]

① 허가구역이 둘 이상의 시의 관할구역에 걸쳐 있는 경우 국토교통부장관이 지정한다.
② 시·도지사는 지정기간이 끝나고 나서 재지정하고자 할 때 시·도 도시계획위원회의 심의 전에 미리 시장·군수 또는 구청장의 의견을 들어야 한다.
③ 허가구역지정 공고내용의 통지를 받은 시장·군수 또는 구청장은 지체없이 그 공고 내용을 그 허가구역을 관할하는 등기소의 장에게 통지하여야 한다.
④ 허가구역의 지정은 허가구역의 지정을 공고한 날부터 5일 후에 그 효력이 발생한다.
⑤ 국토교통부장관은 허가구역의 지정 사유가 없어졌다고 인정되면 중앙도시계획위원회의 심의를 거치지 않고 허가구역의 지정을 해제할 수 있다.

해설 ▶ **토지거래계약허가구역의 지정**
토지거래허가구역을 해제 또는 축소의 경우에도 도시계획위원회의 심의를 거쳐야 한다(법 제10조 제7항).

08 「부동산거래신고 등에 관한 법률」상 토지거래계약허가제에 관한 설명으로 옳은 것은?

① 자기의 거주용 주택용지로 이용하고자 토지거래계약허가를 신청하는 경우에도 이를 허가해서는 안 된다.
② 도시·군 관리계획 등 토지이용계획이 새로이 수립되는 지역은 토지의 투기적 거래나 지가의 급격한 상승이 우려되지 않아도 토지거래계약허가구역으로 지정할 수 있다.
③ 시·도지사는 관계 시장·군수·구청장으로부터의 허가구역 지정해제의 요청이 이유 있다고 인정되면 허가구역을 해제할 수 있다.
④ 허가구역 안에서의 토지거래계약을 체결하고자 하는 당사자는 공동으로 시·도지사의 허가를 받아야 한다.
⑤ 국토교통부장관은 토지거래계약허가구역을 지정하기 전에 중앙도시계획위원회의 심의를 거쳐야 한다.

정답 07. ⑤ 08. ⑤

해설 ▶ **토지거래계약허가제**
① 자기의 거주용 목적으로 이용하고자 하는 경우에는 이용목적이 적합하므로 허가를 하여야 한다(법 제12조 제1호, 영 제11조).
② 도시·군 관리계획 등 토지의 이용계획이 수립되는 지역으로서 토지의 투기적인 거래가 성행하거나 지가가 급격히 상승하는 지역 등에 대하여 허가구역으로 지정할 수 있다(법 제10조 제1항, 영 제8조 제1항).
③ 국토교통부장관 또는 시·도지사는 허가구역의 지정사유가 없어졌다고 인정되거나 관계 시·도지사, 시장·군수·구청장으로부터 허가구역의 지정해제 또는 축소요청이 이유있다고 인정되는 때에는 지체없이 허가구역의 지정을 해제하거나 지정된 허가구역의 일부를 축소하여야 한다(법 제10조 제6항).
④ 허가구역 안에서 토지거래계약을 체결하고자 하는 당사자는 공동으로 시장·군수·구청장의 허가를 받아야 한다(법 제11조 제3항, 영 제9조 제1항).

09

甲은 A도 B군에 토지 210㎡를 소유한 자로서, 관할 A도지사는 甲의 토지 전부가 포함된 녹지지역 일대를 토지거래계약 허가구역으로 지정하였다. 「부동산 거래신고 등에 관한 법률」상 이에 관한 설명으로 틀린 것은? (단, A도지사는 허가를 요하지 아니하는 토지의 면적을 따로 정하지 않았음) **26회 출제**

① 甲이 자신의 토지 전부에 대해 대가를 받고 지상권을 설정하려면 토지거래계약 허가를 받아야 한다.
② 甲의 토지가 농지라면 토지거래계약 허가를 받은 경우에는 농지법에 따른 농지취득자격증명을 받은 것으로 본다.
③ 허가구역에 거주하는 농업인 乙이 그 허가구역에서 농업을 경영하기 위해 甲의 토지 전부를 임의매수하는 경우에는 토지거래계약 허가가 필요하지 않다.
④ 丙이 자기의 거주용 주택용지로 이용하려는 목적으로 甲의 토지 전부를 임의매수하는 경우 해당 토지거래계약 허가의 신청에 대하여 B군수는 허가하여야 한다.
⑤ 토지거래계약 허가신청에 대해 불허가처분을 받은 경우 甲은 그 통지를 받은 날부터 1개월 이내에 B군수에게 해당 토지에 관한 권리의 매수를 청구할 수 있다.

해설 ▶ **토지거래계약 허가구역**
③ 농업경영을 위한 목적인 경우에 토지거래허가를 받아야 한다(법 제11조 제3항, 영 제9조 제1항).

정답 09. ③

10

「부동산거래신고 등에 관한 법률」상 토지거래계약을 허가받은 경우 그 토지를 허가받은 목적대로 이용하여야 하는 토지이용 의무기간으로 틀린 것은? (단, 의무기간의 기산점은 토지의 취득시이고, 대통령령이 정하는 예외 사유는 고려하지 않음)

① 자기의 거주용 주택용지로 이용하려는 목적으로 허가를 받은 경우에는 2년
② 허가구역을 포함한 지역의 주민을 위한 편익시설의 설치에 이용하려는 목적으로 허가를 받은 경우에는 2년
③ 농업을 영위하기 위한 목적으로 허가를 받은 경우에는 2년
④ 축산업을 영위하기 위한 목적으로 허가를 받은 경우에는 3년
⑤ 관계법령의 규정에 의하여 건축물이나 공작물의 설치행위가 금지된 토지에 대하여 현상보존의 목적으로 토지를 취득하기 위하여 허가를 받은 경우에는 5년

해설 ▶ 토지이용 의무기간

- 토지거래계약을 허가받은 자는 5년의 범위에서 다음의 기간에 그 토지를 허가받은 목적대로 이용하여야 한다(법 제17조 제1항).
  1) 자기의 거주용 주택용지로 이용하려는 것인 경우에는 토지의 취득시부터 2년
  2) 지역의 주민을 위한 복지시설 또는 편익시설로서 관할 시장·군수 또는 구청장이 확인한 시설의 설치에 이용하려는 것인 경우에는 토지의 취득시부터 2년
  3) 농업을 영위하기 위한 목적으로 허가를 받은 경우에는 토지의 취득시부터 2년
  4) 축산업·임업 또는 어업을 영위하기 위한 목적으로 허가를 받은 경우에는 토지의 취득시부터 2년
  5) 토지를 수용하거나 사용할 수 있는 사업을 시행하는 자가 그 사업을 시행하기 위하여 필요한 것인 경우이거나, 허가구역을 포함한 지역의 건전한 발전을 위하여 필요하고 관계 법률에 따라 지정된 지역·지구·구역 등의 지정목적에 적합하다고 인정되는 사업을 시행하는 자나 시행하려는 자가 그 사업에 이용하려는 것인 경우에는 토지의 취득시부터 4년. 다만, 분양을 목적으로 허가를 받은 토지로서 개발에 착수한 후 토지취득일부터 4년 이내에 분양을 완료한 경우에는 분양을 완료한 때에 4년이 지난 것으로 본다.
  6) 토지를 공익사업용으로 협의양도하거나 수용된 자가 그 협의양도 또는 수용된 날부터 3년 이내에 그 허가구역 안에서 협의양도 또는 수용된 토지에 대체되는 토지를 취득하려는 경우에는 토지의 취득시부터 2년
  7) 관계 법령에 의하여 개발·이용행위가 제한 또는 금지된 토지로서 현상보존의 목적으로 토지의 취득을 하고자 하는 경우에는 토지의 취득시부터 5년
  8) 1) 내지 7) 외의 경우에는 토지의 취득시부터 5년

정답 10. ④

11

「부동산거래신고 등에 관한 법률」상 토지거래계약허가를 받아야 하는 경우는? (다만, 각 토지의 면적은 3,300㎡)

① 허가구역에 거주하는 농업인이 그 구역에서 농업을 경영하기 위하여 필요한 토지를 매수하는 경우
② 국세 체납처분에 따라 토지를 취득하는 경우
③ 「민사집행법」에 따른 경매를 통해 토지를 취득하는 경우
④ 공유재산 관리계획에 따라 일반경쟁입찰로 처분하는 공유재산인 토지를 취득하는 경우
⑤ 「공익사업을 위한 토지 등의 취득 및 보상에 관한 법률」에 따라 토지를 수용하는 경우

해설 ▶ 토지거래계약허가

농업인의 경우에는 토지거래허가구역 내의 농지의 취득인 경우 그 취득면적의 제한은 없으나 토지거래허가를 받아야 한다(법 제11조 제3항, 영 제9조 제1항).

12

부동산 거래신고 등에 관한 법령상 이행강제금에 관한 설명이다. ( )에 들어갈 숫자로 옳은 것은? **33회 출제**

> 시장·군수는 토지거래계약허가를 받아 토지를 취득한 자가 당초의 목적대로 이용하지 아니하고 방치한 경우 그에 대하여 상당한 기간을 정하여 토지의 이용의무를 이행하도록 명할 수 있다. 그 의무의 이행기간은 ( )개월 이내로 정하여야 하며, 그 정해진 기간 내에 이행되지 않은 경우, 토지 취득가액의 100분의 ( )에 상당하는 금액의 이행강제금을 부과한다.

① ㄱ: 3, ㄴ: 7
② ㄱ: 3, ㄴ: 10
③ ㄱ: 6, ㄴ: 7
④ ㄱ: 6, ㄴ: 10
⑤ ㄱ: 12, ㄴ: 15

해설 ▶ 이행강제금

의무의 이행기간은 (3)개월 이내로 정하여야 하며, 그 정해진 기간 내에 이행되지 않은 경우, 토지 취득가액의 100분의 (10)에 상당하는 금액의 이행강제금을 부과한다.

정답 11. ① 12. ②

13

「부동산거래신고 등에 관한 법률」상 처분 등에 대한 권리구제에 관한 설명 중 <u>틀린</u> 것은?

① 허가신청에 대하여 불허가처분을 받은 자는 그 통지를 받은 날부터 1개월 이내에 시장·군수 또는 구청장에게 해당 토지에 관한 권리의 매수를 청구할 수 있다.
② 이행강제금 부과처분을 받은 자가 이의를 제기하려는 경우에는 부과처분의 고지를 받은 날부터 3월 이내에 이의를 제기하여야 한다.
③ 토지거래계약에 관한 허가신청에 대한 처분에 이의가 있는 자는 그 처분을 받은 날부터 1월 이내에 이의를 신청할 수 있다.
④ 토지거래계약에 관한 허가신청에 대해 불허가처분을 받은 자는 그 통지를 받은 날부터 1월 이내에 이의를 신청할 수 있다.
⑤ 토지거래계약에 관한 허가구역에서 허가를 받기 전의 거래계약이 처음부터 허가를 배제하거나 잠탈하는 내용의 계약일 경우 판례는 이를 확정적 무효로 보고 있다.

해설 ▶ 권리구제
이행강제금 부과처분을 받은 자가 이의를 제기하려는 경우에는 부과처분의 고지를 받은 날부터 30일 이내에 이의를 제기하여야 한다(영 제18조 제7항).

14

「부동산거래신고 등에 관한 법률」상 토지거래계약의 허가 등에 관한 설명으로 <u>틀린</u> 것은?

① 토지거래계약의 허가를 받으려는 자는 그 허가신청서에 계약내용과 그 토지의 이용계획, 취득자금 조달계획 등을 적어 시장·군수 또는 구청장에게 제출하여야 한다.
② 「민원처리에 관한 법률」에 따른 처리기간에 허가증의 발급 또는 불허가처분 사유의 통지가 없거나 선매협의 사실의 통지가 없는 경우에는 그 기간이 끝난 날의 다음날에 토지거래계약의 허가가 있는 것으로 본다.
③ 토지거래계약의 허가 또는 불허가처분에 이의가 있는 자는 그 처분을 받은 날부터 1개월 이내에 시장·군수 또는 구청장에게 이의를 신청할 수 있다.
④ 토지거래계약의 허가신청이 된 토지에 대하여 시장·군수 또는 구청장이 선매자를 지정하는 경우 선매자가 토지를 매수할 때의 가격은 토지소유자의 매입가격으로 한다.
⑤ 시장·군수 또는 구청장은 허가받은 목적대로 토지를 이용하지 아니한 자에 대하여 최초의 이행명령이 있었던 날을 기준으로 하여 1년에 한 번씩 그 이행명령이 이행될 때까지 반복하여 이행강제금을 부과·징수할 수 있다.

정답 13. ② 14. ④

제3장 토지거래허가

> **해설** ▶ **토지거래계약허가**
> 선매자가 토지를 매수할 때의 가격은 「부동산 가격공시에 관한 법률」에 따라 감정평가업자가 감정평가한 감정가격을 기준으로 하되, 토지거래계약 허가신청서에 적힌 가격이 감정가격보다 낮은 경우에는 허가신청서에 적힌 가격으로 할 수 있다(법 제15조 제3항).

15 「부동산거래신고 등에 관한 법률」상 토지거래계약허가와 관련된 선매제도에 대한 설명 중 옳은 것은?

① 토지거래계약 허가를 받아 취득한 토지가 이용목적대로 이용되고 있는 경우 당해 토지는 선매 협의매수의 대상이 된다.
② 시장·군수·구청장은 토지거래계약 허가의 신청이 있는 날부터 2월 이내에 선매자를 지정하여 토지소유자에게 통지하여야 한다.
③ 선매자로 지정된 자는 그 지정통지를 받은 날부터 15일 이내에 매수가격 등 선매조건을 기재한 서면을 토지소유자에게 통지하여 선매협의를 하여야 한다.
④ 선매자가 토지를 매수하는 경우의 가격은 토지소유자의 매입가격을 기준으로 한다.
⑤ 선매협의가 이루어지지 아니한 때에는 토지거래계약에 관한 허가신청에 대하여 불허가처분을 하여야 한다.

> **해설** ▶ **선매제도**
> ① 이용목적대로 이용되지 아니한 경우에 선매협의 대상이 된다(법 제15조 제1항).
> ② 1개월 이내에 선매자를 지정하여 토지소유자에게 통지하여야 한다(법 제15조 제1항).
> ④ 감정가격을 기준으로 한다(법 제15조 제3항).
> ⑤ 선매협의가 이루어지지 아니한 경우 지체없이 허가 또는 불허가 여부를 결정하여 통지하여야 한다(법 제15조 제4항).

16 개업공인중개사가 토지거래허가구역 내의 허가대상 토지에 대한 매매계약을 중개하면서 거래당사자에게 설명한 내용 중 옳은 것은? (판례 등에 의함)

① 계약금만 지급한 상태라도 매도인이 계약금의 배액을 지급하면서 계약을 해제할 수 없다.
② 매수인이 자신의 명의로 등기하지 않은 채 다시 제3자에게 매도하고 제3자에게 직접 이전등기를 한 경우에도 이전등기에 미등기전매에 대한 합의가 있고 실체적 권리관계에 부합하면 이전등기의 효력은 유효하다.
③ 본인을 대리하여 수임인(매수인)이 토지의 매매계약을 체결한 경우 본인은 수임인을 대위하여 매도인에게 토지거래허가 신청절차에 협력할 것을 청구할 수 없다.
④ 건물도 함께 매매계약을 체결한 경우 토지거래허가를 받지 못하면 건물만의 소유권이전등기청구는 특별한 사정이 없는 한 할 수 없다.
⑤ 허가구역의 지정기간이 만료된 경우 재지정이 없더라도 소유권이전등기를 신청하여 소유권을 취득하기 위해서는 토지거래허가증이 첨부되어야 한다.

정답 15. ③ 16. ④

해설 ▸ 토지거래계약허가

① 계약금만 지급한 상태에서는 매도인이 계약금의 배액을 지급하면서 계약을 해제할 수 있다. 중도금이 지급되었다면 이행이 착수된 상태이므로 해제할 수 없다.
② 토지거래허가구역에서 중간생략등기는 무효이다.
③ 본인을 대리하여 수임인(매수인)이 토지의 매매계약을 체결한 경우 본인은 수임인을 대위하여 매도인에게 토지거래허가 신청절차에 협력할 것을 청구할 수 있다.
⑤ 재지정이 없으면 허가구역에서 제외된다.

17. 다음은 지가동향조사에 대한 설명이다. 옳지 않은 것은?

① 국토교통부장관이나 시·도지사는 토지거래허가 제도를 실시하거나 그 밖에 토지정책을 수행하기 위한 자료를 수집하기 위하여 지가의 동향과 토지거래의 상황을 조사하여야 한다.
② 국토교통부장관은 연 2회 이상 전국의 지가변동률을 조사하여야 한다.
③ 시·도지사는 관할구역 안의 지가의 동향 및 토지거래의 상황을 조사하여야 한다.
④ 개황조사는 관할구역 안의 토지거래상황을 파악하기 위하여 분기별로 1회 이상 개괄적으로 실시하는 조사를 말한다.
⑤ 지역별 조사는 개황조사를 실시한 결과 등에 따라 토지거래허가구역의 지정 요건을 충족시킬 수 있는 개연성이 높다고 인정되는 지역에 대하여 지가동향 및 토지거래상황을 파악하기 위하여 매월 1회 이상 실시하는 조사를 말한다.

해설 ▸ 지가동향

국토교통부장관은 연 1회 이상 전국의 지가변동률을 조사하여야 한다(영 제19조 제1항).

18. 다음은 국토교통부장관 또는 시·도지사는 허가구역으로 지정한 때에는 지체없이 공고할 사항으로 옳지 않은 것은?★★★

① 허가구역의 지정기간
② 허가구역의 토지 면적 및 용도지역
③ 허가구역의 토지 소재지, 지번, 지목
④ 의견청취한 경우 그 의견
⑤ 토지거래허가가 필요 없는 토지면적

해설 ▸ 토지거래계약에 관한 허가구역

국토교통부장관 또는 시·도지사는 허가구역으로 지정한 때에는 지체없이 다음 사항을 공고하여야 한다(법 제10조 제3항, 영 제7조 제3항).
 1) 허가구역의 지정기간   2) 허가대상자, 용도와 지목
 3) 허가구역의 토지 소재지, 지번, 지목, 면적 및 용도지역
 4) 허가구역에 대한 축척 5만분의 1 또는 2만5천분의 1의 지형도
 5) 허가 면제 대상의 토지면적

정답   17. ②   18. ④

19. 토지거래허가제에 관한 법령과 판례의 입장으로 틀린 것은?

① 부정한 방법으로 토지거래허가를 받은 자라 함은 위계 기타 사회통념상 부정이라고 인정되는 행위에 의해 허가를 받은 자를 의미한다.
② 사후 허가받을 것을 전제로 토지거래계약을 체결한 뒤 사후허가를 받았다 하더라도 그 유효성을 소급하여 인정할 수 있다.
③ 토지를 매수할 때부터 토지거래허가를 받음이 없고 토지 매수 후 매매대금을 완납하지 않은 상태에서 다시 타인에게 전매하여 대금의 일부를 수령한 경우에도 허가 없이 토지거래계약을 체결한 행위로 본다.
④ 한국은행이 계약당사자인 경우에는 시장·군수·구청장과 협의하여 그 협의가 성립된 때에도 토지거래계약에 관한 허가를 받아야 한다.
⑤ 허가 받기 전의 거래계약이 처음부터 허가를 배제하거나 잠탈하는 내용의 계약일 경우에는 무효이다.

해설 ▶ 토지거래허가
계약당사자의 일방 또는 쌍방이 국가·지방자치단체·한국토지공사·공공기관·공공단체인 경우에는 당해 기관의 장이 허가관청과 협의할 수 있고, 협의가 성립된 때에는 그 거래계약에 대한 허가를 받은 것으로 본다(법 제14조 제1항).

20. 「부동산거래신고 등에 관한 법률」상 토지거래허가구역 등에 관한 설명으로 옳은 것을 모두 고른 것은? [28회 출제]

㉠ 허가구역의 지정은 그 지정을 공고한 날부터 5일 후에 그 효력이 발생한다.
㉡ 「민사집행법」에 따른 경매의 경우에는 허가구역 내 토지거래에 대한 허가의 규정은 적용하지 아니한다.
㉢ 자기의 거주용 주택용지로 이용할 목적으로 토지거래계약을 허가받은 자는 대통령령으로 정하는 사유가 있는 경우 외에는 토지취득일부터 2년간 그 토지를 허가받은 목적대로 이용해야 한다.
㉣ 토지의 이용의무를 이행하지 않아 이행명령을 받은 자가 그 명령을 이행하는 경우에는 새로운 이행강제금의 부과를 즉시 중지하고, 명령을 이행하기 전에 이미 부과된 이행강제금을 징수해서는 안 된다.

① ㉠, ㉡
② ㉡, ㉢
③ ㉠, ㉡, ㉢
④ ㉠, ㉢, ㉣
⑤ ㉠, ㉡, ㉢, ㉣

해설 ▶ 토지거래허가
㉣ 시장·군수 또는 구청장은 이행명령을 받은 자가 그 명령을 이행하는 경우에는 새로운 이행강제금의 부과를 즉시 중지하되, 명령을 이행하기 전에 이미 부과된 이행강제금은 징수하여야 한다(법 제18조 제5항).

정답   19. ④   20. ③

CHAPTER 04

부동산 정보관리 및 보칙

학습포인트

- 부동산 종합관리에 대해 알아야 한다.
- 부동산 정보체계 구축운영에 대하여 알아야 한다.

CHAPTER 학습 & 출제되는 키워드

- ☑ 자료등의 종합관리
- ☑ 부동산정보체계의 구축·운영
- ☑ 자료의 보고

CHAPTER 학습 & 출제되는 질문

- ☑ 자료등의 종합관리에 대한 설명으로 옳지 않은 것은?
- ☑ 부동산정보체계의 구축운영에 대한 설명으로 옳지 않은 것은?

제4장 부동산 정보관리 및 보칙

01 다음은 자료의 종합관리에 대한 설명으로 옳지 않은 것은?

① 국토교통부장관 또는 시장·군수·구청장은 이 법에 규정된 사항에 관한 정보를 종합적으로 관리하고, 이를 관련 기관·단체 등에 제공할 수 있다.
② 국토교통부장관 또는 시장·군수·구청장은 정보의 관리를 위하여 관계 행정기관이나 그 밖에 필요한 기관에 필요한 자료를 요청할 수 있다.
③ 국토교통부장관은 효율적인 정보의 관리 및 국민편의 증진을 위하여 부동산 거래의 계약·신고·허가·관리 등의 업무와 관련된 정보체계를 구축·운영할 수 있다.
④ 국토교통부장관 또는 시·도지사는 정보체계에 구축되어 있는 정보를 수요자에게 제공할 수 있다.
⑤ 정보체계의 운영을 위하여 불가피한 사유가 있는 경우 제공하는 정보의 종류와 내용을 제한할 수 있다.

해설 ▶ **자료의 종합관리**
국토교통부장관 또는 지정된 위탁기관은 정보체계에 구축되어 있는 정보를 수요자에게 제공할 수 있다.

02 다음 중 신고 또는 고발에 대한 포상금지급대상이 아닌 것은?

① 실제거래과격의 신고를 거짓으로 신고한 자
② 부동산거래신고의 거짓신고를 조장하거나 방조한 자
③ 허가 또는 변경허가를 받지 아니하고 토지거래계약을 체결한 자
④ 거짓이나 그 밖의 부정한 방법으로 토지거래계약허가를 받은 자
⑤ 토지거래계약허가를 받아 취득한 토지에 대하여 허가받은 목적대로 이용하지 아니한 자

해설 ▶ **신고 또는 고발에 대한 포상금**
신고 또는 고발 대상 : 시장·군수 또는 구청장은 다음의 어느 하나에 해당하는 자를 시장·군수 또는 구청장이나 수사기관에 신고하거나 고발한 자에게 대통령령으로 정하는 바에 따라 포상금을 지급할 수 있다(법 제25조의2 제1항).
 1) 부동산등의 실제거래가격을 거짓으로 한 자
 2) 계약을 체결하지 않은 자가 거짓으로 부동산거래신고를 하는 경우
 3) 해제등이 되지 않은자가 거짓으로 해제등 신고를 하는 경우
 4) 주택임대차계약의 보증금·차임 등 계약금액을 거짓으로 신고한 자
 5) 허가 또는 변경허가를 받지 아니하고 토지거래계약을 체결한 자 또는 거짓이나 그 밖의 부정한 방법으로 토지거래계약허가를 받은 자
 6) 토지거래계약허가를 받아 취득한 토지에 대하여 허가받은 목적대로 이용하지 아니한 자

정답 01. ④ 02. ②

03. 신고 또는 고발에 대한 포상금지급에 대한 설명으로 옳지 <u>않은</u> 것은?

① 토지거래허가와 관련한 포상금은 1건당 50만원으로 하며 같은 목적을 위하여 취득한 일단의 토지에 대한 신고 또는 고발은 1건으로 본다.
② 허가 또는 변경허가를 받지 아니하고 토지거래계약을 체결한 자를 신고 또는 고발한 자는 그 신고 또는 고발사건에 대한 검사의 공소제기 또는 기소유예의 결정이 있는 경우에 지급한다.
③ 허가받은 목적대로 이용하지 아니한 자를 신고 또는 고발한 자는 그 신고 또는 고발사건에 대한 시장·군수 또는 구청장의 이행명령이 있는 경우에 지급한다.
④ 수사기관이 고발사건의 수사를 종료하거나 공소제기 또는 기소유예의 결정을 한 때에는 지체없이 시장·군수 또는 구청장에게 통보하여야 한다.
⑤ 포상금의 지급에 드는 비용은 국고에서 지원한다.

해설 ▶ 신고 또는 고발에 대한 보상금
포상금의 지급에 드는 비용은 시·군이나 구의 재원으로 충당한다(법 제25조의2 제2항).

04. 신고 또는 고발에 대한 포상금지급에 대한 설명으로 옳지 <u>않은</u> 것은?

① 포상금을 2인 이상의 자가 함께 받게 되는 경우의 배분방법, 그 밖에 포상금의 지급방법 및 절차 등에 관하여 필요한 사항은 국토교통부령으로 정한다.
② 신고관청 또는 허가관청은 지급신청서가 접수된 날부터 1개월 이내에 포상금을 지급하여야 한다.
③ 허가 또는 변경허가를 받지 아니하고 토지거래계약을 체결한 자 또는 거짓이나 그 밖의 부정한 방법으로 토지거래계약허가를 받은 자는 수사기관으로부터 같은 조 제3항에 따른 공소제기 또는 기소유예의 통보를 받은 때 지급결정을 한다.
④ 허가받은 목적대로 이용하지 아니한 자는 허가관청이 이행명령을 한 때 지급결정을 한다.
⑤ 신고관청 또는 허가관청은 자체조사 등에 따라 포상금지급대상행위를 하게 된 때 지체없이 그 내용을 부동산정보체계에 기록하여야 한다.

해설 ▶ 신고 또는 고발에 대한 포상금
지급신청서가 접수된 날부터 2개월 이내에 포상금을 지급하여야 한다.

정답 03. ⑤ 04. ②

CHAPTER 05 벌칙

학습포인트
- 부동산 종합관리에 대해 알아야 한다.
- 부동산 정보체계 구축운영에 대하여 알아야 한다.

CHAPTER 학습 & 출제되는 키워드

- ☑ 형벌
- ☑ 과태료
- ☑ 자진신고

CHAPTER 학습 & 출제되는 질문

- ☑ 2년 이하 징역 또는 2천만원 이하의 벌금에 처하는 위반행위는?
- ☑ 100만원 이하의 과태료 대상이 아닌 것은?
- ☑ 자진신고자에 대한 감면제도에 대한 설명으로 옳지 않은 것은?

제2편 부동산거래신고 등에 관한 법률

01 부동산거래신고 등에 관한 법령상 2년 이하의 징역 또는 계약 체결 당시 의 개별공시지가에 따른 해당 토지가격의 100분의 30에 해당하는 금액 이하의 벌금에 처해지는 자는? **33회 출제**

① 신고관청의 관련 자료의 제출요구에도 거래대금 지급을 증명할 수 있는 자료를 제출하지 아니한 자
② 토지거래허가구역 내에서 토지거래계약허가를 받은 사항을 변경하려는 경우 변경허가를 받지 아니하고 토지거래계약을 체결한 자
③ 외국인이 경매로 대한민국 안의 부동산을 취득한 후 취득 신고를 하지 아니한 자
④ 개업공인중개사에게 부동산거래신고를 하지 아니하게 한 자
⑤ 부동산의 매매계약을 체결한 후 신고 의무자가 아닌 자가 거짓으로 부동산거래신고를 하는 자

해설 ▶ 벌 칙
① 신고관청의 관련 자료의 제출요구에도 거래대금 지급을 증명할 수 있는 자료를 제출하지 아니한 자 – 3,000만원 이하의 과태료
③ 외국인이 경매로 대한민국 안의 부동산을 취득한 후 취득 신고를 하지 아니한 자 – 100만원 이하의 과태료
④ 개업공인중개사에게 부동산거래신고를 하지 아니하게 한 자 – 500만원 이하의 과태료
⑤ 부동산의 매매계약을 체결한 후 신고 의무자가 아닌 자가 거짓으로 부동산거래신고를 하는 자 – 취득가액의 100분의 10 이하의 과태료

02 토지거래허가구역에서 허가 또는 변경허가를 받지 아니하고 토지거래계약을 체결하거나, 속임수나 그 밖의 부정한 방법으로 토지거래계약 허가를 받은 자의 형벌은?

① 1년 이하 징역 또는 1천만원 이하의 벌금
② 1년 이하 징역 또는 토지가액의 100분의 20 이하의 벌금
③ 2년 이하 징역 또는 2천만원 이하의 벌금
④ 2년 이하 징역 또는 토지가액의 100분의 30 이하의 벌금
⑤ 3년 이하 징역 또는 3천만원 이하의 벌금

해설 ▶ 벌 칙
토지거래허가구역에서 허가 또는 변경허가를 받지 아니하고 토지거래계약을 체결하거나, 속임수나 그 밖의 부정한 방법으로 토지거래계약 허가를 받은 자는 2년 이하의 징역 또는 계약 체결 당시의 개별공시지가에 따른 해당 토지가격의 100분의 30에 해당하는 금액 이하의 벌금에 처한다(법 제26조 제1항).

정답 01. ② 02. ④

03. 토지거래허가 취소, 처분 또는 조치명령을 위반한 자의 형벌은?

① 1년 이하 징역 또는 1천만원 이하의 벌금
② 1년 이하 징역 또는 토지가액의 100분의 20 이하의 벌금
③ 2년 이하 징역 또는 2천만원 이하의 벌금
④ 2년 이하 징역 또는 토지가액의 100분의 20 이하의 벌금
⑤ 3년 이하 징역 또는 3천만원 이하의 벌금

해설 ▶ 벌 칙

토지거래허가 취소, 처분 또는 조치명령을 위반한 자는 1년 이하의 징역 또는 1천만원 이하의 벌금에 처한다(법 제26조 제1항).

04. 다음은 「부동산거래신고 등에 관한 법률」에서 정한 과태료부과 및 징수절차에 설명이다. 가장 옳지 않은 설명은?

① 개업공인중개사가 부동산거래신고를 하지 않는 경우 500만원 이하의 과태료에 처한다.
② 과태료의 금액은 위반행위의 동기와 그 결과 등을 참작하여야 한다.
③ 신고관청이 개업공인중개사에게 과태료를 부과하는 경우 부과일로부터 7일 이내에 사무소 소재지 등록관청에 통보하여야 한다.
④ 개업공인중개사가 부동산거래신고를 거짓으로 신고한 경우 취득가액의 100분의 10 이하의 과태료에 처한다.
⑤ 500만원 이하의 과태료의 경우 위반행위의 동기·결과·횟수를 참작하여 1/2 범위 내에서 가중 또는 감경할 수 있다.

해설 ▶ 과태료

신고관청이 개업공인중개사에게 과태료를 부과하는 경우 부과일부터 10일 이내에 중개사무소(법인의 경우에는 주된 중개사무소를 말한다)를 관할하는 중개사무소 소재지 시장·군수 또는 구청장에게 과태료 부과사실을 통보하여야 한다(법 제28조 제6항).

정답 03. ① 04. ③

제2편 부동산거래신고 등에 관한 법률

05 다음은 「부동산거래신고 등에 관한 법률」에 의한 과태료에 대한 설명으로 옳지 않은 것은?

① 외국인의 계약으로 인한 신고를 하지 아니하거나 거짓으로 신고한 자는 300만원 이하의 과태료에 처한다.
② 외국인의 계약외 원인에 따른 취득의 신고를 하지 아니하거나 거짓으로 신고한 자 100만원 이하의 과태료에 처한다.
③ 외국인의 토지의 계속보유 신고를 하지 아니하거나 거짓으로 신고한 자는 100만원 이하의 과태료에 처한다.
④ 과태료는 신고관청이 부과·징수하며 과태료 부과기준은 대통령령으로 정하는 바에 따른다.
⑤ 개업공인중개사에게 과태료를 부과한 신고관청은 부과일부터 7일 이내에 해당 개업공인중개사의 중개사무소를 관할하는 시장·군수 또는 구청장에 과태료 부과 사실을 통보하여야 한다.

해설 ▶ 과태료
개업공인중개사에게 과태료를 부과한 신고관청은 부과일부터 10일 이내에 해당 개업공인중개사의 중개사무소(법인의 경우에는 주된 중개사무소를 말한다)를 관할하는 시장·군수 또는 구청장에 과태료 부과 사실을 통보하여야 한다(법 제28조 제6항).

06 다음 중 자진신고 대상이 아닌 것은?

① 거래대금지급증명서 제출 요구에 불응한 자
② 개업공인중개사에게 부동산등의 거래신고를 하지 아니하게 하거나 거짓으로 신고하도록 요구한 자
③ 거짓으로 부동산등의 거래신고를 하는 행위를 조장하거나 방조한 자
④ 부동산등의 거래신고를 거짓으로 한 자
⑤ 외국인이 계약에 의한 부동산 등의 취득신고를 하지 아니하거나 거짓으로 신고한 자

해설 ▶ 자진신고 대상(법 제29조)
1) 부동산 등의 거래신고를 하지 아니한 자(공동신고를 거부한 자를 포함한다)
2) 계약해제등 신고를 하지 않은 거래당사자
3) 개업공인중개사에게 부동산 등의 거래신고를 하지 아니하게 하거나 거짓으로 신고하도록 요구한 자
4) 거짓으로 부동산등의 거래신고를 하는 행위를 조장하거나 방조한 자
5) 부동산 등의 거래신고를 거짓으로 한 자
6) 외국인이 계약에 의한 부동산 등의 취득신고를 하지 아니하거나 거짓으로 신고한 자
7) 외국인이 계약외의 원인으로 한 부동산 등의 취득신고를 하지 아니하거나 거짓으로 신고한 자
8) 외국인이 부동산 등의 계속보유 신고를 하지 아니하거나 거짓으로 신고한 자

정답 05. ⑤ 06. ①

07

다음 중 자진신고에 대한 설명으로 옳지 않은 것은?

① 자진신고를 하려는 자는 국토교통부령으로 정하는 신고서 및 위반행위를 입증할 수 있는 서류를 조사기관에 제출하여야 한다.
② 조사기관의 조사 시작 전 면제 대상자가 신고관청에 단독으로 최초 자진신고하고 위반사실을 입증하는 데 필요한 자료 등을 제공하는 등 조사가 끝날때까지 성실하게 협조한 경우 과태료를 면제한다.
③ 조사 시작 후 조사기관이 허위신고 사실을 입증하는 데 필요한 증거를 충분히 확보하지 못한 상태에서 감경 대상자가 단독으로 최초 자진신고하고 자료제공 및 성실 협조한 경우 100분의 50을 감경한다.
④ 자진신고하려는 부동산등 거래계약과 관련하여 「국세기본법」 또는 「지방세법」 등 관련 법령을 위반한 사실 등이 관계기관으로부터 조사기관에 통보된 경우 면제 또는 감경대상이 아니다.
⑤ 자진신고한 날로부터 과거 1년 이내에 2회 이상 자진신고를 하여 과태료의 감경 또는 면제를 받은 경우 면제 또는 감경대상이 아니다.

해설 ▸ 자진신고
자진신고한 날로부터 과거 1년 이내에 동일관청에서 3회 이상 자진신고를 하여 과태료의 감경 또는 면제를 받은 경우 면제 또는 감경대상이 아니다(영 제23조 제1항).

08

부동산거래신고를 위반한 자의 과태료 부과에 대한 설명으로 옳지 않은 것은?★★

① 부동산거래신고를 거짓으로 신고한 자는 당해 부동산등에 대한 취득가액의 100분의 10 이하에 상당하는 금액의 과태료에 처한다.
② 신고관청은 자진신고 대상의 위반사실을 자진신고한 자에 대하여 과태료를 감경 또는 면제할 수 있다.
③ 개업공인중개사의 중개로 거래가 이루어진 경우 부동산거래신고를 하지 않거나 거짓으로 신고한 자는 거래당사자이다.
④ 부동산거래신고를 하지 않거나 거짓으로 신고한 자에 대한 과태료는 신고관청이 부과한다.
⑤ 부동산거래신고에 대하여 거짓신고를 조장하거나 방조한 자는 500만원 이하의 과태료에 처한다.

해설 ▸ 과태료
개업공인중개사의 중개로 거래가 이루어진 경우 부동산거래신고를 게을리하거나 허위로 신고한 자는 개업공인중개사이며 거래당사자에게는 과태료를 부과하지 않는다.

정답 07. ⑤ 08. ③

중개실무

	구 분	26회	27회	28회	29회	30회	31회	32회	33회	34회	35회	계	비율(%)
중개실무	제1장 중개실무 총론	0	0	0	0	1	0	0	0	0	0	1	0.3
	제2장 중개계약	0	0	0	0	1	1	0	1	0	0	3	0.8
	제3장 중개대상물의 조사분석	1	2	1	2	1	1	2	3	3	3	19	4.8
	제4장 중개대상물의 중개기법	0	0	0	0	0	0	0	0	0	0	0	0.0
	제5장 부동산거래계약	1	0	0	0	1	0	0	0	0	2	4	1.0
	제6장 부동산거래 관련제도	4	5	3	3	2	3	2	4	3	6	35	8.8
	제7장 부동산경매 및 공매	1	2	2	2	1	2	1	2	2	2	17	4.3
	소 계	7	9	6	7	7	7	5	10	8	13	79	19.8

CHAPTER 01 중개실무 총론

학습포인트

- 중개실무의 범위 : 중개실무의 범위에 포함될 중개활동의 내용을 이해해야 한다.
- 중개업 경영 : 중개업 경영의 특징과 중개광고의 공정화 의무에 학습의 비중을 두며, 기타 부분은 그 내용을 이해해야 한다.

CHAPTER 학습 & 출제되는 키워드

- ☑ 중개실무의 범위
- ☑ 매도중개계약 체결
- ☑ 매수중개계약 체결
- ☑ 거래계약 체결
- ☑ 중개업경영의 특징
- ☑ 부동산시장의 복잡다양성
- ☑ 계획과 통제의 곤란성
- ☑ 리스팅농장의 수익성 분석
- ☑ 부동산중개활동
- ☑ 중개대상물 조사·분석
- ☑ 중개대상물 확인·설명
- ☑ 거래계약 이행
- ☑ 부동산경영관리이론의 빈곤
- ☑ 순이익의 유동성
- ☑ 리스팅농장의 경영
- ☑ 중개광고
- ☑ 중개업 홍보
- ☑ 중개대상물 홍보
- ☑ 거래조건 교섭·합의
- ☑ 중개업경영
- ☑ 수요·공급자의 비공정성
- ☑ 인사관리 비중
- ☑ 리스팅농장
- ☑ 중개광고매체

CHAPTER 학습 & 출제되는 질문

- ☑ 중개실무의 출발점은?
- ☑ 중개업경영의 특징으로 틀린 것은?

01 부동산중개활동

01 다음의 사항 중 다른 것에 비하여 중개실무와 가장 관계가 먼 것은?

① 토지나 건물 등의 거래에 관련된 법률관계의 조사·확인
② 중개대상물의 개발 촉진을 위한 계획
③ 중개대상물 거래와 관련한 조세에 관한 사항의 파악
④ 중개대상물 확인·설명서와 거래계약서 등의 작성
⑤ 거래예정가격의 산정

해설 ▶ 중개실무 범위
중개대상물의 개발 촉진을 위한 계획은 중개업경영활동과 관련된 것으로 넓은 의미에서 중개업활동에 포함될 수 있으나, 나머지 항목들이 중개업실무의 직접적 분야라면, ②는 간접적 분야라 할 수 있다.

02 다음 중 일반적인 중개활동의 절차로 가장 적정한 순서는?

㉠ 중개업무계획의 수립
㉡ 중개영업활동
㉢ 중개대상물에 대한 조사·확인
㉣ 거래조건의 교섭과 거래계약체결
㉤ 중개의뢰접수

① ㉤ → ㉠ → ㉢ → ㉡ → ㉣
② ㉤ → ㉠ → ㉡ → ㉢ → ㉣
③ ㉠ → ㉢ → ㉤ → ㉡ → ㉣
④ ㉠ → ㉤ → ㉡ → ㉢ → ㉣
⑤ ㉠ → ㉤ → ㉢ → ㉡ → ㉣

해설 ▶ 중개활동의 절차
상담 및 중개의뢰접수 → 중개업무계획수립 → 중개대상물의 조사·확인 및 가격산정 → 중개영업활동 → 거래조건 교섭과 계약체결(중개완성) → 물건의 인도·인수 및 계약의 완결

정답 01. ② 02. ①

02 중개업경영

03 다음의 점포 입지요인 중 중개사무소의 입지에 가장 중요한 요인으로 볼 수 있는 것은?

① 인근 상가의 번영정도
② 상권의 발달정도
③ 부동산의 유동성
④ 배후지의 고객의 질
⑤ 대체상권의 발달

해설 ▶ **입지요인**
중개사무소의 수익은 중개완료에 의해 발생하는 것으로 부동산의 유동성이 높은 곳에 입지해야 한다. 따라서 대다수의 중개사무소가 대도시의 아파트단지와 같은 부동산의 거래가 빈번한 지역에 입지하고 있다.

정답 03. ③

CHAPTER 02 중개계약

학습포인트
- 중개계약의 수집 : 내용에 대한 전반적인 이해가 필요하다.
- 중개계약서 작성 : 중개계약에 관한 일반적 이론과 각 부문별 작성방법 및 주의점을 숙지하며, 계약서에 기재된 내용을 이해해야 한다.

CHAPTER 학습 & 출제되는 키워드

- ☑ 중개계약 수집업무
- ☑ 직접수집방법과 간접수집방법
- ☑ 하향·후퇴시장
- ☑ 중개계약의 특징
- ☑ 낙성·불요식계약
- ☑ 일반·독점·전속중개계약
- ☑ 순가·정률·정가중개계약
- ☑ 보수청구권·대리권
- ☑ 전속중개계약서 작성

- ☑ 유효한 중개계약의 요건
- ☑ 부동산경기에 따른 수집
- ☑ 안정시장
- ☑ 민사중개계약
- ☑ 비전형·혼합계약·위임유사설
- ☑ 중개보수 책정 기준에 따른 구분
- ☑ 중개계약의 필요성
- ☑ 중개계약체결 시 주의점

- ☑ 거래 가격·기간·조건·중개능력
- ☑ 상향·회복시장
- ☑ 중개계약서 작성
- ☑ 유상·쌍무
- ☑ 중개권한에 따른 분류
- ☑ 서면화
- ☑ 일반중개계약서 작성

CHAPTER 학습 & 출제되는 질문

- ☑ 중개대상물 수집방법 중 직접수집방법은?
- ☑ 중개계약의 특징으로 옳지 않은 것은?
- ☑ 전속중개계약서 기재사항으로 틀린 것은?

01 중개계약 수집업무

01 다음에 열거한 사항 중 개업공인중개사가 중개계약을 수집하기 위한 직접수집방법으로 보기 어려운 사항은?

① 전화를 통한 수집
② 호별방문을 통한 수집
③ 공지 등의 조사를 통한 수집
④ 제3자의 소개로 다른 사람의 대상물 수집
⑤ 과거 중개의뢰인의 관리를 통한 수집

해설 ▶ 중개대상물 수집
제3자의 소개로 중개대상물을 수집하여 중개계약을 획득하는 방법은 간접수집방법의 범위에 포함된다.

02 다음은 중개계약에 대한 기술이다. 옳지 않은 것은?

① 미국에서는 리스팅(Listing)이라 표현하며 중개의뢰로 인한 중개계약을 뜻한다.
② 개업공인중개사가 중개의뢰인으로부터 중개대상물에 대하여 중개를 의뢰받고 그 중개완성에 관하여 보수를 지급받기로 약정함으로써 성립한 계약을 말한다.
③ 리스팅은 개업공인중개사가 중개의뢰인으로부터 의뢰받아 이를 중개대상물 관리대장에 기장하는 행위를 뜻하기도 한다.
④ 리스팅은 중개의뢰된 권한을 총칭하는 뜻을 내포하고 있다.
⑤ 리스팅의 획득이란 중개대상물에 대한 거래계약이 이루어져 중개가 완성된 것을 의미한다.

해설 ▶ 중개계약
미국에서는 중개계약을 리스팅(Listing)이라 하며, 그것은 중개의뢰계약, 중개행위에 관하여 의뢰된 권한을 총칭, 중개대상물관리대장에 기장하는 행위 등을 뜻하는 광의의 표현으로 사용되기도 한다. 중개행위는 중개의뢰를 통해 중개대상물을 풍부하게 확보할 때 비로소 중개활동이 시작될 수 있으며, 이러한 관점에서 중개의뢰의 접수, 중개대상물의 확보를 리스팅의 획득이라고도 한다.

정답 01. ④ 02. ⑤

02 중개계약서 작성 및 방법

03 다음 중 중개계약을 서면으로 작성함으로써 기대할 수 있는 장점으로서 가장 타당하지 <u>않은</u> 것은?

① 적극적이고 전문적인 중개활동을 기대할 수 있다.
② 공정한 거래가격의 결정이 가능하다.
③ 중개대상물에 대한 정보의 공개를 촉진하게 된다.
④ 개업공인중개사의 책임의식을 높일 수 있다.
⑤ 부동산투기의 방지기능을 할 수 있다.

해설 ▶ 중개계약서
서면으로 중개계약을 체결한다고 해서 공정한 거래가격이 결정된다고는 볼 수 없다.

04 다음 중 일반중개계약서에서 권리이전중개의뢰인 관련 기입항목에 포함되지 <u>않는</u> 것은?

① 소유자 및 등기명의인　② 중개대상물의 표시　③ 기타 희망조건
④ 규제 및 제한사항　⑤ 중개의뢰가액 및 기타

해설 ▶ 일반중개계약서
기타 희망조건은 권리취득중개의뢰인 관련 기입항목에 포함된 것이다.

05 다음 중 주택의 임대차를 원하는 권리취득중개의뢰인과 중개계약서를 작성하는 경우 기재하지 <u>않아도</u> 되는 사항은?

① 희망물건의 종류　　　　　② 취득희망가액
③ 매입·임차의 구분　　　　　④ 물건 소재지
⑤ 중개의뢰인의 성명, 주소, 서명·날인, 생년월일, 전화번호

해설 ▶ 중개계약서
권리취득중개의뢰인과 중개계약서를 작성하는 경우에는 희망지역을 기입하며, 중개대상물의 소재지는 권리이전중개의뢰인과의 중개계약서를 작성하는 경우에 기입한다.

정답　03. ②　04. ③　05. ④

06
다음 중 권리취득용 전속중개계약서를 작성하는 경우 서식상 필요적 기재사항으로 규정한 것이 아닌 것은?★★

① 거래가액
② 손해배상 책임
③ 중개의뢰인(甲)의 성명, 주소, 서명 또는 날인, 생년월일, 전화번호
④ 유효기간
⑤ 개업공인중개사(乙)의 성명(대표자), 상호(명칭), 주소(주된 사무소), 서명 또는 인, 생년월일, 전화번호, 등록번호

해설 ▶ 전속중개계약서
전속중개계약서에는 중개의뢰가액과 취득희망가액 기입란이 있다.

07
공인중개사법령상 일반중개계약서와 전속중개계약서에 관한 설명으로 틀린 것은? **21회 출제**

① 일반중개계약서, 전속중개계약서 서식은 모두 별지 서식으로 정해져 있다.
② 일반중개계약이든 전속중개계약이든 중개계약이 체결된 경우 모두 법정 서식을 사용해야 한다.
③ 일반중개계약서의 보존기간에 관한 규정은 없다.
④ 일반중개계약서 서식에는 중개의뢰인의 권리·의무사항이 기술되어 있다.
⑤ 일반중개계약서와 전속중개계약서 서식상의 개업공인중개사의 손해배상책임에 관한 기술 내용은 동일하다.

해설 ▶ 일반중개계약서와 전속중개계약서
일반중개계약서는 법정서식 사용의무가 없으나 전속중개계약서는 법정 서식을 사용하여야 한다.

08
甲이라는 부동산개업공인중개사는 중개의뢰인 乙과 현행 공인중개사법령상 전속중개계약체결을 맺고 전속중개계약서를 작성하였다. 그런데 甲이 당해 중개대상물의 중개를 위하여 중개활동을 열심히 하였으나 전속중개계약의 유효기간 내에 乙이 스스로 발견한 상대방과 직접거래한 경우 개업공인중개사 甲이 중개의뢰인 乙에게 청구할 수 있는 비용은 얼마인가? (단, 개업공인중개사 甲은 당해 중개를 위하여 50만원의 비용이 소요되었고, 법정중개보수는 100만원)★★

① 250,000원 ② 300,000원 ③ 500,000원
④ 600,000원 ⑤ 1,000,000원

정답 06. ① 07. ② 08. ③

해설 ▶ **전속중개계약에서 의뢰인이 직접거래한 경우 중개비용**
중개의뢰인이 전속중개계약의 유효기간 내에 甲이 스스로 발견한 상대방과 거래한 경우에는 중개보수의 50퍼센트 범위 내에서 乙의 소요된 비용을 지불하되 사회통념에 비추어 상당하다고 인정되는 비용에 한한다.

03 중개대상물의 중개기법

09 개업공인중개사가 설명한 부동산의 셀링 포인트(판매소구점)에 대한 연결로서 가장 옳은 것은?★★

① 아파트 — 동선, 조망
② 농지 — 배후지
③ 창고시설 — 교육시설
④ 단독주택 — 단지규모
⑤ 상업시설 — 동력 및 공업용수

해설 ▶ **셀링 포인트**
② 농지 — 농업용수, ③ 창고시설 — 교통시설, ④ 단독주택 — 쾌적성 주방시설, ⑤ 상업시설 — 배후지

10 개업공인중개사의 중개활동에 경영론의 마케팅 분야에서 이용하는 AIDA원리를 적용하는 것이 실적증대에 유익하다고 본다. 다음 중 어느 중개심리적 단계에서 취득 중개의뢰인의 욕망을 촉구시켜 중개의 목적인 계약완성(Closing)을 시도하는 것이 타당한가?★★

① 부동산의 특징을 강조하여 주목을 끄는 단계
② 중개물건의 특징을 좀더 구체적으로 명시하여 관심을 갖게 하는 흥미단계
③ 현지안내 등을 통해 의뢰인의 흥미와 관심을 파악한 뒤 욕구와 욕망을 불러일으키는 단계
④ 의뢰인이 욕구와 욕망이 일어나 마음의 결심을 통해 행동하려고 하는 과정단계
⑤ 특정시기에 관계없이 계속적으로 시도

해설 ▶ **중개심리**
개업공인중개사는 행동단계에 계약완성(Closing)에 대한 결심을 가지게 된다고 한다. 그러므로 계약완성을 위한 시도는 욕망이나 행동단계에서 행하는 것이 좋을 것이다.

정답 09. ① 10. ④

11
다음 중 클로징 유도방법 중 중개대상물의 구매욕망이 형성된 것을 인식한 경우 사용하는 방법은?

① 계약전제법　② 점진적 확인법　③ 부분선결법
④ 장단점비교법　⑤ 결과강조법

해설 ▶ **계약전제법**
중개대상물의 구매욕망이 형성된 것을 인식한 경우 사용하는 방법으로, 거래조건 중 권리취득중개의뢰인이 손쉽게 동의할 수 있는 조건을 단계적으로 제시하여 계약을 유도한다.

12
셀링 포인트 활용의 주의점으로 부적절한 것은?

① 가능한 한 많은 셀링 포인트를 제시함으로써 중개의뢰인의 매수의사결정을 촉진하는 것이 바람직하다.
② 직접적으로 셀링 포인트를 제시하기보다는 중개의뢰인이 셀링 포인트를 스스로 지각할 수 있도록 하는 것이 효율적이다.
③ 구두상의 셀링 포인트 제시보다는 서면화하여 현장활동을 통한 셀링 포인트 제시방법이 효과가 높은 것으로 알려져 있다.
④ 동일한 중개대상물이라도 권리취득중개의뢰인에 따라 다른 셀링 포인트를 적용해야 하는 경우가 있다.
⑤ 중개의뢰인의 판단기준에 영향을 줄만한 중요한 사회적 사건·사고가 발생한 경우 대상자에게 적용할 셀링 포인트가 변화될 수 있다.

해설 ▶ **셀링 포인트**
과다한 셀링 포인트는 중개의뢰인의 매수의사결정에 결정적인 작용을 할 수 있는 셀링 포인트의 제시 효과를 감소시킬 가능성이 많다.

13
다음은 중개대상물의 특징분석(Selling point)에 관한 기술이다. 옳지 않은 것은?

① 부동산의 특성 때문에 당해 부동산이 지니는 특징도 모두 달리하는 것이 원칙이다.
② 특징을 분석하여 부동산학이론과 같이 중개기법으로 활용하기 위함이다.
③ 부동산의 특성 중 권리를 이전하는 중개의뢰인에게 만족을 주는 특징을 말한다.
④ 체계적으로 중개의뢰인에게 주지시키지 못할 경우 중개활동이 비능률화되는 경우가 있다.
⑤ 서면화하여 중개물건 확인·설명시 활용하는 것이 유익하다.

해설 ▶ **셀링 포인트**
부동산에는 여러 가지 개별적인 특성이 있으며, 그 특성 중 권리를 취득하고자 하는 중개의뢰인에게 만족을 주는 것을 모아 체계화하는 것을 특징분석(Selling point)이라고 한다.

정답　11. ①　12. ①　13. ③

14. 부동산의 셀링 포인트(Selling point)에 관한 설명이다. 틀린 것은? ★★

① 부동산은 개별성이 강하므로 셀링 포인트가 다양화되지 못하는 것이 단점이다.
② 개업공인중개사는 중개대상물의 특성설명과 함께 고객의 잠재적 욕망을 자극하도록 셀링 포인트를 조성하여 강조할 필요가 있다.
③ 부동산의 셀링 포인트는 인공적인 것 외에도 자연적인 것도 포함된다.
④ 공법상 제한사항이 없다면 법률적 측면의 셀링 포인트에 해당한다.
⑤ 건축공법 등 기술적 측면의 셀링 포인트는 시간이 흐름에 따라 소멸하는 경향이 있다.

해설 ▶ 셀링 포인트
셀링 포인트란 권리취득중개의뢰인의 의사결정을 촉구할 수 있는 중개대상물의 특징을 의미하는 것으로, 중개대상물의 종류에 따라 그 특징이 각기 다르기 때문에 셀링 포인트도 다양하다.

15. 부동산의 셀링 포인트(Selling Point)에 관한 설명 중 틀린 것은? ★★★

① 부동산이 가지고 있는 여러 가지 특징 중 고객인 중개의뢰인의 욕구를 충족시켜줄 수 있는 특징을 말한다.
② 각각의 셀링 포인트는 중개대상물이 갖는 고유의 특성이라고 할 수 있지만 모든 특성이 절대적인 것은 아니기 때문에 상대성이 있을 수 있다.
③ 부동산가격 및 임료수준의 적정성 등은 기술적 측면의 셀링 포인트에서 가장 중요한 내용이다.
④ 과다한 셀링 포인트는 중개의뢰인의 매수의사결정에 결정적으로 작용할 수 있는 셀링 포인트 제시효과를 떨어뜨릴 수 있다.
⑤ 주택의 경우 교육여건, 투자가치 등을 셀링 포인트로 활용할 수 있다.

해설 ▶ 셀링 포인트
경제적 측면의 셀링 포인트에 해당한다.

정답 14. ① 15. ③

16

다음은 중개대상물에 대한 **특징분석(Selling point)**에 관한 기술이다. 옳지 않은 것은?

① 중개대상물이 속한 지역의 일반적 특징과 중개대상물에 대한 개별적 특징을 구분하여 분석하는 것이 합리적이다.
② 중개대상물을 취득하고자 하는 의뢰인과의 대화를 통해 그가 원하는 대상물의 규모나 기능 및 그 사람의 생활양식과 수준을 파악하는 것도 분석대상이 된다.
③ 부동산특성은 개별성이 강하므로 부동산마다 특징분석을 달리하는 것이 원칙이다.
④ 서면화하여 현장안내 또는 중개물건 확인·설명시 활용한다.
⑤ 주택·아파트·대지의 특징은 그 한계가 명확하다.

해설 ▶ 셀링 포인트
주택이나 아파트, 주거용 대지의 경우 주거용 부동산에 포함된다. 따라서 주택·아파트·대지의 셀링 포인트는 중복될 수 있으므로, ⑤번이 가장 틀린 설명이다.

정답   16. ⑤

CHAPTER 03 중개대상물의 조사·분석

학습포인트

- 이 장은 중개실무 가운데 가장 중요시되는 부분으로 다음과 같은 철저한 학습이 필요하다.
- 중개대상물 조사·분석 개요 : 권리분석에 대한 상세내용을 숙지해야 한다.
- 공부조사 : 각종 공부의 수록내용과 그 내용의 해석방법을 숙지해야 하나, 토지이용계획확인서의 내용은 암기보다는 내용을 이해하는 수준에서 학습한다.
- 현장조사 : 현장조사방법이 아닌 현장상황에 대한 해석의 정확한 이해가 필요하다.
- 기타 부동산의 조사·분석 : 전반적인 내용을 숙지하되, 분양권조사분석 부문은 그 내용을 이해할 수 있어야 한다.
- 중개대상물 확인·설명서 작성 : 확인·설명의 주의점을 숙지해야 하며 확인·설명서 작성 시 각 항목별로 수록될 내용에 대한 심도 높은 학습이 필요하다.

CHAPTER 학습 & 출제되는 키워드

- ☑ 조사·분석의 목적 및 절차
- ☑ 권리관계의 진실성 분석
- ☑ 등기를 요하지 않는 물권변동
- ☑ 토지이용계획확인서
- ☑ 무허가건물대장
- ☑ 미등기부동산의 조사·분석
- ☑ 법정지상권·분묘기지권·종물
- ☑ 입목·광업재단·공장재단
- ☑ 권리분석
- ☑ 공부조사
- ☑ 지적공부조사
- ☑ 공시지가확인서
- ☑ 주민등록
- ☑ 현장조사의 개요
- ☑ 건물의 현장조사
- ☑ 분양권 조사·분석
- ☑ 등기부의 판독
- ☑ 부동산등기부의 조사·분석
- ☑ 건축물대장
- ☑ 환지예정증명원
- ☑ 시·군·구 조례
- ☑ 토지의 현장조사
- ☑ 조세의 종류와 세율 조사·확인
- ☑ 중개대상물 확인 설명서 작성

CHAPTER 학습 & 출제되는 질문

- ☑ 중개대상물조사 확인에 대한 설명으로 옳지 않은 것은?
- ☑ 분묘에 대한 설명으로 옳지 않은 것은?
- ☑ 확인·설명서 작성법에 대한 설명으로 틀린 것은?

제3편 중개실무

01 중개대상물 조사·분석 개요

01 다음 중 중개대상물에 대한 조사·확인을 위해 필요한 공부와 내용이 <u>잘못</u> 연결된 것은?

① 등기사항증명서 ·························· 부동산의 권리관계
② 토지이용계획확인서 ···················· 부동산의 공법상의 제한사항
③ 건축물대장 ······························· 건물 임대료와 관리비용에 관한 사항
④ 토지대장 ·································· 면적, 지목 등에 관한 사항
⑤ 지적도 ····································· 토지모양 등 지적형태에 관한 사항

해설 ▸ 주요 중개대상물 조사·확인 공부

대상공부	조사·확인 가능한 사항
토지·건물 등기사항증명서	소유권과 제한물권 등 권리관계 사항
토지이용계획 확인서	공법상의 이용제한, 거래규제 사항
건축물대장	건물의 면적, 구조 등에 관한 사항
토지대장	토지의 면적, 지목 등에 관한 사항
지 적 도	토지의 형태·위치, 지목 등에 관한 사항
공시지가확인원	토지의 공시지가

02 다음은 부동산의 권리분석에 관한 설명이다. 틀린 것은? ★★

① 권리분석을 행하는 궁극적 목적은 부동산의 하자관계를 명확히 하기 위한 것인 바, 모든 부동산거래에는 권리분석이 선행되어야 한다.
② 하자가 있는 부동산의 경우에는 권리분석에 의하여 그 하자로 인한 경제적 부담을 명확히 하게 된다.
③ 권리분석은 중개대상물에 대한 확인·설명과 확인·설명서를 작성하는 근거가 된다.
④ 권리분석에 의하여 중개대상물의 흠을 미리 발견함으로써 중개사고를 방지할 수 있으며 개업공인중개사는 손해배상책임을 면할 수 있다.
⑤ 물권변동이 있으면 등기를 하게 되므로 부동산에 대한 권리분석은 등기부의 조사·확인으로도 충분하다.

해설 ▸ 권리분석
부동산에 대한 등기에 공신력을 부여하지 않고 있으며, 등기부를 통해 공시되지 않는 권리도 법령에 의해 인정되고 있으므로, 반드시 현장조사가 필요하다.

정답 01. ③ 02. ⑤

02 공부조사

03 개업공인중개사가 중개의뢰를 받은 중개대상물을 확인하는 방법으로 부적합한 것은 무엇인가?

① 건축물대장을 열람하여 건축물의 현황을 확인한다.
② 토지대장 또는 임야대장을 열람하여 토지의 현황을 확인한다.
③ 부동산등기부를 열람하여 건축물의 권리관계를 확인한다.
④ 농지대장을 열람하여 농지의 권리관계를 확인한다.
⑤ 토지이용계획확인서를 발급받아 공법상의 토지의 이용제한을 확인한다.

해설 ▶ 조사·확인방법
부동산(농지)의 권리관계는 부동산등기부를 통하여 확인한다.

04 다음은 개업공인중개사의 공부상 권리확인에 관한 설명이다. 옳지 않은 것은?

① 권리에 관한 사항은 등기사항증명서에 의한다.
② 실체적 사실에 관한 사항은 지적공부에 의한다.
③ 부동산의 이용제한사항은 토지이용계획확인서에 의한다.
④ 권리에 관한 사항 이외에 처분권한에 대한 것까지 확인을 요하는 것은 아니다.
⑤ 공부상에 나타나지 않는 사항도 중요하므로 현지답사도 중요하다.

해설 ▶ 공부상 확인
개업공인중개사는 거래당사자가 정당한 처분권한이 있는지 확인하여야 할 의무가 있다는 것이 판례의 입장이다. 따라서 개업공인중개사는 중개의뢰인이 대리인인 경우는 대리인위임장과 인감증명이 있는지 확인해야 함은 물론이고, 대리업무의 범위 등에 대하여도 확인하여야 할 것이다.

05 다음 중 등기사항증명서에 관한 설명 중 옳지 않은 것은?

① 소유권과 소유권 이외의 권리 등 부동산 권리관계 사항을 확인할 수 있다.
② 등기소에서 발급받을 수 있다.
③ 토지에 대한 토지 등기사항증명서와 건물에 대한 건물 등기사항증명서가 구분되어 있다.
④ 甲구란에는 소유권과 그에 대한 가등기·가처분 가압류 사항 등이 등기되어 있다.
⑤ 乙구란에는 공법상 제한사항이 표시되어 있다.

정답 03. ④ 04. ④ 05. ⑤

해설 ▶ **등기사항증명서**
등기사항증명서의 甲구란에는 소유권과 그에 대한 가등기·가처분·가압류·예고등기사항 등이 등기되어 있다. 등기사항증명서 乙구란에는 지상권·지역권·전세권·저당권·임차권 등과 소유권 이외의 권리에 대한 가등기·가처분·가압류사항 등이 등기되어 있다.

06 중개대상물의 권리분석에 대한 설명으로 가장 옳은 것은? ★★

① 부동산에 대한 권리분석의 일반적 목적은 하자 없는 부동산을 거래하기 위한 것이므로 반드시 하자 없는 부동산을 중개대상으로 하여야 한다.
② 우리나라의 등기제도는 공신력이 인정되므로 개업공인중개사는 등기부의 기재사항에 의해 거래를 알선하면 충분하다.
③ 경매개시결정등기가 있는 부동산은 소유자의 의사와 관계없이 강제로 매각될 것이 예상되어 있으므로 중개대상이 될 수 없다.
④ 하자가 있는 부동산의 경우에는 권리분석에 의하여 그 하자로 인한 경제적·행정적 부담을 명확히 하게 된다.
⑤ 부동산 물권의 득실변경이 등기를 하여야 그 효력이 발생하므로 등기부의 기재사항만을 믿고 알선한 개업공인중개사는 권리분석을 충분히 했다고 할 수 있다.

해설 ▶ **권리분석**
① 부동산에 대한 권리분석의 일반적 목적은 하자 없는 부동산을 거래하기 위한 것으로서 근본적으로는 하자가 전혀없는 상태의 부동산을 거래하는 것이 바람직하나 때에 따라서는 당사자의 합의 하에 현재의 하자를 인수하는 조건으로 거래하는 경우도 나타나고 있다.
② 우리나라의 등기제도는 공시력은 인정하나, 등기에 대한 공신력은 인정하지 않으므로 등기부 외에 기타 관련서면에 대한 조사와 현장조사를 통하여 권리관계의 진실성을 분석해야 할 것이다.
③ 경매등기가 있는 부동산은 소유자의 의사에 관계없이 강제로 매각될 것이 예정되어 있으나, 경매가 완결되면 말소되는 것(민사집행법 제144조)으로 경매등기가 된 부동산은 특별한 사정이 없는 한 중개하지 않은 것이 좋겠지만 중개대상이 아닌 것은 아니다.
⑤ 모든 물권의 득실변경이 등기를 하여야 그 효력이 발생하는 것은 아니므로 등기부의 기재사항만을 믿고 거래를 알선한 개업공인중개사에게 권리분석 소홀로 인한 책임이 부과되는 경우도 있을 것이다.

정답 06. ④

03 현장조사

07 중개의뢰물건의 조사방법에 관한 기술이다. 틀린 것은? ★★

① 공법상 이용제한 및 거래제한에 관한 사항을 토지이용계획확인서를 통하여 확인하였다.
② 건축물대장을 통하여 건물의 기능상의 문제점 및 외관상의 구조와 특징을 확인하였다.
③ 토지의 표시사항과 지번의 실제소재를 알기 위하여 지적공부를 열람하였다.
④ 등기부 乙구를 열람하여 소유권 이외의 권리의 명칭과 접수일자 및 원인을 확인하였다.
⑤ 현장확인을 통하여 토지에 대한 미공시 권리관계의 존재 여부를 확인하였다.

해설 ▶ 중개대상물 조사방법
건축물대장은 건축물의 구조나 주요 설비, 면적, 용도 등을 확인할 수 있는 공적 장부이므로, 건축물의 기능상의 문제점이나 외형상의 구조나 특징을 확인하기 위해서는 현장조사가 필요하다.

08 개업공인중개사가 중개의뢰인에게 중개대상물에 대하여 설명한 내용으로 옳은 것을 모두 고른 것은? (다툼이 있으면 판례에 따름) [27회 출제]

> ㉠ 토지의 소재지, 지목, 지형 및 경계는 토지대장을 통해 확인할 수 있다.
> ㉡ 분묘기지권은 등기사항증명서를 통해 확인할 수 없다.
> ㉢ 지적도상의 경계와 실제경계가 일치하지 않는 경우 특별한 사정이 없는 한 실제경계를 기준으로 한다.
> ㉣ 동일한 건물에 대하여 등기부상의 면적과 건축물대장의 면적이 다른 경우 건축물대장을 기준으로 한다.

① ㉠, ㉢
② ㉡, ㉣
③ ㉠, ㉡, ㉢
④ ㉠, ㉢, ㉣
⑤ ㉡, ㉢, ㉣

해설 ▶ 중개대상물 조사·확인
㉠ 지형은 현장 확인을 통하여, 경계는 지적도나 임야도를 통하여 확인할 수 있다.
㉢ 지적도상의 경계와 실제경계가 일치하지 않은 경우 특별한 사정이 없는 한 지적도상의 경계를 기준으로 한다.

정답 07. ②   08. ②

09

다음은 임야를 중개하면서 가장 많은 애로에 봉착하는 것이 묘지이다. 아래 분묘기지권에 관한 개업공인중개사의 생각 중 바르지 <u>않은</u> 것은? ★★

① 분묘기지권은 타인 토지에 특수한 공작물을 설치한 자가 그 분묘를 관리소유하기 위해 기지를 사용할 수 있는 일종의 물권이다.
② 토지소유자의 토지에 승낙없이 분묘를 설치한 후 20년간 평온·공연하게 분묘기지를 점유했을 때 발생한다.
③ 판례상 분묘기지권의 존속기간은 15년이며 3회 연장 가능하다.
④ 분묘기지권의 권리효력이 미치는 범위는 분묘기지뿐만 아니라 주위의 공지에까지 미친다.
⑤ 분묘의 존속기간은 약정기한이 없는 한 분묘의 수호와 봉사를 계속할 수 있고, 또 분묘가 존속하고 있는 동안에는 분묘기지권이 존속된다고 보아야 할 것이다.

해설 ▶ 분묘기지권
판례상 분묘기지권의 존속기간은 분묘를 수호하고 봉제사하는 기간이다. 다만 「장사 등에 관한 법률」상 분묘의 설치기간은 30년으로 제한하며, 1회에 한하여 30년 범위 내에서 연장할 수 있다.

10

개업공인중개사가 중개의뢰인에게 중개대상물에 관한 법률관계를 설명한 내용으로 틀린 것은? (다툼이 있으면 판례에 의함) **25회 출제**

① 건물 없는 토지에 저당권이 설정된 후, 저당권설정자가 건물을 신축하고 저당권의 실행으로 인하여 그 토지와 지상건물이 소유자를 달리하게 된 경우에 법정지상권이 성립한다.
② 대지와 건물이 동일소유자에게 속한 경우 건물에 전세권을 설정한 때에는 그 대지소유권의 특별승계인은 전세권설정자에 대하여 지상권을 설정한 것으로 본다.
③ 지상권자가 약정된 지료를 2년 이상 지급하지 않은 경우 지상권설정자는 지상권의 소멸을 청구할 수 있다.
④ 지상권자가 지상물의 소유자인 경우 지상권자는 지상권을 유보한 채 지상물 소유권만을 양도할 수 있다.
⑤ 지상권의 존속기간은 당사자가 설정행위에서 자유롭게 정할 수 있으나, 다만 최단기간의 제한이 있다.

해설 ▶ 법정지상권
건물 없는 토지에 저당권이 설정된 후, 저당권설정자가 건물을 신축하고 저당권의 실행으로 인하여 그 토지와 지상건물이 소유자를 달리하게 된 경우에 법정지상권이 성립하지 아니한다.

정답   09. ③   10. ①

11

다음은 법정지상권에 대한 설명이다. 옳지 않은 것은?

① 나대지에 저당권이 설정된 후 저당권설정자가 그 위에 건물을 건축하였다가 담보권의 실행을 위한 경매로 인하여 그 토지와 지상건물이 소유자를 달리하였을 경우에는 법정지상권이 인정되지 않는다.
② 지상물 중 독립된 건물로 볼 수 없는 단순한 지상구조물인 자전거보관소와 철봉에 관하여는 관습법상의 법정지상권을 취득할 여지가 없다.
③ 저당물의 경매로 인하여 토지와 그 지상건물이 다른 소유자에 속한 경우에는 토지소유자는 건물소유자에 대하여 지상권을 설정한 것으로 본다.
④ 저당권설정 당시의 건물이 멸실되거나 철거된 후 재건축·신축한 경우에도 저당물의 경매로 인하여 토지와 그 지상건물이 다른 소유자에 속한 경우 법정지상권이 인정된다.
⑤ 법정지상권은 건물의 소유에 부속되는 종속적인 권리로서 건물의 소유자가 건물과 법정지상권 중 어느 하나만을 처분하는 것은 불가능하다.

해설 ▶ **법정지상권**
「민법」 제366조 소정의 법정지상권은 건물의 소유에 부속되는 종속적인 권리가 되는 것이 아니며 하나의 독립된 법률상의 물권으로서의 성격을 지니고 있는 것이기 때문에 건물의 소유자가 건물과 법정지상권 중 어느 하나만을 처분하는 것도 가능하다(대판 2001.12.27. 2000다1976).

12

다음은 관습법상 법정지상권에 대한 설명이다. 가장 옳지 않은 것은?

① 관습상의 법정지상권은 토지와 건물이 동일인에게 속하였다가 그 중 어느 하나가 일정한 원인으로 소유자를 달리하게 되는 경우 그 건물을 철거한다는 특약이 없으면 성립되는 것이다.
② 관습법상의 법정지상권이 성립되기 위하여는 토지와 건물 중 어느 하나가 처분될 당시에 토지와 그 지상건물이 동일인의 소유에 속하였으면 족하고 원시적으로 동일인의 소유였을 필요는 없다.
③ 관습상의 법정지상권은 물권으로서의 효력에 의하여 이를 취득할 당시의 토지소유자나 기타의 제3자에게 대하여도 등기 없이 대항할 수 있다.
④ 소유권 귀속이 원인무효로 이루어졌다가 그 뒤 그 원인무효임이 밝혀져 그 등기가 말소됨으로써 그 건물과 토지의 소유자가 달라지게 된 경우에는 관습상의 법정지상권을 허용할 수 없다.
⑤ 지상물 중 독립된 건물로 볼 수 없는 단순한 지상구조물에 관하여도 관습법상의 법정지상권을 취득할 여지가 있다.

정답 11. ⑤ 12. ⑤

해설 ▶ **법정지상권**
건물에 관하여는 그 건물의 소유를 목적으로 한 관습법상의 법정지상권을 취득하였지만, 지상물 중 독립된 건물로 볼 수 없는 단순한 지상구조물인 자전거보관소와 철봉에 관하여는 관습법상의 법정지상권을 취득할 여지가 없다(대판 1993.2.23. 92다49218).

13
다음 중 분묘기지권에 대한 설명으로 옳지 않은 것은? (다툼이 있으면 판례에 의함) ★★

① 분묘기지권은 분묘를 수호하고 봉제사하는 목적을 달성하는 데 필요한 범위 내에서 타인의 토지를 사용할 수 있는 권리를 의미하는 것이다.
② 타인소유의 토지에 소유자의 승낙 없이 분묘를 설치한 경우에는 20년간 평온·공연하게 그 분묘의 기지를 점유함으로써 분묘기지권을 시효로 취득한다 할 것이다.
③ 토지소유자의 승낙을 얻어 분묘를 설치한 자는 그 토지 위에 분묘기지권을 취득할 수 없다.
④ 분묘기지권은 등기 없이도 제3취득자에게 대항할 수 있는 것이다.
⑤ 분묘기지권이 성립하기 위하여는 봉분 등 외부에서 분묘의 존재를 인식할 수 있는 형태를 갖추고 있어야 한다.

해설 ▶ **분묘기지권**
토지소유자의 승낙을 얻어 분묘를 설치한 자는 관습상 그 토지 위에 지상권에 유사한 물권을 취득한다(대판 1962.4.26. 4294민상1451).

14
개업공인중개사가 임야를 매수의뢰한 의뢰인에게 확인·설명한 내용이다. 「장사 등에 관한 법률」 규정과 다른 것은?

① "자연장"이란 화장한 유골의 골분을 수목·화초·잔디 등의 밑이나 주변에 묻어 장사하는 것을 말한다.
② 자연장을 하는 경우 지면으로부터 30센티미터 이상의 깊이에 화장한 골분을 흙과 섞어서 묻되 자연분해되지 않는 용기는 사용할 수 없다.
③ 자연장지는 국가, 지자체가 설치·운영하는 공설 자연장지와 개인·가족, 종중·문중, 법인 등이 설치·운영하는 사설자연장지가 있다.
④ 자연장지는 「국토의 계획 및 이용에 관한 법률」 규정에 따른 주거지역·상업지역 및 공업지역에는 원칙적으로 조성할 수 없다.
⑤ 자연장도 분묘의 일종이므로 도로·철도·하천 및 인가밀집지역 등과의 거리제한이 있으며, 설치기간의 제한도 분묘와 동일하게 적용된다.

정답 13. ③ 14. ⑤

해설 ▶ **장사 등에 관한 법률**
자연장지에는 「장사 등에 관한 법률」상 분묘에 대한 설치기간 규정 등을 적용하지 않는다.

15. 개업공인중개사가 묘지가 있는 토지를 매수하려는 중개의뢰인에게 설명한 내용 중 틀린 것은? (다툼에 있으면 판례에 의함)

① 「장사 등에 관한 법률」의 규정에서 말하는 분묘의 점유면적은 분묘의 기지면적 만을 가리킨다.
② 분묘기지권의 효력이 미치는 범위 내에서 기존의 분묘에 단분(單墳)형태로 합장(合葬)하여 새로운 분묘를 설치하는 것은 허용되지 않는다.
③ 분묘기지권이 시효취득된 경우 사망자의 연고자는 종손이 분묘를 관리할 수 있는 때에도 토지소유자에 대하여 분묘 기지권을 주장할 수 있다.
④ 분묘기지권을 시효취득하는 경우 토지소유자가 지료를 청구한 때로부터 지료 지급 의무가 발생한다.
⑤ 분묘가 멸실된 경우 유골이 존재하여 분묘의 원상회복이 가능한 정도의 일시적인 멸실에 불과하다면 분묘기지권은 존속하고 있다.

해설 ▶ **분묘기지권**
분묘를 수호하고 봉제사 할 수 있는 제사주재자는 원칙적으로 종손에게 있으므로 사망자의 연고자는 종손이 분묘를 관리할 수 있는 경우에는 토지소유자에 대하여 분묘 기지권을 주장할 수 없다.

16. 개업공인중개사가 분묘와 관련된 토지에 관하여 매수의뢰인에게 설명한 내용으로 옳은 것은? (다툼이 있으면 판례에 의함) **21회 출제**

① 가족묘지 1기 및 그 시설물의 총면적은 합장하는 경우 20㎡까지 가능하다.
② 최종으로 연장 받은 설치기간이 종료한 분묘의 연고자는 설치기간 만료 후 2년 내에 분묘에 설치된 시설물을 철거해야 한다.
③ 평장의 경우에도 유골이 매장되어 있는 때에는 분묘기지권이 인정된다.
④ 단순히 토지소유자의 설치승낙만을 받아 분묘를 설치한 경우 분묘의 설치자는 사용대차에 따른 차주의 권리를 취득한다.
⑤ 토지소유자의 승낙없이 타인소유의 토지에 자연장을 한 자는 토지소유자에 대하여 시효취득을 이유로 자연장의 보존을 위한 권리를 주장할 수 없다.

정답   15. ③   16. ⑤

해설 ▶ **분묘**
① 가족묘지 1기 및 그 시설물의 총면적은 10㎡로 하며 합장하는 경우 15㎡까지 가능하다(장사법 제18조 제1항).
② 최종으로 연장받은 설치기간이 종료한 분묘의 연고자는 설치기간 만료 후 1년 내에 분묘에 설치된 시설물을 철거해야 한다(장사법 제20조).
③ 평장은 분묘기지권이 인정되지 않는다.
④ 단순히 토지소유자의 설치승낙만을 받아 분묘를 설치한 경우 분묘의 설치자는 분묘의 수호 봉제사 권리만 있을 뿐 사용대차에 따른 차주의 권리는 취득하지 않는다.

17
다음은 개업공인중개사가 묘지로 사용할 토지를 구입하려는 중개의뢰인에게 설명한 내용이다. **틀린** 것은?

① 「장사 등에 관한 법률」에는 분묘 1기당 점유면적은 30㎡로 제한하고 있다.
② 판례는 평장 또는 암장인 경우 분묘기지권이 인정되지 않는다고 본다.
③ 판례는 분묘기지권이 미치는 범위는 분묘의 수호·봉제사에 필요한 범위에서 주위의 공지를 포함한 지역까지 미친다고 본다.
④ 판례는 분묘기지권은 분묘의 수호와 봉사를 계속하는 한 지속된다고 본다.
⑤ 판례는 남의 토지에 분묘기지권을 시효취득한 경우 지료(地料)를 지급할 의무가 없다.

해설 ▶ **분묘기지권**
토지소유가가 지료를 청구할 때 지료지급 의무가 발생한다(대판 2021.4.29. 2017다228007).

18
개업공인중개사가 중개의뢰인에게 설명한 내용으로 **틀린** 것은? (다툼이 있으면 판례에 의함)★★

① 甲·乙·丙 사이에 순차로 매매계약이 체결되었는데 등기는 최초양도인 甲으로부터 최종양수인 丙앞으로 경료하기로 하는 3자간의 합의가 있는 경우 丙은 직접 甲에 대하여 이전등기를 청구할 수 있다.
② 甲소유의 대지 위에 乙이 무단으로 건물을 신축하였더라도 그 건물의 소유권은 乙에게 속한다.
③ 당사자가 설정행위로 금지하지 아니한 경우에는 전세권의 양도에 전세권 설정자의 동의를 요하지 않는다.
④ 분묘가 일시적으로나마 멸실되었다면 유골의 존재를 불문하고 분묘기지권은 소멸한다.
⑤ 매수인이 착오로 인접 토지의 일부를 그의 토지에 속하는 것으로 믿고 점유하고 있다면, 그 점유방법이 분묘를 설치·관리하는 것이어도 자주점유에 해당한다.

정답 17. ⑤ 18. ④

제3장 중개대상물의 조사·분석

해설 ▶ 중간생략등기·분묘기지권 등

④ 분묘가 멸실된 경우라고 하더라도 유골이 존재하여 분묘의 원상회복이 가능하여 일시적인 멸실에 불과하다면 분묘기지권은 소멸하지 않고 존속하고 있다고 해석함이 상당하다(대판 2007.6.28. 2005다44114).

〈관련판례〉
㉠ 부동산이 전전양도된 경우에 중간생략등기의 합의가 없는 한 그 최종 양수인은 최초 양도인에 대하여 직접 자기명의로의 소유권이전등기를 청구할 수는 없다 할 것이고, 부동산의 양도계약이 순차 이루어져 최종 양수인이 중간생략등기의 합의를 이유로 최초 양도인에게 직접 그 소유권이전등기청구권을 행사하기 위하여는 관계당사자 전원의 의사합치, 즉 중간생략등기에 대한 최초 양도인과 중간자의 동의가 있는 외에 최초 양도인과 최종 양수인 사이에도 그 중간등기생략의 합의가 있었음이 요구된다(대판 1991.4.23. 91다5761).
㉡ 자기의 비용과 노력으로 건물을 신축한 자는 그 소유권을 원시취득한다(대판 2002.4.26. 2000다16350).
㉢ 토지를 매수·취득하여 점유를 개시함에 있어서 매수인이 인접 토지와의 경계선을 정확하게 확인해 보지 아니하고 착오로 인접 토지의 일부를 그가 매수·취득한 토지에 속하는 것으로 믿고서 점유하고 있다면 인접 토지의 일부에 대한 점유는 소유의 의사에 기한 것으로 보아야 하며, 이 경우 그 인접 토지의 점유방법이 분묘를 설치·관리하는 것이었다고 하여 점유자의 소유의사를 부정할 것은 아니다(대판 2007.6.14. 2006다84423).

19. 개업공인중개사가 사설 묘지 또는 분묘와 관련있는 토지에 관하여 중개의뢰인에게 설명한 내용으로 틀린 것은? (다툼이 있으면 판례에 의함) [20회 출제]

① 개인묘지를 설치하고자 하는 자는 시장·군수·구청장의 허가를 받아야 한다.
② 개인묘지를 설치할 경우 30㎡를 초과해서는 아니 된다.
③ 「장사 등에 관한 법률」 시행 후 토지소유자의 승낙을 얻어 분묘를 설치한 경우 그 분묘의 설치기간은 제한을 받는다.
④ 분묘소유자가 분묘기지권을 시효취득하는 경우 토지소유자가 청구한 날부터 지료를 지급할 의무가 발생한다.
⑤ 분묘기지권은 권리자가 의무자에 대하여 그 권리를 포기하는 의사표시를 하는 외에 점유까지도 포기해야만 그 권리가 소멸하는 것은 아니다.

해설 ▶ 묘지

개인묘지를 설치한 자는 보건복지부령으로 정하는 바에 따라 묘지를 설치한 후 30일 이내에 해당 묘지를 관할하는 시장 등에게 신고하여야 한다(「장사 등에 관한 법률」 제14조 제2항).

정답 19. ①

20

개업공인중개사가 분묘가 있는 토지에 관하여 중개의뢰인에게 설명한 내용으로 **틀린** 것은? (다툼이 있으면 판례에 의함) **24회 출제**

① 문중자연장지를 조성하려는 자는 관할시장 등의 허가를 받아야 한다.
② 남편의 분묘구역 내에 처의 분묘를 추가로 설치한 경우 추가설치 후 30일 이내에 해당 묘지의 관할 시장등에게 신고해야 한다.
③ 분묘기지권은 분묘의 수호와 봉사에 필요한 범위 내에서 타인의 토지를 사용할 수 있는 권리이다.
④ 분묘기지권은 특별한 사정이 없는 한, 분묘의 수호와 봉사가 계속되고 그 분묘가 존속하는 동안 인정된다.
⑤ 가족묘지의 면적은 100㎡ 이하여야 한다.

해설 ▸ 분묘 있는 토지 등
종중 또는 문중 자연장지를 조성하려는 자는 관할시장 등에게 신고를 하여야 한다.

21

개업공인중개사가 토지를 중개하면서 분묘기지권에 대해 설명한 내용으로 **틀린** 것을 모두 고른 것은? (다툼이 있으면 판례에 의함) **25회 출제**

> ㉠ 장래의 묘소(가묘)는 분묘에 해당하지 않는다.
> ㉡ 분묘의 특성상, 타인의 승낙 없이 분묘를 설치한 경우에도 즉시 분묘기지권을 취득한다.
> ㉢ 평장되어 있어 객관적으로 인식할 수 있는 외형을 갖추고 있지 아니한 경우 분묘기지권이 인정되지 아니한다.
> ㉣ 분묘기지권의 효력이 미치는 범위는 분묘의 기지 자체에 한정된다.

① ㉠, ㉡
② ㉡, ㉣
③ ㉢, ㉣
④ ㉠, ㉡, ㉢
⑤ ㉠, ㉡, ㉣

해설 ▸ 분묘기지권
㉡ 분묘의 특성상, 타인의 승낙 없이 분묘를 설치한 경우 평온·공연하게 20년간 점유하여야 시효취득한다. 다만 장사 등에 관한 법률 시행 이후에 허락없이 설치한 분묘는 분묘기지권을 시효취득할 수 없다.
㉣ 분묘기지권의 효력이 미치는 범위는 분묘의 기지 자체뿐만 아니라 주위의 공지까지 미친다.

정답   20. ①   21. ②

04 기타 부동산 조사분석

22
개업공인중개사의 확인·설명 사항으로 가장 옳은 것은? ★★★

① 개업공인중개사가 입목을 거래하면서 입목에 관한 소유권보존등기 사실 여부만을 확인하는 데 있어 해당 토지등기부 표제부만을 가지고 명확히 확인하였다.
② 개업공인중개사가 다세대주택에 대한 임대차중개를 하면서 중개대상물의 동일성 여부는 매우 중요하기 때문에 등기사항증명서등 관계서류를 가지고 지번만을 명확히 확인하였다.
③ 개업공인중개사가 처의 명의로 된 주택을 임대차중개를 하면서 임대인의 대리인이라 자칭하는 남편이 틀림없는지 부부관계 여부만을 명확히 확인하였다.
④ 개업공인중개사가 학교법인의 토지매각을 중개하면서 법인의 등기부를 가지고 법인격의 유무, 대표자의 처분권한 유무만을 명확히 확인하였다.
⑤ 개업공인중개사가 아파트에 대한 임대차중개를 하면서 담보물권의 설정 여부를 계약체결 다음날에 등기사항증명서를 가지고 명확히 확인하였다.

해설 개업공인중개사의 확인·설명(입목)
② 동호수까지 정확하게 확인하여야 한다.
③ 위임 여부를 확인하여야 한다.
④ 관할기관의 허가 여부를 확인하여야 한다
⑤ 계약체결 전에 확인하여야 한다.

23
개업공인중개사가 중개의뢰인에게 「입목에 관한 법률」상의 입목에 대해 설명한 내용으로 틀린 것은? **20회 출제**

① 토지소유권 또는 지상권의 처분의 효력은 입목에 미치지 아니한다.
② 입목을 목적으로 하는 저당권의 효력은 입목을 벌채한 경우에 그 토지로부터 분리된 수목에 대하여는 미치지 않는다.
③ 입목의 경매 기타 사유로 인하여 토지와 그 입목이 각각 다른 소유자에게 속하게 되는 경우에는 토지소유자는 입목소유자에 대하여 지상권을 설정한 것으로 본다.
④ 입목에 대한 등기에 관하여 이 법에 특별한 규정이 있는 경우를 제외하고는 「부동산등기법」을 준용한다.
⑤ 지상권자에게 속하는 입목이 저당권의 목적이 되어 있는 경우에는 지상권자는 저당권자의 승낙없이 그 권리를 포기하거나 계약을 해지할 수 없다.

정답 22. ① 23. ②

해설 입목

입목을 목적으로 하는 저당권의 효력은 입목을 벌채한 경우에 그 토지로부터 분리된 수목에 대하여는 미친다(입목에 관한 법률 제4조 제1항).

24

개업공인중개사 甲이 丁소유의 X토지를 공유하고자 하는 乙과 丙에게 매매계약을 중개하였다. 다음 설명 중 옳은 것을 모두 고른 것은? (다툼이 있으면 판례에 의함) **21회 출제**

㉠ 乙의 지분이 2분의 1이고 다른 특약이 없는 경우 乙이 X토지 전부를 사용·수익하고 있다면 丙은 乙에게 부당이득반환청구를 할 수 있다.
㉡ 乙의 지분이 2분의 1이고 다른 특약이 없는 경우 乙은 단독으로 공유물의 관리에 관한 사항을 결정할 수 없다.
㉢ 乙의 지분이 3분의 2인 경우 乙은 X토지의 특정된 부분을 배타적으로 사용하는 결정을 할 수 있다.
㉣ 乙과 丙은 X토지를 5년 내에 분할하지 않을 것을 약정할 수 있다.

① ㉠, ㉡
② ㉡, ㉣
③ ㉠, ㉡, ㉣
④ ㉡, ㉢, ㉣
⑤ ㉠, ㉡, ㉢, ㉣

해설 매매계약 중개

모두 맞는 내용이다.

정답 24. ⑤

CHAPTER 04 중개대상물 확인·설명서

학습포인트

- 중개대상물 확인·설명의 주의점을 숙지해야 하며 확인·설명서 작성시 각 항목별로 수록된 내용에 대한 심도 높은 학습이 필요하다.
- 확인·설명서 작성부분은 3장(중개대상물의 조사·분석)에서 분리하여 제4장으로 따로 구성하였으며, 최근 출제되지 않은 중개대상물의 분석 부분은 문제화하지 않았다.
- 중개대상물의 중개기법 부분은 기본서의 이론부분을 이해하는 수준으로만 학습한다.

CHAPTER 학습 & 출제되는 키워드

- ☑ 조사·분석의 목적 및 절차
- ☑ 권리관계의 진실성 분석
- ☑ 등기를 요하지 않는 물권변동
- ☑ 토지이용계획확인서
- ☑ 무허가건물대장
- ☑ 미등기부동산의 조사·분석
- ☑ 법정지상권·분묘기지권·종물
- ☑ 입목·광업재단·공장재단
- ☑ 권리분석
- ☑ 공부조사
- ☑ 지적공부조사
- ☑ 공시지가확인서
- ☑ 주민등록
- ☑ 현장조사의 개요
- ☑ 건물의 현장조사
- ☑ 분양권 조사·분석
- ☑ 등기부의 판독
- ☑ 부동산등기부의 조사·분석
- ☑ 건축물대장
- ☑ 환지예정증명원
- ☑ 시·군·구 조례
- ☑ 토지의 현장조사
- ☑ 조세의 종류와 세율 조사·확인
- ☑ 중개대상물 확인 설명서 작성

CHAPTER 학습 & 출제되는 질문

- ☑ 중개대상물 조사 확인에 대한 설명으로 옳지 않는 것은?
- ☑ 분묘에 대한 설명으로 옳지 않은 것은?
- ☑ 확인·설명서 작성법에 대한 설명으로 틀린 것은?

제3편 중개실무

01. 공인중개사법령상 거래계약서와 별지 서식을 작성하는 방법에 관한 설명으로 틀린 것은? `21회 출제`

① 개업공인중개사는 거래계약서에 서명 및 날인해야 한다.
② 개업공인중개사는 중개대상물 확인·설명서에 서명 및 날인해야 한다.
③ 개업공인중개사는 전속중개계약서에 서명 및 날인해야 한다.
④ 중개대상물 확인·설명서에는 거래당사자가 서명 또는 날인하는 란이 있다.
⑤ 거래당사자는 거래당사자간 직접거래의 경우 부동산거래계약 신고서에 공동으로 서명 또는 날인(전자인증 방법 포함)하는 것이 원칙이다.

해설 ▶ 거래계약서와 별지 서식
개업공인중개사는 전속중개계약서에 서명 및 날인해야 하는 의무는 없으며 서명 또는 날인하는 란이 있다(별지 15호 서식).

02. 공인중개사법령상 개업공인중개사가 토지의 중개대상물 확인·설명서에 기재해야 할 사항에 해당하는 것은 모두 몇 개인가? `27회 출제`

- 비선호시설(1km 이내)의 유무
- 일조량 등 환경조건
- 관리주체의 유형에 관한 사항
- 접근성 등 입지조건
- 공법상 이용제한 및 거래규제에 관한 사항

① 1개   ② 2개   ③ 3개   ④ 4개   ⑤ 5개

해설 ▶ 확인·설명서 작성
일조량 등 환경조건 : 주거용
관리주체의 유형등에 관한 사항 : 주거용, 비주거용

03. 개업공인중개사의 주거용 건축물의 확인·설명서 작성에 대한 설명 중 옳은 것은?

① '대상물건의 표시'란은 토지·건축물대장을 확인하여 기재한다.
② '관리에 관한 사항'란에는 주차장, 교육시설을 기재한다.
③ 건폐율·용적률 상한은 기재하지만 지구단위계획구역, 도시·군 계획시설은 기재하지 않는다.
④ 단독경보형 감지기는 5층 이상의 아파트에만 작성한다.
⑤ '내·외부시설 및 상태'란에는 벽면상태를 기재한다.

정답 01. ③   02. ③   03. ①

제4장 중개대상물 확인·설명서

해설 ▶ 확인·설명서
② '관리에 관한 사항'란에는 경비실, 관리주체(자치관리, 위탁관리), 관리비를 기재한다.
③ 토지이용계획·공법상 거래규제 및 이용제한에 관한 사항(토지)란에 지구단위계획구역, 도시계획시설을 기재한다.
④ 단독경보형 감지기는 5층 이상의 아파트를 제외한 주택의 경우에만 작성한다.
⑤ '벽면·바닥면 및 도배의 상태(건축물)'란에 벽면상태를 기재한다.

04. 중개대상물과 확인·설명서 서식(Ⅰ~Ⅳ)의 연결이 옳은 것은?

① 자동차 정비공장의 매매 　　　　　　　　　　　　확인·설명서 Ⅳ
② 주거용 200㎡와 상업용 200㎡로 면적이 동일한
　주상복합건물의 매매 　　　　　　　　　　　　　확인·설명서 Ⅱ
③ 주거용으로 사용예정인 오피스텔의 임대차 　　　　확인·설명서 Ⅰ
④ 공장재단에 대한 저당권 설정 　　　　　　　　　　확인·설명서 Ⅳ
⑤ 「주택법」상 사업계획승인을 얻어 공급하는 주택의 입주자로 선정된 지위에 대한 매매 　　　　　　　　　　　　　　　확인·설명서 Ⅲ

해설 ▶ 확인·설명서
① 자동차 정비공장의 매매 — 확인·설명서(Ⅱ)
② 주거용 200㎡와 상업용 200㎡로 면적이 동일한 주상복합건물의 매매 — 확인·설명서(Ⅰ)
③ 주거용으로 사용예정인 오피스텔의 임대차 — 확인·설명서(Ⅱ)
⑤ 「주택법」상 사업계획승인을 얻어 공급하는 주택의 입주자로 선정된 지위에 대한 매매 — 확인·설명서(Ⅰ)

05. 개업공인중개사가 비주거용 건축물의 중개대상물 확인·설명서를 작성할 때 조사·확인 방법으로 틀린 것은? [20회 출제]

① 소유권 ·· 등기사항증명서
② 지 목 ·· 토지대장
③ 용적률·건폐율 상한 ································· 토지이용계획확인서
④ 공부에서 확인할 수 없는 사항 ·················· 부동산종합정보망 등
⑤ 공시되지 아니한 물건의 권리 사항 ············ 매도(임대)의뢰인이 고지한 사항

해설 ▶ 확인·설명서
토지이용계획, 공법상 이용제한 및 거래규제에 관한 사항(토지)의 "건폐율 상한 및 용적률 상한"은 시·군의 조례에 따라 기재한다(확인·설명서 Ⅱ 기재요령).

정답　04. ④　05. ③

06 공인중개사법령상 중개대상물 확인·설명서에 관한 설명으로 틀린 것은? 〈21회 출제〉

① 서식은 주거용 건축물, 비주거용 건축물, 토지, 입목·광업재단·공장재단용으로 구분되어 있다.
② 소속공인중개사가 당해 중개행위를 한 경우 개업공인중개사와 함께 서명 및 날인해야 한다.
③ 매매의 경우 취득시 부담할 조세의 종류 및 세율은 모든 확인·설명서 서식에 공통으로 기재해야 할 사항이다.
④ 비주거용 건축물 서식에는 비선호시설(1km 이내)이 있는지 여부를 표시해야 한다.
⑤ 입목·광업재단·공장재단 서식에는 입지조건에 관한 사항의 기재란이 없다.

해설 중개대상물 확인·설명서
비주거용 건축물 서식에는 비선호시설란이 없다.

07 공인중개사법령상 개업공인중개사가 비주거용 건축물의 중개대상물 확인·설명서를 작성하는 방법에 관한 설명으로 틀린 것은? 〈26회 출제〉

① '대상물건의 표시'는 토지대장 및 건축물대장 등을 확인하여 적는다.
② '권리관계'의 "등기부기재사항"은 등기사항증명서를 확인하여 적는다.
③ "건폐율 상한 및 용적률 상한"은 시·군의 조례에 따라 적는다.
④ "중개보수"는 실제거래금액을 기준으로 계산하고, 협의가 없는 경우 부가가치세는 포함된 것으로 본다.
⑤ 공동중개 시 참여한 개업공인중개사(소속공인중개사 포함)는 모두 서명 및 날인해야 한다.

해설 확인·설명서
중개보수는 거래예정금액을 기준으로 계산하고 부가가치세는 별도로 부과될 수 있다(별지 제20호의2 서식).

정답 06. ④ 07. ④

08 비주거용 건축물의 확인·설명서 작성시 기재요령에 관한 다음 설명 중 가장 타당하지 <u>않은</u> 것은? ★★★

① 대상물건의 표시란을 기재할 때에는 토지대장·건축물대장을 확인하여 기재한다.
② 권리관계에 관한 사항란 중 등기부기재사항은 등기사항증명서를 확인하여 기재하고, 실제권리관계 또는 공시되지 아니한 물건의 권리에 관한 사항은 부동산유치권·법정지상권 등 매도(임대)의뢰인이 고지한 사항을 기재한다.
③ 민간임대등록여부는 임대차확인사항란에 기재한다.
④ 조세에 관한 사항란에는 취득세 등 권리취득에 따라 부담해야 할 조세의 종류 및 세율을 기재한다.
⑤ 법인인 개업공인중개사의 경우 주된 사무소에서는 대표자와 그 중개행위를 한 공인중개사가 함께 서명 및 날인하여야 한다.

해설 확인·설명서 작성
민간임대등록여부는 권리관계란에 기재한다. 임대차확인사항란은 주거용에만 있다.

09 다음 중 중개대상물 확인·설명서(I)(주거용 건축물)의 기재에 대한 설명으로 옳은 것은?

① 용도지역·용도지구·용도구역에 관한 사항은 「대상물건의 표시」란에 기재한다.
② 도배 상태가 깨끗한지의 여부는 「내·외부 시설물의 상태」란에 기재한다.
③ 교육시설은 초등학교·중학교·고등학교의 명칭을 기재하며 대학은 기재하지 않는다.
④ 비선호시설은 「입지조건」란에 기재한다.
⑤ 주차장, 교육시설 등은 「환경조건」란에 기재한다.

해설 확인·설명서 작성
① 용도지역·용도지구·용도구역에 관한 사항은 토지이용계획, 공법상 이용제한 및 거래규제에 관한 사항(토지)란에 기재한다.
② 도배 상태가 깨끗한지의 여부는 벽면·바닥면 및 도배의 상태란에 기재한다.
④ 비선호시설은 입지조건란이 아니라 비선호시설란에 기재한다.
⑤ 주차장, 교육시설 등은 환경조건란이 아니라 입지조건란에 기재한다.

정답 08. ③ 09. ③

10

다음은 개업공인중개사가 행할 중개대상물 확인·설명 및 설명서 작성에 관한 내용이다. **틀린** 것은?★★

① 거래예정가격은 개업공인중개사가 확인·설명할 사항이며, 중개대상물 확인·설명서에 기재할 사항이다.
② 공부상의 지목과 실제의 지목이 상이한 경우에는 실제지목과 공부상의 지목을 병기하는 것이 바람직하다.
③ 중개대상물건의 상태에 관한 자료를 요구하였으나 불응한 경우 그 사실을 설명할 사항은 아니지만, 중개대상물 확인·설명서에 기재할 사항이다.
④ 개업공인중개사는 중개대상물 확인·설명을 하고 확인·설명서를 작성하여 반드시 거래당사자에게 교부하여야 한다.
⑤ 건물의 소재지는 건축물대장에 의거 확인하여 기재한다.

해설 ▸ 확인·설명서 작성

개업공인중개사는 매도 또는 임대의뢰인이 중개대상물의 상태에 관한 자료요구에 불응한 경우 그러한 사실을 매수 또는 임차의뢰인에게 설명하고 중개대상물의 확인·설명서에 기재하여야 한다(영 제21조 제2항).

11

중개대상물이 토지인 경우 확인·설명서의 작성방법으로서 옳지 **않은** 것은?

① 공부상 공시되지 아니한 권리관계에 관한 사항에 관하여 매도(임대) 의뢰인이 고지한 사항을 기재한다.
② 실제권리관계 또는 공시되지 않는 권리관계란에는 임대차·점유권행사 여부·구축물·적치물·진입로·경작물을 확인하여 기재한다.
③ 중개보수 및 실비의 금액과 산출내역란에는 거래예정금액에 대한 중개보수 산출내역을 기재한다.
④ 건폐율 상한 및 용적률 상한은 시·군조례에 의해 기재한다.
⑤ 환경조건란의 비선호시설은 매도(임대)의뢰인이 고지한 사항을 기재한다.

해설 ▸ 확인·설명서 작성

비선호시설은 개업공인중개사가 직접 조사하여 기재한다.

정답 10. ③ 11. ⑤

12. 공인중개사법령상 주거용 중개대상물 확인·설명서 작성 시 개업공인중개사가 조사하여 기재할 사항이 아닌 것은? [22회 출제]

① 단독경보형 감지기의 존재 여부
② 경비실의 존재 여부
③ 비선호시설의 유무
④ 주차장의 유무
⑤ 도로에의 접근성이 용이한지 여부

해설 ▶ 확인·설명서 작성

단독경보형 감지기의 존재 여부는 내외부 시설물 상태 중 소방시설에 포함된 내용으로서 매도·임대 의뢰인에게 자료를 요구하여 확인할 사항을 기재한다.

13. 공인중개사법령상 중개대상물 확인·설명서 작성방법에 관한 설명으로 옳은 것은? [25회 출제]

① '건폐율 상한 및 용적률 상한'은 개업공인중개사 기본 확인사항으로 토지이용계획확인서의 내용을 확인하여 적는다.
② 권리관계의 '등기부기재사항'은 개업공인중개사 기본 확인사항으로, '실제권리관계 또는 공시되지 않은 물건의 권리 사항'은 개업공인중개사 세부 확인사항으로 구분하여 기재한다.
③ '거래예정금액'은 개업공인중개사 세부 확인사항으로 중개가 완성된 때의 거래금액을 기재한다.
④ '취득시 부담할 조세의 종류 및 세율'은 중개대상물 유형별 모든 서식에 공통적으로 기재할 사항으로 임대차의 경우에도 기재해야 한다.
⑤ 중개보수는 법령으로 정한 요율 한도에서 중개의뢰인과 개업공인중개사가 협의하여 결정하며, 중개보수에는 부가가치세가 포함된 것으로 본다.

해설 ▶ 확인·설명서 작성

② '건폐율 상한 및 용적률 상한'은 개업공인중개사 기본 확인사항으로 시·군조례를 확인하여 기재한다.
③ '거래예정금액'은 개업공인중개사 기본 확인사항으로 중개가 완성되기 전의 거래예정금액을 기재한다.
④ '취득시 부담할 조세의 종류 및 세율'은 중개대상물 유형별 모든 서식에 공통적으로 기재할 사항이나 임대차의 경우에는 제외한다.
⑤ 중개보수는 법령으로 정한 요율 한도에서 중개의뢰인과 개업공인중개사가 협의하여 결정하며, 중개보수에는 부가가치세는 제외된다.

정답 12. ① 13. ②

14

중개대상물 확인·설명서 작성시 기재요령에 관한 내용 중 옳은 것은?

① 중개대상물의 표시에 관한 사항은 등기부가 기준이 된다.
② 일반적으로 분리가 용이하여 독립성을 가지며 전세권·임차권 등의 권원에 의한 것일 때에는 건물소유자에게 귀속된다.
③ 개업공인중개사가 이전 의뢰인에게 중개대상물의 상태에 관한 자료를 요구하였으나 불응한 경우 그러한 사실을 취득 의뢰인에게 설명하지 않더라도 중개대상물 확인·설명서에 기재하면 충분하다.
④ 권리를 취득함으로써 부담하여야 할 조세의 금액을 정확하게 산출하여 기재할 의무가 있는 것은 아니다.
⑤ 경비실 유무에 대하여는 관리사무소에 자료를 요구하여 기재할 수 있다.

해설 ▶ 확인·설명서 작성

① "표시"에 관한 사항은 소재지, 지목, 면적, 구조, 용도, 건축 연도 등으로 대장이 기준이 된다.
② 전세권자나 임차인에게 속하는 것이며 부합하는 것은 아니다.
③ 자료요구에 불응한 경우 개업공인중개사는 그러한 사실을 매수(임차) 의뢰인에게 설명하고, 확인·설명서의 '대상물건의 상태에 관한 자료요구 사항'란에 자료요구 및 불응 사실을 기재하여야 한다.
⑤ 관리에 관한 사항란은 상태와 환경조건이 아니니 자료를 요구할 사항이 아니라 개업공인중개사가 직접 조사하여 기재한다.

15

공인중개사법령상 중개대상물 확인·설명서에 명시된 기재사항으로 틀린 것은?

① 비주거용 건축물 : 매도(임대)의뢰인에게 자료를 요구하여 확인할 사항은 벽면 및 바닥면 상태, 전기·소방 등의 시설물
② 토지 : 등기사항증명서로 확인한 소유권·저당권 등의 권리사항
③ 토지 : 대상토지 1km 이내의 비선호시설 존재유무
④ 주거용 건축물 : 건물설계도 확인 여부
⑤ 입목·광업재단·공장재단 : 재단목록 또는 입목의 생육상태

해설 ▶ 중개대상물 확인·설명서의 기재사항

건물설계도는 확인할 사항이 아니며 확인·설명에 기재할 사항도 아니다(법 제25조, 규칙 제16조, 별지 제20호 내지 제20호의4 서식 참고).

정답 14. ④   15. ④

16. 공인중개사법령상 주거용 건축물의 중개대상물 확인·설명서 작성방법에 관한 설명으로 옳은 것은? [21회 출제]

① 대상물건이 위반건축물인지 여부는 등기사항증명서를 확인하여 기재한다.
② 비선호시설, 입지조건 및 관리에 관한 사항은 매도(임대)의뢰인에게 자료를 요구하여 확인한 사항을 기재한다.
③ 매매의 경우 "도시계획시설", "지구단위계획구역, 그 밖의 도시관리계획"은 개업공인중개사가 확인하여 기재한다.
④ 임대차의 경우 "개별공시지가" 및 "건물(주택)공시가격"을 반드시 기재해야 한다.
⑤ 취득시 부담할 조세의 종류 및 세율은 중개가 완성되기 전 「지방세법」의 내용을 확인하여 적어야 하며, 임대차의 경우에도 적어야 한다.

해설 ▶ 주거용 건축물의 중개대상물 확인·설명서 작성방법
① 대상물건이 위반건축물인지 여부는 건축물대장과 현장확인을 통해 확인한다.
② 비선호시설, 입지조건 및 관리에 관한 사항은 개업공인중개사가 확인하여 기재한다.
④ 임대차의 경우 "개별공시지가" 및 "건물(주택)공시가격"은 생략할 수 있다.
⑤ 취득시 부담할 조세의 종류 및 세율은 중개가 완성되기 전 「지방세법」의 내용을 확인하여 적어야 하며, 임대차의 경우 제외한다.

17. 공인중개사법령상 비주거용 건축물 중개대상물 확인·설명서 작성시 개업공인중개사의 세부확인사항이 아닌 것은? [25회 출제]

① 벽면의 균열 유무   ② 승강기의 유무   ③ 주차장의 유무
④ 비상벨의 유무   ⑤ 가스(취사용)의 공급방식

해설 ▶ 확인·설명서 작성시 세부확인사항
주차장 유무는 입지조건에 있는 내용으로 개업공인중개사 기본확인사항에 해당한다.

18. 공인중개사법령상 주거용 건축물의 중개대상물 확인·설명서의 '개업공인중개사 기본 확인사항'이 아닌 것은? [23회 출제]

① 권리관계   ② 입지조건
③ 비선호시설(1km 이내)   ④ 내·외부시설물의 상태
⑤ 취득시 부담할 조세의 종류 및 세율

정답   16. ③   17. ③   18. ④

제3편 중개실무

> **해설** ▶ **개업공인중개사의 기본확인사항과 세부확인사항**
> 1) 개업공인중개사의 기본확인사항: 중개대상물의 표기, 권리관계, 토지이용계획과 공법상 이용제한 및 거래규제에 관한 사항, 입지조건, 관리에 관한 사항, 비선호 시설, 거래예정금액 등, 취득시 부담할 조세의 종류 및 세율
> 2) 개업공인중개사의 세부확인사항: 실제권리관계 또는 공시되지 않은 물건의 권리사항, 내·외부 시설물 상태, 벽면·바닥면 및 도배상태, 환경조건

19. 공인중개사법령상 개업공인중개사의 중개대상물 확인·설명서 작성에 관한 설명으로 틀린 것은? (23회 출제)

① 개업공인중개사의 기본 확인 사항은 개업공인중개사가 확인한 사항을 적어야 한다.
② 권리관계의 등기부 기재사항은 등기사항증명서를 확인하여 적는다.
③ 매매의 경우 취득시 부담할 조세의 종류 및 세율은 중개가 완성되기 전에 지방세법의 내용을 확인하여 적는다.
④ 당해 중개행위를 한 소속공인중개사가 있는 경우 확인·설명서에 개업공인중개사와 소속공인중개사가 함께 서명 또는 날인해야 한다.
⑤ 중개보수는 거래예정금액을 기준으로 계산하여 적는다.

> **해설** ▶ **중개대상물 확인·설명서**
> 당해 중개행위를 한 소속공인중개사가 있는 경우 확인·설명서에 개업공인중개사와 소속공인중개사가 함께 서명 및 날인해야 한다(법 제25조 제4항).

20. 공인중개사법령상 주택매매시 작성하는 '중개대상물의 확인·설명서'에 관한 설명으로 틀린 것은? (24회 출제)

① '건폐율 상한 및 용적률 상한'은 「주택법」에 따라 기재한다.
② 권리관계의 '등기부기재사항'은 등기사항증명서를 확인하여 적는다.
③ '도시·군계획시설'과 '지구단위계획구역'은 개업공인중개사가 확인하여 적는다.
④ '환경조건'은 개업공인중개사의 세부 확인사항이다.
⑤ 주택 취득시 부담할 조세의 종류 및 세율은 개업공인중개사가 확인한 사항을 적는다.

> **해설** ▶ **중개대상물의 확인·설명서**
> '건폐율 상한 및 용적률 상한'은 시·군조례를 확인하여 기재한다.

정답 19. ④ 20. ①

CHAPTER 05 부동산거래계약

학습포인트

- 거래계약의 성질 : 내용을 이해하는 수준으로 학습한다.
- 거래계약체결 : 계약서 작성방법에 대해서는 철저하게 학습하는 것이 바람직하며, 「민법」에서 배운 내용을 응용한 문제 출제에 대비해야 한다. 다만 판례부분은 그 내용을 이해하는 수준에서 학습한다.
- 전자계약시스템 : 제30회 시험부터 전자계약시스템 관련 문제가 출제된다. 전자계약시스템의 특성을 중심으로 학습한다.

CHAPTER 학습 & 출제되는 키워드

- ☑ 거래계약의 성질
- ☑ 거래계약체결
- ☑ 서명 및 날인
- ☑ 등기비용
- ☑ 물건의 표시
- ☑ 거래대금·계약금과 지급시기
- ☑ 거래권한 확인의무
- ☑ 대상물의 특정
- ☑ 계약자유의 원칙
- ☑ 문자
- ☑ 매매비용
- ☑ 계약서의 필요기재사항
- ☑ 물건의 인도
- ☑ 약정내용
- ☑ 대리인의 계약
- ☑ 토지의 경우
- ☑ 계약의 중요성·증거능력
- ☑ 내용
- ☑ 균분부담
- ☑ 거래당사자의 인적사항
- ☑ 권리이전의 내용
- ☑ 거래당사자 확인의무
- ☑ 타인소유 부동산거래
- ☑ 주택임대차의 경우 대상물 특정

CHAPTER 학습 & 출제되는 질문

- ☑ 거래계약서 작성에 대한 설명으로 틀린 것은?
- ☑ 거래계약서의 기재사항에 대한 다음의 설명 중 옳지 않은 것은?

제3편 중개실무

01 거래계약서 작성

01 개업공인중개사의 중개로 거래가 이루어져 작성하는 계약서상 거래당사자표시 중 권리를 이전하는 중개의뢰인에 관하여 중개실무상 확인하는 과정에 대한 내용으로 옳지 <u>않은</u> 것은?★★

① 부동산등기사항증명서와 주민등록증을 대조·확인할 필요가 있다.
② 미성년자가 거래당사자일 경우에는 친권자 또는 후견인이 법정대리인의 동의 여부를 확인하여야 한다.
③ 피성년후견인인 경우에는 후견인이 계약을 체결하여야 한다.
④ 미성년자일 경우 계약이행행위 종료 전에 성년이 되었다 하더라도 계약은 유효하므로 추인을 받는 등 별도의 조치를 취할 필요는 없다.
⑤ 법인이나 단체일 경우에는 법인등기사항증명서·조합원의 위임장·보증서 등으로 확인할 필요가 있다.

> **해설** ▶ **거래계약서 작성**
> 거래당사자가 거래계약시는 미성년자이었던 자가 계약 후 20세를 넘어 성년이 된 경우에는 본인의 추인을 받아야 하고 만약 추인을 받지 못하면 계약이 취소될 수 있다.

02 공인중개사법령상 개업공인중개사의 중개로 거래가 이루어져 작성하는 계약서에 기재해야 하는 필수사항에 해당하지 <u>않는</u> 것은?

① 중개보수 및 실비금액과 산출내역
② 물건의 표시
③ 물건의 인도일시
④ 권리이전의 내용
⑤ 거래가격과 계약금액 및 그 지급방법

> **해설** ▶ **계약서 필요적 기재사항**
> ■ 계약서에는 거래당사자의 인적 사항, 물건의 표시, 계약일, 거래금액·계약금액 및 지급일자 등 지급에 관한 사항, 물건의 인도일시, 권리이전의 내용, 조건이나 기한이 있는 경우 조건이나 기한, 확인·설명서 교부일자, 기타 약정내용을 기재하여야 하며(영 제22조 제1항), 계약서를 작성한 개업공인중개사(법인인 개업공인중개사인 경우에는 대표자 또는 분사무소의 책임자를 말함)와 그 중개행위를 한 공인중개사가 함께 서명 및 날인해야 한다(법 제26조 제2항).
> ■ 중개보수 및 실비금액과 산출내역은 확인·설명서의 기재사항이다.

정답 01. ④ 02. ①

03. 거래계약서 작성시 유의하여야 할 사항에 대한 설명으로 가장 옳은 것은? ★★★

① 국토교통부장관은 개업공인중개사가 작성하는 거래계약서에 관하여 표준이 되는 서식을 정하여 이의 사용을 권장할 수 있다.
② 공인중개사법령에서는 계약서에 대한 검인신청시 필요적 기재사항을 규정하고 있다.
③ 계약은 방식을 요하지 아니하므로 개업공인중개사가 중개를 완성한 경우에도 개업공인중개사는 반드시 거래계약서를 작성하여야 하는 것은 아니다.
④ 개업공인중개사가 매매거래계약을 체결한 때에는 의뢰인 요청시 부동산거래신고를 하여야 한다.
⑤ 중개사무소의 개설등록을 한 자는 등록한 인장을 사용하거나 대표자의 사인(signature)으로 대신할 수 있다.

해설 ▶ **거래계약서 작성**

② 계약을 원인으로 소유권이전등기를 신청할 때에는 당사자, 목적부동산, 계약연월일, 대금 및 그 지급일자 등 지급에 관한 사항 또는 평가액 및 그 차액의 정산에 관한 사항, 부동산개업공인중개사가 있을 때에는 부동산개업공인중개사, 계약의 조건이나 기한이 있는 때에는 그 조건 또는 기한 등이 기재된 계약서 또는 판결서 등에 검인신청인을 표시하여 부동산의 소재지를 관할하는 시장 등 검인권자의 검인을 받아 관할등기소에 이를 제출하여야 한다(「부동산등기 특별조치법」 제3조 제1항 및 제2항).
③ 계약자유의 원칙에 따라 계약방식과 내용은 자유로운 의사에 의해 결정될 수 있으나, 개업공인중개사가 중개를 완성한 때에는 필요한 사항을 빠뜨리지 아니하고 확인하여 거래계약서를 작성하고 이에 서명 및 날인하여야 하며, 5년간 보관하여야 한다(법 제26조 제1항).
④ 개업공인중개사의 중개로 토지 또는 건축물, 부동산을 취득할 수 있는 권리의 매매거래가 이루어진 경우에는 반드시 개업공인중개사가 부동산거래신고를 하여야 한다(법 제27조 제2항).
⑤ 개업공인중개사는 거래 계약서에 서명 및 날인을 하여야 한다.

04. 거래계약체결 권한에 대한 확인방법으로 가장 부적당한 것은? ★★

① 법인의 대표이사는 법인등기부를 통해 확인할 수 있다.
② 무능력자의 법정대리인을 확인하기 위해서는 무능력자의 가족관계등록부를 발급받아 확인한다.
③ 합유물을 처분하기 위해서는 합유자 전원의 동의가 있어야 하나, 합유자 중 1인의 지분을 처분하는 것은 다른 합유자의 동의가 필요하지 않다.
④ 공유부동산의 처분은 다른 공유자의 동의가 있어야 가능하다.
⑤ 종중 소유의 재산은 관리 및 처분에 관하여 먼저 종중규약에 정하는 바가 있으면 이에 따라야 하고, 종중규약이 없으면 종중총회의 결의에 의한다.

정답 03. ① 04. ③

해설 ▶ 거래당사자 및 권한 확인

합유물을 처분 또는 변경함에는 합유자 전원의 동의가 있어야 하며(민법 제272조 전단), 합유자는 전원의 동의없이 합유물에 대한 지분을 처분하지 못한다(민법 제273조 제1항).

05 계약서 작성에 있어 개업공인중개사가 유의해야 할 다음의 설명 중 옳은 것은?

① 미성년자나 피한정후견인과 거래를 할 때에는 반드시 그의 법정대리인과 계약을 체결해야 한다.
② 등기부상의 소유자와 실제의 소유자가 다른 경우에는 등기부상의 소유자와 계약을 체결해야 한다.
③ 계약내용은 반드시 서면에 의해서 작성하고 공법상의 이용제한사항을 기재해야 한다.
④ 합유인 재산에 대하여 계약을 체결할 때에는 합유자 전원의 동의 여부를 확인해야 한다.
⑤ 건물의 경우 하자담보책임에 관하여 계약서에 명시하지 않으면 절대적으로 하자담보책임을 물을 수 없기 때문에 반드시 계약서에 명시해야 한다.

해설 ▶ 거래계약서 작성

① 법정대리인인 친권자는 자(子)의 재산에 관한 법률행위에 대하여 그 자를 대리한다. 그러나 그 자의 행위를 목적으로 하는 채무를 부담할 경우에는 본인의 동의를 얻어야 한다(민법 제920조).
② 우리나라의 부동산등기에는 공신력이 인정되지 않으므로 실제소유자와 계약을 체결하여야 한다.
③ 거래계약서의 법정 기재사항에 공법상의 이용제한사항은 포함되지 않는다.
⑤ 하자담보책임은 「민법」에서 규정하고 있는 것으로 거래계약서에 명시되지 않은 경우 「민법」의 규정을 적용받는다.

정답   05. ④

06

대리인과의 부동산거래계약체결시 유의사항을 설명한 것이다. 가장 올바르지 않은 것은?★★

① 소유자가 여러 명인 중개대상물은 각각의 지분에 대해 거래를 위임하는 위임장이 필요하다.
② 위임장이 있더라도 가능한 한 위임자에게 위임 여부를 확인하는 것이 바람직하다.
③ 위임장은 위임내용이 적법한 거래계약을 체결할 수 있는 것인지 여부를 확인해야 한다.
④ 매매계약체결 대리권을 수여받은 대리인이 중도금이나 잔금을 수령할 권한까지는 없다.
⑤ 부부 간의 일상가사 대리권에는 별거하여 외국에 체류중인 남편의 재산의 처분권한까지 포함된다고 할 수는 없다.

해설 ▶ 대리인과 계약체결

부동산의 소유자로부터 매매계약을 체결할 대리권을 수여받은 대리인은 특별한 사정이 없는 한 그 매매계약에서 약정한 바에 따라 중도금이나 잔금을 수령할 권한도 있다고 보아야 할 것이다(대판 1991.1.29. 90다9247, 1992.4.14. 91다43107).

07

다음은 개업공인중개사의 중개로 거래가 이루어져 매매계약서를 작성하는 경우 매매계약에 관한 비용의 범위와 규정에 대한 설명이다. 옳지 않은 것은?★★

① 매매에 관한 비용이란 계약을 체결함에 있어서 일반적으로 필요로 하는 비용으로 감정평가비용, 개업공인중개사 중개보수 등이 이에 해당한다.
② 계약서에 첨부되는 인지대, 계약서 작성비용 등도 이에 해당된다.
③ 계약서를 공증할 경우는 그 비용도 해당한다.
④ 등기비용(법무사 수수료 포함) 역시 계약에 관한 비용에 포함된다.
⑤ 매매계약에 관한 비용은 당사자 쌍방이 균분하여 부담하도록 하는 것이 원칙이다.

해설 ▶ 매매비용

- 매매계약에 관한 비용이란 계약을 체결함에 있어서 일반적으로 필요로 하는 비용으로 그 명칭과 관련없이 계약체결과정에서 소요되는 비용을 의미한다(민법 제566조). 등기비용은 매매계약에 관한 비용이 아니라 계약의 이행을 위한 비용으로 보아야 할 것이다.
- ①의 개업공인중개사 중개보수는 매매비용에 해당한다고 볼 수 있으나 쌍방이 각각 부담한다.

정답 06. ④ 07. ④

02 거래계약이행

08 부동산거래계약에 따른 권리이전의 내용에 관한 설명으로서 가장 옳지 <u>않은</u> 것은?

① 매매계약이 체결된 경우에는 매도자는 특별한 사정이 없는 한 계약체결 당시의 제한이나 부담이 있는 상태에서 소유권이전등기의무를 진다.
② 일반적인 매매계약서에서는 "매도자는 잔금 수령시 소유권이전등기에 필요한 제반서류를 매수자에게 제공한다"라는 권리이전내용을 기재하고 있다.
③ 미등기건물은 원소유자명의로 소유권보존등기를 거친 후 소유권이전등기를 하여야 한다.
④ 미등기건물을 승계취득자 앞으로 직접 소유권보존등기를 경료하게 된 경우의 보존등기는 적법한 등기로서의 효력을 가진다.
⑤ 부동산에 대한 제한이나 부담이 있는 경우 개업공인중개사는 이들 제한이나 부담이 없는 소유권을 이전해주어야 함을 설명해주어야 할 것이다.

해설 ▶ 권리이전 내용
부동산 매매계약이 체결된 경우에는 매도자는 특별한 사정이 없는 한 제한이나 부담이 없는 소유권이전등기의무를 진다(대판 1991.9.10, 91다6368).

09 개업공인중개사 甲의 중개로 丙이 乙소유의 X토지를 매수한 후 乙에게 계약금과 중도금을 지급하였다. 그 후 甲은 乙이 X토지를 丁에게 다시 매각한 사실을 알게 되었다. 甲의 설명으로 옳은 것을 모두 고른 것은? (다툼이 있으면 판례에 의함) **15회 출제**

㉠ 丁이 乙과 丙 사이의 매매계약이 있음을 미리 알았다는 사실만으로도 乙과 丁 사이의 매매계약은 무효가 된다.
㉡ 특별한 사정이 없는 한, 乙은 丙으로부터 받은 계약금의 배액과 중도금을 반환하고 丙과의 매매계약을 해제할 수 있다.
㉢ 특별한 사정이 없는 한, 丙과 丁 중에서 소유권이전등기를 먼저 하는 자가 X토지의 소유자가 된다.

① ㉠ ② ㉡ ③ ㉢
④ ㉠, ㉡ ⑤ ㉡, ㉢

정답 08. ① 09. ③

해설 ▶ **이중매매**
㉠ 丁이 乙과 丙 사이의 매매계약이 있음을 미리 알았다는 사실만으로도 乙과 丁 사이의 매매계약이 무효가 되는 것은 아니다.
㉡ 중도금이 지급된 경우 계약의 이행이 착수된 상태이므로 당사자 일방이 일방적으로 계약을 해제할 수 없다.

10 개업공인중개사 甲이 A와 B가 공유하고 있는 X토지에 대한 A의 지분을 매수하려는 乙의 의뢰를 받아 매매를 중개하고자 한다. 이에 관한 설명으로 옳은 것은? (다툼이 있으면 판례에 의함) **24회 출제**

① 甲과 乙은 「민법」상의 위임관계에 있지 않으므로 甲은 乙에 대하여 선관주의의무를 부담하지 않는다.
② 甲은 매매계약서에 A와 B의 주소지를 기재해야 한다.
③ 甲은 A의 지분처분에 대한 B의 동의 여부를 확인해야 할 의무가 있다.
④ 매매계약 체결시에 매매대금은 반드시 특정되어 있어야 한다.
⑤ 甲이 X토지에 저당권이 설정된 사실을 확인하지 않고 중개하였고, 후에 저당권이 실행되어 乙이 소유권을 잃게 된다면, 乙은 甲에게 손해배상을 청구할 수 있다.

해설 ▶ **거래계약서 작성**
① 개업공인중개사와 의뢰인 사이에는 「민법」상의 위임과 유사하므로 개업공인중개사는 선관주의의무를 부담한다.
② 개업공인중개사는 매매계약서에 거래당사자의 인적사항 및 대상물의 소재지를 기재해야 한다.
③ 지분처분은 단독처분이 가능하므로 동의 여부를 확인할 의무가 없다.
④ 매매계약 체결시에 매매대금은 반드시 특정될 필요는 없다.

정답 10. ⑤

제3편 중개실무

03 부동산 전자거래계약

11 부동산거래 전자계약에 대한 설명으로 옳지 <u>않은</u> 것은?

① 부동산 전자계약 시스템이란 종이 서류 대신 온라인 시스템을 통해 부동산거래 계약서를 작성하고 전자서명을 하는 방식이다.
② 현재 부동산 전자계약은 매매계약만 가능하다.
③ 개업공인중개사가 거래계약시스템에 의해 계약을 체결한 경우 부동산거래신고서를 제출한 것으로 본다.
④ 개업공인중개사가 부동산거래 전자계약으로 계약을 체결한 경우 거래계약서와 확인·설명서의 원본이나 사본을 보관할 의무가 없다.
⑤ 부동산거래 전자계약으로 계약을 체결한 경우 계약서 위변조 및 부실한 확인·설명 방지기능이 있다.

해설 ▶ **전자계약**
매매뿐만 아니라 전세나 월세계약도 전자계약이 가능하며 공인중개사를 통한 중개거래에 한하여 전자계약이 가능하다.

12 다음 중 부동산거래 전자계약의 장점에 해당하지 <u>않는</u> 것은?

① 계약서 위변조 및 부실한 확인·설명 방지
② 주민등록 전입신고의 자동처리
③ 도장 없이 계약이 가능하며 별도의 계약서 보관이 필요 없음
④ 무자격·무등록자의 불법 중개행위 차단
⑤ 부동산 중개사고 예방

해설 ▶ **부동산거래 전자계약의 장점**
주민등록 전입신고의 자동처리기능은 없다.

정답   11. ②   12. ②

13. 부동산 전자계약에 관한 설명으로 옳은 것은? 　**30회 출제**

① 시·도지사는 부동산거래의 계약·신고·허가·관리 등의 업무와 관련된 정보체계를 구축·운영하여야 한다.
② 부동산거래계약의 신고를 하는 경우 전자인증의 방법으로 신분을 증명할 수 없다.
③ 정보처리시스템을 이용하여 주택임대차계약을 체결하였더라도 해당 주택의 임차인은 정보처리시스템을 통하여 전자계약증서에 확정일자 부여를 신청할 수 없다.
④ 개업공인중개사가 부동산거래계약시스템을 통하여 부동산거래계약을 체결한 경우 부동산거래계약이 체결된 때에 부동산거래계약 신고서를 제출한 것으로 본다.
⑤ 거래계약서 작성 시 확인·설명사항이 전자문서 및 전자거래기본법에 따른 공인전자문서센터에 보관된 경우라도 개업공인중개사는 확인·설명사항을 서면으로 작성하여 보존하여야 한다.

해설 ▶ **전자계약**
① 국토교통부장관은 부동산거래의 계약·신고·허가·관리 등의 업무와 관련된 정보체계를 구축·운영하여야 한다.
② 부동산거래계약의 신고를 하는 경우 전자인증의 방법으로 신분을 증명할 수 있다.
③ 정보처리시스템을 이용하여 주택임대차계약을 체결한 경우 확정일자가 자동부여된다.
⑤ 거래계약서 작성 시 확인·설명사항이 전자문서 및 전자거래기본법에 따른 공인전자문서센터에 보관된 경우에는 확인·설명사항을 서면으로 작성하여 보존할 의무가 없다.

정답　13. ④

CHAPTER 06

부동산거래 관련제도

학습포인트

- 부동산등기 특별조치법 : 주요 용어와 등기신청의무화 및 검인계약 관련 사항을 집중적으로 학습하되, 검인계약 관련 사항 학습에 비중을 둔다.
- 부동산 실권리자명의 등기에 관한 법률 : 주요용어와 실권리자명의 등기의무를 숙지해야 한다.
- 주택임대차보호법, 상가건물 임대차보호법 : 법률 전반에 대한 이해 및 각종 우선순위에 대한 이해와 숙지가 필요하다.
- 기타 부동산거래 관련 법규 : 대상 법률에서 정하는 거래관련 규제내용을 이해하는 수준의 학습이 필요하다.

CHAPTER 학습 & 출제되는 키워드

- ☑ 부동산등기 특별조치법
- ☑ 계약서 등의 검인
- ☑ 실명등기의무
- ☑ 확정일자인과 우선변제권
- ☑ 소액보증금의 보호
- ☑ 계약의 갱신
- ☑ 기타 부동산거래 관련법규
- ☑ 등기신청의무
- ☑ 등기원인 허위기재 등의 금지
- ☑ 명의신탁약정의 효력
- ☑ 보증금반환채권의 양수
- ☑ 임차권등기명령
- ☑ 주택임대차위원회
- ☑ 미등기전매 금지
- ☑ 부동산실명법
- ☑ 주택임대차보호법
- ☑ 우선변제권
- ☑ 임대차기간 및 차임증감
- ☑ 상가건물 임대차보호법

CHAPTER 학습 & 출제되는 질문

- ☑ 검인대상이 아닌 것은?
- ☑ 부동산등기 특별조치법에 대한 설명으로 옳지 않은 것은?
- ☑ 명의신탁에 대한 설명으로 옳지 않은 것은?
- ☑ 주택임대차보호법에 대한 설명으로 틀린 것은?
- ☑ 상가건물 임대차보호법 내용으로 옳지 않은 것은?
- ☑ 농지법상 농지에 대한 설명으로 옳지 않은 것은?

제6장 부동산거래 관련제도

01 부동산등기 특별조치법

01 다음 내용 중에서 검인을 신청할 필요가 없는 것을 모두 고른다면? ★★

> ㉠ 아파트분양권 매매계약서 ㉡ 등기된 입목 매매계약서
> ㉢ 공장재단 매매계약서 ㉣ 주택전세계약서
> ㉤ 지상권설정계약서 ㉥ 판결에 의하여 부동산소유권이 이전되는 판결서
> ㉦ 매수인이 국가인 매매계약 ㉧ 토지와 주택의 교환계약서

① ㉤, ㉥, ㉧
② ㉢, ㉤, ㉦
③ ㉠, ㉡, ㉢, ㉣, ㉤, ㉦
④ ㉡, ㉢, ㉣, ㉥, ㉧
⑤ ㉠, ㉢, ㉣, ㉤, ㉥, ㉦

해설 ▶ 검인대상

1) 계약을 원인으로 소유권이전등기를 신청할 때에는 계약서에 검인신청인을 표시하여 부동산의 소재지를 관할하는 시장(구가 설치되어 있는 시에 있어서는 구청장)·군수(이하 "시장 등"이라 함) 또는 그 권한의 위임을 받은 자의 검인을 받아 관할등기소에 이를 제출하여야 한다(법 제3조 제1항).
2) 부동산의 소유권이전등기 신청이 필요하지 않는 거래에 대해서는 검인을 받을 필요가 없다.
3) 대법원 등기예규에서 매수인이 국가인 매매계약은 검인대상이 아니라고 정하고 있다.
4) 분양권은 부동산거래신고대상이므로 검인대상이 아니다.

02 개업공인중개사 甲이 乙소유의 X토지를 매수하려는 丙의 의뢰를 받아 매매를 중개하는 경우에 관한 설명으로 옳은 것은?

① 계약서를 작성한 甲이 자신의 이름으로는 그 계약서의 검인을 신청할 수 없다.
② X토지의 소유권을 이전받은 丙이 매수대금의 지급을 위하여 X토지에 저당권을 설정하는 경우 저당권설정계약서도 검인의 대상이 된다.
③ 丙이 X토지에 대하여 매매를 원인으로 소유권이전청구권보전을 위한 가등기에 기하여 본등기를 하는 경우 매매계약서는 검인의 대상이 된다.
④ 甲이 부동산거래 신고필증을 교부받아도 계약서에 검인을 받지 않는 한 소유권이전등기를 신청할 수 없다.
⑤ 丙으로부터 검인신청을 받은 X토지 소재지 관할청이 검인할 때에는 계약서 내용의 진정성을 확인해야 한다.

정답 01. ③   02. ③

해설 **검인신청**
① 개업공인중개사가 계약서의 검인을 신청할 수 있다.
② 저당권설정계약서는 검인의 대상이 아니다.
④ 부동산거래 신고필증을 교부받은 경우 검인받은 것으로 본다.
⑤ 검인은 형식적 심사이다.

03

계약을 원인으로 소유권이전등기를 신청할 때에는 계약서에 검인신청인을 표시하여 부동산의 소재지를 관할하는 시장(구청장)·군수(시장 등) 또는 그 권한의 위임을 받은 자의 검인을 받아 관할등기소에 이를 제출하여야 한다. 다음 중 이 때 계약서에 기재될 사항으로서 틀린 것은?

① 당사자 및 목적부동산, 계약연월일을 기재한다.
② 대금 및 그 지급일자 등 지급에 관한 사항 또는 평가액 및 그 차액의 정산에 관한 사항을 기재한다.
③ 개업공인중개사가 있을 때에는 개업공인중개사에 관한 사항을 기재한다.
④ 계약의 조건이 있을 때에는 그 조건을 기재한다.
⑤ 계약의 기한을 반드시 기재한다.

해설 **필요적 기재사항**
계약의 조건이나 기한이 있을 때에는 그 조건 또는 기한을 기재한다(법 제3조 제1항 제6호).

04

다음은 검인계약서에 관한 기술이다. 옳지 않은 것은? ★★★

① 개업공인중개사가 토지나 건축물의 매매계약을 체결한 경우 부동산거래신고를 하여야 하고, 검인신청은 할 필요가 없다.
② 개업공인중개사가 개입되어 거래가 성립된 경우라 하더라도 개업공인중개사에 대한 사항은 검인계약서의 필요적 기재사항이 아니다.
③ 아파트분양권의 전매를 한 경우에도 부동산거래신고 대상이며 부동산거래신고를 한 경우 검인을 받은 것으로 본다.
④ 토지거래허가를 받아 토지를 취득한 경우에는 검인을 받은 것으로 보기 때문에 검인을 신청하지 않아도 된다.
⑤ 판결에 의한 토지취득인 경우에는 검인대상이며, 검인신청시에는 판결문 등의 정본 및 그 부본을 검인신청기관에 제출하여야 한다.

정답 03. ⑤ 04. ②

해설 ▶ 검인신청
계약을 원인으로 소유권이전등기를 신청할 때에는 다음의 사항이 기재된 계약서에 검인신청인을 표시하여 검인을 받아 관할등기소에 이를 제출하여야 한다(법 제3조 제1항).

05. 개업공인중개사가 매매를 성사시킨 후 소유권이전에 관한 설명을 하고 있는 것 중 옳지 않은 것은?★★★

① 부동산소유권이전을 내용으로 계약을 체결한 사람은 반대급부의 이행이 완료된 날부터 60일 이내에 소유권이전등기를 하라고 하였다.
② 소유권보존등기가 되어 있지 않은 부동산을 취득하였을 때에는 소유권보존등기를 할 수 있게 된 때로부터 30일 이내 보존등기신청을 하라고 하였다.
③ 소유권이전을 전제로 계약체결한 고객은 원칙적으로 남의 명의를 빌어 소유권이전등기를 할 수 없다고 하였다.
④ 등기원인에 대하여 행정관청의 허가·신고를 받아야 할 경우 등기신청시 그 증명을 서면으로 제출하도록 강제하고 있다.
⑤ 소유권이전을 내용으로 하는 계약체결이 이루어졌을 때 검인계약서가 없으면 등기신청이 이루어지지 않는다고 하였다.

해설 ▶ 보존등기 및 이전등기
소유권보존등기가 되어 있지 않은 부동산을 매매한 경우에는 보존등기가 가능할 경우 계약체결일로부터, 보존등기가 불가능한 경우에는 소유권보존등기를 할 수 있게 된 때로부터 60일 이내 보존등기신청을 해야 한다(법 제2조 제5항).

06. 다음은 계약서의 검인에 관한 사항이다. 틀린 것은?

① 「부동산거래신고 등에 관한 법률」상 토지거래계약허가증을 교부받았다 하더라도 계약서에 검인을 받아야 한다.
② 검인신청을 한 때에는 계약서의 원본 또는 판결서 등의 정본과 그 사본 2통을 제출하여야 한다.
③ 검인신청을 할 때 등기원인을 증명하는 서면이 집행력있는 판결서 또는 판결과 같은 효력을 갖는(판결서 등) 것인 때에는 검인을 받아 제출하여야 한다.
④ 시장·군수·구청장 또는 그 권한의 위임을 받은 자가 계약서에 검인을 한 때에는 그 계약서 또는 판결서 등의 사본 2통을 작성하여 1통은 보관하고 1통은 부동산의 소재지를 관할하는 세무서장에게 송부하여야 한다.
⑤ 시장 등으로부터 검인의 권한을 위임받을 수 있는 자는 읍·면·동장이다.

정답 05. ② 06. ①

제3편 중개실무

해설 ▸ **검인신청**

「부동산거래신고 등에 관한 법률」에 의해 토지거래계약허가증을 교부받은 경우에는 「부동산등기 특별조치법」 제3조의 규정에 의한 검인을 받은 것으로 본다(「부동산거래신고 등에 관한 법률」 제3조 제5항).

07

계약서의 검인에 대한 설명 중 옳은 것은?

① 검인은 계약당사자가 아니라도 위임을 받은 자나 개업공인중개사도 신청할 수 있다.
② 검인신청시는 계약서 원본 또는 판결문 정본과 함께 사본을 최대 2통을 제출하여야 한다.
③ 검인신청을 받은 시·군·구청장은 계약서 또는 판결문의 형식과 내용·진위를 확인하고 흠결이 없다고 인정한 때에는 지체없이 검인을 하여 교부하여야 한다.
④ 검인은 반드시 시·군·구청장이 행하여야 한다.
⑤ 검인의 권한을 위임할 경우에는 지체없이 특별시장 및 광역시장, 도지사에게 그 뜻을 통지하여야 한다.

해설 ▸ **검인절차**

② 2개 이상의 시·군·구에 있는 수개의 부동산거래의 검인신청시는 시·군·구를 관할하는 시·군·구청장에게도 사본을 보내야 하므로, 사본은 부동산소재 시·군·구의 숫자에 1통을 더한 숫자이어야 한다.
③ 시·군·구청장은 계약서 또는 판결문의 형식적 요건의 구비 여부만을 확인한 후 검인을 한다.
④, ⑤ 검인은 읍·면·동장에게 위임할 수 있고, 이 경우 지체없이 관할등기소장에게 그 뜻을 통지해야 한다.

08

다음은 부동산매매계약에 적용되는 「부동산등기 특별조치법」에 관한 설명이다. 가장 옳지 않은 것은?

① 부동산매매계약을 체결한 자는 잔금지급일부터 60일 이내에 소유권이전등기를 신청하여야 한다.
② 부동산증여계약을 체결한 자는 증여계약의 효력이 발생한 날부터 60일 이내에 소유권이전등기를 신청하여야 한다.
③ 부동산매매계약을 체결한 매수인이 자기명의로 등기를 경료하기 전에 다시 제3자와 소유권이전을 내용으로 하는 계약을 체결한 때에는 반드시 자신의 명의로 소유권이전등기를 경료한 후 제3자에게 소유권이전등기를 해야 한다.
④ 소유권보존등기를 하지 않은 부동산에 대하여 부동산매매계약을 체결한 자는 반드시 소유권보존등기를 한 후 이전등기를 해주어야 한다.
⑤ ① 내지 ④의 규정에 위반한 거래계약은 강행법규 위반으로서 계약의 효력이 발생되지 않는다.

정답 07. ① 08. ⑤

해설 ▸ **이전등기 및 보존등기**

부동산소유권이전등기청구권의 양도가 「부동산등기 특별조치법」 제8조 제1호에 저촉되는 미등기전매일지라도 당연히 그 사법상 효력이 부정되는 것은 아니다(대판 1998.9.25. 98다22543).

02 부동산 실권리자명의 등기에 관한 법률

09 「부동산 실권리자명의 등기에 관한 법률」과 관련된 설명으로 옳은 것은?

① 명의신탁 약정 그 자체는 불법원인급여에 해당하는 행위로 볼 수 없다.
② 제3자가 명의신탁이 있다는 사실을 안 경우에는 소유권을 취득하지 못한다.
③ 계약당사자 일방이 명의신탁자인 경우 신탁자는 부당이득을 주장하여 소유권을 취득할 수 있다.
④ 이행강제금을 부과 받고 1년 이내에 실명등기를 하지 않으면 부동산 평가액의 10%를 부과할 수 있다.
⑤ 판례에 의하면 명의신탁 사실이 인정되는 경우 신탁자는 제3자에 대하여 진정한 등기 명의의 회복을 원인으로 한 소유권이전등기청구를 할 수 있는 진정한 소유자의 지위에 있다고 본다.

해설 ▸ **명의신탁 약정**

② "악의"라고 해도 제3자는 보호된다. 다만 적극 가담한 경우는 무효로 보호가 안 된다.
③ 신탁자가 매수인이므로 "채권자 대위"의 방법으로 취득할 수 있다.
④ 과징금 부과 받고 1년 이내에 실명 등기를 하지 않으면 10%이며 이행강제금 부과 받고 1년 이내에 실명등기를 하지 않으면 20%의 이행강제금을 부과한다.
⑤ 명의신탁에 있어서 대외적으로는 수탁자가 소유자라고 할 것이고 명의신탁 재산에 대한 침해 배제를 구하는 것은 대외적인 소유권자인 수탁자만이 가능한 것이고 신탁자는 "수탁자를 대위하여" 그 침해에 대한 배제를 구할 수 있을 뿐이므로 명의신탁 사실이 인정된다고 할지라도 신탁자는 제3자에 대하여 진정한 등기명의의 회복을 원인으로 한 소유권이전등기 청구를 할 수 있는 진정한 소유자의 지위에 있다고 볼 수 없다(대판 2001.8.21. 2000다36484).

정답   09. ①

10 개업공인중개사가 중개의뢰인에게 「부동산실권리자 명의 등기에 관한 법률」의 내용에 관하여 설명한 것으로 옳은 것을 모두 고른 것은? (다툼이 있으면 판례에 따름) `30회 출제`

> ㄱ. 부동산의 위치와 면적을 특정하여 2인 이상이 구분소유하기로 하는 약정을 하고 그 구분소유자의 공유로 등기한 경우, 그 등기는 「부동산 실권리자명의 등기에 관한 법률」 위반으로 무효이다.
> ㄴ. 배우자 명의로 부동산에 관한 물권을 등기한 경우 조세 포탈, 강제집행의 면탈 또는 법령상 제한의 회피를 목적으로 하지 아니하는 경우 그 등기는 유효하다.
> ㄷ. 명의신탁자가 계약의 당사자가 되는 3자간 등기명의신탁이 무효인 경우 명의신탁자는 매도인을 대위하여 명의수탁자 명의의 등기의 말소를 청구할 수 있다.

① ㄱ ② ㄴ ③ ㄱ, ㄷ
④ ㄴ, ㄷ ⑤ ㄱ, ㄴ, ㄷ

해설 ▶ 명의신탁

ㄱ. 부동산의 위치와 면적을 특정하여 2인 이상이 구분소유하기로 하는 약정을 하고 그 구분소유자의 공유로 등기한 경우, 명의신탁약정에 해당하지 않는다.

11 유효한 명의신탁에 관한 개업공인중개사의 설명 중 틀린 것은? (다툼이 있으면 판례에 의함)

① 배우자 명의로 부동산에 관한 물권을 등기한 경우로서 조세포탈, 강제집행의 면탈 또는 법령상 제한의 회피를 목적으로 하지 않는 명의신탁은 유효하다.
② 명의신탁자는 대내적으로 명의수탁자에 대하여 실질적인 소유권을 주장할 수 있다.
③ 명의수탁자의 점유는 권원의 객관적 성질상 타주점유에 해당하므로, 명의수탁자 또는 그 상속인은 소유권을 점유시효 취득할 수 없다.
④ 명의수탁자로부터 신탁재산을 매수한 제3자가 명의수탁자의 배임행위에 적극적으로 가담한 경우 대외적으로 명의수탁자와 제3자 사이의 매매계약은 유효하다.
⑤ 명의신탁자는 명의신탁계약을 해지하고 명의수탁자에게 신탁재산의 반환을 청구할 수 있다.

정답 10. ④ 11. ④

해설 명의신탁
명의수탁자로부터 신탁재산을 매수한 제3자가 명의수탁자의 횡령행위에 적극적으로 가담한 경우 사회질서에 반하는 행위로 무효이다.

12 「부동산 실권리자명의 등기에 관한 법률」과 관련된 설명으로 옳은 것은?

① 소유권 외에 지상권·지역권·전세권·저당권·양도담보나 가등기는 다른 사람 명의로 등기를 해도 이 법 위반이 아니다.
② 명의신탁자가 매도인으로부터 부동산을 매수하면서 명의수탁자의 명의로 등기해 줄 것을 요구하여 등기를 이전한 경우에는 무효가 되고, 그 소유권은 매수인에게 귀속된다.
③ 계약당사자 일방이 수탁자이면 매도인이 선의라고 해도 수탁자 앞으로의 등기는 무효가 되며 수탁자가 제3자에게 처분한 경우 횡령죄에 해당한다.
④ 명의수탁자 또는 그 상속인은 소유권을 점유에 의한 시효취득을 주장할 수 있다.
⑤ 판례는 명의신탁에 의한 거래라고 하더라도 선량한 풍속이나 사회질서에 위반하는 경우에 해당하는 것은 아니며, 등기 이전이 불법행위로 인한 부당이득은 아니라고 본다.

해설 명의신탁 약정
① 소유권 외의 물권도 포함되며 가등기도 처벌대상인 명의신탁에 포함된다.
② 계약당사자 일방이 신탁자(등기형 명의신탁)이면 등기는 무효이므로 매도인에게 귀속된다.
③ 수탁자가 직접 매수했으므로 등기도 유효(매도인이 선의라서 거래 안전 보호)이며 횡령죄도 해당하지 않는다.
④ 명의수탁자의 점유는 권원의 객관적 성질상 타주 점유에 해당하므로, 점유 취득시효를 주장할 수 없다.

13 다음은 「부동산 실권리자명의 등기에 관한 법률」에 관한 설명이다. 틀린 것은? ★★★

① 명의신탁약정의 금지에 위반한 명의신탁자에 대하여는 5년 이하의 징역 또는 3억원 이하의 벌금에 처한다.
② 명의신탁약정의 무효와 명의신탁약정에 따라 행하여진 등기에 의한 부동산에 관한 물권변동의 무효는 제3자에게 대항하지 못한다.
③ 배우자 명의로 부동산에 관한 물권을 등기한 경우에는 조세포탈, 강제집행의 면탈 또는 법령상의 제한의 회피를 목적으로 하지 아니하는 한 명의신탁약정의 효력 및 과징금·벌칙의 규정이 적용되지 아니한다.
④ 양도담보, 가등기담보, 부동산구분소유자의 공유등기, 신탁법에 의한 신탁재산은 명의신탁약정에 해당되지 아니한다.
⑤ 중간생략형 명의신탁에서 부동산 소유자로부터 명의수탁을 받은 자가 이를 임의로 처분하였다 하더라도 횡령죄가 성립하지 않는다.

정답 12. ⑤ 13. ①

해설 ▶ **명의신탁**

명의신탁자는 5년 이하의 징역 또는 2억원 이하의 벌금에 처한다(부동산 실권리자명의 등기에 관한 법률 제7조 제1항).

14
다음은 개업공인중개사가 중개의뢰인에게 「부동산 실권리자명의 등기에 관한 법률」에 대하여 설명한 내용이다. 바르게 설명하지 <u>못한</u> 것은? ★★★

① 누구든지 부동산에 관한 물권을 명의신탁약정에 의하여 명의수탁자의 명의로 등기하여서는 안 된다고 설명하였다.
② 명의신탁자 A가 명의수탁자 B의 명의로 가장매매하여 등기를 이전한 경우에는 그 등기이전은 무효가 되고, 소유권은 A에게 귀속된다고 설명하였다.
③ 이 법은 등기명의신탁이나 계약명의신탁의 경우에도 선의·악의를 불문하고 제3자에게 대항하지 못한다고 설명하였다.
④ 매도인 A가 명의신탁자 B와 명의수탁자 C 사이에 명의신탁약정이 있다는 사실을 모르고 명의수탁자 C와 매매계약을 체결하고 소유권이전등기가 완료된 경우 소유권이전등기는 무효라고 설명하였다.
⑤ 소유권이전청구권보전가등기를 타인명의로 한 경우에도 명의신탁약정은 무효가 되며 명의신탁에 의한 소유권이전청구권보전가등기도 무효가 된다고 설명하였다.

해설 ▶ **명의신탁**

명의신탁약정에 따라 행하여진 등기에 의한 부동산에 관한 물권변동은 무효로 한다. 다만, 부동산에 관한 물권을 취득하기 위한 계약에서 명의수탁자가 그 일방당사자가 되고 그 타방당사자는 명의신탁약정이 있다는 사실을 알지 못한 경우에는 그러하지 아니하다(법 제4조 제2항).

15
명의신탁약정에 의해 부동산을 허위로 매매계약을 체결하고 소유권이전등기를 마친 경우에 대한 설명으로서 옳지 <u>못한</u> 것은?

① 실권리자와 명의수탁자간에 매매계약이 체결되었더라도, 그 매매계약은 허위표시에 해당하는 경우로서 원칙적으로 당사자간의 거래계약은 무효이다.
② 만약 명의수탁자가 실권리자 몰래 제3자에게 부동산을 매각한 경우 제3자가 명의신탁 사실을 모르고 매수한 경우 실권리자는 제3자에게 대항할 수 없다.
③ 만약 명의수탁자가 실권리자 몰래 제3자에게 부동산을 매각한 경우 제3자가 명의신탁 사실을 알고 매수하였더라도, 실권리자는 그 제3자에게 대항할 수 있다.
④ 2자간 명의신탁에서 명의수탁자가 부동산을 임의로 처분하였더라도 명의신탁자에 대한 횡령죄가 성립하지 않는다.
⑤ 명의신탁약정을 한 실권리자는 5년 이하의 징역 또는 2억원 이하의 벌금에 처한다.

정답   14. ④   15. ③

해설 ▶ 명의신탁

명의신탁약정의 무효와 명의신탁약정에 따라 행하여진 등기에 의한 부동산에 관한 물권변동의 무효는 제3자에게 대항하지 못한다(부동산 실권리자명의 등기에 관한 법률 제4조 제3항). 이때의 제3자는 선의의 제3자만을 뜻하는 것이 아니며, 악의의 제3자도 포함되는 것으로 보아야 한다.

16

甲과 친구 乙은 乙을 명의수탁자로 하는 계약명의신탁약정을 하였고, 이에 따라 乙은 2017.10.17 丙소유 X토지를 매수하여 乙명의로 등기하였다. 이 사안에서 개업공인중개사가 「부동산 실권리자명의 등기에 관한 법률」의 적용과 관련하여 설명한 내용으로 옳은 것을 모두 고른 것은? (다툼이 있으면 판례에 따름) **[28회 출제]**

> ㉠ 甲과 乙의 위 약정은 무효이다.
> ㉡ 甲과 乙의 위 약정을 丙이 알지 못한 경우라면 그 약정은 유효하다.
> ㉢ 甲과 乙의 위 약정을 丙이 알지 못한 경우 甲은 X토지의 소유권을 취득한다.
> ㉣ 甲과 乙의 위 약정을 丙이 안 경우 乙로부터 X토지를 매수하여 등기한 丁은 그 소유권을 취득하지 못한다.

① ㉠   ② ㉣   ③ ㉠, ㉡   ④ ㉡, ㉢   ⑤ ㉡, ㉢, ㉣

해설 ▶ 명의신탁약정의 효력

㉡ ㉢ 甲과 乙의 위 약정을 丙이 알지 못한 경우 등기는 유효하다.
㉣ 甲과 乙의 위 약정을 丙이 안 경우라도 乙로부터 X토지를 매수하여 등기한 丁은 그 소유권을 취득한다.

17

공인중개사가 중개행위를 하면서 「부동산 실권리자명의 등기에 관한 법률」에 대하여 설명한 내용으로 옳은 것은? **[25회 출제]**

① 위법한 명의신탁약정에 따라 수탁자명의로 등기한 명의신탁자는 5년 이하의 징역 또는 2억원 이하의 벌금에 처한다.
② 무효인 명의신탁약정에 따라 수탁자명의로 등기한 명의신탁자에게 해당 부동산 가액의 100분의 30에 해당하는 확정금액의 과징금을 부과한다.
③ 위법한 명의신탁의 신탁자라도 이미 실명등기를 하였을 경우에는 과징금을 부과하지 않는다.
④ 명의신탁을 이유로 과징금을 부과받은 자에게 과징금 부과일부터 부동산평가액의 100분의 20에 해당하는 금액을 매년 이행강제금으로 부과한다.
⑤ 종교단체의 명의로 그 산하조직이 보유한 부동산에 관한 물권을 등기한 경우 그 등기는 언제나 무효이다.

정답 16. ① 17. ①

> **해설** ▶ 명의신탁
> ② 무효인 명의신탁약정에 따라 수탁자명의로 등기한 명의신탁자에게 해당 부동산 가액의 100분의 30 범위 내에서 위반기간, 부동산 가액에 따라 부과한다(법 제5조 제1항).
> ③ 이미 실명등기를 하였을 경우에도 위반기간을 감안하여 과징금을 부과한다.
> ④ 과징금 부과일(제1항 단서 후단의 경우에는 등기할 수 없는 사유가 소멸한 때를 말한다)부터 1년이 지난 때에 부동산평가액의 100분의 10에 해당하는 금액을, 다시 1년이 지난 때에 부동산평가액의 100분의 20에 해당하는 금액을 각각 이행강제금으로 부과한다(법 제6조 제2항).
> ⑤ 종교단체의 명의로 그 산하조직이 보유한 부동산에 관한 물권을 등기한 경우 조세포탈, 강제집행면탈 목적이 아닌 경우 그 등기는 유효하다(법 제8조).

03 주택임대차보호법

18 개업공인중개사가 주택의 임대차를 중개하면서 설명한 내용이다. **잘못** 설명한 것은?★★★

① 다가구주택의 경우에는 지번까지만 기재하고 정확한 호수를 기재하지 않아도 「주택임대차보호법」상의 보호를 받을 수 있다.
② 임차주택이 무허가, 미등기의 주택, 건축물대장의 등재 여부와 관계없이 사실상 주거용으로 사용되면 「주택임대차보호법」상의 보호를 받을 수 있다.
③ 임차인이 미성년자라서 그의 부친이 자신의 이름으로 임대차계약을 체결하더라도 「주택임대차보호법」상의 보호를 받을 수 있다.
④ 중소기업기본법에 의한 중소기업은 주택을 임차하고 그 소속직원 명의로 주민등록을 이전하여 대항력 요건을 갖추었다면 「주택임대차보호법」의 보호대상이다.
⑤ 다세대주택의 경우에는 정확한 호수를 기재하지 않고 지번까지만 기재하였더라도 「주택임대차보호법」상의 보호를 받을 수 있다.

> **해설** ▶ 주택임대차
> 다가구주택의 경우에는 지번까지만 기입해도 되나, 구분소유권이 있는 다세대주택은 반드시 정확한 동호수까지 기입해야 한다.

정답 18. ⑤

19 개업공인중개사가 주택임차 의뢰인에게 설명한 「주택임대차보호법」 상 대항력의 내용으로 옳은 것은? (다툼이 있으면 판례에 의함) **22회 출제**

① 2023.9.5에 주택의 인도와 주민등록을 마친 임차인에게 대항력이 생기는 때는 2023.9.6 오전 0시이다.
② 한 지번에 다가구용 단독주택 1동만 있는 경우 임차인이 전입신고 시 그 지번만 기재하고 편의상 부여된 호수를 기재하지 않았다면 대항력을 취득하지 못한다.
③ 임차인이 전입신고를 올바르게 하고 입주했으나 공무원이 착오로 지번을 잘못 기재하였다면 정정될 때까지 대항력이 생기지 않는다.
④ 주식회사인 법인이 주택을 임차하면서 그 소속직원의 명의로 주민등록을 하고 확정일자를 구비한 경우에도 「주택임대차보호법」이 적용된다.
⑤ 임차인이 별도로 전세권설정등기를 마쳤다면 세대원 전원이 다른 곳으로 이사를 가더라도 이미 취득한 대항력은 유지된다.

해설 ▶ 대항력
② 한 지번에 다가구용 단독주택 1동만 있는 경우 임차인이 전입신고 시 그 지번만 기재하고 편의상 부여된 호수를 기재하지 않았다 하더라도 대항력을 취득한다.
③ 임차인이 전입신고를 올바르게 하고 입주했으나 공무원이 착오로 지번을 잘못 기재하였다면 기존의 대항력이 유지된다.
④ 주식회사인 법인이 주택을 임차하면서 그 소속직원의 명의로 주민등록을 하고 확정일자를 구비한 경우에는 「주택임대차보호법」이 적용되지 않는다.
⑤ 임차인이 별도로 전세권설정등기를 마쳤다 하더라도 세대원 전원이 다른 곳으로 이사를 간 경우라면 이미 취득한 대항력은 소멸된다.

20 주택임대차계약에 대하여 개업공인중개사가 중개의뢰인에게 설명한 내용으로 틀린 것을 모두 고른 것은? (다툼이 있으면 판례에 의함) **25회 출제**

㉠ 임차인이 주택의 인도를 받고 주민등록을 마친 날과 제3자의 저당권설정 등기일이 같은 날이면 임차인은 저당권의 실행으로 그 주택을 취득한 매수인에게 대항하지 못한다.
㉡ 임차인이 임차권등기를 통하여 대항력을 가지는 경우 임차주택의 양수인은 임대인의 지위를 승계한 것으로 본다.
㉢ 소액임차인의 최우선변제권은 주택가액(대지가액 포함)의 3분의 1에 해당하는 금액까지만 인정된다.
㉣ 주택임대차계약이 묵시적으로 갱신된 경우 임대인은 언제든지 임차인에게 계약해지를 통지할 수 있다.

① ㉠, ㉡   ② ㉡, ㉣   ③ ㉢, ㉣
④ ㉠, ㉡, ㉢   ⑤ ㉠, ㉢, ㉣

정답   19. ①   20. ③

해설 ▸ **주택임대차보호법**
ⓒ 소액임차인의 최우선변제권은 주택가액(대지가액 포함)의 2분의 1에 해당하는 금액까지만 인정된다.
ⓔ 주택임대차계약이 묵시적으로 갱신된 경우 임차인은 언제든지 임대인에게 계약해지를 통지할 수 있다.

21

「주택임대차보호법」에 관한 설명으로서 옳지 않은 것은? ★★

① 대항력을 갖추기 이전에 확정일자날인을 받은 경우에도 우선변제권의 효력은 대항력을 갖춘 날의 다음날에 발생한다.
② 대항력과 확정일자날인의 요건을 갖춘 임차인은 경매나 공매시 우선변제권이 발생한다.
③ 임차보증금을 반환받지 못한 임차인은 임차주택소재지 관할 지방법원에 임차권등기명령을 신청할 수 있다.
④ 임차권등기명령에 의한 임차권등기가 경료되는 시점부터 임차인은 대항력 및 우선변제권을 취득한다.
⑤ 확정일자를 받은 임대차 계약서에 연립주택의 명칭과 동·호수의 기재를 누락하였다는 사유만으로 확정일자의 요건을 갖추지 못하였다고 볼 수는 없다.

해설 ▸ **주택임대차보호법**
임차권등기명령의 집행에 의한 임차권등기가 경료되면 임차인은 제3조 제1항의 규정에 의한 대항력 및 제3조의2 제2항의 규정에 의한 우선변제권을 취득한다. 다만, 임차인이 임차권등기 이전에 이미 대항력 또는 우선변제권을 취득한 경우에는 그 대항력 또는 우선변제권은 그대로 유지되며, 임차권등기 이후에는 제3조 제1항의 대항요건을 상실하더라도 이미 취득한 대항력 또는 우선변제권을 상실하지 아니한다(법 제3조의3 제5항).

22

개업공인중개사가 주택임대차계약을 할 경우 확정일자에 대한 설명으로 옳은 것은? ★★

① 확정일자부여 신청은 금액의 다소에 관계없으며, 임대인의 동의를 요하지 않고 임차인 단독으로 청구할 수 있다.
② 확정일자부여 신청시에는 임대차계약서 제시 외에 건물등기사항증명서를 제시하여야 한다.
③ 확정일자부여는 임차권이 물권으로 변하므로 임차인에게 경매 신청권 또는 전전세권이 주어진다.
④ 확정일자부여로 우선변제의 효력이 발생하는 시점은 전입신고일이다.
⑤ 확정일자를 부여하는 곳은 전입하는 곳의 읍·면·동사무소에서만 가능하다.

정답 21. ④ 22. ①

해설 ▶ **확정일자**
② 임대인의 동의 없이 임차인 또는 그 대리인이 단독으로 임대차계약서 원본을 제출하여 날인을 받는다.
③ 확정일자를 부여받았다 해서 주택임차권인 채권의 성질이 물권으로 변하는 것은 아니므로 임차인에게 경매신청권 또는 전전세권 등이 주어지는 것은 아니다.
④ 우선변제권의 효력발생시기는 대항요건과 확정일자가 모두 갖춰진 날을 기준으로 효력이 발생한다. 즉, 대항요건을 먼저 갖추고 그 이후에 확정일자를 갖춘 경우 확정일자를 갖춘 날 발생되고, 대항요건과 같은 날 또는 그 이전에 확정일자를 갖춘 경우에는 대항요건을 갖춘 다음 날을 기준으로 발생한다.
⑤ 확정일자를 부여하는 곳은 법원과 등기소 및 공증인사무소, 읍·면·동사무소 등이 있다.

23
개업공인중개사가 주택임대차 중개를 의뢰받고 임차의뢰인에게 설명한 내용 중 옳은 것은?

① 임차권등기명령의 집행에 의한 임차권등기가 경료된 주택을 그 이후에 임차한 소액임차인이 대항요건을 갖추었을 경우 우선변제권이 있다.
② 소액보증금 우선변제의 범위는 지역에 관계없이 기준이 동일하다.
③ 2년 미만의 임대차기간은 이를 2년으로 보기 때문에 2년 미만으로 한 임대차계약은 법적 효력이 없다.
④ 임대차가 종료되면 임차인의 보증금반환이 이루어지지 않았다고 하더라도 임대차관계는 종료된다.
⑤ 일시사용을 위한 임대차임이 명백한 경우에는 「주택임대차보호」의 적용을 받지 않는다.

해설 ▶ **주택임대차**
① 임차권등기명령의 집행에 의한 임차권등기가 경료된 주택인 경우 그 이후에 임차한 소액임차인은 소액임차인에 의한 우선변제를 받을 수 없다.
② 지역별로 차이가 있다.
③ 임차인은 그 기간의 유효함을 주장할 수 있다.
④ 보증금을 반환받지 못한 경우 임대차는 계속 존속되는 것으로 본다.

24
보증금 1억원을 7천만원으로 내리고 3천만원을 월차임으로 전환하는 경우 임대인이 받을 수 있는 「주택임대차보호법 시행령」상 월차임의 상한액은? (한국은행 기준금리는 2%로 가정한다) **22회 출제**

① 100,000원　② 150,000원　③ 200,000원
④ 250,000원　⑤ 300,000원

정답　23. ⑤　24. ①

> **해설** ▶ 월차임의 상한액
> 한국은행 기준금리에 2%를 더하면 2%+2% ⇒ 4%가 된다. 연 10%보다 4%가 낮으므로 4%로 계산한다. (3,000만원 × 4%) ÷ 12=100,000원이 된다.

25. 개업공인중개사가 주택을 임차하려는 의뢰인에게 「주택임대차보호법」 관련내용을 설명한 것으로 옳은 것은 모두 몇 개인가? (다툼이 있으면 판례에 의함) [20회 출제]

㉠ 이행지체에 빠진 임대인의 보증금반환의무는 임차권등기명령에 의하여 등기된 임차권등기의 말소의무보다 먼저 이행되어야 한다.
㉡ 대항력을 유지하기 위한 요건으로서의 주민등록은 임차인뿐만 아니라 그 자녀의 주민등록도 유효하다.
㉢ 계약기간을 1년으로 정한 경우 임대인이 2년을 주장하더라도 임차인은 1년으로 항변할 수 있다.
㉣ 임차인은 선순위의 저당권자에 의하여 경매가 이루어진 경우 보증금은 모두 변제받을 때까지 임차권의 존속을 주장할 수 있다.
㉤ 임차인이 상속권자없이 사망한 경우 그 주택에서 가정공동생활을 하던 사실상의 혼인관계에 있는 자는 임차인이 사망한 후 1월 이내에 임대인에 대하여 반대의사를 표시하지 않는 한 임차인의 권리와 의무를 승계한다.

① 1개   ② 2개   ③ 3개   ④ 4개   ⑤ 5개

> **해설** ▶ 주택임대차
> 선순위의 저당권자에 의하여 경매가 이루어진 경우 선순위 저당권자가 말소기준권리가 되므로 임차인은 보증금을 변제받지 못하였다 하더라도 임차권의 존속을 주장할 수 없다.

26. 개업공인중개사가 甲소유의 X주택을 乙에게 임대하는 임대차계약을 중개하면서 양 당사자에게 설명한 내용으로 옳은 것은? (다툼이 있으면 판례에 의함) [21회 출제]

① 乙이 X주택의 일부를 주거 외의 목적으로 사용하면 주택임대차보호법의 적용을 받지 못한다.
② 임차권등기명령에 따라 등기되었더라도 X주택의 점유를 상실하면 乙은 대항력을 잃는다.
③ 乙이 X주택에 대한 대항력을 취득하려면 확정일자를 요한다.
④ 乙이 대항력을 취득한 후 X주택이 丙에게 매도되어 소유권이전등기가 경료된 다음에 乙이 주민등록을 다른 곳으로 옮겼다면, 丙의 임차보증금반환채무는 소멸한다.
⑤ 乙이 경매를 통해 X주택의 소유권을 취득하면 甲과 乙 사이의 임대차계약은 원칙적으로 종료한다.

정답   25. ④   26. ⑤

해설 ▶ **임대차계약 중개**
① 주택의 일부를 주거 외의 목적으로 사용하더라도 주택임대차보호법의 적용을 받는다.
② 임차권등기명령에 따라 등기되었다면 주택의 점유를 상실하더라도 대항력을 유지한다(주택임대차보호법 제3조의3 제5항).
③ 주택에 대한 대항력을 취득요건은 인도와 전입신고이며 확정일자는 해당하지 않는다(주택임대차보호법 제3조 제1항).
④ 대항력을 취득한 후 주택이 매도되어 소유권이전등기가 경료된 다음에 임차인이 주민등록을 다른 곳으로 옮겼다면 대항력이 유지되는 상태에서 양도되었기 때문에 양수인은 임차보증금반환채무는 소멸하지 않는다(주택임대차보호법 제3조 제3항).

23회 출제

27 개업공인중개사가 주택임대차 계약을 중개하면서 설명한 내용으로 틀린 것은?

① 당사자의 합의로 임대차 계약 기간을 1년으로 정한 경우에 임차인은 그 기간이 유효함을 주장할 수 있다.
② 주택의 미등기 전세계약에 관하여는 「주택임대차보호법」을 준용한다.
③ 「주택임대차보호법」에 따라 임대차 계약이 묵시적으로 갱신된 경우 임차인은 언제든지 임대인에게 계약해지를 통지할 수 있다.
④ 「주택임대차보호법」에 위반된 약정으로서 임차인에게 불리한 것은 그 효력이 없다.
⑤ 임차인이 대항력을 취득하려면 주민등록 전입신고 이외에 임대차계약증서에 확정일자도 받아야 한다.

해설 ▶ **주택임대차보호법**
임차인이 대항력을 취득하려면 인도와 주민등록 전입신고를 하면 다음날 0시부터 대항력이 발생된다. 확정일자는 대항력 발생요건이 아니다(법 제3조 제1항 참조).

28 주택임대차보호법상 계약갱신요구에 대한 설명으로 옳은 것은?

① 임차인이 3기의 차임액에 해당하는 금액에 이르도록 차임을 연체한 사실이 있는 경우 계약갱신을 거절할 수 있다.
② 임대인은 임차인이 계약만료 6개월 전부터 2개월 전까지 계약갱신을 요구할 경우 정당한 사유 없이 거절하지 못한다.
③ 임대인의 직계존속·직계비속이 목적 주택에 실제 거주하려는 경우에는 계약갱신을 거절할 수 없다.
④ 임차인은 계약갱신요구권을 2회에 한하여 행사할 수 있다. 이 경우 갱신되는 임대차의 존속기간은 2년으로 본다.
⑤ 임차인은 갱신된 기간 내에 언제든지 임대인에게 계약해지를 통지할 수 있다. 해지는 임대인이 그 통지를 받은 날부터 6개월이 지나면 그 효력이 발생한다.

정답 27. ⑤ 28. ②

해설 ▶ **주택임대차 계약갱신요구**
① 임차인이 2기의 차임액에 해당하는 금액에 이르도록 차임을 연체한 사실이 있는 경우 계약갱신을 거절할 수 있다.
③ 임대인(임대인의 직계존속·직계비속을 포함)이 목적 주택에 실제 거주하려는 경우 계약갱신을 거절할 수 있다.
④ 임차인은 계약갱신요구권을 1회에 한하여 행사할 수 있다. 이 경우 갱신되는 임대차의 존속기간은 2년으로 본다.
⑤ 임차인은 갱신된 기간내에 언제든지 임대인에게 계약해지(契約解止)를 통지할 수 있다. 해지는 임대인이 그 통지를 받은 날부터 3개월이 지나면 그 효력이 발생한다.

29 주택임대차 분쟁조정위원회의 조정신청에 대한 설명으로 옳지 않은 것은?

① 주택임대차분쟁의 당사자는 해당 주택이 소재하는 공단 또는 시·도 조정위원회에 분쟁의 조정을 신청할 수 있다.
② 조정위원회는 신청인이 조정을 신청할 때 조정 절차 및 조정의 효력 등 분쟁조정에 관하여 대통령령으로 정하는 사항을 안내하여야 한다.
③ 조정위원회의 위원장은 조정신청을 접수하면 피신청인에게 조정신청서를 송달하여야 한다.
④ 조정신청서를 송달받은 피신청인이 조정에 응하고자 하는 의사를 조정위원회에 통지하면 조정절차가 개시된다.
⑤ 조정위원회는 분쟁의 조정신청을 받은 날부터 6월 이내에 그 분쟁조정을 마쳐야 한다.

해설 ▶ **주택임대차 분쟁조정위원회의 조정의 신청**
조정위원회는 분쟁의 조정신청을 받은 날부터 60일 이내에 그 분쟁조정을 마쳐야 한다. 다만, 부득이한 사정이 있는 경우에는 조정위원회의 의결을 거쳐 30일의 범위에서 그 기간을 연장할 수 있다(법 제23조 제1항).

정답   29. ⑤

04 상가건물 임대차보호법

30 甲과 乙은 2024.1.25 서울특별시 소재 甲소유 X상가건물에 대하여 보증금 5억원, 월차임 500만원으로 하는 임대차계약을 체결한 후, 乙은 X건물을 인도받고 사업자등록을 신청하였다. 이 사안에서 개업공인중개사가 「상가건물 임대차보호법」의 적용과 관련하여 설명한 내용으로 **틀린** 것을 모두 고른 것은? (일시사용을 위한 임대차계약은 고려하지 않음) 〔28회 출제〕

> ㉠ 甲과 乙이 계약기간을 정하지 않은 경우 그 기간을 1년으로 본다.
> ㉡ 甲으로부터 X건물을 양수한 丙은 甲의 지위를 승계한 것으로 본다.
> ㉢ 乙의 차임연체액이 2기의 차임액에 달하는 경우 甲은 임대차계약을 해지할 수 있다.
> ㉣ 乙은 사업자등록 신청 후 X건물에 대하여 저당권을 취득한 丁보다 경매절차에서 우선하여 보증금을 변제받을 권리가 있다.

① ㉢　　　　　　　② ㉠, ㉣　　　　　　③ ㉡, ㉢
④ ㉠, ㉢, ㉣　　　⑤ ㉡, ㉢, ㉣

해설 ▶ 상가건물 임대차보호법
㉠ (×) 보증금 기준을 초과하므로 보호기간 규정이 적용되지 않는다.
㉡ (○) 보증금 기준을 초과하는 경우라도 제3조 규정에 의한 대항력과 지위승계 규정이 적용된다.
㉢ (×) 乙의 차임연체액이 3기의 차임액에 달하는 경우 甲은 임대차 계약을 해지할 수 있다.
㉣ (×) 乙은 대항력을 갖추었으나 확정일자는 보증금을 초과하여 효력이 없으므로 저당권자에 대항할 수 없다.

정답 30. ④

31

개업공인중개사가 상가건물 임대차를 중개하면서 설명한 내용 중 **틀린** 것은? (다툼이 있으면 판례에 의함)

① 상가건물을 임차하고 사업자등록을 마친 사업자가 임차건물의 전대차 등으로 당해 사업을 개시하지 않거나 사실상 폐업한 경우 「상가건물 임대차보호법」상 적법한 사업자등록이라고 볼 수 없다.
② 사업자등록을 마친 상가건물임차인이 폐업신고를 하였다가 다시 같은 상호 및 등록번호로 사업자 등록을 한 경우 「상가건물 임대차보호법」상의 대항력 및 우선변제권은 그대로 존속한다.
③ 보증금의 전부 또는 일부를 월단위의 차임으로 전환하는 경우 산정률은 전환되는 금액의 연 12% 또는 한국은행 기준금리의 4.5배 중 낮은 것으로 한다.
④ 상가건물임차인이 3기의 차임액에 달하도록 차임을 연체한 사실이 있는 경우 임대인은 임차인의 계약갱신요구를 거절할 수 있다.
⑤ 상가건물임차인이 건물에 대한 경매신청등기 전에 대항요건을 갖추었다면 보증금 중 일정액을 다른 담보물권자 보다 우선하여 변제받을 권리가 있다.

해설 ▶ 상가건물 임대차보호법
사업자등록을 마친 상가건물임차인이 폐업신고를 한 경우 대항력이 상실되며 다시 같은 상호 및 등록번호로 사업자 등록을 하였다면 대항력이 새롭게 발생된다.

32

개업공인중개사 甲의 중개로 2024.1.10 상가건물의 임대차계약을 체결한 임차인 중에서 「상가건물 임대차보호법」의 적용을 받을 수 있는 경우를 모두 고른 것은? (단, 보증금 초과시 적용되는 규정은 고려하지 않음) **24회 출제**

㉠ 임차인이 서울특별시 종로구 소재 상가건물을 보증금 3억원, 월차임 150만원으로 임차한 경우
㉡ 임차인이 인천광역시 강화군 소재 상가건물을 보증금 2억 5천만원, 월차임 50만원으로 임차한 경우
㉢ 임차인이 경상남도 창원시 소재 상가건물을 보증금 2억 9천만원으로 임차한 경우
㉣ 임차인이 경기도 수원시 소재 상가건물을 보증금 3억원으로 임차한 경우

① ㉡, ㉢, ㉣
② ㉠, ㉣
③ ㉠, ㉡, ㉢
④ ㉡, ㉣
⑤ ㉠, ㉡, ㉢, ㉣

정답 31. ② 32. ⑤

해설 ▶ **상가건물 임대차보호법**
㉠ 서울특별시는 9억원, ㉡, ㉢ 인천광역시 강화군과 경상남도 창원시는 그 밖의 지역이므로 3억 7천만원, ㉣ 수원시는 과밀억제권역으로 6억 9천만원 이하의 금액인 경우에 적용받을 수 있다.

33
「상가건물 임대차보호법 시행령」에 규정된 적용금액을 초과하는 경우라 하더라도 동법이 적용되는 것으로만 묶은 것은?

㉠ 대항력 및 양수인의 임차권 승계 ㉡ 확정일자인의 우선변제권
㉢ 권리금 회수기회 보호 ㉣ 계약갱신요구권
㉤ 3기의 차임 연체시의 계약해지

① ㉠, ㉡ ② ㉡, ㉢, ㉣ ③ ㉠, ㉢, ㉣, ㉤
④ ㉡, ㉢, ㉣, ㉤ ⑤ ㉠, ㉡, ㉢, ㉣, ㉤

해설 ▶ **상가건물 임대차보호법**
㉠ 대항력 및 양수인의 임차권 승계, ㉢ 권리금 회수기회 보호, ㉣ 계약갱신요구권(보증금등의 증감 가능), ㉤ 3기의 차임 연체시의 계약해지 규정은 적용금액을 초과하는 상가건물 임대차인 경우에도 「상가건물 임대차보호법」의 규정이 적용된다.

34
상가건물의 임대차에 관한 다음 설명 중 옳지 아니한 것은?

① 월차임 전환시 산정률은 전환되는 금액의 연 12% 또는 한국은행 기준금리의 4.5배 중 높은 것으로 한다.
② 기간의 정함이 없는 경우에는 기간을 1년으로 본다.
③ 임차인은 일정한 요건을 갖춘 경우에 보증금 중 일정액을 다른 담보권자보다 우선하여 변제받을 수 있다.
④ 대항력을 갖춘 임차인은 그 후 임차건물의 소유권을 양수한 자에 대하여 보증금의 반환을 구할 수 있다.
⑤ 차임 또는 보증금의 증액청구는 청구 당시의 차임 또는 보증금의 100분의 5의 금액을 초과하지 못한다.

해설 ▶ **상가건물 임대차보호법**
연 12% 또는 한국은행 기준금리의 4.5배 중 낮은 것으로 한다.

정답 33. ③   34. ①

35

개업공인중개사가 중개의뢰인에게 「상가건물 임대차보호법」에 대해 설명한 내용으로 **틀린** 것은? 〔26회 출제〕

① 권리금 계약이란 신규임차인이 되려는 자가 임차인에게 권리금을 지급하기로 하는 계약을 말한다.
② 임차인의 차임연체액이 3기의 차임액에 달하는 때에는 임대인은 계약을 해지할 수 있다.
③ 국토교통부장관은 권리금에 대한 감정평가의 절차와 방법 등에 관한 기준을 고시할 수 있다.
④ 국토교통부장관은 법무부장관과 협의하여 권리금 계약을 체결하기 위한 표준권리금계약서를 정하여 그 사용을 권장할 수 있다.
⑤ 보증금이 전액 변제되지 아니한 대항력이 있는 임차권은 임차건물에 대하여 「민사집행법」에 따른 경매가 실시된 경우에 그 임차건물이 매각되면 소멸한다.

해설 ▶ **상가건물 임대차보호법**
임차권은 임차건물에 대하여 「민사집행법」에 따른 경매가 실시된 경우에는 그 임차건물이 매각되면 소멸한다. 다만, 보증금이 전액 변제되지 아니한 대항력이 있는 임차권은 그러하지 아니하다(법 제8조).

36

다음은 「주택임대차보호법」에 대비한 「상가건물 임대차보호법」에서 정한 사항들이다. 올바르지 **않은** 것은?

	주택임대차보호법	상가건물 임대차보호법
① 대상건물	주 택	상가건물
② 임대차 보호기간	2년	1년
③ 계약갱신요구권	인정(10년)	인정(10년)
④ 대항력 발생요건	주민등록 및 점유	사업자등록 및 점유
⑤ 확정일자인	주민센터 등	세무서

해설 ▶ **주임법과 상임법 비교**
「주택임대차보호법」에서는 1회에 한하여 계약갱신요구권을 부여하며, 「상가건물 임대차보호법」에서는 10년간 임차인에게 계약갱신요구권만 부여된다.

정답 35. ⑤ 36. ③

37

개업공인중개사가 「상가건물 임대차보호법」의 적용을 받는 상가건물의 임대차를 중개하면서, 임차인의 계약갱신요구권에 관하여 설명한 내용으로 옳은 것을 모두 고른 것은? ★★ **23회 출제**

> ㉠ 임차인의 계약갱신요구권은 최초의 임대차기간을 포함한 전체 임대차 기간이 3년을 초과하지 않는 범위 내에서만 행사할 수 있다.
> ㉡ 임대인의 동의를 받고 전대차계약을 체결한 전차인은 임차인의 계약갱신요구권 행사기간 이내에 임차인을 대위하여 임대인에게 계약갱신요구권을 행사할 수 있다.
> ㉢ 임차인이 임대인의 동의 없이 목적 건물의 전부 또는 일부를 전대한 경우에는 임대인은 임차인의 계약갱신 요구를 거절할 수 있다.
> ㉣ 갱신되는 임대차는 전(前) 임대차와 동일한 조건으로 다시 계약된 것으로 보므로 차임과 보증금은 변경할 수 없다.

① ㉠, ㉡
② ㉠, ㉢
③ ㉡, ㉢
④ ㉣
⑤ ㉡, ㉢, ㉣

해설 ◆ 상가건물 임대차보호법

㉠ 임차인의 계약갱신요구권은 최초 임대차 기간을 포함한 10년을 초과하지 않는 범위 내에서만 행사할 수 있다(법 제10조 제2항).

㉣ 갱신되는 임대차는 전(前) 임대차와 동일한 조건으로 다시 계약된 것으로 보며 차임과 보증금은 증액할 수 있다. 증액하는 경우 100분의 5를 초과할 수 없다(법 제10조 제3항, 영 제4조).

정답 37. ③

38 개업공인중개사가 임대차기간 2년, 보증금 2억원에 월세 200만원의 조건으로 서울특별시 소재 상가건물을 임대차하려는 중개의뢰인에 대한 상담을 받고 설명한 내용 중 틀린 것은 모두 몇 개인가? ★★

㉠ 이 조건으로 임대차하면 「상가건물 임대차보호법」이 적용되며 그 후 계약갱신요구에 의해 재계약하면서 월차임을 15만원 증액한 경우 「상가건물 임대차보호법」 규정이 모두 적용되지 않는다.
㉡ 임대차 계약을 체결하는 자는 정보제공을 요청할 수 없다.
㉢ 이 조건으로 임대차하면 최초의 임대차기간을 포함하여 10년이 보장될 수 있지만 임대인이 그 건물을 재건축하기 위하여 철거하는 경우에는 그러하지 아니하다.
㉣ 이 조건으로 임대차한 후 임대인의 동의를 얻어 전대차한 경우에는 전차인이 임차인을 대위하여 계약갱신요구권을 행사할 수 없다.
㉤ 이 조건으로 임대차한 후 임대인이 월차임은 증액하지 않고 보증금을 1억원 증액청구하는 것은 「상가건물 임대차보호법」상 증액청구기준을 초과하지 않으므로 허용된다.

① 1개　② 2개　③ 3개　④ 4개　⑤ 5개

해설 ▶ 상가건물 임대차보호법
㉠ 월차임을 15만원 증액하더라도 보증금액 보호가 적용되나, 만일 보증금을 초과한 경우라도 대항력, 계약갱신요구, 권리금 등의 일부규정은 적용된다.
㉡ 임대차계약을 체결하려는 자는 임대인의 동의를 받아 관할 세무서장에게 정보제공을 요청할 수 있다.
㉣ 계약갱신요구권을 행사할 수 있다.
㉤ 5/100 범위를 초과하여 허용되지 않는다.

39 개업공인중개사가 상가건물 임대차를 중개하면서 의뢰인에게 「상가건물 임대차보호법」 내용을 설명한 것으로 틀린 것은? 　20회 출제

① 임차인의 대항력은 건물의 인도와 「부가가치세법」, 「소득세법」 또는 「법인세법」에 따른 사업자등록을 신청하면 그 다음날부터 생긴다.
② 임대인이 차임증액청구권을 행사할 때 청구당시 차임의 100분의 12의 금액을 증액청구하는 것은 허용된다.
③ 임대차가 종료한 경우에도 임차인이 보증금을 돌려받을 때까지는 임대차관계는 존속하는 것으로 본다.
④ 임차인이 임대인의 동의없이 목적건물의 일부를 전대한 경우 임대인은 임차인의 계약갱신의 요구를 거절할 수 있다.
⑤ 이 법은 일시사용을 위한 임대차임이 명백한 경우에는 적용하지 아니한다.

정답　38. ④　39. ②

해설 ▶ **상가건물 임대차보호법**
임대인이 차임증액청구권을 행사할 때 청구당시 차임의 100분의 5의 금액을 초과할 수 없다(영 제4조).

40

개업공인중개사 甲이 상가건물 임대차보호법령의 적용을 받는 乙소유 건물의 임대차계약을 중개하면서 임대인 乙과 임차인 丙에게 설명한 내용으로 틀린 것은 모두 몇 개인가? **21회 출제**

> ㉠ 乙과 丙이 1년 미만으로 임대차기간을 정한 경우 丙은 그 기간이 유효함을 주장할 수 있다.
> ㉡ 丙이 2기의 차임액에 해당하는 금액에 이르도록 차임을 연체한 경우 丙은 乙에게 계약의 갱신을 요구하지 못한다.
> ㉢ 丙은 임차권등기명령의 신청 및 그에 따른 임차권등기와 관련하여 지출한 비용을 乙에게 청구할 수 있다.
> ㉣ 임대차계약 종료 전 丙이 계약의 갱신을 요구한 경우 乙은 건물의 대부분을 철거함을 이유로 계약의 갱신을 거절할 수 있다.

① 없음   ② 1개   ③ 2개   ④ 3개   ⑤ 4개

해설 ▶ **상가건물 임대차보호법**
㉡ 3기의 차임액에 해당하는 금액에 이르도록 차임을 연체한 경우 임대인은 임차인의 계약갱신 요구를 거절할 수 있으며 임차인이 계약갱신을 요구하지 못하는 것은 아니다.

41

개업공인중개사가 중개의뢰인에게 「상가건물 임대차보호법」의 적용을 받는 상가건물 임대차에 관하여 설명한 것으로 옳은 것은? (다툼이 있으면 판례에 의함) **22회 출제**

① 서울의 경우 현재 보증금액이 3억 6천 1백만원(월차임 환산금액 포함)인 경우에는 「상가건물 임대차보호법」이 적용되지 않는다.
② 임차인이 상가건물의 일부를 임차하는 경우 대항력을 갖추기 위한 요건의 하나로 사업자등록 신청시 임차부분을 표시한 도면을 첨부해야 한다.
③ 임차권등기명령제도는 상가건물 임대차의 경우에는 적용되지 않는다.
④ 상가건물을 임차하고 사업자등록을 한 사업자가 폐업신고를 하였다가 다시 같은 상호 및 등록번호로 사업자등록을 했다면 기존의 대항력은 존속된다.
⑤ 2기의 차임액을 연체한 임차인에 대해 임대인은 이를 이유로 계약갱신의 요구를 거절할 수 있다.

정답 40. ② 41. ②

제3편 중개실무

해설 ▶ **상가건물 임대차보호법**

① 서울의 경우 환산보증금이 9억원 이하면 적용되므로 현재 보증금액이 3억 6천 1백만원 (월차임 환산금액 포함)인 경우라면 「상가건물 임대차보호법」이 적용된다.
③ 임차권등기명령제도는 주택임대차 및 상가건물 임대차의 경우 모두 적용된다.
④ 상가건물을 임차하고 사업자등록을 한 사업자가 폐업신고를 하였다가 다시 같은 상호 및 등록번호로 사업자등록을 했다면 기존의 대항력은 인정되지 않는다(대판 2006. 10. 13. 2006다56299).
⑤ 3기의 차임액을 연체한 임차인에 대해 임대인은 이를 이유로 계약갱신의 요구를 거절할 수 있다(법 제10조 제1항).

42

「상가건물 임대차보호법」상 임차인의 권리금 회수기회 보호 등에 관한 설명 중 **틀린 것은**?

① 권리금 계약이란 신규임차인이 되려는 자가 임차인에게 권리금을 지급하기로 하는 계약을 말한다.
② 임대인은 임대차기간이 끝나기 6개월 전부터 임대차 종료 시까지 임차인이 주선한 신규임차인이 되려는 자에게 권리금을 요구하거나 임차인이 주선한 신규임차인이 되려는 자로부터 권리금을 수수하는 행위를 하여서는 아니 된다.
③ 임대인은 임차인이 주선한 신규임차인이 되려는 자로 하여금 임차인에게 권리금을 지급하지 못하게 하는 행위를 하여서는 아니 된다.
④ 임대인이 정당한 사유 없이 임차인이 주선한 신규임차인이 되려는 자로부터 권리금을 지급받는 것을 방해하여 임차인에게 손해를 발생하게 한 때에는 그 손해를 배상할 책임이 있다.
⑤ 임대인이 임차인 목적물인 상가건물을 1년 이상 영리목적으로 사용하지 아니할 경우에는 임대인은 임차인이 주선한 신규임차인이 되려는 자와 임대차계약의 체결을 거절할 수 있다.

해설 ▶ **권리금 회수기회 보호**

"1년 6개월" 이상 영리목적으로 사용하지 아니한 경우에 계약의 체결을 거절할 수 있다(법 제10조의4 제2항 제3호).

※ 상가건물 임대차보호법
제10조의4(권리금 회수기회 보호 등)
① 임대인은 임대차기간이 끝나기 3개월 전부터 임대차 종료 시까지 다음 각 호의 어느 하나에 해당하는 행위를 함으로써 권리금 계약에 따라 임차인이 주선한 신규임차인이 되려는 자로부터 권리금을 지급받는 것을 방해하여서는 아니 된다. 다만, 제10조 제1항 각 호의 어느 하나에 해당하는 사유가 있는 경우에는 그러하지 아니하다.

정답 42. ⑤

1. 임차인이 주선한 신규임차인이 되려는 자에게 권리금을 요구하거나 임차인이 주선한 신규임차인이 되려는 자로부터 권리금을 수수하는 행위
2. 임차인이 주선한 신규임차인이 되려는 자로 하여금 임차인에게 권리금을 지급하지 못하게 하는 행위
3. 임차인이 주선한 신규임차인이 되려는 자에게 상가건물에 관한 조세, 공과금, 주변 상가건물의 차임 및 보증금, 그 밖의 부담에 따른 금액에 비추어 현저히 고액의 차임과 보증금을 요구하는 행위
4. 그 밖에 정당한 사유 없이 임대인이 임차인이 주선한 신규임차인이 되려는 자와 임대차계약의 체결을 거절하는 행위

② 다음 각 호의 어느 하나에 해당하는 경우에는 제1항 제4호의 정당한 사유가 있는 것으로 본다.
1. 임차인이 주선한 신규임차인이 되려는 자가 보증금 또는 차임을 지급할 자력이 없는 경우
2. 임차인이 주선한 신규임차인이 되려는 자가 임차인으로서의 의무를 위반할 우려가 있거나 그 밖에 임대차를 유지하기 어려운 상당한 사유가 있는 경우
3. 임대차 목적물인 상가건물을 1년 6개월 이상 영리목적으로 사용하지 아니한 경우
4. 임대인이 선택한 신규임차인이 임차인과 권리금 계약을 체결하고 그 권리금을 지급한 경우

43

23회 출제

개업공인중개사가「상가건물 임대차보호법」의 적용을 받는 상가건물의 임대차를 중개하면서 설명한 내용이다. ( )에 들어갈 것으로 옳은 것은?

- 차임 또는 보증금이 경제사정의 변동으로 인하여 상당하지 않게 된 경우 그 증액 청구는 청구 당시의 차임 또는 보증금의 (㉠)의 금액을 초과하지 못한다.
- 보증금의 전부 또는 일부를 월단위의 차임으로 전환하는 경우 그 전환되는 금액에 (㉡) 또는 한국은행 기준금리에 4.5배를 곱한 금액 중 낮은 금액의 월차임의 범위를 초과할 수 없다.

① ㉠ : 100분의 8, ㉡ : 연 1할
② ㉠ : 100분의 9, ㉡ : 연 1할 4푼
③ ㉠ : 100분의 5, ㉡ : 연 1할 2푼
④ ㉠ : 20분의 1, ㉡ : 연 1할 5푼
⑤ ㉠ : 20분의 1, ㉡ : 연 1할 4푼

해설 ◆ 상가건물 임대차보호법
㉠ 차임 또는 보증금이 경제사정 변동으로 인하여 상당하지 않게 된 경우 그 증액 청구는 청구 당시의 차임 또는 보증금의 100분의 5의 금액을 초과하지 못한다(영 제4조).
㉡ 보증금의 전부 또는 일부를 월단위 차임으로 전환하는 경우 그 전환되는 금액에 연 1할 2푼 또는 한국은행기준금리에 4.5배를 곱한 금액 중 낮은 금액의 월차임의 범위를 초과할 수 없다(영 제5조).

정답 43. ③

44. 개업공인중개사가 「상가건물 임대차보호법」의 적용을 받는 상가건물의 임대차를 중개하면서 의뢰인에게 설명한 내용으로 옳은 것은? [25회 출제]

① 상가건물의 임대차를 등기한 때에는 그 다음날부터 제3자에 대하여 효력이 생긴다.
② 임차인은 대항력과 확정일자를 갖춘 경우 경매에 의해 매각된 임차건물을 양수인에게 인도하지 않더라도 배당에서 보증금을 수령할 수 있다.
③ 임대차 기간을 6월로 정한 경우 임차인은 그 유효함을 주장할 수 없다.
④ 임대차가 묵시적으로 갱신된 경우 그 존속기간은 임대인이 그 사실을 안 때로부터 1년으로 본다.
⑤ 임대인의 동의를 받고 전대차계약을 체결한 전차인은 임차인의 계약갱신요구권 행사기간 이내에 임차인을 대위하여 임대인에게 계약갱신요구권을 행사할 수 있다.

해설 ▶ 상가건물 임대차보호법

① 상가건물의 인도와 사업자등록을 신청한 때에는 그 다음날부터 제3자에 대하여 효력이 생긴다.
② 임차인은 경매에 의해 매각된 임차건물을 양수인에게 인도하지 않으면 배당절차에서 보증금을 수령할 수 없다.
③ 임대차 기간을 6월로 정한 경우 임차인은 그 약정의 유효를 주장할 수 있다.
④ 임대차가 묵시적으로 갱신된 경우 그 존속기간은 1년으로 본다.

정답 44. ⑤

05 기타 부동산거래 관련 법률에 의한 규제

45 개업공인중개사가 「주택법」상의 입주자저축증서 거래를 의뢰하는 의뢰인에게 설명한 내용으로 틀린 것은? 　20회 출제

① 이 증서는 「주택법」상 양도가 금지된 증서이므로 개업공인중개사가 중개할 수 없다.
② 공인중개사법에 따르면 이 증서의 거래를 중개한 개업공인중개사는 3년 이하의 징역 또는 3천만원 이하의 벌금에 처해질 수 있다.
③ 「주택법」에 따르면 이 증서의 거래를 알선한 자는 3년 이하의 징역 또는 3천만원 이하의 벌금에 처해질 수 있다.
④ 「주택법」에 따르면 이 증서를 거래한 당사자도 3년 이하의 징역 또는 3천만원 이하의 벌금에 처해질 수 있다.
⑤ 다른 사람의 입주자저축증서를 이용하여 주택을 취득하였더라도 그 주택의 소유권을 상실하는 경우는 없다.

해설 ▶ 주택법상 증서
국토교통부장관 또는 사업주체는 증서 또는 지위를 양도하거나 양수한 자, 거짓이나 그 밖의 부정한 방법으로 증서나 지위 또는 주택을 공급받은 자에 대하여는 그 주택 공급을 신청할 수 있는 지위를 무효로 하거나 이미 체결된 주택의 공급계약을 취소할 수 있다(주택법 제65조 제2항).

46 다음은 공법상 부동산의 거래제도에 관한 설명이다. 잘못된 것은? ★★

① 「부동산거래신고 등에 관한 법률」상 허가대상 토지는 법원의 확정판결을 받은 경우에도 토지거래허가를 받아야 한다.
② 「부동산거래신고 등에 관한 법률」상 허가대상 토지로서 허가를 받지 아니하고 체결한 토지거래계약은 그 효력을 발생하지 아니한다.
③ 농지의 매매를 중개하는 개업공인중개사는 의뢰인이 영농의사와 능력이 있는지를 농지관리위원으로부터 확인을 받은 후에 농지취득자격증명을 신청한다.
④ 직장조합주택이나 지역조합주택의 분양권은 매수할 수 있는 자가 제한되어 있다.
⑤ 계약서의 검인제도는 부동산거래를 제한하는 것으로 볼 수 없다.

정답　45. ⑤　46. ③

해설 ▸ **공법상 거래규제제도**
농지취득자격증명을 발급받고자 하는 자는 농업경영계획서를 작성하여 농지의 소재지를 관할하는 시·구·읍·면장에게 그 발급을 신청하여야 하나(농지법 제8조 제2항), 2002.12.18. 법률개정으로 농지관리위원의 확인은 투기성이 있는 것에만 해당한다.

47
농지를 매수하고자 하는 의뢰인(법인 제외)에게 개업공인중개사가 설명한 내용으로 **틀린** 것은? `22회 출제`

① 주말·체험영농의 목적으로 농지를 소유하는 경우 세대원 전부가 소유하는 총면적이 1천㎡ 미만이어야 한다.
② 주말·체험영농의 목적인 경우에도 농지취득자격증명을 발급받아야 한다.
③ 농지임대가 예외적으로 허용되어 농업경영을 하려는 자에게 임대하는 경우 그 임대차계약은 서면계약을 원칙으로 한다.
④ 임대농지를 양수한 자는 「농지법」에 따른 임대인의 지위를 승계한 것으로 본다.
⑤ 5년간 농업경영을 하다가 이농(離農)하는 경우 총 1만㎡까지만 소유할 수 있다.

해설 ▸ **농지법**
8년간 농업경영을 하다가 이농(離農)하는 경우 총 1만㎡까지만 소유할 수 있다.

48
개업공인중개사가 농지거래중개를 하면서 설명한 내용으로 옳은 것은? ★★

① 상속인에게 유증(遺贈)되는 농지를 소유하는 경우에는 농지취득자격증명을 발급받지 않아도 된다고 설명하였다.
② 「민사집행법」상 경매에 의하여 농지를 낙찰받은 경우에는 농지취득자격증명을 발급받지 않아도 된다고 설명하였다.
③ 농지를 취득하고자 하는 자는 농지취득자격증명을 발급받기 전에 농지관리위원 2인 이상의 확인을 받아야 된다고 설명하였다.
④ 농지를 농업 외의 다른 용도로 사용하고자 하는 경우에는 먼저 전용승인을 받거나 전용신고를 한 후에 취득하여야 한다고 설명하였다.
⑤ 농지를 취득한 후에 농사를 직접 짓지 않아 농지처분통지를 받은 후에는 반드시 농지를 처분하여야 하나, 처분하지 않을 경우에는 처분할 때까지 6개월마다 강제이행금을 부과한다고 설명하였다.

정답   47. ⑤   48. ①

제6장 부동산거래 관련제도

해설 ▶ 농지법

② 「민사집행법」상 경매에 의하여 농지를 낙찰받은 경우 농지취득자격증명을 발급받아 제출하여야 매각이 허가된다.
③ 농지취득자격증명을 발급받고자 하는 자는 농업경영계획서를 작성하여 농지의 소재지를 관할하는 시·구·읍·면장에게 그 발급을 신청하여야 하나(농지법 제8조 제2항). 농지관리위원의 확인은 투기성 거래인 경우에 한해 인정된다.
④ 농지전용허가나 농지전용신고를 한 자가 당해 농지를 소유하는 경우 농지취득자격증명을 발급받지 아니하고 농지를 취득할 수 있다(농지법 제6조 제2항 제6호).
⑤ 농지를 취득한 후에 농사를 직접 짓지 않아 농지처분통지를 받은 후에는 반드시 농지를 처분하여야 하나, 처분하지 않을 경우에는 처분할 때까지 이행강제금을 매년 1회 부과·징수할 수 있다(농지법 제62조).

49

개업공인중개사가 농지를 매수하려는 의뢰인에게 설명한 내용 중 옳은 것은? (다툼이 있으면 판례에 의함)   **23회 출제**

① 농지에도 전세권을 설정할 수 있다.
② 농지전용협의를 마친 농지를 매수하는 경우에도 농지취득자격증명이 필요하다.
③ 경매로 농지를 매수하려면 매수신청시 농지취득자격증명을 함께 제출해야 한다.
④ 농지매매가 유효하려면 농지를 구입한 후 1년 안에 농지소재지로부터 20km 이내로 전 가족이 이사를 와야 한다.
⑤ 농지취득자격증명은 농지취득의 원인이 되는 법률행위의 효력발생요건이 아니다.

해설 ▶ 농지의 매수

① 농지에는 전세권을 설정할 수 없다.
② 농지전용협의를 마친 농지를 매수하는 경우에는 농지취득자격증명의 발급을 요하지 않는다(법 제6조 제2항 제8호).
③ 경매로 농지를 매수하는 경우 매각결정기일까지 농지취득자격증명을 제출해야 한다.
④ 농지의 통작거리 제한 규정은 없다.

정답   49. ⑤

50 개업공인중개사가 중개의뢰인에게 설명한 내용이다. 틀린 것으로 짝지어진 것은?
★★

> ㉠ 공설묘지, 가족묘지, 종중·문중묘지 안의 분묘 1기 및 당해 분묘의 상석, 비석 등 시설물의 설치구역 면적은 10㎡(합장의 경우 15㎡)를 초과하여서는 아니 된다.
> ㉡ 경매의 경우 매수인은 유치권자에게 그 유치권으로 담보되는 채권을 변제하여야 목적물을 인도받을 수 있다.
> ㉢ 판례에 의하면 건물의 소유로 인하여 법정지상권을 취득한 자로부터 경매에 의하여 그 건물의 소유권을 이전받은 경락인은 경락 후 건물을 철거한다는 등의 매각조건 하에서 경매되는 경우 등 특별한 사정이 없는 한 건물의 경락취득과 함께 위 지상권도 당연히 취득한다.
> ㉣ 무허가건물대장에 건물주로 등재되면 소유권을 취득하고 권리자로 간주된다.
> ㉤ 전통사찰의 주지가 사찰에 부속하는 부동산의 대여, 양도 등을 할 경우 소속대표단체의 대표자의 승인서를 받으면 된다.

① ㉢, ㉤ ② ㉠, ㉣ ③ ㉣, ㉤ ④ ㉢, ㉣ ⑤ ㉠, ㉡

해설 ▶ 중개실무 관련 판례, 법률
㉣ 무허가건물대장에 건물주로 등재된다 하더라도 소유권을 취득하지 못하며 소유자로 추정되지도 않는다.
㉤ 전통사찰의 주지가 사찰에 부속하는 부동산의 양도를 할 경우 소속대표단체의 대표자의 승인서를 첨부하여 문화체육관광부장관의 허가를 받아야 하며 대여·담보제공하고자 할 경우에는 시·도지사의 허가를 받아야 한다.

51 개업공인중개사가 「입목에 관한 법률」 소정의 입목에 관하여 중개하면서 설명한 내용 중 틀린 것은?

① 소유권보존의 등기를 받을 수 있는 수목의 집단은 입목등록원부에 등록된 것에 한정된다.
② 입목의 소유자는 토지와 분리하여 입목을 양도할 수 있다.
③ 입목을 목적으로 하는 저당권의 효력은 입목을 벌채한 경우에 그 토지로부터 분리된 수목에 대하여 미치지 않는다.
④ 입목의 경매 기타 사유로 토지와 그 입목이 각각 다른 소유자에게 속하게 된 경우에는 토지소유자는 입목소유자에 대하여 지상권을 설정한 것으로 본다.
⑤ 입목을 저당권의 목적으로 하고자 하는 그 입목을 보험에 붙여야 한다.

정답 50. ③ 51. ③

해설 ▶ 입목

입목을 목적으로 하는 저당권의 효력은 입목을 벌채한 경우에 그 토지로부터 분리된 수목에 대하여도 미친다(법 제4조 제1항).

52. 개업공인중개사가 농지를 거래하고자 하는 의뢰인에게 설명한 내용으로 틀린 것은? [20회 출제]

① 농업경영이란 농업인이나 농업법인이 자기의 계산과 책임으로 농업을 영위하는 것을 말한다.
② 농지소유자와 농업경영을 하려는 자 사이의 농지에 관한 임대차계약은 서면계약을 원칙으로 한다.
③ 농지소유자는 3개월 이상 국외 여행중인 경우 소유농지를 위탁경영할 수 있다.
④ 토지거래허가구역에 있는 농지를 취득하는 경우 토지거래 계약허가 외에 별도의 농지취득자격증명의 발급을 요한다.
⑤ 주말·체험영농을 하려는 자는 총 1천㎡ 미만의 농지를 소유할 수 있되, 이 경우 면적 계산은 그 세대원 전부가 소유하는 총 면적으로 한다.

해설 ▶ 농지의 거래

토지거래허가구역에 있는 농지를 취득하는 경우 토지거래계약허가를 받은 경우 농지취득자격증명을 받은 것으로 본다(「부동산거래신고 등에 관한 법률」 제20조 제1항).

53. 개업공인중개사가 중개의뢰인에게 설명한 내용으로 틀린 것은? [21회 출제]

① 농지는 자기의 농업경영에 이용하거나 이용할 자가 아니면 소유하지 못함이 원칙이다.
② 공유농지의 분할을 원인으로 농지를 취득하는 경우 농지취득자격증명을 요하지 않는다.
③ 농지소유자는 6개월 이상 국외여행중인 경우에 한하여 소유농지를 위탁경영하게 할 수 있다.
④ 외국인이 경매로 대한민국 안의 부동산등을 취득한 때에는 취득한 날부터 6개월 이내에 이를 신고해야 한다.
⑤ 외국인이 상속으로 대한민국 안의 부동산등을 취득한 후 법정기간 내에 신고하지 않으면 과태료가 부과된다.

해설 ▶ 농 지

농지소유자는 3개월 이상 국외여행 중인 경우에 한하여 소유농지를 위탁경영하게 할 수 있다(농지법 제9조).

정답 52. ④ 53. ③

54

개업공인중개사 甲이 X부동산 매매계약을 중개하고 계약서를 작성·교부하였다. 甲이 중개의뢰인에게 설명한 내용으로 옳은 것은? **21회 출제**

① 거래당사자가 「부동산거래신고 등에 관한 법률」상 X부동산의 거래계약신고필증을 교부받은 때에는 매수인은 「부동산등기 특별조치법」상 검인을 받은 것으로 본다.
② X가 아파트인 경우 계약당사자는 계약체결일부터 30일 이내에 소재지 관할 시장·군수 또는 구청장에게 부동산거래신고를 해야 한다.
③ X의 실제 거래가격이 3억원인 아파트인 경우 매수인은 자금조달계획과 입주계획을 제출하여야 제공해야 한다.
④ X가 농지이고 면적이 1천㎡가 넘는 경우라도 농지법상 농지취득자격증명의 발급없이 주말·체험영농용으로 취득할 수 있는 경우가 있다.
⑤ X가 농지인 경우 매수인이 X를 주말농장용 농지로 구입하였으나 주말·체험영농에 이용하지 못하게 된 경우 그 즉시 처분해야 한다.

> **해설** ▶ 매매계약 중개
> ② 개업공인중개사의 중개이므로 개업공인중개사가 계약체결일부터 30일 이내에 소재지 관할 시장·군수 또는 구청장에게 신고해야 한다(부동산거래신고 등에 관한 법률 제3조 제1항).
> ③ 법인과 투기과열지구 또는 조정대상지역에서는 가격과 무관하게 자금조달계획서를 제공하여야 하며, 법인외의 자는 6억원 이상의 주택을 매수하는 경우 자금조달계획서를 제출하여야 한다.
> ④ 주말·체험영농용으로 취득할 수 있는 면적은 1천㎡ 미만이어야 하며 농지취득자격증명을 발급받아야 한다(농지법 제7조 제3항).
> ⑤ 주말농장용 농지로 구입하였으나 주말·체험영농에 이용하지 못하게 된 경우 1년 이내에 처분해야 한다(농지법 제10조 제1항).

정답   54. ①

CHAPTER 07 부동산경매 및 공매

학습포인트

- 공인중개사의 매수신청대리인 등록 등에 관한 규칙 등 : 법원경매 매수신청등록을 위한 요건과 절차, 업무내용 등을 숙지해야 한다.
- 경매제도 : 각 경매제도 및 용어의 개념에 대한 이해가 필요하다.
- 법원경매 참가방법 : 참가절차를 숙지하고, 각 단계에서의 업무내용을 이해하는 수준의 학습이 필요하다.
- 공매 : 공매에 대한 개략적인 사항을 이해하는 수준에서 학습하되, 경매와 대비한 장·단점을 숙지해야 한다.

CHAPTER 학습 & 출제되는 키워드

- ☑ 경매제도
- ☑ 강제경매·임의경매
- ☑ 당연말소등기
- ☑ 배당요구
- ☑ 국세징수법에 의한 공매
- ☑ 대상물 조사
- ☑ 최고가매수신고인 결정
- ☑ 매수신청대리의 대상물

- ☑ 민사집행법
- ☑ 새매각·재매각
- ☑ 가압류·가등기 분석
- ☑ 기일입찰·기간입찰·호가경매
- ☑ 한국자산관리공사에서의 공매
- ☑ 입찰참가 여부 결정
- ☑ 매각결정·매각대금 납부
- ☑ 매수신청대리인의 등록

- ☑ 부동산경매
- ☑ 부동산 경매 권리분석
- ☑ 매수인에게 인수되는 권리
- ☑ 공매
- ☑ 법원경매 절차
- ☑ 입찰참가
- ☑ 매수신청대리권의 범위
- ☑ 매수신청대리행위

CHAPTER 학습 & 출제되는 질문

- ☑ 경매제도에 대한 설명으로 옳지 않은 것은?
- ☑ 경매와 공매에 대한 비교설명으로 틀린 것은?
- ☑ 부동산경매에 대한 설명으로 옳지 않은 것은?
- ☑ 매수신청대리 대법원규칙에 대한 설명으로 틀린 것은?
- ☑ 공인중개사법과 대법원규칙에 대한 비교설명으로 옳지 않은 것은?

제3편 중개실무

01 경매·공매 실무

01 다음은 부동산경매와 공매에 관한 기술이다. 옳은 것은?★★

① 일반적으로 낙찰가격면에서 부동산경매가 공매보다 비싼 것이 부동산경매의 단점이다.
② 우선변제권자가 배당요구를 할 수 있는 종기(終期)는 첫 매각기일 이전으로 정한다.
③ 외국인은 부동산경매나 공매를 통하여 토지를 취득할 수 없다.
④ 부동산공매는 부동산경매물건보다 흠이 없는 반면에 대금납부조건이 까다롭다.
⑤ 선순위의 담보물권이 있는 경우라도 경매개시결정등기보다 앞선 제3자의 권리는 인수하여야 한다.

해설 ▶ 경매 및 공매

① 부동산경매는 법원에서 채무자의 재산을 강제적으로 환가하는 것으로 유찰될 때마다 일정 비율로 최저입찰가격이 하향조정되어 다시 경매되나, 공매는 금융기관 등으로부터 비업무용 부동산 등의 매각을 의뢰하는 경우가 많아 정해진 가격으로 매각되지 않을 경우 매각 의뢰가 취소되는 등의 이유로 하향조정에 한계가 있다.
③ 외국인 등은 상속·경매 기타 대통령령이 정하는 계약 외의 원인으로 인하여 대한민국 안의 부동산 등을 취득한 경우에는 부동산 등을 취득한 날부터 6월 이내에 대통령령이 정하는 바에 따라 시장·군수 또는 구청장에게 신고하여야 한다(「부동산거래신고 등에 관한 법률」 제8조 제2항).
④ 부동산공매는 금융기관 등이 소유권을 취득한 상태에서 매각을 의뢰하는 것으로 부동산경매물건보다 흠이 없으며, 부동산경매는 매각결정기일부터 보통 1개월 이내에 90%의 잔금을 납부해야 되지만, 비업무용 부동산공매는 대금의 분할 납부가 가능한 경우가 많다.
⑤ 선순위의 담보물권이 있을 경우 경매개시결정등기보다 앞선 제3자의 권리 중 담보물권보다 후순위의 권리는 경매로 소멸하게 된다(다만, 담보물권 중 유치권은 경매로 인해 소멸되지 않는 점을 유의해야 할 것임).

정답 01. ②

02

다음 중 부동산경매제도에 대한 설명으로 옳지 않은 것은? ★★

① 대항력과 우선변제권을 갖춘 주택임차인도 배당요구의 종기일까지 배당요구를 하여야 한다.
② 경매개시결정 이전에 전입한 임차인이라도 매수인에게 대항하지 못할 경우 인도명령대상이 된다.
③ 「민사집행법」의 제정으로 기간입찰제도와 1기일 2회 입찰제도가 도입되었다.
④ 매수인은 법원에서 통지받은 대금지급기일에 매각대금을 납부하여야 한다.
⑤ 매각허가결정에 불복하는 모든 항고인은 매각대금의 10% 상당의 보증금을 공탁해야 한다.

해설 ▶ 경매제도
매수인은 법원이 정한 대금지급기한까지 매각대금을 지급하여야 한다(민사집행법 제142조 제1항 및 제2항). 따라서 사전납부도 가능하다.

03

다음 중 경매등기 이후에 권리 중 경매로 인해 소멸되지 않는 권리는?

① 등기된 임차권 ② 주택임차권 ③ 지역권
④ 유치권 ⑤ 전세권

해설 ▶ 인수주의 및 소제주의
매수인은 유치권자에게 그 유치권으로 담보하는 채권을 변제할 책임이 있다. 즉, 유치권자는 항상 매수인에게 대항할 수 있다.

04

다음은 경매절차에서의 각 채권자들의 배당순위를 나열한 것이다. 그 순위가 빠른 것부터 바르게 연결된 것은? ★★★

> ㉠ 확정일자 임차보증금 ㉡ 일반채권 ㉢ 건강보험료
> ㉣ 일반임금채권 ㉤ 경매비용 ㉥ 국세 중 당해세
> ㉦ 「주택임대차보호법」상의 소액보증금 중 일정금액

① ㉤ → ㉠ → ㉡ → ㉦ → ㉥ → ㉣ → ㉢
② ㉤ → ㉥ → ㉠ → ㉦ → ㉡ → ㉣ → ㉢
③ ㉥ → ㉠ → ㉡ → ㉦ → ㉣ → ㉤ → ㉢
④ ㉤ → ㉦ → ㉥ → ㉠ → ㉣ → ㉢ → ㉡
⑤ ㉥ → ㉠ → ㉤ → ㉡ → ㉦ → ㉣ → ㉢

정답 02. ④ 03. ④ 04. ④

> **해설** ▶ **배당순서**
>
> 경매비용 → 최우선변제권(소액보증금 중 일정액 또는 임금채권 중 최우선채권) → 국세 중 당해세 → 우선변제권(「주택임대차보호법」, 저당권 등) → 일반임금채권 → 건강보험료 → 일반채권

05 다음은 부동산경매제도에 관한 설명이다. 가장 타당하지 않은 것은? ★★

① 강제경매란 집행력이 있는 집행권원을 가진 채권자의 신청에 의하여 집행권원에 표시된 이행청구권을 실현하기 위하여 법원이 채무자의 소유재산을 압류·환가한 금액으로 부동산을 매각하는 강제환가절차를 말한다.
② 집행권원에는 확정된 이행판결, 확정된 지급명령, 확정판결과 동일한 효력이 있는 조서 등이 해당한다.
③ 경매행위에는 채권자, 저당권자, 채무자의 가족, 경매부동산의 감정인 및 그 친족 등이 참가할 수 있다.
④ 경매종결로 매수인에게 소유권이 이전되는 경우에 유치권, 법정지상권 등은 소멸하지 않는다.
⑤ 매수인이 소유권을 취득하는 시기는 매각대금을 완납한 때이다.

> **해설** ▶ **경매제도**
>
> 집행관 또는 그 친족은 그 집행관 또는 다른 집행관이 경매 또는 매각하는 물건을 매수하지 못한다(집행관법 제15조 제1항). 「민사집행법」 제200조의 규정에 의한 감정인이나 그 친족의 경우에도 제1항과 같다(동조 제2항).

06 개업공인중개사가 부동산경매에서의 권리관계에 관하여 설명한 내용 중 틀린 것은?

① 매각부동산의 모든 저당권은 매각으로 소멸한다.
② 담보가등기권리는 그 부동산의 매각에 의하여 소멸된다.
③ 전세권은 압류채권, 가압류채권에 대항할 수 없는 경우에는 매각으로 소멸된다.
④ 압류채권자에 우선하는 권리는 저당권 등 매각으로 소멸하는 권리에 대항하지 못하더라도 매각으로 소멸되지 않는다.
⑤ 유치권자는 매수인에 대하여 그 피담보채권의 변제가 있을 때까지 유치목적물인 부동산의 인도를 거절할 수 있을 뿐이고 그 피담보채권의 변제를 청구할 수는 없다.

> **해설** ▶ **권리분석**
>
> 압류채권자에 우선하는 권리라 하더라도 저당권 등 매각으로 소멸하는 권리에 대항하지 못한다면 매각으로 소멸된다.

정답 05. ③ 06. ④

07 개업공인중개사가 부동산경매에 관하여 설명한 내용 중 옳은 것은?

① 배당요구를 하여야 배당받을 수 있는 권리자는 경매개시 결정에 따른 압류의 효력이 발생한 때부터 1월 이내에 배당요구 신청을 하여야 한다.
② 매수신청의 보증금액은 매수신청가격의 10분의 1로 한다.
③ 관청의 증명이나 허가를 필요로 하는 경우 매수신고시에 이를 증명하여야 한다.
④ 매각허가결정이 확정되면 법원은 대금지급기한을 정하여 매수인과 차순위매수신고인에게 통지하고, 매수인은 그 기한까지 매각대금을 지급하여야 한다.
⑤ 매수신고가 있은 뒤 경매신청이 취하되더라도 그 경매신청으로 발생된 압류의 효력은 소멸되지 않는다.

해설 경매절차
① 배당요구를 하여야 배당받을 수 있는 권리자는 법원이 정하는 배당요구의 종기 안에 배당요구 신청을 하여야 한다.
② 매수신청의 보증금액은 최저매각가격의 10분의 1로 한다.
③ 농지취득자격증명은 매각결정기일까지 제출하여야 하나 토지거래허가는 받지 않아도 된다.
⑤ 매수신고가 있은 뒤 경매신청이 취하되면 압류의 효력은 소멸된다.

08 개업공인중개사가 「민사집행법」에 따른 경매에 대해 의뢰인에게 설명한 내용으로 옳은 것은? `26회 출제`

① 기일입찰에서 매수신청인은 보증으로 매수가격의 10분의 1에 해당하는 금액을 집행관에게 제공해야 한다.
② 매각허가결정이 확정되면 법원은 대금지급기일을 정하여 매수인에게 통지해야 하고 매수인은 그 대금지급기일에 매각대금을 지급해야 한다.
③ 민법·상법 그 밖의 법률에 의하여 우선변제청구권이 있는 채권자는 매각결정기일까지 배당요구를 할 수 있다.
④ 매수인은 매각부동산 위의 유치권자에게 그 유치권으로 담보하는 채권을 변제할 책임이 없다.
⑤ 매각부동산 위의 전세권은 저당권에 대항할 수 있는 경우라도 전세권자가 배당요구를 하면 매각으로 소멸된다.

해설 경매실무
① 기일입찰에서 매수신청인은 보증으로 최저매각가격의 10분의 1에 해당하는 금액을 집행관에게 제공해야 한다.
② 매각허가결정이 확정되면 법원은 대금지급기한을 정하여 매수인에게 통지해야 하고 매수인은 그 대금지급기한에 매각대금을 지급해야 한다.
③ 민법·상법 그 밖의 법률에 의하여 우선변제청구권이 있는 채권자는 배당요구의 종기일까지 배당요구할 수 있다.
④ 매수인은 매각부동산 위의 유치권자에게 그 유치권으로 담보하는 채권을 변제할 책임이 있다.

정답 07. ④ 08. ⑤

09

부동산경매에 있어서 매각부동산 위의 권리에 관한 설명으로 틀린 것은? (다툼이 있으면 판례에 의함) **21회 출제**

① 담보목적이 아닌 최선순위 소유권이전등기청구권보전의 가등기는 매각으로 소멸하지 않는다.
② 매각부동산 위의 모든 저당권과 담보가등기권리는 매각으로 소멸된다.
③ 임차건물이 매각되더라도 보증금이 전액 변제되지 않는 한 대항력 있는 임차권은 소멸하지 않는다.
④ 최선순위의 전세권으로서 가압류채권에 대항할 수 있는 경우 전세권자가 배당요구를 하더라도 전세권은 매수인이 인수한다.
⑤ 압류의 효력이 발생한 후에 경매목적물의 점유를 취득한 유치권자는 매수인에게 대항할 수 없다.

해설 ▶ 부동산경매에 있어서 매각부동산 위의 권리
전세권은 선순위라 하더라도 전세권자가 배당요구를 한 경우 소멸한다(민사집행법 제91조 제4항).

10

다음 중 법원의 부동산경매제도(강제매각제도)에 대한 설명이다. 가장 올바른 설명은? ★★★

① 「주택임대차보호법」에 의거하여 우선변제권을 갖춘 주택임차인이라면 최초 매각기일 이후라도 매각허가결정 이후 배당실시 이전까지만 배당요구를 하면 된다.
② 매각허가를 받은 매수인이 법원에서 통지받은 대금지급기한 이전에 매각대금을 전부 납부하더라도 매각대금 지급기한이 경과한 날부터 소유권을 취득한다.
③ 매각허가결정에 불복하여 항고하고자 하는 사람은 매각대금의 10% 상당의 금전 또는 법원이 인정한 유가증권을 공탁해야 한다.
④ 부동산매각의 법원경매는 일정한 매각기일에 실시하는 기간입찰과 입찰기간 이내에 실시하는 호가경매의 2가지 방법으로만 할 수 있다.
⑤ 경매개시결정 이전에 전입한 임차인이라면 매수인에게 대항하지 못할 경우라도 인도명령의 대상이 되지 않는다.

해설 ▶ 경매제도
① 경매개시결정에 따른 압류의 효력이 생긴 때(그 경매개시결정 전에 다른 경매개시결정이 있는 경우를 제외함)에는 집행법원은 절차에 필요한 기간을 감안하여 배당요구를 할 수 있는 종기를 첫 매각기일 이전으로 정한다(민사집행법 제84조 제1항).
② 매수인은 매각대금을 다 낸 때에 매각의 목적인 권리를 취득한다(동법 제135조).
④ 부동산의 매각은 매각기일에 하는 호가경매, 매각기일에 입찰 및 개찰하게 하는 기일입찰 또는 입찰기간 내에 입찰하게 하여 매각기일에 개찰하는 기간입찰의 세 가지 방법으로 한다(동법 제103조 제2항).
⑤ 법원은 매수인이 대금을 낸 뒤 6월 내에 신청하면 채무자·소유자 또는 부동산 점유자에 대하여 부동산을 매수인에게 인도하도록 명할 수 있다. 다만, 점유자가 매수인에게 대항할 수 있는 권원에 의하여 점유하고 있는 것으로 인정되는 경우에는 그러하지 아니하다(동법 제136조 제1항).

정답   09. ④   10. ③

제7장 부동산경매 및 공매

11 다음은 「민사집행법」상 경매에 대한 설명이다. 옳지 <u>않은</u> 것은? ★★
① 최고 선순위 전세권은 배당요구를 하면 소멸된다.
② 담보가등기가 최고 선순위 담보물권보다 앞서 설정되었다면 경매되더라도 말소되지 아니한다.
③ 배당받을 채권자가 매수인인 경우에는 자기가 배당받을 금액과 법원에 납부할 금액의 채권상계신청을 할 수 있다.
④ 매수인이 경매부동산의 소유권을 취득하는 시기는 대금을 완납한 때이다.
⑤ 저당권이 소액일 경우 대위변제 가능성을 분석하여야 한다.

해설 ▶ **권리분석**
담보가등기가 경료된 부동산에 대하여 경매 등이 행하여진 때에는 담보가등기는 선후에 관계없이 경매로 인해 소멸한다.

12 개업공인중개사가 부동산의 경매에 관하여 설명한 내용으로 틀린 것은? 〔20회 출제〕
① 부동산에 대한 압류는 채무자에게 경매개시결정이 송달된 때 또는 그 결정이 등기된 때에 효력이 생긴다.
② 부동산의 매각은 호가경매, 기일입찰 또는 기간입찰의 3가지 방법 중 집행법원이 정한 매각방법에 따른다.
③ 배당요구에 따라 매수인이 인수해야 할 부담이 바뀌는 경우 배당요구를 한 채권자는 배당요구의 종기가 지난 뒤에 이를 철회하지 못한다.
④ 기일입찰에서 매수신청의 보증금액은 매수가격의 10분의 1로 한다.
⑤ 매각허가결정에 대하여 항고를 하고자 하는 사람은 보증으로 매각대금의 10분의 1에 해당하는 금전 또는 법원이 인정한 유가증권을 공탁해야 한다.

해설 ▶ **경매제도**
기일입찰에서 매수신청의 보증금액은 최저매각가격의 10분의 1로 한다.

13 다음 권리관계에 대한 분석 내용 중 옳은 것은?
① 재매각이란 신고가 없어서 새롭게 경매를 시작하는 것을 말한다.
② 저당권과 주택임차인의 전입신고와 확정일자가 동일한 날에 갖추었다면 모두 동순위가 된다.
③ 경매신청한 근저당권자(3순위)보다 선순위로 저당권(1순위)이 존재하는 경우에는 2순위 임차권 등기는 소멸된다.
④ 인도명령신청은 대금완납일로부터 60일 이내에 하여야 한다.
⑤ 유찰에 따른 가격인하율은 법원 경매는 10%, 공매는 20%이다.

정답 11. ② 12. ④ 13. ③

해설 ▸ 권리분석

① 유찰되어 경매를 다시 시작하는 것은 "새매각"이며 재매각은 최고가 매수인과 차순위 매수신고인이 잔금을 납부하지 않아서 다시 시작하는 매각을 말한다.
② 대항력은 다음날로 효력을 발생하므로 저당권이 선순위가 된다.
④ 대금완납일로부터 6월 이내에 하여야 한다.
⑤ 유찰에 따른 가격 저감율은 보통 법원 경매는 20%~30%, 공매는 10%이다.

14

부동산경매와 공매에 관해서 비교·설명한 것 중 옳은 것은?

① 경매의 경우 토지거래허가절차가 면제되나, 비업무용 부동산공매의 경우 토지거래허가가 면제되지 않는다.
② 경매에 있어서는 매각대금을 분할, 납부할 수 있으나, 공매에 있어서는 지정일에 일시 완납해야 한다.
③ 일반적으로 낙찰가격면에서 부동산경매가 공매보다 비싼 것이 흠이다.
④ 외국인의 경우 부동산경매를 통해서는 토지를 취득할 수 없으나, 공매를 통해서는 취득할 수 있다.
⑤ 경매는 법원에 의해 실시되나, 공매는 자산관리공사에서만 실시한다.

해설 ▸ 경매 및 공매

② 부동산경매의 경우 대금의 분할납부가 인정되지 않으나, 비업무용 부동산공매의 경우 분할납부제도가 있다.
③ 일반적으로 낙찰가격 면에서 부동산경매가 공매보다 싼 것이 장점이다.
④ 외국인이 경매나 공매에 의해 토지를 취득하는 것을 금지하는 규정은 없다.
⑤ 국세 압류자산의 공매는 세무서, 지방세 압류자산에 대한 공매는 지방자치단체에서 시행되며, 이들로부터 위임을 받은 한국자산관리공사에서도 시행한다.

15

개업공인중개사가 법원의 부동산경매에 관하여 의뢰인에게 설명한 내용으로 틀린 것은? **25회 출제**

① 기일입찰에서 매수신청의 보증금액은 매수신고가격의 10분의 1로 한다.
② 차순위매수신고는 그 신고액이 최고가매수신고액에서 그 보증액을 뺀 금액을 넘는 때에만 할 수 있다.
③ 매수인은 매각대금을 다 낸 때에 매각의 목적인 권리를 취득한다.
④ 가압류채권에 대항할 수 있는 전세권은 그 전세권자가 배당요구를 하면 매각으로 소멸된다.
⑤ 재매각절차에서 전(前)의 매수인은 매수신청을 할 수 없으며, 매수신청의 보증을 돌려줄 것을 요구하지 못한다.

정답 14. ① 15. ①

해설 ▸ **부동산경매**
기일입찰에서 매수신청의 보증금액은 최저매각가격의 10분의 1로 한다.

16. 개업공인중개사가 주택임대차의뢰인에게 임차목적물의 경매시 배당우선순위에 대하여 설명한 것 중 올바르게 나열된 것은? ★★

| ㉠ 일반채권 | ㉡ 경매절차비용 |
| ㉢ 소액임차보증금 | ㉣ 국민건강보험료 |

① ㉡→㉢→㉠→㉣
② ㉡→㉢→㉣→㉠
③ ㉢→㉠→㉡→㉣
④ ㉢→㉡→㉣→㉠
⑤ ㉣→㉡→㉢→㉠

해설 ▸ **배당순위**
1) 제0순위: 경매비용 및 제3자의 비용상환청구권(취득자가 경매부동산에 지출한 필요비, 유익비)
2) 제1순위: 최우선변제권(주택·「상가건물 임대차보호법」상의 소액보증금 중 일정 금액과 근로기준법상 임금채권 중 최종 3월분의 임금 및 최종 3년분의 퇴직금)
3) 제2순위: 국세 중 당해세(상속세·증여세 등) 및 지방세 중 당해세(재산세·종합부동산세 등)
4) 제3순위: 우선변제권(당해세를 제외한 일반적인 국세·지방세, 담보물권, 확정일자 임차보증금, 등기된 임차권)
5) 제4순위: 일반 임금채권(최종 3월분의 임금 및 최종 3년분의 퇴직금을 제외함)
6) 제5순위: 일반 공과금(건강보험료·산업재해보상보험·국민연금법에 의한 징수금 등)
7) 제6순위: 일반채권

17. 개업공인중개사가 부동산경매에 관하여 의뢰인에게 설명한 내용으로 틀린 것은? [21회 출제]

① 경매신청이 취하되면 압류의 효력은 소멸된다.
② 매각결정기일은 매각기일부터 1주 이내로 정해야 한다.
③ 기일입찰에서 매수신청의 보증금액은 최저매각가격의 10분의 1로 한다.
④ 매각허가결정에 대하여 항고하고자 하는 사람은 보증으로 최저매각가격의 10분의 1에 해당하는 금전을 공탁해야 한다.
⑤ 재매각절차에는 종전에 정한 최저매각가격, 그 밖의 매각조건을 적용한다.

해설 ▸ **부동산경매**
매각허가결정에 대하여 항고하고자 하는 사람은 보증으로 매각대금의 10분의 1에 해당하는 금전을 공탁해야 한다(민사집행법 제130조 제3항).

정답 16. ② 17. ④

02 매수신청대리 (대법원규칙)

1 매수신청대리권

18 다음 중 매수신청대리의 범위에 해당하지 <u>않는</u> 것은?

① 입찰표의 작성 및 제출
② 인도명령신청 또는 명도소송신청
③ 「민사집행법」에 따라 매수신청의 보증을 돌려 줄 것을 신청하는 행위
④ 「민사집행법」에 따른 공유자의 우선매수신고
⑤ 구 「임대주택법」에 따른 임차인의 임대주택 우선매수신고

해설 ▶ 매수신청대리의 범위[공인중개사의 매수신청대리인 등록 등에 관한 대법원 규칙(이하 "규칙"이라 함) 제2조]
1) 「민사집행법」에 따른 매수신청 보증의 제공
2) 입찰표의 작성 및 제출
3) 「민사집행법」에 따른 차순위매수신고
4) 「민사집행법」에 따라 매수신청의 보증을 돌려 줄 것을 신청하는 행위
5) 「민사집행법」에 따른 공유자의 우선매수신고
6) 구 「임대주택법」에 따른 임차인의 임대주택 우선매수신고
7) 공유자 또는 임대주택임차인의 우선매수신고에 따라 차순위 매수신고인으로 보게 되는 경우 그 차순위 매수신고인의 지위를 포기하는 행위

19 「공인중개사의 매수신청대리인 등록 등에 관한 규칙」상 매수신청대리인으로 등록된 개업공인중개사가 매수신청대리의 위임을 받아 할 수 <u>없는</u> 행위는? **24회 출제**

① 입찰표의 작성 및 제출
② 매각기일변경신청
③ 「민사집행법」에 따른 차순위매수신고
④ 「민사집행법」에 따른 매수신청 보증의 제공
⑤ 「민사집행법」에 따른 공유자의 우선매수신고

정답   18. ②   19. ②

제7장 부동산경매 및 공매

해설 ▶ 매수신청대리등록에 관한 대법원 규칙상 대리권의 범위(규칙 제2조)
- 법원에 매수신청대리인으로 등록된 개업공인중개사가 매수신청대리의 위임을 받은 경우 다음의 행위를 할 수 있다.
  1) 「민사집행법」 제113조의 규정에 따른 매수신청 보증의 제공
  2) 입찰표의 작성 및 제출
  3) 「민사집행법」 제114조의 규정에 따른 차순위매수신고
  4) 「민사집행법」 제115조 제3항, 제142조 제6항의 규정에 따라 매수신청의 보증을 돌려 줄 것을 신청하는 행위
  5) 「민사집행법」 제140조의 규정에 따른 공유자의 우선매수신고
  6) 구 「임대주택법」 제15조의2의 규정에 따른 임차인의 임대주택 우선매수신고
  7) 공유자 또는 임대주택 임차인의 우선매수신고에 따라 차순위매수신고인으로 보게 되는 경우 그 차순위매수신고인의 지위를 포기하는 행위

2 매수신청대리인 등록

20 甲은 매수신청대리인으로 등록한 개업공인중개사 乙에게 「민사집행법」에 의한 경매대상부동산에 대한 매수신청대리의 위임을 하였다. 이에 관한 설명으로 틀린 것은? **[28회 출제]**

① 乙은 「민사집행법」에 따른 차순위매수신고를 할 수 있다.
② 보수의 지급시기에 관하여 甲과 乙의 약정이 없을 때에는 매각대금의 지급기한일로 한다.
③ 乙은 매수신청대리인 등록증을 자신의 중개사무소 안의 보기 쉬운 곳에 게시해야 한다.
④ 乙이 중개업을 휴업한 경우 관할 지방법원장은 乙의 매수신청대리인 등록을 취소해야 한다.
⑤ 乙은 매수신청대리 사건카드에 중개행위에 사용하기 위해 등록한 인장을 사용하여 서명날인해야 한다.

해설 ▶ 매수신청 대리
개업공인중개사가 중개업을 휴업한 경우 관할 지방법원장은 매수신청대리인 업무를 정지하여야 한다(대법원규칙 제22조 제1항).

정답 20. ④

제3편 중개실무

21 개업공인중개사의 매수신청대리에 관한 설명으로 틀린 것은? [22회 출제]

① 모든 개업공인중개사가 매수신청대리인으로 등록할 수 있는 것은 아니다.
② 공인중개사인 개업공인중개사는 매수신청대리인으로 등록하지 않더라도 경매대상부동산에 대한 권리분석 및 알선을 할 수 있다.
③ 매수신청대리인은 부도임대주택의 경매에 있어서 구 「임대주택법」의 규정에 따른 임차인의 임대주택 우선매수신고를 대리할 수 있다.
④ 매수신청대리인은 매수신청대리 대상물의 권리관계, 경제적 가치, 매수인이 부담해야 할 사항 등에 대하여 위임인에게 성실·정확하게 설명하고 등기사항증명서 등 설명의 근거자료를 제시해야 한다.
⑤ 「입목에 관한 법률」에 따른 입목은 중개대상물이 될 수 있으나 매수신청대리의 대상물이 될 수 없다.

해설 ▶ 매수신청대리
「입목에 관한 법률」에 따른 입목은 중개대상물이 될 수 있으며 매수신청대리의 대상물이 될 수 있다(법 제3조, 영 제2조 제1호, 대법원 규칙 제3조).

22 「공인중개사의 매수신청대리인 등록에 대한 규칙」에 관한 설명으로 틀린 것은? [23회 출제]

① 매수신청대리인이 되고자 하는 공인중개사인 개업공인중개사는 중개사무소가 있는 곳을 관할하는 지방법원장에게 매수신청대리인 등록을 해야 한다.
② 매수신청대리인으로 등록된 개업공인중개사가 매수신청 대리의 위임을 받은 경우 「민사집행법」의 규정에 따른 차순위 매수신고를 할 수 있다.
③ 매수신청대리인이 된 개업공인중개사가 손해배상책임을 보장하기 위하여 공탁한 공탁금은 그가 폐업, 사망 또는 해산한 날부터 3년 이내에는 회수할 수 없다.
④ 공인중개사법령상 중개사무소 개설등록에 필요한 실무교육을 이수하고 1년이 경과되지 않은 자는 매수신청대리인으로 등록하기 위하여 부동산경매에 관한 실무교육을 별도로 받지 않아도 된다.
⑤ 개업공인중개사가 매수신청대리를 위임받은 경우 매수신청대리 대상물의 경제적 가치도 위임인에게 확인·설명해야 한다.

해설 ▶ 공인중개사의 매수신청대리인 등록에 대한 규칙
공인중개사법령상 중개사무소 개설등록에 필요한 실무교육을 이수하였다 하더라도 매수신청대리 등록을 하기 위해서는 대법원 규칙에 의한 부동산경매에 관한 실무교육을 별도로 받아야 한다(공인중개사 매수신청대리인 등록에 대한 대법원 규칙 제5조 참조).

정답 21. ⑤ 22. ④

23. 「공인중개사의 매수신청대리인 등록 등에 관한 규칙」의 내용으로 틀린 것은? `26회 출제`

① 개업공인중개사의 중개업 폐업신고에 따라 매수신청대리인 등록이 취소된 경우는 그 등록이 취소된 후 3년이 지나지 않더라도 등록의 결격사유에 해당하지 않는다.
② 개업공인중개사는 매수신청대리인이 된 사건에 있어서 매수신청인으로서 매수신청을 하는 행위를 해서는 아니 된다.
③ 개업공인중개사는 매수신청대리에 관하여 위임인으로부터 보수를 받은 경우 그 영수증에는 중개행위에 사용하기 위해 등록한 인장을 사용해야 한다.
④ 소속공인중개사는 매수신청대리인 등록을 할 수 있다.
⑤ 매수신청대리인 등록을 한 개업공인중개사는 법원행정처장이 인정하는 특별한 경우 그 사무소의 간판에 "법원"의 휘장 등을 표시할 수 있다.

해설 ▶ 공인중개사의 매수신청대리인 등록 등에 관한 규칙
소속공인중개사는 매수신청대리인 등록을 할 수 없고 개업공인중개사만이 할 수 있다(규칙 제4조).

24. 공인중개사법령상 중개사무소의 개설등록과 「공인중개사의 매수신청대리인 등록 등에 관한 규칙」 및 예규의 매수신청대리인 등록에 관한 설명 중 틀린 것은? `18회 출제`

① 공인중개사는 중개사무소 개설등록을 하지 않으면 매수신청대리인으로 등록할 수 없다.
② 중개사무소의 개설등록은 등록관청에 하여야 하고, 매수신청대리인등록은 관할 지방법원의 장에게 하여야 한다.
③ 매수신청대리인 등록을 하고자 하는 자는 등록신청일 전 1년 이내에 법원행정처장이 지정하는 교육기관에서 부동산경매에 관한 실무교육을 받아야 한다.
④ 손해배상책임을 보장하기 위한 보증은 중개사무소 개설등록요건 및 매수신청대리인 등록요건이다.
⑤ 중개사무소 개설등록의 결격사유와 매수신청대리인 등록의 결격사유는 서로 다르다.

해설 ▶ 매수신청 대리등록
중개사무소 개설등록의 경우 업무보증은 등록 후 업무개시 전에 하여야 하며 매수신청대리 등록의 경우에는 등록신청 전에 하여야 한다.

정답 23. ④ 24. ④

25

「공인중개사의 매수신청대리인 등록 등에 관한 규칙」의 내용에 관한 설명 중 틀린 것은? ★★

① 매수신청대리인이 되고자 하는 개업공인중개사는 중개사무소가 있는 곳을 관할하는 지방법원의 장에게 매수신청대리인 등록을 하여야 한다.
② 매수신청대리인 등록을 하고자 하는 개업공인중개사는 등록신청일 전 1년 이내에 중개사무소가 있는 곳을 관할하는 지방법원의 장이 지정하는 교육기관에서 부동산경매에 관한 실무교육을 이수하여야 한다.
③ 개업공인중개사는 매수신청대리행위를 함에 있어서 매각장소 또는 집행법원에 직접 출석하여야 한다.
④ 매수신청대리인으로 등록한 개업공인중개사는 동일 부동산에 대하여 이해관계가 다른 2인 이상의 대리인이 되는 행위를 하여서는 아니 된다.
⑤ 개업공인중개사는 매수신청대리에 관하여 위임인으로부터 예규에서 정한 보수의 범위 안에서 소정의 보수를 받는다.

해설 ▶ 매수신청 대리등록

매수신청대리인 등록을 하고자 하는 개업공인중개사는 등록신청일 전 1년 이내에 법원행정처장이 지정하는 교육기관에서 부동산경매에 관한 실무교육을 이수하여야 한다(규칙 제10조 제1항).

26

「공인중개사의 매수신청대리인 등록 등에 관한 규칙」상의 매수신청대리인에 관한 설명으로 틀린 것은?

① 개업공인중개사는 위 규칙에 의한 대리행위를 할 경우에는 매각장소 또는 집행법원에 직접 출석해야 한다.
② 매수신청대리인은 매수신청대리업을 폐업하고자 할 때 미리 감독법원에 신고하여야 한다.
③ 공인중개사법령상 실무교육을 이수하고 1년이 경과되지 않은 경우 별도의 매수신청대리에 대한 실무교육은 면제된다.
④ 「민사집행법」 규정에 따른 차순위 매수신고를 대리할 수 있다.
⑤ 「공장 및 광업재단 저당법」에 따른 공장재단을 매수신청대리 할 수 있다.

해설 ▶ 매수신청대리

매수신청대리인 등록을 하고자 하는 개업공인중개사(다만, 중개법인의 경우에는 공인중개사인 대표자를 말한다)는 등록신청일 전 1년 이내에 법원행정처장이 지정하는 교육기관에서 부동산경매에 관한 실무교육을 이수하여야 한다. 다만, 중개업의 폐업신고 후 1년 이내에 다시 등록신청을 하고자 하는 자는 그러하지 아니하다(규칙 제10조 제1항).

정답 25. ② 26. ③

27 「공인중개사의 매수신청대리인 등록 등에 관한 규칙」의 내용으로 틀린 것은? `25회 출제`

① 공인중개사는 중개사무소 개설등록을 하지 않으면 매수신청대리인 등록을 할 수 없다.
② 개업공인중개사가 매수신청대리를 위임받은 경우 당해 매수신청대리 대상물의 경제적 가치에 대하여는 위임인에게 설명하지 않아도 된다.
③ 개업공인중개사는 매수신청대리에 관한 보수표와 보수에 대하여 위임인에게 위임계약 전에 설명해야 한다.
④ 개업공인중개사는 매수신청대리행위를 함에 있어서 매각장소 또는 집행법원에 직접 출석해야 한다.
⑤ 개업공인중개사가 매수신청대리 업무정지처분을 받은 때에는 업무정지사실을 당해 중개사사무소의 출입문에 표시해야 한다.

해설 ▶ 매수신청대리
개업공인중개사가 매수신청대리를 위임받은 경우 매수신청대리 대상물의 권리관계, 경제적 가치, 매수인이 부담하여야 할 사항 등에 대하여 위임인에게 성실·정확하게 설명하고 등기부등본 등 설명의 근거자료를 제시하여야 한다(규칙 제16조 제1항).

3 대리행위의 방식

28 다음 중 매수신청대리행위의 방식과 관련된 설명으로 옳지 않은 것은?★★

① 개업공인중개사는 매수신청대리행위를 하는 경우 각 대리행위마다 대리권을 증명하는 문서(본인의 인감증명서가 첨부된 위임장과 대리인등록증 사본 등)를 제출하여야 한다. 다만 같은 날 같은 장소에서 대리행위를 동시에 하는 경우에는 하나의 서면으로 갈음할 수 있다.
② 문서는 매 사건마다 제출하여야 한다. 다만, 개별매각의 경우에는 매 물건번호마다 제출하여야 한다.
③ 중개법인의 경우에는 대리권을 증명하는 문서 이외에 대표자의 자격을 증명하는 문서를 제출하여야 하며 문서는 매 사건마다 제출하여야 한다. 다만, 개별매각의 경우에는 매 물건번호마다 제출하여야 한다.
④ 대리행위를 함에 있어서 매각장소 또는 집행법원에 소속공인중개사가 대리로 출석할 수 있다.
⑤ 위임장에는 사건번호, 개별매각의 경우 물건번호, 대리인의 성명과 주소, 위임내용, 위임인의 성명과 주소를 기재하고, 위임인의 인감도장을 날인하여야 한다.

정답 27. ② 28. ④

해설 ▶ 대리행위 방식
개업공인중개사는 대리행위를 함에 있어서 매각장소 또는 집행법원에 직접 출석하여야 한다(규칙 제14조 제3항).

29. 매수신청대리인의 의무에 대한 설명으로 옳지 않은 것은?

① 개업공인중개사는 신의와 성실로써 공정하게 매수신청대리업무를 수행하여야 한다.
② 개업공인중개사는 다른 법률에서 특별한 규정이 있는 경우를 제외하고는 그 업무상 알게 된 비밀을 누설하여서는 아니 된다. 개업공인중개사가 그 업무를 떠난 경우에도 같다.
③ 매수신청대리인은 3월을 초과하여 매수신청대리업을 휴업하고자 할 때 미리 감독법원에 신고하여야 한다.
④ 개업공인중개사는 중개업의 휴업 또는 폐업하고자 할 경우 지방법원장에게 그 사실을 신고하여야 한다.
⑤ 중개사무소의 이전신고는 중개사무소이전신고서에, 그 외의 사항에 대한 신고는 신고서에 등록증을 첨부하여 관할(중개사무소이전신고의 경우에는 새로운 중개사무소 소재지 관할) 지방법원장에게 제출하여야 한다.

해설 ▶ 대리인의 의무
개업공인중개사는 중개업의 휴업 또는 폐업한 경우 그 사유가 발생한 날로부터 10일 안에 지방법원장에게 그 사실을 신고하여야 한다(규칙 제18조 제4항).

30. 매수신청대리인이 사유발생일로부터 10일 이내에 지방법원장에게 신고하여야 하는 사항이 아닌 것은?

① 중개사무소를 이전한 경우
② 중개업을 휴업 또는 폐업한 경우
③ 공인중개사자격이 취소된 경우
④ 중개사무소 개설등록이 취소된 경우
⑤ 매수신청대리를 위해 공제에 가입한 경우

해설 ▶ 신고사항
- 개업공인중개사는 다음에 해당하는 경우에는 그 사유가 발생한 날로부터 10일 안에 지방법원장에게 그 사실을 신고하여야 한다(규칙 제18조 제4항).
  1) 중개사무소를 이전한 경우
  2) 중개업을 휴업 또는 폐업한 경우
  3) 공인중개사 자격이 취소된 경우
  4) 공인중개사 자격이 정지된 경우
  5) 중개사무소 개설등록이 취소된 경우
  6) 중개업무가 정지된 경우
  7) 분사무소를 설치한 경우
- ⑤의 경우는 미리 업무보증을 설정한 후 매수신청대리등록신청을 하여야 한다(규칙 제5조).

정답 29. ④ 30. ⑤

31. 다음 중 대법원규칙에서 정한 매수신청대리인의 금지행위가 아닌 것은?

① 이중으로 매수신청대리인 등록신청을 하는 행위
② 매수신청대리인이 된 사건에 있어서 매수신청인으로서 매수신청을 하는 행위
③ 동일 부동산에 대하여 이해관계가 다른 2인 이상의 대리인이 되는 행위
④ 투기를 조장하는 행위
⑤ 다른 개업공인중개사의 명의를 사용하는 행위

해설 ▶ **매수신청대리인의 금지행위**(규칙 제18조 제5항)
1) 이중으로 매수신청대리인 등록신청을 하는 행위
2) 매수신청대리인이 된 사건에 있어서 매수신청인으로서 매수신청을 하는 행위
3) 동일 부동산에 대하여 이해관계가 다른 2인 이상의 대리인이 되는 행위
4) 명의대여를 하거나 등록증을 대여 또는 양도하는 행위
5) 다른 개업공인중개사의 명의를 사용하는 행위
6) 「형법」 제315조에 규정된 경매·입찰방해죄에 해당하는 행위
7) 사건카드 또는 확인·설명서에 허위기재하거나 필수적 기재사항을 누락하는 행위
8) 그 밖에 다른 법령에 따라 금지되는 행위

32. 「공인중개사의 매수신청대리인 등록 등에 관한 규칙」상 매수신청대리업무를 수행하는 개업공인중개사의 금지행위에 해당하지 않는 것은? **24회 출제**

① 명의를 대여하는 행위
② 매수신청대리인 등록증을 대여하는 행위
③ 다른 개업공인중개사의 명의를 사용하는 행위
④ 이중으로 매수신청대리인 등록신청을 하는 행위
⑤ (구)「임대주택법」에 따른 임차인의 임대주택 우선매수신고를 하는 행위

해설 ▶ **매수신청대리 등록 등에 관한 규칙상 금지행위**
■ 개업공인중개사는 다음의 행위를 하여서는 아니 된다(규칙 제18조 제5항).
1) 이중으로 매수신청대리인 등록신청을 하는 행위
2) 매수신청대리인이 된 사건에 있어서 매수신청인으로서 매수신청을 하는 행위
3) 동일 부동산에 대하여 이해관계가 다른 2인 이상의 대리인이 되는 행위
4) 명의대여를 하거나 등록증을 대여 또는 양도하는 행위
5) 다른 개업공인중개사의 명의를 사용하는 행위
6) 「형법」 제315조에 규정된 경매·입찰방해죄에 해당하는 행위
7) 사건카드 또는 확인·설명서에 허위기재하거나 필수적 기재사항을 누락하는 행위
8) 그 밖에 다른 법령에 따라 금지되는 행위

정답 31. ④ 32. ⑤

33

매수신청대리행위와 관련한 개업공인중개사의 의무를 설명한 것이다. 옳지 않은 것은?

① 개업공인중개사는 매수신청대리 사건카드를 비치하고, 사건을 위임받은 때에는 사건카드에 위임받은 순서에 따라 일련번호, 경매사건번호, 위임받은 연월일, 보수액과 위임인의 주소·성명 기타 필요한 사항을 기재하고, 서명 및 날인한 후 5년간 이를 보존하여야 한다.
② 사건카드, 확인·설명서, 영수증의 서명 및 날인에는 법 제16조의 규정에 따라 등록한 인장을 사용하여야 한다.
③ 개업공인중개사가 매수신청대리를 위임받은 경우 매수신청대리 대상물의 권리관계, 경제적 가치, 매수인이 부담하여야 할 사항 등에 대하여 위임인에게 성실·정확하게 설명하고 등기사항증명서 등 설명의 근거자료를 제시하여야 한다.
④ 개업공인중개사는 위임계약을 체결한 경우 확인·설명 사항을 서면으로 작성하여 서명 및 날인한 후 위임인에게 교부하고, 그 사본을 사건카드에 철하여 5년간 보존하여야 한다.
⑤ 당해 매수신청대리 대상물에 관한 소유권을 취득함에 따라 부담하는 조세의 세율과 세목 등의 사항도 설명하여야 한다.

해설 ▶ 대리행위 및 의무
당해 매수신청대리 대상물에 관한 소유권을 취득함에 따라 부담·인수하여야 할 권리 등의 사항도 설명하여야 한다(예규 제14조 제1항)

34

매수신청대리의 보수 및 실비에 대한 설명으로 옳지 않은 것은?★★

① 개업공인중개사는 매수신청대리에 관하여 위임인으로부터 예규에서 정한 보수 요율의 범위 안에서 소정의 보수를 받는다. 이때 보수 이외의 명목으로 보수를 받거나 예규에서 정한 보수 이상을 받아서는 아니 된다.
② 개업공인중개사는 위임계약체결 후 보수요율과 보수에 대하여 이를 설명하여야 한다.
③ 개업공인중개사는 보수를 받은 경우 예규에서 정한 서식에 의한 영수증을 작성하여 서명 및 날인한 후 위임인에게 교부하여야 한다.
④ 보수의 지급시기는 매수신청일과 매수신청대리인의 약정에 따르며 약정이 없을 때에는 매각대금의 지급기한일로 한다.
⑤ 상담 및 권리분석 보수는 50만원 안에서 당사자의 협의에 의하여 결정한다.

해설 ▶ 보수 및 실비
개업공인중개사는 보수요율과 보수에 대하여 이를 위임인에게 위임계약 전에 설명하여야 한다(규칙 제17조 제2항).

정답　33. ⑤　34. ②

35. 공인중개사법령과「공인중개사의 매수신청대리인 등록 등에 관한 규칙」에 관한 설명으로 틀린 것은? `21회 출제`

① 매수신청대리인으로 등록된 개업공인중개사가 매수신청대리의 위임을 받은 경우「민사집행법」의 규정에 따른 매수신청 보증의 제공을 할 수 있다.
② 매수신청대리인으로 등록한 개업공인중개사는 업무를 개시하기 전에 위임인에 대한 손해배상책임을 보장하기 위하여 보증보험 또는 협회의 공제에 가입하거나 공탁을 하여야 한다.
③ 개업공인중개사가 매수신청대리를 위임받은 경우 대상물의 경제적 가치에 대하여 위임인에게 성실·정확하게 설명해야 한다.
④ 개업공인중개사가 매수신청대리 위임계약을 체결한 경우 그 대상물의 확인·설명서 사본을 5년간 보존해야 한다.
⑤ 중개업과 매수신청대리의 경우 공인중개사인 개업공인중개사가 손해배상책임을 보장하기 위한 보증을 설정해야 하는 금액은 같다.

해설 ▶ 공인중개사의 매수신청대리인 등록
매수신청대리인으로 등록하고자 하는 자는 위임인에 대한 손해배상책임을 보장하기 위하여 보증보험 또는 협회의 공제에 가입하거나 공탁을 하여야 한다(규칙 제5조).

36. 「공인중개사의 매수신청대리인 등록 등에 관한 규칙」에 관한 설명으로 틀린 것은? `20회 출제`

① 이 규칙상의 업무정지기간은 1월 이상 2년 이하로 한다.
② 법원에 매수신청대리인으로 등록된 개업공인중개사가 매수신청 대리의 위임을 받은 경우「민사집행법」에 따른 공유자의 우선매수신고를 할 수 있다.
③ 소속공인중개사도 매수신청대리인 등록을 신청할 수 있다.
④ 매수신청대리인이 되고자 하는 개업공인중개사는 위임인에 대한 손해배상책임을 보장하기 위해 보증보험 또는 협회의 공제에 가입하거나 공탁을 해야 한다.
⑤ 매수신청대리인으로 등록된 개업공인중개사가 수수료를 받은 경우 예규에서 정한 양식의 영수증을 작성하여 서명날인한 후 위임인에게 교부해야 한다.

해설 ▶ 매수신청 대리등록
매수신청대리인이 되고자 하는 개업공인중개사는 중개사무소(중개법인의 경우에는 주된 중개사무소를 말함)가 있는 곳을 관할하는 지방법원의 장(지방법원장)에게 매수신청대리인 등록을 하여야 한다(규칙 제4조). 소속공인중개사는 매수신청대리 등록을 할 수 없다.

정답 35. ② 36. ③

4 지도 및 감독

37 다음 중 매수신청대리인의 절대적 등록취소사유가 아닌 것은?

① 중개업등록의 결격사유 가운데 어느 하나에 해당하는 경우
② 법에 의한 폐업신고를 한 경우
③ 공인중개사자격이 취소된 경우
④ 중개사무소 개설등록이 취소된 경우
⑤ 등록 후 매수신청대리인의 결격사유가 있게 된 경우

해설 ▶ 절대등록취소
상대적 등록취소사유이다.

38 다음 중 매수신청대리인의 상대적 업무정지에 해당하지 않는 것은?

① 매수신청대리등록증 등을 게시하지 아니한 경우
② 중개업의 휴업신고를 한 경우
③ 사무소이전 등의 신고를 하지 아니한 경우
④ 감독상의 명령이나 중개사무소의 출입, 조사 또는 검사에 대하여 기피, 거부 또는 방해하거나 거짓으로 보고 또는 제출한 경우
⑤ "법원"의 명칭이나 휘장 등을 표시하였을 경우

해설 ▶ 상대업무정지
② 절대적 업무정지처분에 해당한다.

정답   37. ⑤   38. ②

알고 보니 경록이다

우리나라 부동산전문교육의 본산 경록 1957

한방에 합격은 경록이다

제1회 시험부터 수많은 합격자를 배출한 전문성 - 경록

시험장에서
눈을 의심할 만큼,
진가를 합격으로 확인하세요

정가 31,000원

1회 시험부터 수많은 합격자를 배출한 독보적 교재
공인중개사 문제집
2차 ③ 공인중개사법령및중개실무

27년연속99%
독보적 정답률
SINCE1957

발　행	2025년　2월　28일	
인　쇄	2025년　2월　20일	
연　대	최초 부동산학 연구논문에서부터 현재까지 (1957년 원전 ~ 현재)	
편　저	경록 공인중개사 교재편찬위원회, 신한부동산연구소 편	
발 행 자	이 성 태 / 李 星 兌	
발 행 처	경록 / 景鹿	
주　소	서울시 강남구 영동대로 114길 7 (삼성동 91-24) 경록메인홀	
문　의	02)3453-3993 / 02)3453-3546	
홈페이지	www.kyungrok.com	
팩　스	02)556-7008	
등　록	제16-496호	
I S B N	979-11-94560-11-1　　14320	

시험최적화 대한민국 1등 교재
(100인의 부동산학 대학교수진, 2021)

최초로 부동산학을 정립한 부동산학의
모태(원조)로서 부동산전문교육
1위 인증(한국부동산학회)

대한민국 부동산교육 공헌대상(한국부동산학회)
4차산업혁명대상(대한민국 국회)
고객만족대상(교육부)
고객감동 1위(중앙일보)
고객만족 1위(조선일보)
고객감동경영 1위(한국경제)
한국소비자만족도 1위(동아일보) 등 석권

대표전화 1544-3589

이 책의 무단전재·복제를 금함

이 책은 저작권법에 의해 저작권이 보호됩니다. 무단전재 및 복제행위는 이 법 제136조에 의해 5년 이하의 징역 또는 5,000만원 이하의 벌금에 처하거나 병과(倂科)할 수 있습니다.

개정법령 및 정오사항 등은 경록 홈페이지에서 서비스됩니다.

부동산전문교육 68년 전통과 노하우